국역

촌은집

국역 춘은집

村隱集

유희경 저
임종욱 역

심사정(1707~1769)이 그린 도봉서원도 | 건국대학교 박물관 제공

도봉서원도
道峯書院圖

도봉서원은 서울에 소재한 현존하는 유일한 서원으로서 1573년(선조 6) 양주 목사(楊洲牧使)로 부임한 남언경(南彦經)이 조광조(趙光祖)의 학문과 행적을 기리는 뜻으로 도봉서원을 건립하고 이듬해에 도봉(道峯)이라는 사액(賜額)을 받았다.

*2022년 현재, 도봉서원은 터만 남아있고, 발굴 후 복원될 예정이라고 한다.

『촌은집』 제2권, 홍세태 「묘지명 병서」, 1705.

일찍이 정암 조광조 선생의 현덕을 흠모하여 도봉서원이 창건되었을 때에는 촌은 유희경이 실제로 관리했다.

도봉서원과 촌은 유희경

『촌은집』 제2권, 남학명「행록」
도봉서원과 유희경

유희경(劉希慶, 1545~1636)은 선현(先賢)을 우러러 흠모하여 도봉서원(道峯書院)의 일에 참여했는데, 마치 자기 집 일처럼 성심을 다했다. 동강(東岡) 남언경(1528~1594)이 양주 목사(楊洲牧使)가 되었을 때 의론(議論)을 모아 창건했는데, 공에게 전반적인 경영을 담당하도록 했다. 문권(文券) 안에 공의 이름이 지금도 남아 있다.
도봉서원(본래 영국사의 터였기 때문에 처음에는 영곡서원으로 불렸다.) 동북쪽에 공의 묘소가 있다.

『촌은집』 제3권, 고산 유근「영국동 임장도 제영[부]」, 1624.
도봉산 영국동의 유희경 옛 집

양주의 누원(樓院)에서 비스듬히 서쪽으로 가면 영국동이 있다. 골짜기 안에 정암 조광조 선생의 서원을 중건했고, 골짜기 밖은 큰 길로 이어진다. 79세가 된 유희경의 옛 집이 골짜기의 동북쪽 구석에 있는데, 지금 초막을 지어 여생을 마치려고 한다. 용면(龍眠, 이공린)과 이징(李澄)의 필세(筆勢)를 빌려 그림을 그렸다.

차영국동유거운 _유희경	次寧國洞幽居韻
자연 속에 뒤늦게 띠 집을 엮어 지었으니	茅茨晚結烟霞裏
낮에도 사립문 걸어 잠그고 길 밖을 나서지 않네.	晝掩柴扉不出歧
이웃 노인이 일찍이 인사를 나누지 못하여	鄰叟未曾知禮義
울타리 너머로 나를 부르며 늙은 선비님이라 하네.	隔籬呼我老經師

동궐도 | 13-16첩 | 고려대학교 박물관 제공

창덕궁 서쪽 계곡과
유희경의 침류대

촌은 유희경은 1601년 정업원(淨業院) 동구(洞口), 창덕궁 서쪽 계곡 금천(錦川) 근처에 땅한 구역을 사서 흙과 돌을 쌓아 누대를 지은 뒤 시냇물을 끌어들여 이름을 침류(枕流)라했다. 임진왜란 이후 이곳에는 영의정을 지낸 이원익과 『지봉유설』을 쓴 이수광을 비롯해 당대의 내로라하는 학자와 관료들이 찾아와 시를 나누고 풍류를 즐겼다.

창덕궁 안으로 들어간 침류대

『촌은집』 제2권, 남학명 「행록」
창덕궁 서쪽 계곡과 유희경의 침류대

완평 상공(이원익)이 유희경(劉希慶)을 가장 인정하여 미복 차림으로 자주 와서는 침류대(枕流臺)에서 바둑을 두었다. 완평공이 금호문 밖에 작은 집을 장만했다. 효종 때 만수전(萬壽殿)을 지을 때(1655) 궐 안에 남은 땅이 없자 침류대와 완평댁이 모두 지목되어 들어가 도총부가 되었다. (유희경이 심은) 반송이 지금도 남아 있다.

『촌은집』 제3권, 작자미상 「제침류대기후」
창덕궁 서쪽 계곡과 유희경의 옛 집

유공 희경은 지금 시대의 옛 사람이다. 생활을 유지할 땅은 없이 요금문(曜金門) 밖에서 미미한 직업에 종사했는데, 세상에 나와 초막을 지었으니 궁성과의 거리가 다섯 척 밖에 안 될 정도로 가까웠다.

침류대 _유희경   枕流臺

창덕궁 서쪽 경복궁 동쪽에   昌德宮西景福東
그 사이에 골짜기 시내가 있으니 물은 넘실넘실.   中間一壑水溶溶
사람 와서 즐길 데 없다고 말하지 말아라   人來莫謂無佳翫
하늘 위로 우뚝 솟은 푸른 봉우리를 보게나.   看取中天聳碧峯

인목왕후와
백발의 노인(유희경)

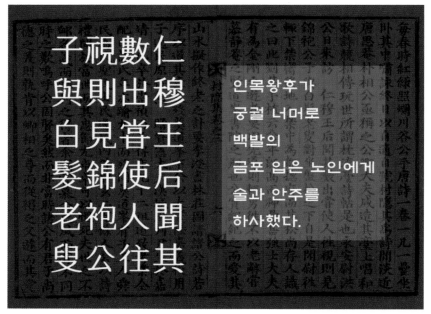

仁穆王后
數則出嘗
視見嘗錦
子與白髮
老袍人聞
曳公往其

인목왕후가
궁궐 너머로
백발의
금포 입은 노인에게
술과 안주를
하사했다.

『촌은집』 제2권, 홍세태「묘지명 병서」, 1705
인목왕후와 유희경

영안위 홍공(홍주원: 선조의 사위)이 날마다 찾아왔는데, 인목왕후(仁穆王后, 선조의 계비)가 그가 자주 나간다는 말을 듣고 사람을 시켜 가 살펴보게 하니 비단 도포를 입은 공자(公子)들이 백발이 성성한 노인과 함께 반송(盤松) 아래 모여 앉아 있다고 보고했다. 이후로 영안위가 나갔다는 말을 들으면 궁궐의 연육(임금이 드시는 상등上等의 저민 고기)을 하사했다. 나중에 그 땅이 궁성으로 들어와 도총부가 되었지만 소나무는 그대로 남아 있어, 사람들이 이를 알고 "이것은 유 아무개가 직접 심은 것이다"고 말한다.

유희경 촌은집 목판
(경상남도 유형문화재 제172호)

이 책판은 조선 중기의 예학자(禮學者)이자 시인이었던 유희경(劉希慶, 1545~1636)의 시집인『촌은집』을 간행하기 위하여 만든 판목이다. 유희경은 서경덕의 문인이었던 남언경에게『문공가례(文公家禮)』를 배워 상례에 밝아 국상은 물론 평민의 장례까지 그에게 문의해 왔다. 또한 1592년(선조25) 임진왜란이 일어나자 의병을 모아 관군을 돕기도 하였다. 『촌은집』은 그의 시문집으로 시(詩), 창(唱), 전기(傳記)와 한문학의 문체 가운데 하나인 묘표(墓表), 묘지명 등을 수록하였으며, 3권 2책으로 판각된 책판 수량은 52매이다. 유희경의 손자인 유자욱이 편집, 정리하고 김창협이 서문을 붙였으며, 유희경의 증손자 유태웅이 호남만호로 있을 때 남해 용문사에서 다시금 발간한 책판이다. (출처: 남해군청)

남해 용문사 소장 | 사진(2022) 유영문

남해 용문사『촌은집』책판
책판은 책을 간행하기 위해 나무판에 글을 새긴 것이다.

촌은 유희경과
조선의 여류시인 이매창

이 시비(詩碑)는 17세기 초 도봉의 산수를 사랑해서 도봉서원 인근에 임장(林莊)을 지어 기거하다 여생을 마친 당대의 문장가 촌은(村隱) 유희경과 부안 태생의 이매창이 주고받은 사랑 노래를 새긴 것이다.(자료제공: 서울시 도봉구청)

『촌은집』 제2권, 남학명 「행록」

"젊었을 때 부안읍에서 지냈는데, 유명한 기생 계생(癸生=梅窓)이 있었다. 공(유희경)이 도성(都城) 안의 시객이라는 말을 듣고 "유희경과 백대붕 가운데 누구입니까?" 하고 물었다. 대개 공과 백대붕의 명성이 먼 지역까지 알려졌기 때문이었다. 공은 일찍이 기생을 가까이 하지 않았는데 이에 이르러 파계하니, 서로 풍류로 통한 탓이었다. 계생 또한 시를 잘 지었는데 『매창집』이 간행되어 있다."

少遊扶安 邑有名妓癸生者 聞君爲洛中詩客 聞曰'劉白中誰耶'
蓋君及大鵬之名動遠邇也 君末嘗近妓 至是破戒 蓋相與以風流也 癸亦能詩
有梅窓集刊行

2012년 도봉산 생태공원에 세워진 유희경 이매창 시비(詩碑)

매창의 연인, 촌은 유희경

이화우 흣쑫릴 제 _계랑(매창)

이화우(梨花雨) 흣쑫릴 제 울며 잡고 이별(離別)흔 님
추풍낙엽(秋風落葉)에 저도 날 싱각는가.
천 리(千里)에 외로운 쑴만 오락가락 흐괘라.

매창이 노래한 이 시조는 규장각본으로 박효관(朴孝寬, 1800~?)과 그의 제자 안민영(安玟英, 1816~?)이 1876년(고종 13년) 편찬한 『가곡원류(歌曲源流)』에 실려 전하는데 아래와 같은 주가 덧붙어 있다.

"계랑은 부안의 이름난 기생이다. 시를 잘 지었으며 『매창집』이 있다. 촌은 유희경의 애인이었는데 촌은이 서울로 돌아간 뒤에 아무런 소식이 없었으므로 이 노래를 짓고는 절개를 지켰다."

桂娘扶安名妓 能詩 出梅窓集 與劉村隱希慶故人 村隱還京後 頓無音信 作此歌而守節.

허미자, 「시를 통해 본 매창의 생애」, 매창전집, 부안문화원, 2005, p.386

매창을 생각하며 _유희경　　　　　　　　懷癸娘

그대의 집은 부안에 있고　　　　　　　　娘家在浪州
나의 집은 서울에 있어　　　　　　　　　我家住京口
그리움 사무쳐도 서로 못 보고　　　　　　相思不相見
오동나무에 비 뿌릴 제 애가 끊겨라　　　　腸斷梧桐雨

촌은(村隱) 유희경(劉希慶, 1545~1636) 선생은 생전에 자신이 지은 시
(詩) 수백 수를 한평공 이경전에게 보여 주면서 자구(字句)나 문장 정리를
부탁하고 그의 서문(序文)을 받아 1628년 1권의 시집으로 정리해 두었다.
이것을 선생의 사후에 여러 자식들이 운각활자(芸閣活字)를 써서 인쇄하
여 펴냈다. 이 활자본이 선생이 남기신 『초간본(初刊本)』이다. 그러나 아
쉽게도 그 초간본은 전하지 않는다.

이후 촌은 선생의 손자인 유자욱(劉自勖)이 생전의 할아버지 시문(詩
文)과 여러 문인의 수창시(酬唱詩)를 편집하고 정리하여 김창협(金昌協)
에게 산정(刪定)과 편차(編次)를 부탁하고 그의 서문(序文)을 받아 1705년
에 『선사본(繕寫本)』으로 만들었다. (출처: 촌은집, 서울대학교 규장각한국학
연구원)

이를 저본으로 증손자 유태웅(劉泰雄)이 숙종 33년(1707) 호남의 만호
로 있을 때 3권 2책의 목판으로 판각하여 다시 간행한 것이 이 『촌은집책
판(村隱集冊板)』으로 현재 경상남도 남해 용문사에 보관되어 있다.

세월이 지남에 따라 일부는 썩고 마멸되었으나 촌은집은 한국한문학사
에 있어서 새로운 한시(漢詩)의 출현을 알린 여항문학(閭巷文學) 연구의
귀중한 자료로 가치가 있어 경상남도 유형문화재 제172호로 지정되었다.

"반과옹(飯顆翁)이 죽고 수천 년 뒤 우리 동방에 나타난 단 한 사람을

꼽으라면 나는 촌은(村隱) 유공(劉公)에게서 그를 본다. 오호라! 유공이 시(詩)에 공교로운 것은 대개 하고자 하는 바가 있어 뭔가를 하는 것이리라. 가문이 현달하지도 않고 대대로 벌열 집안도 아니니 비록 이런 재주가 있다 한들 어디다 이 재주를 시험해 보겠는가?" 촌은집 후서(後序)에 실린 율원(栗圓)의 글이다.

촌은집에는 263여 편에 이르는 선생의 한시와 당대 일급의 문사(文士)들의 유희경에 대한 기록들이 다양하게 수록되어 있다. 특히 황진이와 쌍벽을 이루었던 조선 최고의 여류시인 이매창과 나누었던 사랑노래 등 10편의 시가 오롯이 담겨 있다.

그는 가례(家禮)가 완비되지 않은 시점에 누구보다 상례(喪禮)에 정통하여 국상(國喪)뿐만 아니라 사대부 집안의 초상 때도 집사를 맡아 법도에 맞는 행사를 갖출 수 있게 도왔다. 또 창덕궁 서쪽 계곡 원서동(苑西洞) 인근에 땅을 마련하여 냇가에 침류대(枕流臺)를 지어 놓고 차천로·이수광·신흠 등 당대 문장가들과 대(臺)에 올라 시가(詩歌)를 창화(唱和)하며 교유(交遊)하였고, 말년에는 실제로 관리한 도봉서원에서 여생을 마치려 했지만 자손들이 병들고 늙은 몸으로 무리라 하여 뜻을 이루지 못했다.

소암 임공(임숙영)은 "선생의 현명함을 높이 평가하며 우리나라의 제도가 비루한 것을 통탄했으니 "가난한 집"이나 "귀한 집안"이라도 재능에서 누가 길고 짧겠는가? 사회의 신분이 속박이다."라고 했다.

한(漢) 제국을 세운 한고조 유방(劉邦)의 후손으로 그는 타고난 성품이 담박(淡泊)하고 욕심이 없었으며 효성이 지극하며 우애가 깊었고 또한 시와 글에 두루 능했다. 가세가 몰락해 미천한 신분의 한계로 인해 벼슬길에 나아가 자신의 뜻을 펼칠 수 없었지만 선생께서 세워놓은 덕과 업적과 시문(詩文)들은 역사나 문헌에 기록되어 오늘날까지 남아 마치 눈앞에 나타난 사실처럼 알 수 있으니 이 촌은집의 간행을 계기로 그를 추모하는 후손과 후학들에게 추원보본(追遠報本)의 자료가 되었으면 한다.

　끝으로 이 간행본이 나오기까지 정성을 다해 촌은집을 번역해 주신 임종욱 박사님과 자료 정리에서부터 출판에 이르는 모든 실무 작업을 맡아 수고해 준 우산 유영문(劉永文), 논산의 유재우(劉載雨) 님께 깊은 감사를 드리며 이 촌은집이 선생의 시문을 연구하고 사랑하는 모든 분들에게 도움이 될 수 있기를 기대해 본다.

2023년 1월
촌은 유희경 기념사업회 이사장 유재일 씀

촌은 유희경의 생애 연보

1545년(인종 1, 1세)
가정 을사년(乙巳年) 2월 27일 인시(寅時)에 한양 대묘동(大廟洞, 현 종로구 훈정동)에서 태어나 오랫동안 종로구 원서동(苑西洞)에서 살았다.

1557년(명종 12, 13세)
부친 업동(業仝), 족보명 성업(聖業)이 돌아가시자 외가(배씨) 선영(도봉산) 근처 땅에 안장하다.
여묘살이 중 수락산 선영을 오가던 남언경의 눈에 띄어 후의(厚意)를 입다.

1559년(명종 14, 15세)
3년상을 마치고 남언경에게 문공가례(文公家禮)를 배우다.

1561년(명종 16, 17세)
부인 허씨(1561~1657) 태어나다.

1561년~1573년
선조 때 영의정을 지낸 박순(朴淳)에게 당시(唐詩)를 배우다.

1573년(선조 6, 29세)
도봉산 영국사 터에 도봉서원이 세워지다. 양주 목사 남언경이 주도를 하고 촌은 유희경이 안팎의 일을 맡아 도왔다.
유희경의 연인, 부안의 기생 이매창 태어나다.
담양 식영정에서 의병장 고경명(1533~1592), 석천 임억령(?~1568)을 만나다.

1586년~1591년

부안읍에 놀러갔다가 본명이 향금(香今)인 매창과 풍류로 더불어 즐기다.

1592년(선조 25, 48세)

임진왜란이 일어나 선조대왕이 서행(西幸)하자 의병을 모집, 적세(賊勢)를 정탐하다.
친구인 서리(書吏) 백대붕이 전사하다.

1594년(선조 27, 50세)

임진왜란 때 의병으로 나가 싸운 공으로 선조로부터 포상과 교지를 받다.

1601년(선조 34, 57세)

정업원(淨業院) 하류(창덕궁 서쪽계곡)에 침류대를 짓고 시를 읊으며 자적(自適)하고 호를 촌은(村隱)이라 하다.

1607년(선조 40, 63세)

매창을 전주에서 다시 만나, 함께 이곳저곳을 다니며 즐기다.

1609년(광해 1, 65세)

조사(詔使,중국사신)가 잇따라 나와 호조의 비용이 고갈되자, 5부(五部) 부녀자의 반지를 거둬 충당케 하다. 이 공로로 통정대부(정3품)에 오르다.
소암 임숙영, 유희경 침류대기(枕流臺記) 쓰다.

1610년(광해 2, 66세)

유희경의 연인 매창 38세의 나이로 졸(卒)하다.

1612년(광해 4, 68세)

지봉 이수광(1563~1628), 유희경 침류대기(枕流臺記) 쓰다.

1615년(광해 7, 71세)

어우야담의 저자 유몽인이 유희경전(劉希慶傳)을 지어 그를 칭송하다.

1618년(광해 10, 74세)

이이첨이 인목대비 폐모론(廢母論)을 일으켜 5부(五部)의 부노(父老)들에게 상소하라고 위협하였으나 따르지 않다. 이 일로 평소 친숙하였던 그와 절교하다.

1623년(인조 1, 79세)

완평부원군 이원익이 공의 절개를 아뢰자 인조가 가상히 여겨 가선계(嘉善階)의 품계를 내리다.

공이 새로 지은 별서(임장)를 기념하고 기록해 두기 위해 당대 최고의 화공(畫工)인 이징(李澄)에게 부탁하여 『영국동임장도』를 그리게 하다.

소암 임숙영의 상(喪)에 자신의 옷을 벗어 염습해 주다.

1624년(인조 2, 80세)

사대부의 요청으로 함께 금강산을 유람하다.

1625년(인조 3, 81세)

정월에, 택당 이식을 비롯한 젊은 문사들과 이른 매화를 감상하기 위한 모임을 자신의 침류대에서 주관하고 이때의 모임을 기념한 그림인 침류대부시도(枕流臺賦詩圖)를 제작하다.

1625년~1631년

영안위 홍주원(선조와 인목왕후의 딸인 정명공주의 남편)의 잦은 방문을 받다. 그때마다 인목대비가 주찬(酒饌, 소고기 얇게 썰은 살)을 내리다.

1631년(인조 9, 87세)
노인계(老人階)로 가의대부(종2품)의 품계를 받다.

1636년(인조 14, 92세)
숭정 병자년(丙子年), 2월 6일 졸(卒)하다.
도봉서원 동쪽 양주 장의동 오향(莊義洞午向) 언덕에 묻히다.

1646년(인조 24)
아들 유일민이 심기원 역모사건을 처리한 공으로 영국원종공신(寧國原從功臣)에 봉해지고 저자에게 자헌대부 한성부판윤(漢城府判尹)이 증직되다.

저자 사후
제자와 아들들이 교서관(校書館)의 운각 활자로 공의 문집을 간행하다.

1698년(숙종 24)
삼연 김창흡 묘표(墓表)를 짓다.

1705년(숙종 31)
창랑 홍세태 묘지명(墓誌銘)을 짓다.
손자 유자욱(첨사, 종3품)이 김창흡에게 산정(刪定)하고 편집하여 시고(詩稿)를 한질로 합쳐 달라고 청하다. 시고(詩稿) 두 권 중에 한 권은 저자인 촌은이 지은 것이고 한 권은 제현(諸賢)이 촌은을 위해 지어 준 것이다.(농암집 제22권 촌은집 序)
증손 유태웅(劉泰雄)이 지도만호(智島萬戶)로 관직을 제수 받다.(승정원일기 22책)

1707년(숙종 33)
증손 유태웅(劉泰雄)이 목판으로 3권 2책의 촌은집 문집을 중간(重刊)하다.

(남해 용문사 소장)

1731년(영조 7)

공(유희경)의 4세손(四世孫) 덕창(德昌)이 임금에게 상소(上言)를 올리자, 나라에서 효성이 지극하고 지조가 높았던 공에게 정려문(旌閭門)을 하사하다. (이천보,『진암집』권6 劉村隱旌門詩序 / 조문명,『鶴巖集』冊2, 劉村隱希慶旌閭後 次諸益韻 幷序)

유덕창(劉德昌)은 정려를 기념해 월곡(月谷) 오원(吳瑗, 1700~1740)에게 시서(詩序)와 오원율시(五言律詩) 2수를 청해 받고 1731년에서 1733년에 걸쳐 41명의 여러 현사(賢士)들에게 화운(和韻)을 부탁해 친필 시서(詩序)나 시(詩) 초고를 받아 2개의 시문첩인 유촌은정려제영첩(劉村隱旌閭題詠帖)을 제작하다.(吳瑗,『月谷集』卷9, 劉村隱旌閭詩序 辛亥)

1732년(영조 8)

이징(李澄, 1581~?)이 그린 임장도(林莊圖)가 후대에 전권(田券)과 함께 도둑을 맞자 후손(덕창)이 다시 겸재 정선에게 의뢰하여 유촌은임장후도(劉村隱林庄後圖)를 그리다.(조유수 후계집 권6, 劉村隱林庄後圖 次一源韻 / 劉村隱林庄圖。卽李虛舟所寫。而並田券爲人所偸。後孫更倩鄭謙齋畫之)

2023년

후손 유재일(劉載日) 유재우(劉載雨) 그리고 유영문(劉永文) 국역 촌은집 간행하다.

※ 기사전거 : 墓表(金昌翕 撰), 墓誌銘(洪世泰 撰), 行錄(南鶴鳴 撰) 등에 의함

촌은집 권지일 村隱集卷之一

〔오언절구〕

촌은집 권지이○부록 村隱集卷之二○附錄

촌은집 권지삼○침류대록 村隱集卷之三○枕流臺錄

〔酬唱詩〕
서문

영국동 임장도 제영 〔부록〕 寧國洞林莊圖題詠 〔附〕

양주의 누원에서 비스듬히 서쪽으로 가면 영국동이 있다. 골짜기 안에는
정암선생의 서원을 중건했고, 골짜기 밖은 큰 길로 이어진다. 79세가 된
유희경의 옛 집이 골짜기의 동북쪽 구석에 있는데, 지금 초막을 지어 여생을
마치려고 했다. 용면 이징의 붓을 빌려 모사해 그림을 만들고, 남곽 상공이
지은 시와 서문을 가지고 와 나에게 보여주면서 화운(和韻)하기를 부탁했다.

유생이 시정 안에 살면서 십일을 따라 이익을 얻지 않았고, 현대부를 좇아
교유하면서 시와 예로 자신을 다스렸다. 도봉산 아래 여막(廬幕)을 지어
유유자적 했는데, 올해 나이가 일흔 아홉이다. 그러나 걸음걸이는 가볍고
건강했으며, 안색은 어린아이처럼 해맑았다. 내가 그 분의 사람됨을 좋아했

내 늙어 글 쓰는 일에도 게을러져 공무를 마치고 돌아오면 생각이 흐릿해져 졸음이 밀려왔다. 때로 산승이 와서 문을 두드리며 시를 부탁하는 것이었다. 처음에는 소리를 질러 내쫓았는데, 다시 오니 비록 시문이 막혔다는 소리를 면할 수는 없어도 억지로 지어 주었지만 별다른 흥취는 없었다. 유노인이 와서는 예에 대해 말하고 시를 이야기하는데 내용도 알차고 정성이 가득하여 화기애애한 데다 더구나 시를 부탁하지 않아 더욱 기뻤다. 어느 날 문득 소매에서 시축을 꺼내 보여주는데, 내가 웃으며 말했다. "그대 또한 산승을 흉내내는 거요?" 시축 위에 유거를 그린 그림이 있는데 여산에 초막을 지은 흥취를 불러일으키는 것이었다. 마침내 원운에 차운하여 써서 드렸다. (월사)

유노인이 애써 시를 찾기에 현옹 상국의 절구 세 편의 운을 밟아 보내다. (유천 한준겸) 3수

유노인 응길이 손에 시축 한 권을 들고 와서 시를 찾는 모습이 참으로 은근하고 간절했다. 내 재주가 좋고 나쁨을 따지지 않으니 그 정을 뿌리칠 수 없었다. 속초의 비방을 꺼리지 않고 삼가 원운에 차운하여 드렸다.(선원 김상용)

유옹은 신분은 미천했지만 유자의 행실이 있어 자주 나를 찾아왔다. 예에서 의심스러운 부분을 묻는데 이른바 세상에 이로움을 구하는 것이라 내가 이 때문에 존중하여 망형우(忘形友)가 된 지 오래였다. 어느 날 그동안 쓴 시축을 가져와서 보여주면서 화운을 구했다. 그때 마침 내가 남쪽으로 돌아갈 뜻이 있어 현옹과 남곽 두 분의 시운에 차운하여 유별의 말로 삼았다. (우복 정경세) 2수

지난 을해년 때 처음으로 유생과 알게 되었는데, 당시 내 나이 13살이었고,

유생은 서른을 넘어 있었다. 항상 와서 나를 만나면 활짝 웃으며 대화를 나누다가 저녁이 되어서야 돌아갔다. 지금 백발이 될 때까지 하루가 지난 듯하니 바로 이른바 눈으로 보면 있다는 것이다. 근래 몇 년 동안 시축을 가져와 차운을 부탁하는 것이 간절했는데, 나는 거절하며 말했다. "제가 일찍이 선생을 위해 시와 글을 드린 것이 여러 번이었습니다. 지금 몸도 약해지고 병들었으니 어찌 다시 이 일을 하겠습니까?" 그러자 유생께서 간곡히 말했다. "그렇기는 하지만 이미 이루어놓은 것이 시축이 되었으니 그대의 말이 없을 수는 없습니다." 내가 사양했지만 뜻대로 되지 않았는데, 대개 선생의 도를 좋아하는 성의가 늙어서도 더욱 돈독해진 것이다. 짐짓 반구의 뜻으로 권면하니 선생은 어떻게 생각하시는가.(지봉) ········· 480

유옹 응길은 도심에서 생장하면서 책을 읽고 예를 배워 세속의 말을 입에 올리지 않았다. 산 지 여든 다섯 살인데 정신이 강건하여 도를 가진 사람과 같았고, 시 읊기를 좋아하여 지은 작품이 몇 수 있다. 덕수 여고 이식이 서문을 써서 풍성하게 이를 칭송했다. 스스로 말하기를, 도봉산 아래 작은 집을 짓고 여생을 보내며 마치려고 했는데, 자손들의 권유를 받아 작은 화폭에 그림을 그려 그 생각을 담으니 많은 분들이 시를 지었다고 했다. 내가 유옹을 안 지 오래다. 저녁때의 저무는 경치가 어찌 오랫동안 누런 먼지 속에 있겠으며, 나뭇잎이 떨어져 뿌리로 돌아가니 모름지기 스스로 생존해 살아가는 것이 옳을 것이다. 마침내 차운하여 이를 힘쓰게 하고자 한다.(계곡) 2수 ··· 482

유 노인장께서 열흘 전에 찾아와서 시권 속의 작품들을 보여주더니 차운을 부탁했다. 마침 내가 가벼운 병세가 있어 부탁을 들어 줄 여유가 없었다. 어제 서전에서 유 노인장이 무오년 때 절조를 지켰던 업적을 들면서 포상과 은전(恩典)을 품의했는데 성상께서 특별히 2품이나 품계를 올려 남다르게 총애하시니 실로 인륜을 부추겨 올려 절의를 숭앙하려는 풍성한 뜻에서 나온 것이다. 내가 비로소 벌떡 일어나 붓을 잡고 바로 나가 오늘 문득 떠올라 겪었던 생각을 담았는데, 지난 번 산중 별장에 갔을 때의 운치는 말하지 않는다.(학곡)

선군자께서는 만죽 서선생과 막역한 사이였다. 유 노인장께서 오랫동안 만죽선생을 사사하면서 선군자에게도 배웠다. 내가 어렸을 때는 이름을 불러주곤 했는데, 유 노인장은 지금 정수리가 머리가 성글어졌다. 두 세대 육십 년 동안 왕래했으면서도 정의가 아직 쇠해지지 않았으니, 믿을 만한 분이라고 말할 수 있다. 더구나 다른 미덕도 갖추었으니 여러분들이 칭송해 말한 것과 참으로 같다. 그 분을 존중하고 그 부탁을 거절하지 못했으니, 시가 시원찮은 것도 생각하지 못했다.(청음 김상헌) 2수

내게 문장 재주가 없다는 것은 옹도 알고 있는 바이다. 그런데도 소매에 시축을 가져와 시를 구하니 이 무슨 잘못인가. 아무래도 내가 옹의 일을 가장 잘 안다고 여겨 그 전말을 쓰게 하고자 함이겠다. 옹께서 나라가 어지러울 때 절개를 지켰는데, 나 또한 견책을 당했지만 마음으로는 적이 감탄했다. 옹의 일이 알려져 포상을 받았을 때 나도 논의에 참여하여 그 일을 관장했으니, 옹을 자세히 알기로는 나만한 사람도 없을 것이다. 하물며 이 촌장(村莊)에 돌아와 여생을 보내는 그림에 대해 어찌 한 마디 하여드리지 않을 수 있겠는가.(설사 남이공)

촌은집서 김창협[1]

村隱集序 [金昌協]

촌은 유희경은 여정[2]에서 나와 시를 공부하고 예절을 익혀 당당히[3] 선비 군자의 풍모를 가지고 있었다. 그가 살던 침류대(枕流臺)는 궁성으로부터 거리가 지척간이었지만 얽매이지 않고[4] 맑게 앉은 것이 마치 숲 속에 있는 사람과 같았다. 내가 젊었을 때 선배들의 문집을 읽다가 종종 〈침류대시〉를 보고는 그 사람됨이 이와 같을 것이라고 상상했는데, 만년에 그의 시고(詩稿)를 손자 유자욱(劉自勗)에게 얻어 읽어보았다. 무릇 여러 분이 제영(題詠)한 글들이 모두 그 속에 있는데, 유사(遺事)[5] 또한 갖추어져 있었다. 이를 통해 그가 진실로 스스로 대인(大人)의 기질을 가졌음을 알게 되었으니, 이전에 말한 당당하고 얽매임이 없다는 정도에 그친 것이 아니었다. 무릇 사람의 도 가운데 큰 것으로 윤상(倫常)[6]과 명의(名

---

1 김창협(金昌協) : 1651∼1708. 본관은 안동이고, 자는 중화(中和)며, 호는 농암(農巖) 또는 삼주(三洲)고, 시호는 문간(文簡)이다. 1689년 기사환국 때 아버지가 사사(賜死)되자 영평(永平)의 산속에 은거했다. 문학과 유학의 대가로 이름이 높았고, 문장가이면서 서예에도 뛰어났다. 양주의 석실서원(石室書院)과 영양의 녹동서원(鹿洞書院)에 제향(祭享)되었다. 저서에 『농암집』 등이 있다.

2 여정(閭井) : 여리(閭里). 평민들이 무리지어 모여사는 곳.

3 당당히〔藹然〕: '애연'은 온화하고 화목한 모양.

4 얽매이지 않고〔脩然〕: '소연'은 얽매이거나 구속됨이 없는 모양. 초탈한 모양.

5 유사(遺事) : 사람과 관련된 일화나 행적을 기록해 모은 글을 일컫는 말.

6 윤상(倫常) : 일상생활에서 항상 지켜야 하는 인륜 상의 도덕. 삼강오륜(三綱五倫)을 말한다.

義)[7]보다 중요한 것이 없는데 오직 이것이 먼저 선 다음에야 한 가지 재주나 작은 선행도 의지할 곳을 얻어 귀중하게 여겨지는 것이다. 그렇지 않다면 비록 맑고 빼어난 행실과 높고 오묘한 문장이 있다고 해도 큰 절개가 한 번 어그러지면 족히 볼 만한 것이 없는 것이다. 이것이 주부자(朱夫子)[8]가 당나라의 왕위 계승[9]에 대해 기술하면서 비판을 했던 이유였다. 광해(光海)와 같은 군주가 왕위에 오른 것은 비록 당시 학사 사대부들의 현명함으로도 오히려 어렵게 여긴 일이었으니, 윤상이나 명의, 인도(人道)와 같은 큰 일로 본다면 이미 유감스러울 것도 없는 일이었다. 그가 이이첨[10]에게 한 한 마디 대답[11]은 더욱 은근하면서도 간절한 것이었으니 봉인[12]이 음식을 남긴 것과 서로 닮았는데, 갑작스러운 경우에

---

7 명의(名義) : 명분과 의리.

8 주부자(朱夫子) : 주희(朱熹). 1130~1200. 중국 송나라의 유학자. 송나라 유학자들의 학설을 집성 정리해서 공전(空前)의 사변철학(思辨哲學)과 실천윤리(實踐倫理)의 체계를 확립하여 성리학을 집대성했다. 『사서집주(四書集註)』 등 많은 저서가 있다.

9 왕위 계승〔王儲〕: '왕저'는 왕위를 계승하는 사람. 당고조(唐高祖) 이연(李淵)의 제위가 맏아들이자 황태자로 책봉된 이건성(李建成)에게 전해지지 않고 이세민(李世民, 太宗)에게 계승된 것을 두고 하는 말인 듯하다.

10 이이첨(李爾瞻) : 1560~1623. 본관은 광주고, 자는 득여(得輿)며, 호는 관송(觀松) 또는 쌍리(雙里)다. 1582년 생원 진사에 합격했다. 어머니에 대한 효성이 지극하여 고향에 정문(旌門)이 세워졌다. 광해군을 옹호하다가 원배령(遠配令)이 내려졌지만, 선조가 급사하자 예조판서에 올랐다. 우영경과 임해군을 사사(賜死)하는 등 소북파를 숙청하고, 1613년 영창대군을 강화도에서 죽게 했으며, 김제남(金悌男)을 사사시켰다. 1617년 폐모론을 주장하여 인목대비를 유폐시켰다. 1623년 인조반정으로 광해군이 폐위되자 참형되었다.

11 대답 : 광해군 때에 이이첨이 모후를 폐하려고 그에게 소(疏)를 올리라고 협박했으나, 거절하고 따르지 않았다. 인조가 반정한 뒤에 그 절의를 숭상하여 가선대부로 품계를 올려주었고, 80세 때 가의대부(嘉義大夫)를 제수받았다.

12 봉인(封人) : 주(周)나라 때의 관직 이름. 봉강수호(封疆守護)와 축단설제(築壇設祭), 제물진상(祭物進上) 등의 일을 맡았다.

나온 것이라면 불악지엄[13]이 있어도 또한 어려운 일이겠다. 현명하지 않다면 능히 이럴 수 있겠는가? 세상에 구양씨[14]와 같은 좋은 사관(史官)이 있다면 행전[15]을 짓게 하여 그를 그 사이에 넣어도 부끄러울 것이 없을 것이다. 무릇 그는 인품도 염아청소[16]하면서 지은 시도 선명하여[17] 즐길 만하다. 그러나 큰 절개가 이와 같지 않다면 어찌 능히 세상에 존경을 받아 사람들이 알기에 권태롭지 않을 수 있겠는가. 『시고』는 2권인데, 하나는 그가 쓴 시를 모은 것이고, 하나는 여러 사람들이 그를 위해 지은 것이다. 유자욱이 나에게 정리해[18] 편집하여 합해 한 질로 만들기를 부탁해 내가 잘 써서 주었더니 그의 아들 유태웅(劉泰雄)이 호남의 만호[19]가 되어 서둘러 출간에 붙였다. 다시 내게 찾아와 서문을 부탁하니, 내가 특별히 그의 큰 절개를 드러내어 후세 사람들에게 밝게 알리고자 한다. 이것을 보고도 옷깃을 여미며 일어나 경의를 표하지 않는 사람이 있다면 백성[20]들 사이에서 첫 장에서 말한 의로움이 없어진 때문일 것이다.

---

13 불악지엄(不惡之嚴) : 불악이엄(不惡而嚴). 꾸짖거나 성내지 않고 근엄한 태도로 소인(小人)들이 경외감을 갖도록 함. 소인을 멀리하는 방법을 일컫는 말이다.

14 구양씨(歐陽氏) : 구양수(歐陽脩). 1007~1072. 송나라 길주(吉州) 여릉(廬陵) 사람. 자는 영숙(永叔)이고, 호는 취옹(醉翁) 또는 육일거사(六一居士)며, 본명은 구문충(歐文忠)이다. 가난한 집안에 태어나 4살 때 아버지를 여의고, 어머니 정씨(鄭氏)에게 배웠다. 문구(文具)를 살 돈이 없어서 어머니가 모래 위에 갈대로 글씨를 써서 가르쳤다고 한다. 10살 때 당나라 한유(韓愈)의 전집을 읽은 것이 문학의 길로 들어선 계기가 되었다. 역사에 대한 재능도 뛰어나 『신당서(新唐書)』와 『오대사기(五代史記)』 같은 역사서를 편찬했다.

15 행전(行傳) : 언행(言行)을 기록한 전기(傳記).

16 염아청소(恬雅淸疎) : 조용하고 우아하면서 맑고 소탈한 성품을 일컫는 말.

17 선명하여[楚楚] : '초초'는 선명한 모양.

18 정리해[刊定] : '간정'은 수정하고 심사하여 결정함.

19 만호(萬戶) : 병마만호(兵馬萬戶)와 수군만호(水軍萬戶)를 함께 일컫는 말. 조선시대 각 도의 여러 진(鎭)에 두었던 서반 종4품의 외관직. 또는 그 벼슬아치를 말한다.

숭정[21] 기원후 80년(1707) 안동 김창협이 쓰노라.

村隱劉君希慶 出自閭井 攻詩習禮 藹然有士君子之風 其所居枕流臺
距宮城咫尺地 而翛然淸坐 若山林中人 盖余少從先輩文集 累累見枕
流臺詩 因以想像其爲人如此 晚乃得君詩稿於其孫自勗讀之 凡諸名
公序引題詠 亦皆在其中 而遺事具焉 則知君固自有大焉者 不獨向所
稱藹然翛然者而已 夫人道之大 莫尙於倫常名義 惟此先立 而後一藝
小善 亦得託附而取貴重焉 不然 雖有淸脩之行 高妙之辭 而大節一虧
無足觀矣 此朱夫子所以致譏於紀唐王儲者也 若君光海時所樹立 雖
當世學士大夫之賢者 猶或難之 其於倫常名義人道之大者 旣無憾矣
其答爾瞻一語 尤微婉深切 與封人舍肉之對相類 而若其發於邂逅之
頃 而有不惡之嚴則又有難焉 不賢而能若是乎 使世有良史如歐陽氏
者 作一行傳 以君列於其間 斯無愧矣 夫以君之恬雅淸踈 而其爲詩又
更楚楚可喜 然其大節不如此 亦何能取貴於世 而使人識之不倦哉 詩
稿二卷 其一 君所自爲 其一 諸爲君而作者 自勗請余刊定編摩 合爲
一袠 甫繕寫而其子泰雄 爲萬戶湖南 亟以入梓 且來問序於余 余特表
其大節 以明告後之人焉 觀於此 而有不斂袵而起敬者 烝民首章之義
泯矣
　崇禎紀元後八十年 安東金昌協書

---

20 백성〔烝民〕: '증민'은 온 백성. 만민(萬民). 여인(黎人). 증려(烝黎).
21 숭정(崇禎): 중국 명나라의 마지막 황제 숭정제(崇禎帝) 때의 연호. 연대는 1628~1644
　　년이다.

촌은집인 이경전[22]

村隱集引 [李慶全]

촌은 유희경은 어떤 사람인지 알 수 없다. 사람들에게 명성을 구하지 않았지만 함께 교유한 이들은 모두 당대의 명공이었다. 예(禮)에 뜻을 두어 곡진하게 제작한 것이 정교하고 상세했다. 또 산수 자연에 관심이 많았고, 시를 즐겼다. 도봉서원[23]에서 일을 하면서 영국사[24] 일대의 아름다운 경치를 좋아하여 이를 시로 모사했고, 문장으로 이름난 분들의 작품을 시축(詩軸)에 가득 담았다. 일찍이 그가 평소에 쓴 작품 수백 편을 소매에 넣었다가 지나가던 길에 내게 보여주었다. 시풍이 맑고 고아하며 트이고 열려 있어 옛날 당나라 때 시인들의 격조를 담고 있었다. 올해 나이 여든 네 살인데도 눈동자에는 빛이 나고[25] 봄날의 조류가 뺨에

---

22 이경전(李慶全) : 1567~1644. 본관은 한산(韓山)이고, 자는 중집(仲集)이며, 호는 석루(石樓)다. 1608년 영창대군(永昌大君)의 옹립을 꾀하는 유영경(柳永慶)을 탄핵했다가 강계(江界)에 안치되었다. 1623년 인조반정이 일어나자 서인(西人)들에게 아첨하여 생명을 보전하고 주청사(奏請使)로 명나라에 가서 인조의 책봉을 요청했다. 1637년 삼전도(三田渡)의 비문 작성 명령을 받았지만, 병을 빙자하고 거절했다. 문집에 『석루유고』가 있다.

23 도봉서원(道峯書院) : 서울시 도봉구 도봉동에 있는 서원. 1537년 지방 유림의 공의로 조광조(趙光祖)의 학문과 덕행을 추모하기 위해 창건하여 위패를 모셨고, '도봉'이라는 사액(賜額)을 받았으며, 1696년 송시열(宋時烈)을 추가 배향했다. 1775년 어필사액을 다시 받아 선현배향과 지방교육의 일익을 담당했다.

24 영국(寧國) : 영국사(寧國寺). 경기도 양주시 도봉산에 있던 사찰. 도봉서원 터로, 1574년 양주목사 남언경(南彦經)이 조광조를 위해 서원을 세웠다. 서거정(徐居正)이 이 절을 소재로 지은 시가 전한다.

넘쳐흐르며 걸음걸이는 나는 듯해서 겉으로만 보면 쉰이나 예순 살 정도 먹은 사람처럼 보였다. 오호라! 그야말로 마음속에 터득하여 가득 찬 사람이겠고, 도를 얻고도 촌마을에 숨어사는 사람이겠구나! 이 노인장을 아는 사람이라면 이 분의 도도 알 것이다. 내 장차 휴휴자(休休子) 정처사26에게 질정을 구해 바로 잡을 것이다.

산옹은 단지 산에 살고 있는 것이고 계옹은 단지 시냇가에 살고 있는 것이니, 촌은 유희경이 시내와 산을 오가면서 살았던 것과는 다르다. 가을 바람에 서리가 내리니 수석은 묵어가고 봄비에 꽃이 피니 비단 수를 펼쳐 놓은 듯하다. 죽순27은 높이 구름으로 들어가고 맑은 물은 본래 티끌이 없는 것이니, 무현금28을 안고 싶다면 이런 무현성29을 연주해야 할 것이다. 무현과 무성은 빈 것이니 심정으로만 느낄 수 있다.

---

25 빛이 나고〔炯炯〕: '형형'은 밝게 빛나는 모양.

26 정처사(鄭處士): 정효성(鄭孝成). 1560~1637. 조선시대의 문신. 자는 술초(述初)고, 호는 휴휴자며, 본관은 진주(晉州)다. 진사시에 합격하고, 음직으로 회덕현감에 발탁되었다. 광해군 말엽 정치기강이 문란해지면서 반대세력에 의해 1618년 탄핵, 좌천당했다. 인조반정 후 삭녕군수와 강화유수, 청주목사를 지냈다. 1636년 청나라 군대가 재침해오자, 강화도에서 분투하다 함락되면서 순사(殉死)했다.

27 죽순〔玉筍〕: '옥순'은 죽순(竹筍)의 미칭(美稱). 또는 인재가 많이 나는 것을 비유한다. 당나라 이종민(李宗閔)이 지공거(知貢擧)를 맡아 뽑은 사람이 풍채 좋은 선비들이어서 세상에서 '옥순'이라 불렀다.

28 무현금(無絃琴): 줄이 없는 거문고. 두 가지 뜻이 있다. ①선가(禪家)의 용어로, 깨달음의 경지를 나타내는 말. 불립문자(不立文字)의 뜻을 표시한다. 무현(無絃)의 거문고를 말한다. 일체의 상대적인 생각을 초월한 곳에 존재하는 절대적인 경지를 일컫는다. ②옛날 문인들은 자신들이 직접 칠 수는 없었지만, 거문고의 운치를 사랑한 경우 여기에 그 뜻을 의탁했다. 특히 도연명(陶淵明)은 음률을 알지 못해 무현금 한 개를 마련해 두고, 술이 얼큰해지면 이것을 어루만지며 자신의 뜻을 의탁한 것으로 유명하다. 소금(素琴).

29 무현성(無絃聲): 무현금이 내는 소리. 소리로는 표현할 수 없는 그윽한 경지를 비유한다.

무진년(1628) 맹동[30] 어느 날에 서초취병거사가 쓰고, 서초 이경전이 불렀다.

劉村隱 不知何許人也 無求於人 而所與交 皆當世名公 有志於禮 而
曲盡制作精微 又癖於山水 浞於詩 從事於道峯書院 愛寧國泉石之勝
而摸之 文章諸伯之什滿軸 嘗袖其平日所吟詠累百言 過示余 淸高踈
暢 不失古唐人調格 今年八十四 方瞳炯炯 春潮溢頰 行步如飛 見之
若五六十歲人 噫 其有得而充於中者歟 其有道而隱於村者歟 知此翁
者 知其道矣 吾將求之休休鄭處士丈而正焉云
山翁只在山 溪翁只在溪 不如劉村隱來往溪山仍作棲 秋風霜落水石
古 春雨花開張錦繡 玉筍高入雲 淸流本無垢 欲把無絃琴 奏此無絃聲
無絃無聲空復情
　戊辰孟冬日 瑞草醉病居士 書 瑞草 李公慶全號

촌은집 권지일

村隱集 卷之一

村隱集

[오언절구]

중흥동에서
中興洞

밤에 청원사에 묵었다가   夜宿淸猿寺
아침에 안개 낀 푸른 골짜기에서 노닐었네.   朝遊碧洞霞
무릉¹이 멀지 않은 모양이니   武陵知不遠
개울 물 따라 복숭아꽃이 떠오는구나.   流水泛桃花

----

1 무릉(武陵) : 무릉도원(武陵桃源). 진(晉)나라 때의 어부(漁父)가 계곡 물에 떠내려오는
  복숭아꽃을 따라 올라갔다가 동굴을 발견하고, 그 속으로 이어진 물줄기를 따라 굴속으
  로 들어갔다. 그 곳에서 선경(仙境)을 발견하고 집으로 돌아왔다가 다시 찾으려 했지만,
  지형을 구별할 수 없었다는 이야기에서 나와, 선경 또는 낙원(樂園)을 일컫는 말로 쓰인
  다. 진나라 때 문인인 도연명(陶淵明)이 지은 〈도화원기(桃花源記)〉가 있고, 당나라 문인
  인 이백(李白)이 지은 〈산중문답(山中問答)〉에도, "복숭아 꽃 흐르는 물에 아득히 떠가는
  데, 따로 세계가 있지만 인간세상은 아닐세.(桃花流水杳然去 別有天地非人間)"라고 한 구
  절이 있다.

산에서 가을밤에

山中秋夜

하얀 이슬은 가을 하늘에 날리고   白露下秋空
산에는 계수나무 꽃이 피네.   山中桂花發
가장 높은 가지에 핀 꽃을 꺾어들고   折得最高枝
돌아오니 밝은 달이 벗을 해주네.   歸來伴明月

사계화
四季花

전란 뒤라 마땅히 즐길 일이 없더니 　　　　　亂後無佳玩
사계화를 옮겨 심었다네. 　　　　　　　　　移來四季花
푸른 복숭아꽃이나 붉은 살구꽃이야 　　　　碧桃與紅杏
그저 봄 한 철만 화려할 뿐이지. 　　　　　　只是一春華

계랑²을 생각하면서

懷癸娘

그대의 집은 낭주³에 있고	娘家在浪州
내 집은 한양(漢陽)에 있다네.	我家住京口
서로 그리워도 만나지 못하니	相思不相見
오동잎 떨어지는 빗소리에 애만 끊기는구려.	腸斷梧桐雨

---

2 계랑(癸娘) : 매창(梅窓, 1573~1610)을 일컫는 말. 조선 중기 때의 시인으로, 본명은 향금(香今)이고, 자는 천향(天香)이며, 호는 매창이다. 계유년에 태어나서 계생(癸生)이라고 했다. 아전 이탕종(李湯從)의 딸로, 시문과 거문고에 뛰어났다. 부안(扶安)의 기생으로, 개성의 황진이(黃眞伊)와 더불어 조선 명기(名妓)의 쌍벽을 이루었다. 시문의 특징은 가늘고 부드러운 감정으로 자신의 숙명을 그대로 읊었는데, 시어를 자유자재로 구사하는 데서 시재(詩才)를 엿볼 수 있다. 작품에 〈추사(秋思)〉와 〈춘원(春怨)〉, 〈견회(遣懷)〉, 〈증취객(贈醉客)〉, 〈부안회고(扶安懷古)〉, 〈자한(自恨)〉 등이 유명하다. 부안의 묘에 비석이 전하며, 1974년 부안 서림공원에 시비(詩碑)가 세워졌다.

3 낭주(浪州) : 전북 부안의 옛 이름.

계랑에게

贈癸娘

내게는 선약⁴이 한 알 있으니	我有一仙藥
고운 얼굴에 찡그린 흔적⁵을 고칠 수 있네.	能醫玉頰嚬
비단 주머니 속에 고이 간직했다가	深藏錦囊裏
사랑하는 이에게 전하고 싶구나.	欲與有情人

---

4 선약(仙藥) : 신선이 만들었다는 불사(不死)의 약.

5 찡그린 흔적 : 중국 월(越)나라의 미녀 서시(西施)를 염두에 둔 표현. 효빈(效顰) 고사를
빌려왔다. '효빈'은 눈살 찌푸리는 것을 흉내 낸다는 뜻으로, 쓸데없이 남의 흉내를 내어
세상의 웃음거리가 됨을 비유한다. 또는 남의 단점을 장점인 줄 알고 본뜨는 것을 말한다.
서시는 가슴앓이로 눈살을 찌푸리고 살았는데, 이웃 마을의 처녀 동시(東施)가 그 모습을
보고 눈살을 찌푸리면 아름다운 줄 알고 자신도 눈살 찌푸리기를 일삼아 마을 사람들이
모두 도망쳐 버렸다는 고사에서 비롯되었다. 옳고 그름과 착하고 악함을 생각하지 않고
함부로 남의 흉내를 내는 것을 말한다. 여기서는 미인의 아름다운 자태를 비유한 것이거
나 이별의 슬픔을 비유적으로 표현한 것으로도 볼 수 있다.

한벽루[6]에서

寒碧樓

눈빛과 달빛이 다투어 빛나는 밤에　　　　　　雪月爭輝夜
시인[7]은 잠 못 들어 뒤척이네.　　　　　　　騷人不寐時
강산에 펼쳐진 무한한 경치를　　　　　　　　江山無限景
모두 오언시에 담아 넣노라.　　　　　　　　都付五言詩

---

6 한벽루(寒碧樓) : 전북 전주시 완산구 교동에 있는 누정. 전라북도 유형문화재 제15호.
　예로부터 한벽청연이라 하여 전주8경의 하나로 손꼽혔다. 조선 태종 때 월당 최담이
　관직에서 물러나 낙향하여 세웠다고 전하는데, 지금의 건물은 1828년에 크게 중수한
　것이다.

7 시인〔騷人〕: '소인'은 소인묵객(騷人墨客). 중국 초(楚)나라의 굴원(屈原)이 지은 〈이소
　(離騷)〉에서 유래한 말로, 시인과 문사(文士)를 일컫는다.

길을 가다가
途中

관하⁸의 길은 아득히 머나먼데	萬里關河路
가을 날⁹에 나그네 몸은 병들었노라.	三秋病客身
하늘가에 걸린 한 조각 달은	天涯一片月
응당 고향 사람들도 비추겠구나.	應照故鄉人

....

8 관하(關河) : 원래 의미는 함곡관(函谷關)과 황하(黃河)를 말하는데, 여기서는 아득히
먼 노정(路程)을 가리킨다.
9 가을 날〔三秋〕 : '삼추'는 가을의 석 달. 곧 초추(初秋) 7월과 중추(仲秋) 8월, 만추(晩秋)
9월을 일컫는다.

황강[10]에 밤비 내리는데
黃岡雨夜

쓸쓸한 제안[11]의 관사에서	寂寂齊安舘
등불을 돋워 놓고 잠 못 들어 하노라.	孤燈照不眠
강남땅에 밤에 비마저 내리니	江南夜來雨
고기잡이 배들도 촉촉이 젖었겠구나.	應濕釣魚舡

---

10 황강(黃江) : 황해도 송림시와 황주군. 조선시대의 행정구역인 황주목(黃州牧)이 현으로 강등되었을 때의 이름이다.

11 제안(齊安) : 황주의 다른 이름. 제안관(齊安館)은 황주 고을의 객사인데, 조선시대 각 고을의 객사는 그 고을의 옛 이름으로 붙이는 것이 관례였다.

천마산에서 노스님과 헤어지면서

天摩山 別道一老師

옛날 광려산[12]에서 나그네였을 때는　　　　　昔作匡廬客

함께 혜원[13]과 어울려 놀았었지.　　　　　　相隨惠遠遊

가을 깃든 산에서 이제 이별하니　　　　　　秋山今又別

문득 호계[14]의 다리 앞이 생각나는구나.　　忽憶虎溪頭

---

12 광려(匡廬) : 중국 여산(廬山)을 일컫는 말. 옛날 은자(隱者) 광유선생(匡裕先生)이 여
산에 숨어서 글을 읽으며 지냈기 때문에 여산을 '광려산'이라 부르게 되었다.

13 혜원(慧遠) : 334~416. 중국 동진(東晉) 때의 스님. 염불의 결사(結社)인 백련사(白蓮
社)의 개조로, 속성은 가씨(賈氏)고, 시호는 변각(辨覺) 또는 원오(圓悟)다. 산서성
영무(寧武) 출생으로, 여산(廬山)에 살았기 때문에 '여산 혜원'이라고 불러 수나라 때의
지론종(地論宗)의 학장(學匠)인 정영사(淨影寺)의 혜원과 구별하고 있다. 장안(長安)에
온 구마라습(鳩摩羅什)과 불교 교의에 대하여 문답하고, 불자는 제왕을 예배할 필요가
없다고 주장하여 〈사문불경왕자론(沙門不敬王者論)〉을 저술, 국가 권력에도 저항했다.

14 호계(虎溪) : 호계삼소(虎溪三笑). 진(晉)나라의 혜원법사가 여산의 동림사(東林寺)에
있으면서 호계를 건넌 적이 없었는데, 하루는 도연명과 육수정(陸修靜)이 이 찾아와
환담을 나누다가 저녁이 되어 전송하러 나왔다. 그런데 자신도 모르게 그만 호계를
건넜고, 호랑이 우는 소리를 듣고서야 안거금족(安居禁足)의 맹세를 깨뜨린 것을 깨달
고, 세 사람이 서로 돌아보며 크게 웃었다는 고사에서 나왔다. 호계는 중국 강소성
구강현(九江縣) 남쪽 여산의 동림사 앞에 있는 골짜기다.

정양사[15] 천일대[16]에 올라

登正陽寺天逸臺

잠시 정양사에 들렸다가	暫過正陽寺
이어 천일대에도 올랐노라.	仍登天逸臺
산세가 어지럽게 천 겹 만 겹이라	亂山千萬疊
옥으로 만든 병풍을 펼친 듯하구나.	揚是玉屛開

---

15 정양사(正陽寺) : 강원도 회양군 내금강면 장연리 금강산에 있는 사찰. 표훈사에 딸린 암자로, 600년 관륵과 융운이 창건했고, 661년 원효(元曉)가 중창했으며, 1791년 중수했다. 육면약사전과 헐성루가 유명하다.

16 천일대(天逸臺) : 천일대(天一臺)로도 쓴다. 강원도 회양군 내금강면 장연리 금강산에 있던 사찰. 표훈사에 딸렸던 암자로 내금강을 조망하기 가장 좋은 전망대로 이름나 조선시대에 많은 문인들이 이곳에서 금강산의 아름다움을 노래했다.

금강산에서 와서 수암 박지화[17] 공을 뵈었더니 "마하연에서 하늘 음악을 들었는가?" 묻기에 시를 지어 대답했다

自金剛來謁守菴 朴公枝華 則曰摩訶衍聞天樂乎 以詩答之

시원한 바람이 골짜기 앞을 지나는데	涼風過洞門
온갖 소리[18]가 가을 개울에서 울리더이다.	萬籟生秋壑
높고 낮게 오음[19]과 조화를 이루니	高低調五音
하늘 음악을 듣는 듯하더군요.	彷彿聞天樂

---

17 박지화(朴枝華) : 1513~1592. 조선 중기의 학자. 정선 박씨의 시조고, 자는 군실(君實)이며, 호는 수암(守菴)이다. 유불선(儒佛仙)에 모두 조예가 깊고, 특히 기수학(氣數學)에 뛰어나 명종 때 으뜸 가는 학자로 꼽혔다. 임진왜란이 일어나자 백운산(白雲山)으로 피난했다가 왜병이 닥치자 두보(杜甫)의 5언율시 한 수를 써서 나뭇가지에 걸어놓고 물속에 몸을 던져 죽었다. 청안(淸安)의 구계서원(龜溪書院)에 배향되었다. 문집에 『수암유고』, 저서에 『사례집설(四禮集說)』이 있다.

18 온갖 소리[萬籟] : '만뢰'는 만물의 울림. 또는 그 소리. 세상의 모든 소리.

19 오음(五音) : 음악에서의 다섯 가지 음계(音階). 곧 궁(宮), 상(商), 각(角), 치(緻), 우(羽)니, 궁은 토성(土聲), 상은 금성(金聲), 각은 목성(木聲), 치는 화성(火聲), 우는 수성(水聲)을 상징한다.

광주[20] 동헌에서

廣州東軒

객사에 안부를 묻는 이도 없어	旅舘無人問
처마 끝에서는 새소리만 스쳐간다.	虛簷但鳥聲
고향 동산은 어디가 그곳인지	故園何處是
구름 너머 봉우리만 첩첩이 푸르구나.	雲外數峯靑

----

20 광주(廣州) : 경기도 남동부에 위치한 도시. 서울특별시와 경기도 남양주시에 접하고 있다.

송천 양응정[21] 공의 운에 차운하여
敬次松川 梁公應鼎 韻

소나무 아래 바위에 나른하게 몸을 기대니   懶倚松根石
낚싯대는 푸른 개울물에 내내 찰랑거리네.   漁竿漾碧川
동풍이 건듯 불어 한 줄기 지나가는데   東風吹雨過
꽃잎은 우수수 떨어지고 풀은 무성하여라.   花落草芊芊

21 양응정(梁應鼎) : 1519~1581. 조선 중기 때의 문신. 본관은 제주고, 자는 공섭(公燮)이
   며, 호는 송천(松川)이다. 1578년 성절사(聖節使)로 명나라에 갔다가 부정을 저질렀다
   는 죄목으로 파직되었다가, 나중에 대사성(大司成)에 이르렀다. 시문(詩文)에 능했으며,
   문집 『송천유집』이 있고, 저서에 『용성창수록(龍城唱酬錄)』 등이 있다.

[육언절구]

상국[22] 신흠[23]이 고향 김포로 돌아가신다기에
上申相國 欽 金浦田里之行

푸른 물은 출렁출렁 바다로 흘러가고   碧水溶溶入海

푸른 산은 들쭉날쭉[24] 하늘과 맞닿았네.   靑山鬱鬱連天

조각배에 학을 싣고 돌아가시니   孤舟載鶴歸去

누가 서호[25]의 노 신선[26]을 알아보리오.   誰識西湖老仙

---

22 상국(相國) : 관직 이름. 백관(百官)의 우두머리로서 상(相), 상방(相邦), 승상(丞相) 등 여러 칭호가 함께 쓰였다. 우리나라에서는 영의정과 좌의정, 우의정을 지낸 사람을 높여 부르는 말로 쓰였다.

23 신흠(申欽) : 1566~1628. 본관은 평산(平山)이고, 자는 경숙(敬叔)이며, 호는 현헌(玄軒) 또는 상촌(象村), 현옹(玄翁), 방옹(放翁)이고, 시호는 문정(文貞)이다. 뛰어난 문장력으로 대명외교 문서의 제작, 시문의 정리, 각종 의례문서 제작에 참여했다. 이정구(李廷龜, 1564~1635), 장유(張維, 1587~1638), 이식(李植, 1584~1647))과 함께 한문학의 태두로 일컬어진다.

24 들쭉날쭉〔鬱鬱〕: '울울'은 수목이나 산세가 우거지고 우뚝하게 이어진 모양.

25 서호(西湖) : 절강성 항현(杭縣)의 서쪽 고산(孤山) 기슭에 있는 호수. 강남의 명승지로 십경(十景)이 유명하다. 서호의 구리(九里)는 당나라 때 항주자사로 있던 원인경(袁仁敬)이 행춘교(行春橋)에서부터 영은사(靈隱寺)까지 9리의 길 좌우에 각 세 줄의 소나무를 심어 무성하게 자라게 한 데서 나온 말이다.

26 노 신선〔老仙〕: 서호처사(西湖處士). 북송 때의 시인 임포(林逋)를 말한다. 항주 전당(錢塘) 사람으로, 서호의 고산(孤山)에 초막을 짓고 살면서 20년 동안 성시(城市)에 발을 디디지 않았다고 한다. 학을 아내로 삼고, 매화를 자식으로 삼았다는 일화가 유명하다. 여기서는 신흠의 귀함을 임포의 일화에 비추어 묘사한 것이다.

흥겨운 기분으로
雜興

단경[27]을 다 읽고서 문 밖을 나서니　　　　　丹經讀罷出門

골짜기에서는 저녁 구름이 막 걷히네.　　　　洞裏初收暮雲

함께 술잔이라도 나눌 사람이 없더니　　　　無人與我對酌

밝은 달이 떠올라 향긋한 술잔을 비추는구나.　明月來照芳尊

나뭇가지 끝으로 시원한 바람 막 불어오고　樹梢新凉初至

연못에서는 밝은 달[28]이 차갑게 어렸네.　　　潭心霽月寒浸

은사(隱士)는 밤새도록 잠들지 못하는데　　　幽人竟夜不眠

솔바람은 쓸쓸하게[29] 머리맡에 머물렀네.　　松濤淅瀝喧枕

물결 사이로 달빛 타고 연밥을 따고서는　　波間乘月採蓮

돌아오니 소매 가득 그윽한 향이 배었네.　　歸來幽香滿袖

은근히 어여쁜 이에게 보내려 하는데　　　懃懃欲寄美人

혹여 받지 않을까 저어되는구나.　　　　　但恐美人不受

---

27 단경(丹經) : 연단술(鍊丹術)에 대해 기록해 놓은 책.

28 밝은 달[霽月] : '제월'은 광풍제월(光風霽月). 맑은 바람과 비 개인 뒤의 밝은 달. 송나라
의 황정견(黃庭堅)이 주돈이(周敦頤)의 인물을 평한 말이다.

29 쓸쓸하게[淅瀝] : '석력'은 비나 바람 부는 소리가 애처롭고 쓸쓸한 모양.

[칠언절구]

영국동[30]에서
寧國洞

빈숲에 저녁 기운 들어 푸른빛이 자욱한데	空林夕氣翠霏霏
골짜기 가득 샘물 소리가 돌 문짝을 감싸도네.	一壑泉聲遶石扉
산비가 잠깐 그치자 이끼 낀 길이 미끄러우니	山雨乍收苔逕滑
목련 꽃 사이로 취해 비틀거리며 돌아가노라.	木蓮花裏醉扶歸

---

30 영국동(寧國洞) : 서울특별시 도봉구 도봉 1동은 이전에 양주(楊州)에 속하였던 도봉산 영국동(寧國洞)이었다. 이곳에는 원래 영국사(寧國寺)라는 절이 있었는데, 그 절이 허물어진 터에 도봉 서원을 지었다고 전한다. 이 시는 조선 중기의 문신 촌은(村隱) 유희경(劉希慶)이 도봉산에 위치하고 있는 영국동 골짜기에서 느낀 감흥을 표현한 한시다. 유희경은 여러 모로 도봉산과 인연이 깊다. 1573년에는 양주목사(楊州牧使)로 부임한 남언경(南彦經)을 도와 조광조(趙光祖, 1482~1519)를 배향한 도봉서원(道峯書院)을 건립하기도 했다. 그런가 하면 그 스스로 침류당(枕流堂)을 지어 그곳에서 자적(自適)하며 시를 짓기도 했다. 〈영국동〉에서 또한 도봉산에서 기거하던 때의 일상을 담아낸 것이다.

송좌랑[31] 서실의 시에 차운하여
次宋佐郎書室韻

호젓한 집안이라 한낮에도 한가로운데   一屋蕭條白日閑

홰나무 그늘 깔릴 때까지 중문은 닫혀 있네.   滿庭槐影掩重關

요즘엔 두 다리를 수고롭힐 일이 없으니   年來不必勞雙脚

누워 강남 땅 첩첩이 이어진〔비 온 뒤〕산을 보노라.

'萬疊'은 '雨後'로도 되어 있다.   臥看江南萬疊〔一作雨後〕山

---

31 좌랑(佐郎) : ①고려시대 육부(六部)에 두었던 정6품 문관직. 충렬왕(忠烈王) 원년
(1275)에 상서육부(尙書六部)가 전리사(典理司), 군부사(軍簿司), 판도사(版圖司), 전
법사(典法司) 등 4사로 개편되면서 이 4사와 고공사(考功司), 도관(都官)에 처음 설치되
었다. ②조선시대 육조(六曹) 및 도관의 정6품 관직. 각조와 도관에는 2인씩 두고 이조
(吏曹)에만 1인을 두는 대신 고공좌랑 1인을 추가했다. 상급자인 정5품의 정랑(正郎)과
한 조가 되어 행정 실무를 총괄했는데, 육조의 권한이 강화되고 국정의 중심 기구가
되면서 대표적인 청요직(淸要職)이 되었다.

청풍 개울[32]을 생각하면서

憶淸風溪

청풍 시내와 세심대[33]에서는	淸風溪與洗心臺
가을 달과 봄바람이 몇 차례나 오갔는가.	秋月春風幾往來
병 많은 요즘에는 마음도 게을러져서	多病邇來心亦懶
좋은 절기를 만날 때마다 헛되이 머리를 돌리네.	每逢佳節首空回

---

32 청풍 개울(淸風溪): 인왕산 동북쪽에서 발원하는 하천으로, 현재는 계곡수가 유입되는 상류부를 제외하고 대부분 복개되었다. 뜻은 '맑은 바람이 부는 시내'다. 서울 청운초등학교의 북쪽 모서리에서 청계천의 제1상류인 백운동천과 합류한다. 조선시대 한양의 명승지 중 하나였으며 주희가 썼다고 전해지는 '백세청풍(百世淸風)' 각자(刻字)가 있다. '청풍(淸風)'은 백이와 숙제의 영원한 충절을 표현한 '백세청풍'에서 유래한 말이다. 서울 한양도성을 흐르는 '청계천'의 이름도 여기에서 유래한 것으로 추정된다. 청계천의 조선 때 이름은 '개천'이었으나, 1914~1915년 일제의 지명 개편 때 '청계천'으로 바뀌었다.

33 세심대(洗心臺): 서울 인왕산(仁旺山) 아래에 있던 누대(樓臺). 육상궁(毓祥宮) 뒤 석벽에 '세심대'란 석 자가 새겨져 있고, 꽃나무가 많아서 봄날에 꽃구경이 장관이었으므로 영조(英祖)를 비롯해 정조(正祖)와 순조(純祖), 익종(翼宗)이 이곳에 거동하여 놀았다고 한다.

식영정[34]에서

息影亭

무등산[35] 앞에 자리한 식영정은	無等山前息影亭
연못가에 잡초만 자라 근심을 일게 하네.	池邊細草喚愁生
시냇가 구름이 비를 불러 달빛을 속이니	溪雲釀雨能欺月
매화 핀 창가 하룻밤 빛을 어둡게 만드는구나.	減却梅窓一夜明

----

34 식영정(息影亭) : 전남 담양군에 있는 정자. 서하당(棲霞堂) 김성원(金聲遠, ?~1592)
이 그의 장인 임억령(林億齡)을 위해 지은 정자로, 조선 중기 학자이자 정치가인 정철
(鄭澈)이 성산(星山)에 와 있을 때 어울렸던 곳 중의 하나다. 『서하당유고』의 기록에
따르면 1560년 지었다고 한다.
35 무등산(無等山) : 광주광역시와 전남 담양군 남면, 화순군 이서면 사이 경계에 있는 산.
높이는 1187미터. 소백산맥에 솟아 있으며, 산세가 웅장해 성산(聖山)으로 알려져 있다.

불정대[36]에서 서좌랑과 헤어지며 그때 백대붕[37]이 함께 했다
佛頂臺 別徐佐郞 時白大鵬從之

나그네 맑은 가을에 대붕[38]에 걸터앉으니　　　　有客淸秋跨大鵬
표연히 푸른 구름 위로 바로 날아오르는구나.　　飄然直上碧雲層
열흘 만에 금강계[39]를 모두 밟아보고　　　　　一旬踏盡金剛界
동명[40]을 향해 울릉도를 지나가네.　　　　　　還向東溟過鬱陵

---

36 불정대(佛頂臺) : 강원도 고성군 서면 백천교리 금강산에 있던 사찰. 유점사에 딸렸던 암자다.

37 백대붕(白大鵬) : ?~1592. 조선 선조 때의 평민 시인. 전함사(典艦司)의 노복으로 시에 능했다. 1590년 황윤길(黃允吉)이 일본에 통신사로 갈 때 서장관 허성(許筬)을 따라 다녀왔고, 1592년 임진왜란 때 순변사(巡邊使) 이일(李鎰)을 따라 상주 전투에 참가했다가 전사했다.

38 대붕(大鵬) : 『장자(莊子)』 소요유(逍遙遊)에 나오는 말. 날개가 마치 하늘을 뒤덮은 구름과 같이 크다고 하며, 바닷바람이 몰아칠 때 회오리바람을 일으키며 하늘로 치솟아 구만리 창공을 날아 남쪽 바다로 유유히 날아간다고 한다. 여기서는 함께 동행했던 백대붕의 이름에서 연상되어 나온 것으로 보인다.

39 금강계(金剛界) : 대일여래(大日如來)의 지덕(智德)을 열어 보인 공간으로, 불(佛), 금강(金剛), 보(寶), 연화(蓮華), 갈마(羯磨)의 5부로 되어 있다. 여래가 내증(內證)한 지덕은 그 체(體)가 견고하여 생사 중에 빠져도 괴멸하지 않고, 도리어 능히 모든 번뇌를 깨뜨리는 좋은 작용이 있기 때문에 비유하여 금강이라 한다.

40 동명(東溟) : 두 가지 뜻으로 볼 수 있다. 하나는 강원도 강릉(江陵)의 옛 이름이고, 또 하나는 동해(東海)의 다른 말이다.

완평부원군[41] 이원익[42] 공에게 올린다.

上完平府院君 李公元翼

산 아래 호젓한 몇 칸 자리 집이 있고　　　　山下蕭條屋數間

개울 건너 솔 그림자가 처마 끝에 드리웠구나.　隔溪松影落簷端

십여 년을 황각[43]에서 경륜하던 그 솜씨로　　十年黃閣經綸手

돌아와 의서(醫書)를 펼치고 문 닫은 채 읽고 있네.　還把醫書閉戶看

....

41 부원군(府院君) : 왕비의 부(父) 또는 정1품 공신(功臣)의 작호(爵號).

42 이원익(李元翼) : 1547~1634. 본관은 전주고, 자는 공려(公勵)며, 호는 오리(悟里)고,
시호는 문충(文忠)이다. 임진왜란 때 왕을 호종(扈從)했고, 평양 탈환작전에서 공을
세웠다. 1615년 폐모론(廢母論)을 반대하여 홍천(洪川)에 유배되었다가 1619년 풀려났
다. 이괄의 난 때 공주까지 왕을 호종하고 돌아와, 낙향했다. 문장에 뛰어났으며, 남인
(南人)에 속했지만 성격이 원만하여 정적들에게도 호감을 샀다. 여주의 기천서원(沂川
書院) 등 여러 서원에 배향되었다. 저서에 『오리집』과 『속오리집』, 『오리일기』 등이
있다.

43 황각(黃閣) : 조선시대 영의정, 좌의정, 우의정의 삼공(三公)이 근무하던 정청(政廳).
곧 의정부(議政府)의 별칭이다. 또는 삼정승을 가리키기도 한다.

기성[44]에서 학관[45] 이달[46]의 시에 차운하여
箕城 次李學官 達 韻

하늘가에서 우연히 만나 정은 더욱 새로운데   天涯邂逅若爲情
이 땅이 번화한 것은 옛 서울이기 때문이지   此地繁華是舊京
서러워라 한 평생이 그 얼마이던가   惆悵一生能幾許
해마다 먼 길 유랑이 길게 이어지네.   年年長作遠遊行

44 기성(箕城) : 평양(平壤)의 다른 이름.
45 학관(學官) : 삼국시대부터 조선시대에 이르기까지 각급 교육기관에서 학생들을 대상
    으로 학업을 담당하던 관원을 일컫는 말. 교관(敎官), 교수관(敎授官)이라고도 했다.
46 이달(李達) : 1539~1609. 삼당파(三唐派) 시인으로 불리는 조선 중기의 시인. 본관은
    신평(新平)이고, 자는 익지(益之)며, 호는 손곡(蓀谷) 또는 동리(東里), 서담(西潭)으
    로, 충남 홍주 출생이다. 한시의 대가로, 문장과 시에 능하고, 글씨에도 조예가 깊었지
    만, 신분적 한계로 벼슬은 한리학관(漢吏學官)에 그치는 등 타고난 재능에 비해 불우한
    삶을 살았다. 문집에 『손곡시집』이 전한다.

어촌에서

漁村

쪽배를 타다가 바다낚시 바위 가에 정박하니　　　　孤舟移泊釣磯邊
어촌의 성근 울타리 사이로 푸른 연기가 가물거린다.漁戶疎籬隔翠烟
산자락엔 지는 해가 걸려 바닷물도 붉게 물들었고　斜日半山紅蘸水
흰 갈매기는 거울 같은 하늘 위를 오가는구나.　　　白鷗來往鏡中天

새하곡[47]

塞下曲

수십 만 흉노[48]족들을 단칼에 베어버리고   斬盡匈奴十萬頭
돌아오니 적국의 피가 초구[49]를 물들였네.   歸來戰血染貂裘
교하에 눈은 그치고 차가운 달빛만 응어리졌는데   交河霽雪凝寒月
홀로 칼[50]을 차고 수루[51]에 오르는구나.   獨把靑蛇上戍樓

---

47 새하곡(塞下曲) : 변방에서 부르는 노래. 중국 당나라 때부터 유행하기 시작한 시가 내
   용의 하나로, 국경 지역을 다니면서 그 곳의 색다른 풍경이나 습속, 또는 고독한 나그네
   의 근심 등을 표현한 데서 나왔다. 또는 국경 지방에서 벌어지는 치열한 전투 상황이나
   주민들의 고통을 가리키기도 했다.

48 흉노(匈奴) : 기원전 3세기 말부터 기원후 1세기 말까지 몽골고원과 만리장성 일대를
   중심으로 활약한 유목기마민족 및 그들이 형성한 북몽골과 중앙아시아 일대의 국가를
   일컫는 말. 여기서는 북쪽 변방을 침입한 외적으로 일컫는 말로 쓰였다.

49 초구(貂裘) : 담비의 모피로 만든 가죽옷. 여기서는 장수가 입은 갑옷을 말한다.

50 칼[靑蛇] : '청사'는 말 그대로 푸른빛을 띤 뱀인데, 옛날 명검(名劍)의 이름이기도 하다.

51 수루(戍樓) : 변방에서 적정(敵情)을 살피던 망루를 일컫는 말.

탕춘대[52]에서

蕩春臺

한가한 날에 꽃향기 찾아 옛 누대에 오르니   暇日尋芳上古臺
무릉에서 흐르는 물에 꽃잎이 둥둥 떠 있네.   武陵流水泛花來
눈에 가득 차오르는 마음 아픈 일들일랑   還將滿目傷心事
모두 동풍에 맡기고 한 잔 술로 달래노라.   都付東風酒一盃

---

52 탕춘대(蕩春臺) : 조선시대 1504년 서울 장의문(藏義門) 밖에 지은 누대. 연산군이 이곳
에서 자주 연회를 베풀었다.

양류[53]사

楊柳詞

2월에 버들 자란 둑[54]에는 봄이 다가왔는데　　二月隋堤楊柳春

가는 가지 고운 잎새가 비 맞아 새롭구나.　　織枝嫩葉雨中新

느릿느릿 북[55]은 오가며 규방의 근심은 깊어가는데　　鶯梭謾織深閨恨

이정[56]에 묶어 두지 못하고 멀리 님과 이별하네.　　不繫離亭遠別人

---

53 양류(楊柳) : 보통 버드나무를 말하지만, 시에서는 시첩(侍妾)이나 가희(歌姬)를 뜻하기도 한다. 그리하여 '양류사'는 연정(戀情)의 노래를 뜻한다.

54 둑[隋堤] : '수제'는 수양제(隋煬帝)가 운하를 파고 운하를 따라 쌓은 둑. 이곳에 버들을 줄지어 심었다고 한다. 일반적으로 둑이나 방죽을 이렇게도 부른다.

55 북[鶯梭] : '앵사'는 꾀꼬리가 오가는 듯이 움직이는 북[梭]을 가리키는 말.

56 이정(離亭) : 이궁별관(離宮別館)에서 조금 떨어진 길거리에 세워진 일종의 휴게소. 옛날에 이곳에서 송별(送別)을 하곤 했다.

우이동에서

牛耳洞

도롱이 쓰고 말에 걸터앉아 도성을 나서니	披蓑跨馬出城都
비 온 뒤 산 빛이 안개 속에 가물거리네.	雨後山光乍有無
해는 조금 떠오르고[57] 구름은 반쯤 걷혔는데	日上三竿雲半卷
우뚝한 바위며 가파른 언덕이 새로운 그림을 펼쳤노라.	攢巖疊嶂展新圖

---

57 해는 조금 떠오르고〔三竿〕 : '삼간'은 아침 해가 대나무로 만든 장대 셋을 이어 댄 정도의
  높이에 뜬 것을 일컫는 말로, 오전 8시경을 뜻한다.

계랑에게 주노라

贈癸娘

일찍이 남쪽 땅에서 떨친 그대의 이름을 들었더니	曾聞南國癸娘名
시운이며 가사가 낙성[58]까지 울려 퍼졌네.	詩韻歌詞動洛城
오늘 서로 참 모습을 보았으니	今日相看眞面目
선녀가 삼청[59]에서 내려왔나 의심하노라.	却疑神女下三淸

---

58 낙성(洛城) : 낙양성(洛陽城). 주(周)나라의 무왕(武王)이 상(商)나라의 주왕(紂王)을
주멸(誅滅)하고 구정(九鼎)을 옮겨 두었던 곳. 주나라의 땅인 낙읍(洛邑)인데, 이 낙읍
은 뒤에 낙양으로 일컬어진 주나라의 서울 이름이다. 여기서는 조선의 수도 한양(漢陽)
을 일컫는다.

59 삼청(三淸) : 도교(道敎)에서 말하는 삼원(三元)의 화생(化生)인 삼보군(三寶君)이 관
할하는 영역인 옥청(玉淸)과 상청(上淸), 태청(太淸), 또는 천보군(天寶君)과 영보군
(靈寶君), 신보군(神寶君)의 삼보군을 일컫는 말. 아울러 도교의 성수숭배(聖宿崇拜)와
관련하여 하늘 위에 있는 별들의 세계를 옥청과 상청, 태청으로 나누고 이를 삼청이라고
도 한다.

길을 가다가

途中即事

낯선 땅이라 지친 객정을 견디기 어려운데   異地難堪倦客情
초나라 구름과 남만[60]의 비가 귀로를 어지럽히네.   楚雲蠻雨暗歸程
때때로 북녘을 바라보며 두 눈을 크게 뜨니   時時向北開雙眼
하늘 너머가 고향인데 머리터럭만 셌구나.   天外鄕山一髮靑

---

60 남만(南蠻) : 남쪽 오랑캐. 남쪽 지방의 이민족으로 만(蠻)이라 불렸다. 주로 유구(琉球)나 섬라(暹羅) 등을 가리킨다.

길을 가다 계랑을 생각하면서
途中憶癸娘

한 번 님과 헤어지니 아득히 멀어져서	一別佳人隔楚雲
나그네 심사가 발길마다 어지럽구나.[61]	客中心緖轉紛紛
청조[62]도 날아오지 않아 소식조차 끊겼으니	靑鳥不來音信斷
벽오동에 찬비 날리는 소리를 견딜 수 없어라.	碧梧凉雨不堪聞

---

61 어지럽구나〔紛紛〕: '분분'은 어지러운 모양.

62 청조(靑鳥): 삼족오(三足鳥)라고도 한다. 한무제(漢武帝) 고사에 따르면 7월 7일에 홀
연히 청조가 날아와 궁전 앞에 모여들자 동방삭(東方朔)이 "이는 서왕모(西王母)가 찾아
오려는 것이옵니다." 말했다. 과연 조금 뒤에 서왕모가 왔는데, 청조 세 마리가 서왕모
곁에서 모시고 있었다. 이 일로 후세 사람들이 사자(使者)를 가리켜 '청조'라 불렀다.

여관에서 당시(唐詩)의 운을 차운하여

旅店 次唐詩韻

고향은 아득히 광릉 서쪽에 있는데   故園遙在廣陵西
봄날에 고향 가고파도 길은 더욱 어지럽구나.   芳草歸心路更迷
산 달은 이제 지고 하늘엔 새벽이 오려는데   山月初沉天欲曉
푸른 구름 깊은 곳에서 두견새가 우짖네.   碧雲深處杜鵑啼

장난삼아 계랑에게 주노라

戲贈癸娘

복숭아꽃이 붉고 요염해도 한 때의 봄일 뿐이고	桃花紅艶暫時春
수달의 골수(骨髓)[63]로도 찡그린 고운 뺨을 고칠 수 없네.	㺚髓難醫玉頰嚬
선녀[64]가 외로운 잠자리를 견디지 못하고	神女不堪孤枕冷
무산[65]에서 구름과 비가 되어 자주 내려왔지.	巫山雲雨下來頻

---

63 수달의 골수〔㺚髓〕: '달수'는 수달의 뼈 속에 있다는 기름. 『습유기(拾遺記)』에 손화가 (孫和)가 수정여의(水晶如意)라는 춤을 추다가 잘못하여 등부인(鄧夫人)의 뺨에 상처를 냈는데, 의원이 "백달수(白㺚髓)를 호박설(琥珀屑)에 섞어 바르면 흉터가 없어질 것입니다." 대답했다고 한다.

64 신녀(神女): 무산녀(巫山女). 무산의 신녀. 초나라의 양왕이 무산의 고당(高唐)이란 누대에서 낮잠을 자다가 그녀를 만나 남녀의 사랑을 나누었다고 한다. 무산은 중국 사천성 기주부 무산현의 동쪽에 있는 명산으로, 산에 높다란 봉우리 12개가 있다.

65 무산(巫山): 산 이름. 중국 사천성(四川省) 동쪽에 12개의 봉우리로 이루어진 산이다. 장강(長江)이 그 사이를 꿰뚫고 흐르면서 삼협(三峽)을 형성한다.

저물녘 길을 가면서
晚行

골짜기 앞에는 갈 길을 물을 사람도 없는데
갈림길에 홀로 섰자니 온갖 근심 솟아나네.
산성에 해는 기울고 바람 안개 자욱한데
강 너머로 아득히 절구 소리가 들려온다.

峽口無人問去程
臨歧獨立百憂生
山城日暮風烟暝
隔岸遙聞一杵鳴

기름 종이 천막에 적힌 석천의 시에 차운하여

次紙幕石泉韻

돌구멍 사이로 찬 샘물이 거울처럼 솟는데 石竇寒泉鏡面開
엷은 물결 찰랑이면서 고운 이끼를 띄우네. 微波瀲灩漾瓊苔
소매 걷고 고요히 비친 하늘[66]을 바라보니 披襟靜對涵虛處
비로소 바닥에서 활수[67]가 솟는 것을 보노라. 始見源頭活水來

---

66 하늘[涵虛] : '함허'는 물 위로 하늘이 비추는 것을 일컫는 말.
67 활수(活水) : 근원(根源)이 있어 항상 흐르는 물이란 뜻으로, 사수(死水, 흐르지 않는 물)의 반대되는 말.

수안⁶⁸에서 눈(雪)을 노래하노라

遂安詠雪

요양 옛 고을 성으로 어가를 호종하니	扈衛遼陽古郡城
바람이 숲이며 들판에 눈가루를 뿌리네.	風飄瓊屑灑林坰
아이들아, 산길이 묻힌다 싫어 말거라	村童莫厭埋樵逕
하늘이 행궁⁶⁹을 위해 옥경⁷⁰을 만드심이니라.	天爲行宮作玉京

---

68 수안(遂安): 황해도 동북부에 있는 고을 이름. 고려시대에 몽골군과 거란군에게 자주
침략을 당한 고을 중 하나다.

69 행궁(行宮): 임금이 궁 밖으로 행차할 때 임시로 머무르던 별궁(別宮). 이궁(離宮)이라
고도 한다. 고려 및 조선시대의 역대 임금들은 본궁 이외에 전국에 행궁을 세우고 지방
순행 시 처소로 사용하거나 전란 발생 시 피난처로 사용하기도 했다. 조선시대의 행궁으
로는 세조 때의 온양행궁(溫陽行宮)과 인조 때의 광주행궁(廣州行宮), 강화행궁(江華行
宮), 숙종 때 남한산성의 행궁, 정조 때의 수원행궁(水原行宮) 등이 있다.

70 옥경(玉京): 백옥경(白玉京). 옥황상제가 산다고 하는 하늘나라의 도성.

생양관⁷¹에서

生陽舘

봄날 와서 예전에 놀던 곳을 다시 찾으니   春來又到曾遊地

쓸쓸한 기운 가득한 것이 지난날과 다르구나.   滿目淒凉異昔時

누가 난리 통에 이별이 적었다 말하는가   誰道亂離離別少

생양관에 버들은 다 지고⁷² 가지조차 없는 것을. 生陽舘柳盡無枝

---

71 생양관(生陽舘) : 평양부(平壤府)에서 남쪽으로 얼마 떨어져 있지 않은 중화군(中和郡)
에 있던 역관(驛舘).

72 버들은 다 지고〔柳盡〕 : 이별이 잦아 그때마다 버들잎을 따주어 지금은 하나도 남아
있지 않다는 말.

이제묘[73]에서

夷齊廟

고죽국[74]의 맑은 바람이 만고 세월 불었으니	孤竹淸風吹萬古
지금도 높은 절개는 하늘과 맞닿았네.	至今高節與天齊
은나라 주나라 흥망성쇠를 누구에게 물어 보리오	殷周興廢憑誰問
빈산에 달빛만 찼고 물은 개울을 흐를 뿐인 것을.	月滿空山水滿溪

---

73 이제묘(夷齊廟) : 황해도 해주(海州) 수양산(首陽山)에 있는 백이(伯夷)와 숙제(叔齊)
의 사당. 조선 숙종(肅宗) 때 '청성묘(淸聖廟)'라는 어필(御筆)을 내렸다.

74 고죽국(孤竹國) : 중국 은(殷)나라 때 하북성(河北省) 노룡(盧龍) 부근에 있던 제후국의
하나. 백이와 숙제가 고죽군(孤竹君)의 아들이라는 전설이 있는데, 주(周)나라 초에
기자(箕子)가 봉해진 곳으로도 알려져 있다.

나그네 길에서
客中卽事

푸른 바다는 아득하게 하늘 끝에 닿았는데	碧海茫茫天一涯
나그네 심사는 귀밑털처럼 허옇게 셌구나.	旅遊心事鬢添華
고흥[75] 땅은 정녕 탐라[76]와 가까우니	高興正與耽羅近
푸른 귤 누런 감이 곳곳에 많기도 해라.	綠橘黃柑處處多

---

75 고흥(高興) : 전라남도 남해안에 있는 군(郡). 고흥반도와 유인도 38개, 무인도 122개로 이루어져 있다. 동쪽은 순천만(順天灣)을 건너 여수시와, 서쪽은 보성만(寶城灣)을 건너 보성군·장흥군과 접하고, 남쪽은 다도해에 면한다.

76 탐라(耽羅) : 제주(濟州)의 옛 이름. 『고려사(高麗史)』 지리지에 고(高)와 양(梁), 부(夫) 3성(姓)의 개벽 설화가 전하는데, 이로 보면 처음에는 세 씨족이 촌락사회를 이루었다가 그 후 탐라소국으로 성장한 것으로 보인다.

만월대[77]에서
滿月臺

산은 첩첩 이어지고 물도 빙빙 돌아가는데   山回重疊水重回
빈 숲에는 갈까마귀 울고 길은 막혔네.   鴉噪空林路不開
오직 하늘가에 뜬 한 조각 달만이   唯有天邊一片月
밤 들자 의연하게 황량한 누대를 비춘다.   夜來依舊照荒臺

---

77 만월대(滿月臺) : 경기도 개성(開城) 송악산(松嶽山) 남쪽 기슭에 있는 고려 왕궁 터의
이름. 궁전은 1361년에 모두 불타 소실되었다.

계랑에게 보내노라
寄癸娘

이별한 뒤에 다시 만날 기약이 없으니   別後重逢未有期
초나라 구름, 진나라 나무[78] 신세라 꿈에서나 그리워하네.   楚雲秦樹夢相思
어떻게 하면 함께 달 뜬 동루에 기대어서   何當共倚東樓月
완산[79]에서 취해 시 짓던 일을 이야기할 꺼나.   却話完山醉賦詩

---

78 초나라 구름, 진나라 나무[楚雲秦樹] : '초운진수'에서 초나라와 진나라는 남쪽으로 멀리
　　떨어져 있는 나라. 그리하여 서로 멀리 헤어져 있는 것을 비유한다.
79 완산(完山) : 전북 전주(全州)의 옛 이름.

이생원[80] 별장의 시에 차운하여
次李生員別墅韻

시내에는 눈발도 걷히고 달빛은 비스듬히 비치는데 　滿溪晴雪月華斜
돌아가는 홍취는 완연히 대규[81]를 찾는 듯[82]하구나. 　歸興渾如訪戴家
바람타고 스미는 향기가 처마 너머로 떨어지니 　風送暗香簷外落
일찍 핀 매화 향기도 묻어 있음을 알겠노라. 　箇中知有早梅花

----

80 생원(生員) : 조선시대 생원시(生員試)에 합격한 사람. 생원 가운데는 문과에 응시하여
관직에 나가거나 성균관에 들어가지 않고 참봉, 훈도, 오위장 등 종9품직에 제수되는
경우도 있었다.

81 대규(戴逵) : 325?~395. 동진(東晉) 초국(譙國) 사람. 자는 안도(安道)다. 박학했고
담론을 좋아했다. 글을 잘 지었고, 거문고를 잘 뜯었으며, 인물과 산수, 종교화에도
능했다. 인물과 산수를 동적인 기법으로 그려 산수화의 선구적인 역할도 했다. 세상과
어울리기를 싫어해 무릉왕(武陵王) 사마희(司馬晞)가 와서 거문고를 연주하라는 명령
을 단호하게 거절했다. 나중에 회계(會稽) 섬현(剡縣)으로 옮겼다. 왕휘지(王徽之)가
눈 내리는 밤에 찾아왔다가 문 앞까지 와서는 돌아간 적도 있다. 진효무제(晉孝武帝)
때 여러 번 불렸지만 나가지 않았다. 작품에 「삼마백락도(三馬伯樂圖)」와 「손작고사도
(孫綽高士圖)」, 「칠현도(七賢圖)」 등이 있다.

82 찾는 듯[訪戴] : '방대'는 친구를 방문함. 진(晉)나라의 왕희지(王羲之)가 산음(山陰)에
서 살 때, 눈이 하얀 겨울 달밤에 문득 섬계(剡溪)의 친구 대규(戴逵) 생각이 나서 작은
배를 몰고 집 앞에까지 찾아갔지만, 흥이 다해 그냥 돌아왔다는 데서 나왔다.

상국 심희수[83] 댁에서 소나무를 노래하다

沈相國 喜壽 宅詠松

외로운 소나무 한 그루 기댈 곳도 없는데   一松孤立四無依
가지며 잎새가 떨어져서 형세가 위태롭구나.   枝葉凋零勢已危
굳센 절개는 본래 눈바람 속에서 꿋꿋하니   勁節本宜風雪裏
어찌 도리를 좇아 아리따운 자태를 시샘하리오.   肯隨桃李妬芳姿

---

83 심희수(沈喜壽) : 1548~1622. 본관은 청송(靑松)이고, 자는 백구(伯懼)며, 호는 일송
(一松) 또는 수뢰누인(水雷累人)이고, 시호는 문정(文貞)이다. 1591년 별시문과에 급제
했다. 그 해 응교(應敎)로 동래(東萊)에서 왜국 사신을 맞았다. 임진왜란 때 의주(義州)
로 왕을 호종, 중국 사신을 만나 능통한 중국어로 명장(明將) 이여송(李如松)을 맞았다.
저서에 『일송문집』이 있다.

공주 목백[84]의 시에 차운하여 강정랑에게 드리노라

次公州牧伯韻 贈姜正郎

청산은 사방으로 둘렸고 사립문은 닫혔는데	數疊靑山獨掩扉
담장 너머 다듬이 소리는 비낀 햇살에 흔들린다.	隔籬砧杵動斜暉
벽마다 쌓인 도서에 향 피우고 앉았으니	圖書滿壁焚香坐
찾아오는 손님도 없어 문간 앞이 쓸쓸하구나.	門巷寥寥客到稀

---

84 목백(牧伯) : 주군(州郡)의 장관(長官)을 가리키는 말. 관찰사(觀察使).

월계를 지나는 길에

月溪途中

산은 빗기를 머금었고 물에서는 안개가 피어	山含雨氣水生煙
푸른 풀 우거진 호반에는 백로가 졸고 있네.	靑草湖邊白鷺眠
길은 해당화 꽃밭으로 굽어지는데	路入海棠花下轉
가지에 핀 흰 꽃[85]들이 채찍을 맞고 떨어진다.	滿枝香雪落揮鞭

---

85 흰 꽃〔香雪〕: '향설'은 하얀 꽃을 비유하는 말.

용진⁸⁶에서 진관 벽상에 적힌 시에 차운하여
龍津 次鎭官壁上韻

강가의 높은 누각이 형세는 날아갈 듯한데   臨江傑閣勢飛騰
좋은 시구 이루어질 때 좋은 경치도 이어지네.   好句圓時好景仍
남녘과 북녘을 오갈 때 지팡이 하나뿐이러니   南去北來唯一杖
나그네 행색이 스님보다 단출하구나.   客中行色淡於僧

---

86 용진(龍津) : 함경남도 문천 지역의 옛 지명. 고려시대에 용진(龍津)이라 이름을 바꾸고
진(鎭)을 두었다.

청평사[87]에서
清平寺

선원[88]의 구곡 시내를 다 건너가니   渡盡仙源九曲溪

봉우리는 어지럽고 나무도 들쭉날쭉.   亂峯重疊樹高低

지팡이 짚고 읊조리다 저물녘에 돌아오니   吟筇散步歸來晚

옛 절에 범종은 울리고 해는 뉘엿뉘엿 넘어가네.   古寺鍾鳴日欲西

---

87 청평사(清平寺) : 강원도 춘성군 북산면 청평리에 있는 사찰. 973년(광종 24) 창건되어
백암선원(白岩禪院)이라 했다. 1068년(문종 22) 이의(李顗)가 중건해서 보현암이라 불
렀다. 1089년 이자현(李資玄)이 중건하면서 청평사로 고쳤다. 회전문(廻轉門, 국보 277
호)이 유명하다.

88 선원(仙源) : 도교(道敎)에서 말하는 신선(神仙)이 사는 곳.

달밤에 족금 시냇가를 노닐면서
月夜遊簇錦溪

시원한 바람이 백반주[89]에서 문득 일어나니 　　　　凉風初起白蘋洲
술 싣고 돌아와 좋은 유람을 즐기노라. 　　　　　載酒歸來作勝遊
족금계[90] 앞으로 밝은 달이 떠오르니 　　　　　簇錦溪前明月上
해오라기 가마우지가 다리 위로 날아가네. 　　　　鷺鷀飛過斷橋頭

---

89 백빈주(白蘋洲) : 하얀 부평초(浮萍草)가 떠다니는 사주(沙洲)를 일컫는 말.

90 족금계(簇錦溪) : 황주(黃州) 성 남쪽 3리 지점으로 흐르는 시내. 황주는 황해도 북쪽에
　　 있는 군(郡)이다.

장덕옹에게, 겸하여 여러 벗에게 보인다

贈張德翁　兼示諸友

버들 꽃 핀 진성에 봄은 더디 가는데　　　　　花柳秦城春日遲
빈 서재에 홀로 앉아 그윽이 그리워하네.　　　空齋獨坐暗相思
시 쓰는 벗들에게 은근히 알려주노니　　　　　慇懃爲報諸詩伴
호사[91]로 스님 찾는 일이 몇 번이겠는가.　　　湖寺尋僧定幾時

---

91 호사(湖寺) : 호숫가에 있는 절. 여기서는 춘천 청평사를 가리키는 듯하다.

영숙 최기남[92]의 시에 차운하여

次崔英叔 奇男 韻

시냇가를 거닐면서 향기로운 화초[93]를 꺾었더니 溪邊散步採芳菲
천성이 게을러 항상 세상과 어그러졌지. 懶性從來與世違
석 달 봄빛[94]이 이제 저물려하노니 九十韶光今已晚
뜰에는 꽃비가 쏟아지고 햇살도 비껴 지네. 滿庭花雨映斜暉

---

92 최기남(崔奇男) : 1586~?. 조선 중기의 위항시인. 자는 영숙(英叔)이고, 호는 구곡(龜谷) 또는 묵헌(默軒)이며, 본관은 영천(寧川)이다. 어려서 신익성(申翊聖)의 문하에 드나들었는데, 신흠(申欽)의 눈에 띄어 시재를 인정받았다. 1648년 윤순지(尹順之)를 따라 일본에 가서 문명(文名)을 떨쳤다. 현종 초 70여 세의 나이로 실록감인원(實錄監印員)이 되어 『실록』 편찬에 참여했다. 1660년 교유하던 위항시인 정담수(鄭聃壽)와 남응침(南應琛), 김효일(金孝一), 최대립(崔大立), 정예남(鄭禮男) 등과 함께 『육가잡영(六家雜詠)』을 간행했다. 저서에 『구곡집』 2권이 있다.
93 화초〔芳菲〕: '방비'는 화초가 향기롭고 꽃다움. 향기롭고 고움.
94 봄빛〔韶光〕: '소광'은 춘광(春光). 봄빛.

허생원과 이별하면서
奉別許生貟

강가 비가 막 그쳐 강물은 흘러가는데   江雨初收江水流
돛단배를 높이 띄우니 광릉은 가을이로다.   布帆高掛廣陵秋
시선이 끊긴 곳에 사람은 멀리[95] 돌아가니   悠悠望斷人歸遠
서풍에 눈물을 씻고 홀로 누대에 기대었노라.   淚灑西風獨倚樓

---

95 멀리〔悠悠〕 : '유유'는 아득하게 먼 모양.

정효순의 시에 차운하여 2수

次鄭孝純韻

길목은 쓸쓸하고 낙엽은 쌓이는데 　　　　　門巷寥寥落葉深
창문 너머 대나무는 푸른 그림자 드리웠네. 　　隔窓脩竹翠陰陰
한가롭게 서재에서 향을 피우고 앉았으니 　　閑齋盡日燒香坐
손으로 당시를 잡아 홀로 읊조린다네.(1) 　　手把唐詩獨自吟

자연을 떠돈 지 어느덧 십여 년인데 　　　　十載溪山放浪遊
석 달 봄이 지나가자 다시 석 달 가을일세. 　　三春過盡又三秋
옷 한 벌 밥 한 끼도 모두 천명[96]이려니 　　　一衣一食皆天命
어찌 구차하게[97] 분수 너머 것을 구하리오.(2) 　何必區區分外求

---

96 천명(天命) : 하늘의 뜻. 하늘이 주재(主宰)하는 명운(命運).
97 구차하게〔區區〕: '구구'는 어리석고 졸렬함. 범용(凡庸). 또는 급히 달리며 힘을 다함.

창랑정에서 배를 띄우고[98]

滄浪亭泛舟

만 길 높이 황강이 바닷가에 솟았는데   萬丈黃岡枕海頭
누선[99]에 술을 싣고 물길을 가르노라.   樓船載酒泛中流
모르겠네. 오늘 이 흥겨운 모꼬지가   不知此日笙歌興
소선[100]의 적벽[101] 유람과 다툴 만하지 않나.   爭似蘇仙赤壁遊

---

98 철원군 갈말읍 정연리의 창랑정은 조선 시대 문인인 월담(月潭) 황근중(黃謹中, 1560~
1633)이 세운 정자이다. 금강산으로 접어드는 길목이라서 많은 문인이 운집하는 명소
였다. 그러나 병자호란(1636) 때 전소되었고, 이후 재건되었지만 6·25전쟁 당시 다시
격전지가 되어 이제는 터만 남아 있다.

99 누선(樓船) : 망루(望樓)가 있는 배. 전투용이나 유희용으로 사용되었다.

100 소선(蘇仙) : 소식(蘇軾). 1036~1101. 북송 미주(眉州) 미산(眉山) 사람. 자는 자첨
(子瞻) 또는 화중(和仲)이고, 호는 동파거사(東坡居士) 또는 설당(雪堂), 단명(端明),
미산적선객(眉山謫仙客), 소염경(笑髥卿), 적벽선(赤壁仙) 등을 썼으며, 애칭으로 파
공(坡公) 또는 파선(坡仙)을 썼다. 소순(蘇洵)의 아들이고 소철(蘇轍)의 형으로 대소
(大蘇)라고도 불렸다. 송나라 최고의 시인이며, 당송팔대가(唐宋八大家)의 한 사람이
다. 당시(唐詩)가 서정적인 데 대하여 철학적 요소가 짙었고 새로운 시경(詩境)을 개척
했다. 대표작 〈적벽부(赤壁賦)〉는 불후의 명작으로 널리 애창되고 있다. 시서화(詩書
畵)에 모두 뛰어났다. 저서에 『동파칠집(東坡七集)』과 『동파지림(東坡志林)』, 『동파악
부(東坡樂府)』, 〈구지필기(仇池筆記)〉, 〈논어설(論語說)〉 등이 있다.

101 적벽(赤壁) : 산 이름. 한(漢)나라 헌제(獻帝) 건안(建安) 13년 10월에 손권과 유비의
5만 연합군이 조조(曹操)의 20만 대군을 무찌른 곳이다. 지금의 호북성(湖北省) 무창
(武昌) 서쪽 적기산(赤磯山)으로 한양(漢陽) 남쪽의 사모산(紗帽山)과 마주하고 있다.

옥당[102]에서 시운을 받아

玉堂呼韻

난파[103]에 가을이 들어 해는 또 기우는데　　　　秋入鑾坡日又斜
옥섬돌에 고운 풀에는 이슬이 함초롬하네.　　　玉階瑤草露華多
시인[104]이라 천성이 게을러 뒤늦게 돌아오니　　騷人性懶歸來晚
분지[105]에는 백우화[106]가 다 떨어지고 말았구나.　落盡盆池白藕花

---

102 옥당(玉堂) : 홍문관(弘文館)을 달리 일컫는 말. 또는 홍문관의 부제학(副提學) 이하
　　　교리(校理), 부교리(副校理), 수찬(修撰), 부수찬(副修撰) 등 실무를 담당하는 관원을
　　　총칭하여 부르는 말이다.

103 난파(鑾坡) : 한림원(翰林院)의 다른 이름. 당나라 덕종(德宗) 때 학사원(學士院)을 금
　　　란전(金鑾殿) 옆 금란파(金鑾坡)에 옮겼는데, 이때부터 한림원의 다른 이름으로 쓰이
　　　게 되었다.

104 시인〔騷人〕 : '소인'은 소인묵객(騷人墨客). 중국 초(楚)나라의 굴원(屈原)이 지은 『이
　　　소(離騷)』에서 유래한 말로, 시인(詩人)과 문사(文士)를 일컫는다.

105 분지(盆池) : 땅에 화분을 묻고 물을 끌어들여 만든 작은 연못. 수생화초(水生花草)를
　　　심어 관상용으로 썼다.

106 백우화(白藕花) : 하얀 연꽃을 가리키는 말.

허도사[107]의 시에 차운하여

次許都事韻

가랑비 소슬하게 내리고[108] 밤은 이미 깊었는데
빈 섬돌에 풀은 지고 벌레 소리만 울려오네.
옷깃 여미고 등불 아래 마주 대하니
말은 다했어도 그리는 마음은 담지 못했네.

小雨蕭蕭夜已深
空階草沒候虫吟
披襟坐對孤燈下
話盡相思不見心

---

107 도사(都事) : 조선시대에 주로 관리의 감찰과 규탄을 맡아보는 종5품의 벼슬. 중앙의
경우 충훈부(忠勳府), 의빈부(儀賓府), 의금부(義禁府), 개성부(開城府), 충익부(忠翊
府), 중추부(中樞府), 오위도총부(五衛都摠府) 등에 딸렸으며, 각도 감영(監營)의 경우
에는 감사 다음가는 벼슬로 지금의 부지사(副知事)와 같다. 지방관리의 비행을 감찰하
고 과시(科試)를 맡아보았다.
108 소슬하게 내리고〔蕭蕭〕: '소소'는 가랑비가 내리는 모양.

최감찰[109]의 원림 연회에서

崔監察園林宴會

소나무 단에 줄지어 앉아 술잔을 날리니	松壇列坐亂飛觴
골짜기에 비는 걷히고 저물녘 찬 바람 불어오네.	洞雨初收散晚凉
태액지[110] 가까운 곳에 좋은 모임을 가졌으니	太液近臨佳會處
맑은 바람이 흰 연꽃 향기를 때로 보내는구나.	好風時送白蓮香

---

109 감찰(監察) : 조선시대 사헌부(司憲府)의 정6품직. 태조 원년(1392) 7월 관제신정(官制新定) 때 설치되었는데, 그 직함이 나타내는 대로 내(內), 외관(外官)의 비위(非違)를 실제로 감찰하는 임무를 수행했다. 또 각사(各司)로부터의 청대(請臺, 사헌부의 검찰을 요청하는 일)에 파견되기도 했다.

110 태액지(太液池) : 연못 이름. 한(漢)나라의 태액지는 장안현의 서쪽에 있었으니 건장궁(建章宮)의 북쪽이고 미앙궁(未央宮)의 서남쪽이었다. 당(唐)나라의 태액지는 장안현의 동쪽 대명궁(大明宮) 안에 있었고, 명(明)나라의 태액지는 북경의 서원(西苑) 안에 있었다.

국화를 노래함

詠菊

사는 것이 냉담하여 남긴 물건이 없더니	生涯冷澹無餘物
다만 빈 섬돌에 늦가을 국화가 있을 뿐.	只有空階晚菊花
서늘한 향기를 품에 안고 달빛을 바라보니	滿把寒香仍對月
우리 집의 맑은 홍취는 도연명[111]과 같아라.	吾家淸興似陶家

---

111 도연명〔陶家〕: 도잠(陶潛). 356~427. 동진(東晉) 여강(廬江) 심양(潯陽) 사람. 자는
연명(淵明) 또는 원량(元亮)이고, 문 앞에 버드나무 다섯 그루를 심어 놓고 오류선생
(五柳先生)이라 자호했다. 고을의 좨주(祭酒)가 되었지만 관리의 직무를 감당하지 못
하고 사직한 뒤 돌아왔다. 다시 생활을 위해 진군참군(鎭軍參軍)과 건위참군(建衛參軍)
등의 관직을 지냈다. 팽택현령(彭澤縣令) 때 오두미(五斗米) 때문에 허리를 굽히는
일을 견뎌내지 못하면서 항상 전원생활에 대한 사모의 정을 달래지 못하다가 안제(安
帝) 의희(義熙) 2년(406) 41살 때 누이의 죽음을 구실 삼아 팽택현령을 사임한 뒤
다시는 관계(官界)에 나가지 않았다. 이때 쓴 글이 「귀거래사(歸去來辭)」다. 시 외에
〈오류선생전(五柳先生傳)〉과 〈도화원기(桃花源記)〉 등 산문에도 뛰어났고, 지괴소설
집(志怪小說集) 『수신후기(搜神後記)』의 작자로도 알려져 있다. 사시(私諡)는 정절(靖
節)이다. 저서에 『도연명집(陶淵明集)』이 있다.

매죽헌의 시에 차운함

次梅竹軒韻

문 앞에 가을 시냇물이 맑아 빈 듯한데[112]   門前秋水淨涵虛

근래에 집을 짓고 은거하기를 익히는구나.   卜築年來學隱居

나그네 와서 즐길 물건이 없다고 말을 말게   客到莫言無玩物

난간을 둘러 매화와 대나무가 둘러 피어 있으니.[113]   一軒梅竹共扶踈

112 빈 듯한데〔涵虛〕: '함허'는 물 위로 하늘이 비추는 것을 일컫는 말.

113 피어 있으니〔扶踈〕: '부소'는 가지나 나뭇잎이 무성하게 자라난 모양.

극적루[114] 시에 차운하여

次克敵樓韻

빈산에 갈까마귀 울고 눈은 성에 가득한데	鴉噪空林雪滿城
떠도는 이의 심사는 가라앉히기 어렵구나.	旅遊心事轉難平
당시의 승패를 누구에게 물어볼까	當時勝敗憑誰問
극적루 앞에는 달만 홀로 밝구나.	克敵樓前月獨明

---

114 극적루(克敵樓) : 경기도 안성시에 있던 누대. 1362년(고려 공민왕 11) 남하하는 홍건
적의 선봉을 주민과 관원들이 힘을 합쳐 막아낸 일을 기념해 세워졌다. 폐허였다가
지금은 복원되었다.

나그네 길에서 두견새 소리를 듣고
客中聞杜鵑

비 그친 뒤 산 빛깔이 푸르고 흐릿한데　　　　雨餘山色翠霏微
관도115에 버들가지가 흩날리는 때라네.　　　　正是官途柳絮飛
두견새도 나그네 고충을 잘 아는지　　　　　　杜宇亦知爲客苦
은근히 나에게 돌아가라116 권하는구나.　　　　慇懃勸我不如歸

---

115 관도(官途) : 국가의 관리 아래 놓여 있는 도로.
116 돌아가라〔不如歸〕 : '불여귀'는 두견〔소쩍새〕의 다른 이름. 중국 촉(蜀)나라 망제(望
帝)의 죽은 넋이 살아나 소쩍새가 되었다는 전설에서 두견새는 귀촉도(歸蜀道), 두우
(杜宇), 두백(杜魄), 망제혼(望帝魂), 자규(子規), 촉백(蜀魄), 촉조(蜀鳥), 촉혼(蜀魂)
등의 여러 이름을 가지게 되었다. 소쩍새의 울음소리를 뜻한다.

한가할 때 2수

閒中卽事

인간 세상 온갖 일들 탄식이 절로 나오니	人間萬事儘堪嗟
팔십 년 세월이 꿈처럼 지나갔네.	八十年光一夢過
문간은 쓸쓸하고 가을 풀도 이울었는데	門巷寥寥秋草沒
홀로 텅 빈 난간에 기대 연꽃을 감상하노라.(1)	獨憑虛檻賞蓮花

기둥 몇 개로 작은 집을 물가 남쪽 마을에 지었는데	數椽精舍水南村
밤비 내리고 귀뚜라미 소리는 풀잎에서 지즐거리네.	夜雨寒蛩咽草根
여든 노옹에게 이렇다 할 일 없으니	八十老翁無箇事
진송정 아래에서 손주놈들과 희롱하지.(2)	眞松亭下戲兒孫

동악 상공 이안눌[117]의 수운정 시에 차운하여
敬次東岳李相公 安訥 水雲亭韻

남쪽 호숫가에 지난 밤 내린 비가 걷히니　　　　南湖昨夜雨初收
물빛이며 산 빛이 누대 하나에 오롯하네.　　　　水色山光共一樓
머물러 용문에서 초승달이 뜨길 기다리노니　　　留待龍門新月上
흥에 겨워 배를 띄워도 나쁘지 않겠구나.　　　　不妨乘興泛中流

이안눌의 원운　　　　　　　　　　　　　　　元韻 東岳
주인은 배를 타고 고기 잡으러 떠났으니　　　　主人乘艇釣魚去
저물녘에 홀로 강가 누대에 오르노라.　　　　　日暮獨登江上樓
한 가락 거문고 소리에 몇 잔 술을 마시니　　　一曲瑤琴數盃酒
쪽진 머리 계집종도 또한 풍류라 하겠구나.　　　叉鬟婢子亦風流

---

117 이안눌(李安訥) : 1571~1637. 조선 중기 때의 문인. 본관은 덕수(德水)고, 자는 자민(子敏)이며, 호는 동악(東岳)이고, 시호는 문혜(文惠)다. 1599년 정시문과에 을과로 급제했다. 진하사의 서장관으로 명나라에 다녀왔다. 1632년 주청부사(奏請副使)로 명나라에 가서 인조의 아버지인 정원군(定遠君)의 추존을 허락받아 원종(元宗)이라는 시호를 받아왔다. 청백리에 녹선되고, 시문에 뛰어나 이백에 비유되었으며, 글씨도 잘 썼다. 문집에 『동악집』이 있다.

천수원[118] 시에 차운함

次天壽院韻

천수문 앞에 나뭇잎은 흩날리는데

갈까마귀는 날개를 치며 저녁 숲으로 돌아가네.

지난 왕조 오백 년 흥망의 역사를

슬퍼라 누구에게 시비를 따져볼거나.

天壽門前木葉飛

昏鴉接翅暮林歸

半千興廢前朝事

惆悵憑誰問是非

---

118 천수원(天壽院) : 시의 내용으로 보아 고려의 수도였던 개성(開城)에 있던 건물 또는
사찰로 보인다.

동부도[119] 벽에 쓰노라
題東浮屠壁上

약초 캐던 층층 벼랑엔 눈이 가득 덮였는데　　　　　斸藥層崖雪滿衣

지팡이 짚고 낭랑히 읊조리며 학과 함께 돌아가네.　　　朗吟扶杖鶴同歸

노스님은 사람 세상 일은 관심이 없으셔서　　　　　老僧不管人間事

첩첩한 봉우리 앞에 두고 홀로 사립을 닫았구나.　　　數疊峯前獨掩扉

---

119 부도(浮屠) : 범어 Buddha의 음역(音譯). 고승(高僧)의 사리나 유골(遺骨)을 넣고 쌓은
둥근 돌탑. 승려를 달리 일컫는 말이기도 하다. 부도는 부두(浮頭), 불도(佛圖), 포도
(蒲圖) 등으로 다양하게 표기되기도 한다. 어원적으로는 부처님을 뜻하는 인도의 옛말
붓다(Buddha)에서 유래되었다고 한다.

귀한 손님[120] 이재[121]에게 삼가 올림
敬呈頤齋行軒

버들 꽃이 땅에 가득 흰 털이 흩날리는데   楊花滿地白紛紛
아쉬운 이별에 머뭇거리며 쉽게 못 헤어지네.   惜別躊躇未易分
재 너머 나무와 바다 구름은 천만 리 펼쳤는데   嶺樹海雲千萬里
떠나는 사람은 한 필 말 타고 도성 문을 나선다.   行人一騎出都門

---

120 귀한 손님[行軒] : '행헌'은 옛날에 고귀(高貴)한 사람이 타던 수레를 일컫는 말. 귀한
　　　손님을 가리키기도 한다.
121 이재(頤齋) : 조우인(曹友仁). 1561~1625. 조선 중기의 문신. 본관은 창녕(昌寧)이고,
　　　자는 여익(汝益)이며, 호는 매호(梅湖) 또는 이재(頤齋)로, 예천(醴泉) 출생이다. 글씨
　　　와 그림, 시에 능해 삼절(三絶)이라 불렸고, 글씨는 진체(晉體)와 초서(草書)에 뛰어났
　　　다. 문집에 『매호집』과 가사집 『이재영언(頤齋永言)』이 있다.

나그네 길에 중구일[122]을 맞아
客中逢重九

모양새가 떠도는 쑥대 같아 정처가 없으니	迹似飄蓬無定處
서쪽으로 가는 좁은 길이 양장[123]처럼 둘렀구나.	西來峽路繞羊腸
먼 산 추운 고을에서 좋은 절기를 만났으니	遼山冷郡逢佳節
손에는 노란 국화[124] 들고 고향을 생각하네.	手把黃花憶故鄉

---

122 중구일〔重九〕: '중구'는 중구일(重九日). 음력으로 매년 9월 9일을 중구 또는 중양절이라 한다. 중양이라 하는 것은 9가 양수이기 때문에 양수가 겹치는 것을 이르는 것이다. 중국 고대사회에서는 9를 양수의 극이라 하여, 쌍십절(雙十節)과 함께 큰 명절로 삼아왔다. 우리나라에서는 신라시대부터 명절로 정하여 잔치를 크게 베풀어 군신(君臣)이 즐거움을 같이 했다.

123 양장(羊腸): 양(羊)의 창자처럼 구비가 많은 험난한 길. 『명일통지(明一統志)』에 "양장령은 소주부 천평산 남쪽에 있는데, 염소 창자같이 구불구불하므로 이름이 되었다. (羊腸嶺在天平山南 如羊腸之曲故名)"고 했다.

124 노란 국화〔黃菊〕: 중구일에는 산에 올라 국화전(菊花煎)을 안주 삼아 국화주를 마시면서 고향을 회고한다.

침류대 시에 차운하여
次枕流臺韻

첩첩한 봉우리가 빈 누대를 감쌌는데　　　　　　亂峯重疊擁虛臺
누대 아래 맑은 샘은 거울처럼 펼쳤구나.　　　　臺下淸泉鏡面開
늘그막에 골짜기의 아름다움을 혼자 차지했으니　白首獨專丘壑美
내내 속인이 오는 것을 불허하노라.　　　　　　長年不許俗人來

범사대[125]에서 도일노사께서 오신 것에 감사하며
泛槎臺 謝道一老師來訪

한 번 천마산[126] 첩첩 산중에 드니	一入天摩萬疊山
아득히 폭포[127]가 봉우리에 걸렸구나.	遙看瀑布掛層巒
눈썹 두터운 노스님은 어디서 오셨는가	厖眉老衲來何處
웃으면서 청량봉과 나월봉 사이를 가리키네.	笑指淸涼蘿月間
청량과 나월은 모두 봉우리 이름이다.	淸涼·蘿月 皆峯名

---

125 범사대(泛槎臺) : 황해도 개성(開城) 박연폭포(朴淵瀑布) 옆에 있는 누대 이름. 범사정 (泛槎亭)이라고도 한다. 조선 숙종(肅宗) 때 경기도 개성 박연폭포 아래에 지은 정자 로,『중경지(中京誌)』에 따르면 1700년에 건물을 짓고, 현판을 달았다고 한다. 연대로 볼 때 범사대는 범사정보다 이전에 있던 누대로 보인다.
126 천마산(天摩山) : 황해도 개성에 있는 산 이름.
127 폭포(瀑布) : 박연폭포. 개성 북쪽의 천마산과 성거산 사이 화강암 암벽에 걸쳐 있는 폭포 이름. 산성폭포(山城瀑布)라고도 부른다.

박좌랑[128] 행헌에게 삼가 올림
奉呈朴佐郎行軒

선랑께서 다시 영남으로 돌아가는데 　　　仙郎又向嶺南歸

가을 바람 불어 낙엽 날리는 때라네. 　　　正是秋風木葉飛

성주께서 변방의 일을 근심하고 계시는데 　如今聖主憂邊事

낚싯대 들고 조기[129]에 오르지는 마시기를. 　休把漁竿上釣磯

---

128 좌랑(佐郎) : 조선시대 육조(六曹) 및 도관의 정6품 관직. 각조와 도관에는 2인씩 두고
　　이조(吏曹)에만 1인을 두는 대신 고공좌랑 1인을 추가했다. 상급자인 정5품의 정랑(正
　　郎)과 한 조가 되어 행정 실무를 총괄했는데, 육조의 권한이 강화되고 국정의 중심
　　기구가 되면서 대표적인 청요직(淸要職)이 되었다.

129 조기(釣磯) : 고기를 낚을 때 앉는 바위.

해산정[130]에서

海山亭

외로운 배 닿은 곳이 해산정에 가까우니	孤舟泊近海山亭
땅이 부상[131]에 닿아 있어 밝은 해가 몸을 씻네.	地接扶桑浴日明
산 빛이며 물결무늬가 서로 출렁거리니[132]	岳色波光相蕩漾
큰 고래가 물을 뿜어 비 내리듯 어둡구나.[133]	長鯨噴水雨冥冥

---

130 해산정(海山亭) : 강원도 고성군 고성읍에 있었던 조선시대의 정자. 관동십경(關東十景) 중 한 곳이다. 1567년(명종 22)에 조선 후기의 문신 차식(車軾, 1517~1575)이 건립했다. 바다와 산, 강을 모두 조망할 수 있는 곳에 세워져 있어 바다와 산을 다 취했다고 해서 '해산정'이라는 이름이 붙여졌다.

131 부상(扶桑) : 해 뜨는 곳. 하늘 동쪽 맨 끝에 큰 뽕나무가 있고, 그 가지 위에 금빛의 수탉이 앉아 있는데, 하룻밤을 지내고 해가 뜨려고 하면 이 닭이 운다고 한다. 그러면 세상의 모든 닭들이 따라서 울고, 해가 뽕나무 위로 떠오른다고 한다.

132 출렁거리니〔蕩漾〕: '탕양'은 물결이 출렁거리는 모양. 물결이 일렁거리는 모양.

133 어둡구나〔冥冥〕: '명명'은 어두운 모양.

사선정[134]에서

四仙亭

산 아래 푸른 호수 있고 호수 위에 정자 있으니	山下澄湖湖上亭
몽천의 금빛 풍경 소리가 바위틈에서 들려오네.	夢泉金磬發巖扃
이곳에 신선의 자취 숨었음을 알겠으니	應知此地藏仙跡
돌에 새긴 단서[135] 여섯 자가 선명하구나.	刻石丹書六字明

---

134 사선정(四仙亭) : 금강산 동해안 삼일포(三日浦) 기슭에 있는 정자 이름. 영랑과 술랑, 남랑, 안상 등 사선(四仙)이 금강산에서 놀고 간 것을 기념해 세웠다고 한다.

135 단서(丹書) : 주작(朱雀)이 물고 왔다는 상고(上古)의 도(道)를 적은 글. 주(周)나라 무왕(武王)이 등극한 후에 상보(尙父)에게 상고시대 임금 황제(黃帝), 전욱(顓頊)의 도(道)가 남아있는지 물었는데, 이때 상보는 그것이 단서에 적혀 있다고 대답했다. 또는 돌이나 금속에 새긴 글씨를 말하기도 한다.

청계서재 10영
清溪書齋十詠

1영(詠) 노계에 잔을 띄움　　　　　　　　　　　　　　魯溪泛觴

맑은 시내 한 굽이가 층층 언덕을 감싸는데　　　　　清流一曲遶層岡

날마다 와서 놀면서 술잔을 띄우노라.　　　　　　　日日來遊泛酒觴

만약 난정[136]과 즐거운 일을 다툰다면　　　　　　　若使蘭亭爭勝事

노계의 한가한 맛이 열 배는 더하겠지.　　　　　　　魯溪閑味十分强

2영(詠) 상수리나무 숲에 술동이를 걸어둠　　　　　　櫟林懸壺

거리는 쓸쓸하고 세상 인연도 끊겼는데　　　　　　　門巷寥寥絕俗緣

상수리나무 숲 높은 곳에 옥 술동이를 걸어놓았네.　櫟林高處玉壺懸

해마다 좋은 계절 오면 잔뜩 취할 터이니　　　　　　年年佳節長昏醉

어찌 분지[137]의 이적선[138]이 부러우리오.　　　　　何羨溢池李謫仙

---

136 난정(蘭亭) : 중국 절강성(浙江省) 소흥현(紹興縣) 서남쪽에 있는 정자 이름. 진(晉)나라 왕희지(王羲之)가 세웠다고 한다. 그가 쓴 〈난정서(蘭亭序)〉가 유명하다.

137 분지(盆池) : 땅에 화분을 묻고 물을 끌어들여 만든 작은 연못. 수생화초(水生花草)를 심어 관상용으로 썼다.

138 이적선(李謫仙) : 이백(李白). 701~762. 성당(盛唐) 때 농서(隴西) 성기(成紀) 사람. 선조는 수나라 말에 서역(西域)에서 유입되어 와 안서도호부(安徐都護府) 소속의 쇄엽성(碎葉城)에서 태어났다. 자는 태백(太白)이고, 호는 청련거사(靑蓮居士)다. 중종(中宗) 신룡(神龍) 초에 촉(蜀)의 면주(綿州) 창릉현(昌隆縣) 청련향(靑蓮鄕)으로 옮겨 산동(山東)에서 살았기 때문에 산동 사람이라고도 한다. 두보(杜甫)와 함께 '이두(李杜)'로 병칭되는 중국 최대의 시인이다. 1,100여 편의 작품이 현전한다. 생애는 분명하

3영(詠) 영주월대   靈珠月臺

작은 암자가 높이 걸려 삼태성[139]에 가까운데   小菴高掛近三台

계수나무 그림자가 월만대에 드리웠네.   桂影婆娑月滿臺

깊은 밤에 산바람이 영뢰[140]를 흩트리니   半夜山風靈籟散

피리 부는 학이 하늘에서 내려왔나 싶었지.   却疑笙鶴自天來

4영(詠) 수종폭포[141]   水鍾瀑布

한 줄기 차가운 샘물이 수종에서 흘러나오니   一道寒泉出水鍾

바람이 물방울을 날려 맑은 하늘을 씻는구나.   風吹飛沫灑晴空

나무 하는 아이는 장천이 걸린 줄 모르고   樵童不識長川掛

하늘에 무지개가 뜬 줄 알았네.   錯認中天倒玉虹

5영(詠) 용산에서 고사리를 뜯음   龍山採蕨

동풍 부는 2월 달에 고사리 순이 살쪘으니   東風二月蕨芽肥

아낙들은 바구니 끼고 무리지어[142] 돌아오네.   兒女携筐采采歸

지 못한 점이 많아 생년을 비롯하여 상당 부분이 추정에 의존하고 있다. 가장 오래된
그의 시문집은 송나라 때 편집된 것이고, 주석으로는 원나라 소사빈(蕭士贇)의 『분류보
주이태백시(分類補註李太白詩)』, 청나라 왕기(王琦)의 『이태백집(李太白集)』 등이 있다.

139 삼태성(三台星) : 자미성(紫微星)을 지키는 세 별로, 상태성(上台星)・중태성(中台星)・
하태성(下台星)의 삼태성. 『진서(晉書)』 천문지(天文志)에는 하토(下土)를 관장한다고
했다.

140 영뢰(靈籟) : 아름답게 울려 퍼지는 음악 소리. 신령(神靈)을 맞이하는 악곡(樂曲)을
말한다.

141 수종폭포(水鍾瀑布) : 경기도 과천시 막계동 산 35번지 서울대공원 뒤편 청계산 중턱
옥녀봉에서 혈읍재로 가는 길목에 있는 폭포. 1699년 편찬된 『과천현신수읍지(果川縣
新修邑志)』에 의하면 "과천현 관아 동남쪽 8리 청계산 광명동에 있다. 높이는 두 길쯤
되고, 수석(水石)이 맑고 깨끗하여 피서할 만한 곳이다."라고 기록되어 있다.

수저로 듬뿍 짚으니 향기가 잎에 가득한데　　　　一匕盛來香滿口
용산의 고사리가 수양산¹⁴³ 고사리보다 낫구나.　　龍山薇勝首陽薇

6영(詠) 귀암에서 고기를 낚음　　　　　　　　　　龜巖釣魚
구암이 푸른 시냇가에 우뚝 솟았는데　　　　　龜巖屹立碧溪頭
들판 빛깔이 물 기운과 서로 이어져 떠 있네.　野色相連水氣浮
손으로 낚시대를 잡고 멍하니 앉았노라니　　手把漁竿凝坐久
밤 들자 바람과 이슬이 양 가죽 옷에 스며든다.　夜來風露襲羊裘

7영(詠) 만경¹⁴⁴의 빙굴　　　　　　　　　　　萬景氷窟
돌 머리에서 샘이 솟아 반은 얼었는데　　　　石寶泉生氷半凝
여름 유월 산촌은 경치마다 맑고 맑구나.　　山家六月景澄澄
옷깃 떨치고 이를 보니 마음까지 상쾌하여　披襟對此心源爽
이 몸이 요대¹⁴⁵ 몇 번째 층에 올랐나 싶어라.　身在瑤臺第幾層

---

142 무리지어〔采采〕: '채채'는 무성하고 많은 모양. 화려하게 꾸민 모양.
143 수양산(首陽山): 산 이름. 백이(伯夷)와 숙제(叔齊)가 절의를 지키기 위하여 은거(隱
　　　居)하다 굶어 죽었다는 산. 중국 산서성(山西省)에 있다.
144 만경(萬景): 만경대(萬景臺). 청계산의 주봉으로, 이곳에 서서 아래를 굽어보면 만
　　　가지 경치를 감상할 수 있다 해서 만경대로 불렀다. 고려 말 유신(儒臣) 조견(1351~
　　　1425)이 고려의 수도였던 개경을 바라보며 멸망한 고려를 그리워했다는 데서 망경대
　　　(望景臺)로 고쳐 불렀다고 한다.
145 요대(瑤臺): 옥(玉)으로 장식한 화려한 대(臺). 또는 중국 하(夏)나라 걸왕(桀王),
　　　은(殷)나라 주왕(紂王)이 만든 대(臺)의 이름. 또는 구슬을 흩어 박아서 아름답게 꾸민
　　　대각(臺閣).

8영(詠) 서쪽 교외의 석양　　　　　　　　　　　西郊夕陽

들 빛깔은 아득하여[146] 보일 듯 흐려지고　　　　野色微茫乍有無

초동과 목동들이 서로 외쳐 부르네.　　　　　　樵童牧竪共相呼

석양에 비끼는 안개가 담박하니　　　　　　　　斜陽一抹和烟淡

마치 원휘[147]의 수묵화 속에 들어온 듯하구나.　恰似元暉水墨圖

9영(詠) 양곡의 풍림　　　　　　　　　　　　　陽谷楓林

양곡에는 해마다 이슬 내리는 게 늦으니　　　　陽谷年年霜落遲

풍림은 구월이 되어야 비단옷을 입는다네.　　　楓林九月錦初披

벼랑의 저녁 풍경이 더욱 아름다우니　　　　　　丹厓晩景尤佳勝

참으로 수레 멈추고 앉아 즐길 때라네.[148]　　　正是停車坐愛時

10영(詠) 손암에서 이는 푸른 이내　　　　　　巽巖靑嵐

푸른 이내 자욱하여[149] 엷은 깁보다 부드러운데　青嵐靄靄薄於紗

산허리를 두르며 십 리 안을 비꼈구나.　　　　　一帶山腰十里斜

---

146 아득하여〔微茫〕: '미망'은 멀어 흐릿한 모양. 모호한 모양.

147 원휘(元暉): 미우인(米友仁). 1090~1170. 송나라 태원(太原) 사람. 미불(米芾)의 아들이다. 초명은 이인(伊仁)이고, 자는 원휘(元暉)며, 호는 나졸노인(懶拙老人)이고, 소명(小名)은 호아(虎兒)다. 세칭 소미(小米)로 불린다. 아버지를 이어 산수, 화조(花鳥)의 화법을 배웠는데, 특히 운산(雲山) 화법은 미법산수(米法山水)로 정착되었다. 고종의 명령을 받아 서법(書法)을 감정했고, 행서(行書)를 잘 썼다.

148 참으로 수레 멈추고 앉아 즐길 때라네〔正是停車坐愛時〕: 당나라 때의 시인 두목(杜牧)이 지은 〈산행(山行)〉에서 시경(詩境)을 따온 구절이다. 〈산행〉은 다음과 같다. "멀리 한산에 오르려니 돌길은 비스듬한데, 흰 구름 이는 곳에 인가가 있네. 수레 멈추고 가만히 늦은 단풍을 즐기니, 서리 맞은 잎이 2월의 꽃보다 붉구나.(遠山寒山石徑斜 白雲生處有人家 停車坐愛楓林晚 霜葉紅於二月花)"

149 자욱하여〔靄靄〕: '애애'는 구름이나 연기가 짙게 깔린 모양.

마힐[150]의 놀라운 재주로도 그리기 어려울 것이니   摩詰奇才難畫處
석양의 하늘 끝에서 걷혔다가 펼쳐지네.   夕陽天末卷還舒

150 마힐(摩詰) : 왕유(王維). 701~761. 당나라 하동(河東) 사람. 자는 마힐(摩詰)이다.
9살 때 이미 시를 썼으며, 서(書)와 음곡(音曲)에도 재주가 뛰어났다. 동생 왕진(王縉)
과 함께 일찍부터 문명이 높았고, 특히 기왕(岐王)의 사랑을 받았다. 개원(開元) 19년
(731) 진사에 합격, 태악승(太樂丞)이 되었다. 안록산(安祿山)의 난 때 포로가 되어
협박을 받고 할 수 없이 출사(出仕)했다. 반란이 평정된 뒤 문책을 받았지만 왕진의
조력과 반란군 진중에서 지은 천자를 그리는 시가 인정받아 가볍게 처벌되었다. 다시
등용되어 상서우승(尙書右丞)의 자리까지 벼슬이 올라갔다. 그래서 '왕우승(王右丞)'
으로도 불린다. 맹호연(孟浩然)과 위응물(韋應物), 유종원(柳宗元)과 함께 '왕맹위류
(王孟韋柳)'로 병칭되어 당대 자연시인의 대표로 일컬어진다. 또 독실한 불교신자이기
도 해서 그의 시속에는 불교의 영향을 찾아볼 수 있는 것도 하나의 특색이다. 저서에
『왕우승집(王右丞集)』 28권 등이 현존한다. 그림에서도 일가를 이루었다. 아내를 잃은
뒤 재혼하지 않고 망천장(輞川莊)을 지어 30여 년을 홀로 살면서 세상사와 떨어져
살았다.

마음을 담아서
述懷

임금을 호위하며 한 달에 고작 아홉 끼라   扈衛三旬九遇食
나그네 길 풍미가 얼음보다 차갑구나.   客中風味冷於氷
생각하니 속세를 뜨는 것만 못하니   思量莫若超塵世
차라리 향산[151]의 사주승[152]이 될까보다.   寧作香山舍主僧

---

151 향산(香山) : 평안북도 향산군과 구장군, 평안남도 영원군, 자강도 희천시 사이에 걸쳐
    있는 산. 높이 1,909미터다. 묘향산맥의 중앙에 솟아 있으며, 우리나라 5대 명산의
    하나이자 세계적인 명산이다. 연주산, 태백산 등으로도 불렀으며, 산세가 기묘하고
    향기를 풍기는 아름다운 산이란 뜻에서 11세기 초부터 '묘향산(妙香山)'이라 불렸다.

152 사주승(舍主僧) : 정사(精舍), 즉 암자(庵子)를 지어 놓고 사는 승려.

식영정[153]에서 제봉과 헤어지면서 고경명[154]을 말한다
息影亭 奉別霽峯 高公敬命

기이한 열두 봉우리를 모조리 꿰고 돌아가니	十二奇峯領略歸
골짜기의 꽃잎과 이슬이 나그네 옷에 다 젖었네.	洞中花露濕征衣
다음 날 해양에서 별들이 흩어진 뒤	明日海陽星散後
초나라 하늘의 안개 속 달은 꿈에 하늘을 날겠구나.[155]	楚天烟月夢空飛

---

153 식영정(息影亭) : 전남 담양군 남면에 있는 정자. 조선시대 문인 정철(鄭澈)과 관련이 있다. 송강정(松江亭), 환벽당(環碧堂)과 더불어 정송강유적(鄭松江遺蹟)으로 불린다. 원래 16세기 중반 서하당(棲霞堂) 김성원(金成遠)이 스승이자 장인인 석천 임억령(林億齡)을 위해 지은 정자라고 한다. 식영정이라는 이름은 임억령이 지었는데 '그림자가 쉬고 있는 정자'라는 뜻이다. 당시 사람들은 임억령, 김성원, 고경명(高敬命), 정철 네 사람을 '식영정 사선(四仙)'이라 불렀다.

154 고경명(高敬命) : 1533~1592. 조선 중기의 문인. 의병장. 본관은 장흥(長興)이고, 자는 이순(而順)이며, 호는 제봉(霽峰) 또는 태헌(苔軒)이고, 시호는 충렬(忠烈)이다. 1552년 진사가 되었고, 임진왜란이 일어나자 광주(光州)에서 모집한 의병 6천여 명을 이끌고 금산싸움에서 왜군과 싸우다가 순국했다. 문집에 『제봉집』, 저서에 『유서석록(遊瑞石錄)』이 있다.

155 하늘을 날겠구나 : 시구 전체가 운우지몽(雲雨之夢)을 빗대어 묘사한 것이다. 전국시대 때 초회왕(楚懷王)이 고당(高唐)에서 놀다가 꿈에 어떤 여자와 동침했는데, 그 여자가 떠나면서 자신은 무산(巫山)의 신녀(神女)로, 아침에는 구름이 되었다가 저녁에는 비가 되어 내린다고 했다는 데서 나왔다.

안동 이춘원[156] 행헌에게 2수

奉呈安東 李公春元 行軒

태수[157]께서 남쪽으로 만 리 길을 돌아가시는데	五馬南歸萬里途
지난 날 놀던 자취가 참으로 아득하구나.[158]	舊遊陳迹正迢迢
당리[159]는 여전히 있어 일찍이 서로 기다렸으니	棠梨亦有曾相待
봄 날 석달이 지나가도록 여전히 시들지 않았네.(1)	過盡三春尙未凋
공이 일찍이 본도 방백[160]으로 있어 한 말이다.	公曾經本道方伯故云

---

156 이춘원(李春元) : 1571~1634. 조선 중기의 문신. 초명은 신원(信元)이고, 자는 원길(元吉)이며, 호는 구원(九畹)이고, 본관은 함평(咸平)이다. 정유재란 때 관양현감으로 남원싸움에 참전했다. 1617년 대북파들이 인목대비를 서궁(西宮)에 유폐시키려 하자 이를 반대하다가 파직되었다. 인조반정 후 기용되었지만, 사양하고 은퇴했다.

157 태수[五馬] : '오마'는 태수(太守)를 달리 일컫는 말. 원래 태수의 수레는 네 마리 말이 끄는 수레였는데, 이외에 한 마리의 말을 곁말로 따라 다니게 한 데서 이와 같이 부르게 되었다.

158 아득하구나[迢迢] : '초초'는 길이 먼 모양. 또는 강이 길게 이어진 모양. 여기서는 흔적이 아득한 것을 말한다.

159 당리(棠梨) : 감당지애(甘棠之愛). 백성들이 주(周)나라 소공(召公)의 선정에 감동해서 그가 잠시 쉬었다는 팥배나무를 소중하게 받들었다는 고사에서, 선정(善政)을 한 사람을 사모하는 마음이 간절한 것을 비유하는 말이다.

160 방백(方伯) : 조선시대의 지방장관. 종2품의 문관직으로서 도(道)마다 1명씩 두었으며, 감사(監司), 도백(道伯), 방백, 외헌(外憲) 등 여러 별칭이 있다. 처음 이름은 도관찰출척사(都觀察黜陟使)였는데, 1466년 관찰사로 고쳤다.

유랑객이 밤에 목란 배[161]를 띄웠는데   遊人夜泛木蘭舟
만 이랑 은빛 물결에 달 하나 떠있네.   萬頃銀波月一鉤
새로 시를 지어 멀리 보내고자 하지만   欲作新詩仍寄遠
풍경이 가득하게 찼으니 거두기가 어렵구나. (2)   滿前風景浩難收

---

161 목란 배〔木蘭舟〕: 목란으로 만든 배. 목란은 목련(木蓮)으로, 목련과에 속하는 낙엽
교목이다. 꽃은 백색 또는 암자색(暗紫色)이다. 아주 고급스럽게 치장한 배를 말한다.

연당의 시에 차운함

次蓮堂韻

아담한[162] 네모진 연못가를 열 보쯤 둘러 걸으니   半畝方塘十步回
연꽃은 연못가를 따라 졌다가 다시 피었네.   荷花次第落還開
서풍도 행락객의 마음을 읽었는지   西風亦解遊人意
맑은 향을 불어다가 술잔에 가득 채운다.   吹送淸香入酒盃

---

162 아담한〔半畝〕: 6척 사방을 1보(步)라 하고, 100보를 1무(畝)라 한다.

유성천의 시에 삼가 차운함

奉次柳成川韻

도성[163]에서 머물러 살다 오랫동안 돌아가지 못하니   旅食京華久未歸
평생의 뜻 하던 일 세상과는 어그러졌구나.   平生事業世相違
가을 오니 문득 고향 맛이 떠오르는데   秋來忽憶家鄕味
늦가을 햅쌀 밥 맛날 때 자줏빛 게는 살졌겠구나.   晩稻香時紫蟹肥

---

163 도성[京華] : '경화'는 경성(京城)의 미칭(美稱). 경성에는 문물과 인재가 모여 있기 때문에 이렇게 부른다.

금릉 국촌에서 지은 팔영시

金陵菊村八詠

1영(詠) 화악의 맑은 이내   華岳晴嵐

산세가 우뚝하여[164] 하늘가에 기대었으니   岳勢崢嶸倚半空

붉은 부용꽃 한 떨기가 우련 짙구나.   芙蓉一朵翠華濃

뜬 이내는 하늘하늘[165] 바람 따라 일었다가   浮嵐片片隨風起

겹겹 봉우리 골짜기 사이로 흩어지네.   散入千巖萬壑中

2영(詠) 봉주의 봄날 조수(潮水)   鳳洲春潮

뜬 구름 모두 흩어지자 바다가 활짝 열렸으니   浮雲散盡海門開

바람을 머금은 배들이 물결 따라 빙빙 도네.   數幅風帆駕浪廻

조종[166]이 끝내 등 돌리지 않았음을 믿게 되니   始信朝宗終不負

아침 조수가 막 밀려나자 저녁 조수가 다가오네.   早潮纔退晚潮來

3영(詠) 동봉의 꽃잎에 걸린 달   銅峯花月

따뜻한 바람[167]은 산들 불고[168] 풀은 우거졌으니[169]   仁風習習草離離

---

164 우뚝하여〔崢嶸〕: '쟁영'은 높고 가파른 모양.

165 하늘하늘〔片片〕: '편편'은 가볍게 나는 모양.

166 조종(朝宗): 제후가 봄과 여름에 천자를 조현(朝見)하는 일로, 봄에 하는 것을 조(朝)
라고 하고 여름에 하는 것을 종(宗)이라 한다. 이로 인해 신하가 임금을 조현하는
일을 이른다.

정녕 동군[170]이 힘을 쓰는[171] 계절이라네. 　　正是東君用事時

술이 익은 늦은 밤이 가장 좋으니 　　　　最好酒醒深夜後

동봉엔 달빛이 밝아 꽃가지에 걸렸구나. 　　銅峯霽月上花枝

4영(詠) 부악의 소나무 물결　　　　　　　釜嶽松濤

꼿꼿한 줄기가 쭉쭉 뻗어[172] 돌부리에 기댔는데 　直幹亭亭倚石根

푸른 수염 붉은 껍질이 늙은 용이 걸터앉은 듯하네. 　蒼髥赤甲老龍蹲

바람은 골짜기에 가득 하여 찬 물결이 일어나니 　天風滿壑寒濤起

빈 처마에 높이 불어 꿈결을 감싸는구나. 　　　高拂虛簷遶夢魂

5영(詠) 동쪽 밭에서 밭갈이를 봄　　　　　東畝觀稼

동쪽 밭이랑이 십 리 길이로 뻗었는데 　　　東畝迢迢十里強

밭갈이 끝낸 누런 소가 석양빛에 누었네. 　　耕餘黃犢臥斜陽

맑고 화창한 사월이라 모내기가 급하니 　　清和四月移秧急

곳곳에 농부님네 발걸음도 바쁘구나. 　　　處處農夫擧趾忙

6영(詠) 남쪽 연못에서 연꽃을 감상함　　　南池賞蓮

버들은 축축 늘어져[173] 땅을 쓰다듬는데 　　楊柳依依拂地斜

---

167 따뜻한 바람〔仁風〕: '인풍'은 따뜻한 봄바람을 비유하는 말. 즉 동풍(東風).

168 산들 불고〔習習〕: '습습'은 바람이 산들산들 불고 따사로운 모양.

169 우거졌으니〔離離〕: '이리'는 곡식이나 과일, 풀 등이 익어서 축 늘어진 모양.

170 동군(東君): 봄을 맡은 신.

171 힘을 쓰는〔用事〕: '용사'는 정권을 잡음. 권력을 담당함.

172 쭉쭉 뻗어〔亭亭〕: '정정'은 높이 솟은 모양. 까마득하게 먼 모양.

173 축축 늘어져〔依依〕: '의의'는 부드럽게 한들거리는 모양. 무성(茂盛)한 모양.

문 닫으니 하루 종일 지나가는 이도 없구나.　掩門終日少人過
시를 읊다 문득 염계[174]의 흥이 일어나　吟餘忽起濂溪興
남쪽 연못을 마주한 채 흰 연꽃을 바라보노라.　坐對南池白藕花

7영(詠) 뒷산 산사로 스님을 찾아감　　　　　後寺尋僧
안개 자욱한 봉우리들 너머로 산사가 있으니　寺在烟霞第幾峯
물 돌고 산 첩첩한데 길은 아득하구나.[175]　水回山疊路重重
스님 찾아 골짜기 건너 구름 속으로 들어가니　尋僧度壑入雲去
숲 너머로 아득하게 범종 소리 울려나네.　林外一聲飄遠鍾

8영(詠) 앞 시냇가에서 손님을 배웅함　　　　前溪送客
기러기는 짝을 지어 먼 냇가에 내려앉고　旅鴈雙雙落遠川
푸른 꽃떨기 넘실대고 풀은 하늘까지 닿았네.　翠華浮動草連天
앞 시내는 하교[176]의 길이 아니니　前溪不是河橋路

---

174 염계(濂溪): 주돈이(周敦頤). 1017~1073. 북송 도주(道州) 영도(營道, 호남성 道縣)
사람. 본명은 돈실(敦實)이었지만 영종(英宗)의 이름 때문에 '돈이'로 고쳤다. 자는
무숙(茂叔)이고, 호는 염계(濂溪)며, 시호는 원공(元公)이다. 음보(蔭補)로 영현주부
(寧縣主簿)가 되고, 남안군사리참군(南安軍司理參軍)과 남창현령(南昌縣令), 건주통판
(虔州通判) 등을 지내면서 치적을 쌓았다. 『주역』에 정통했고, 명리(名理)를 논하기
좋아했으며, 무극(無極)과 태극(太極), 이기(理氣), 심성명(心性命) 등의 철학 범주를
제안하고, 입성주정(立誠主靜) 학설을 세워 도학(道學)을 창시한 사람이 되었다. 염학
(濂學)의 창시자로, 정호(程顥), 정이(程頤), 소옹(邵雍), 장재(張載)와 함께 '북송오자
(北宋五子)' 중 한 사람이다. 저서에 『태극도설(太極圖說)』과 『통서(通書)』 등이 있으며,
청나라 사람이 편찬한 『주자전서(周子全書)』가 있다.
175 아득하구나[重重]: '중중'은 층층(層層). 연이어 겹쳐져 있는 모양.
176 하교(河橋): 옛날의 다리[橋] 이름. 그 터가 섬서성(陝西省) 대려현(大荔縣) 동쪽 대경
관(大慶關)과 산서성(山西省) 영제현(永濟縣) 서쪽 포주진(蒲州鎭) 사이 황하(黃河)에

항상 헤어질 때마다 조연[177]을 베푸노라.　　　　　　每到臨分設祖筵

있다. 전국시대 때 진소양왕(秦昭襄王)이 세웠다. 황하에 건설된 최초의 다리라고 한
다. 당나라 때는 포진교(蒲津橋)로 불렸다.

177 조연(祖筵) : 나그네를 떠나보내면서 전송(餞送)할 때 베푸는 주석(酒席). '조(祖)'란
조도신(祖道神)으로, 여행할 때에 조신(祖神)을 제사지내는 일을 말한다. 옛날에 황제
(黃帝)의 아들 누조(纍祖), 또는 공공씨(共公氏)의 아들 수(脩)가 여행하기를 좋아해서
행로(行路)에서 죽었기 때문에 뒷날 사람들이 그를 행로신으로 모셨다고 한다.

스스로 처지를 읊으며

自述

가난하기는 원헌[178]같아도 안개 노을에 누웠고	貧如原憲臥烟霞
도는 도연명이 아니라도 국화를 사랑했지.	道不淵明愛菊花
술은 술잔에 가득하고 책은 서가를 채웠으니	酒滿瓦尊書滿架
그 안에 참 맛을 물어 무엇하리요.	箇中眞味問如何

---

178 원헌(原憲) : 기원전 515~?. 춘추시대 말기 노(魯)나라 사람. 이름은 원사(原思)고, 자는 자사(子思)다. 그는 올바른 길이 아닌 일을 하는 것을 부끄럽게 여길 줄 아는 인물이었던 듯하다. 그가 수치에 대해 묻자 공자(孔子)는 "나라에 도가 있는데도 하는 일 없이 녹봉이나 축내고, 나라에 도가 없는데도 벼슬자리에 연연하면서 녹봉이나 축내는 것이 수치다."라고 일러주었다. 공자가 세상을 떠나자 궁벽한 땅에 가서 숨어살 았다. 위나라의 재상으로 있던 자공(子貢)이 방문했을 때 그는 해진 의관(衣冠)이지만 단정하게 차려 입고 맞았다. 자공이 곤궁하게 사는 것을 걱정하자 "도를 배우고도 실천 하지 못하는 것을 곤궁하다고 말하지, 나는 가난해도 곤궁하진 않다."고 대답하여 자공 을 부끄럽게 만들었다.

종상인[179]의 시첩에 차운함
次宗上人詩帖韻

항하[180] 세상에 늙으신 우리 스님	恒河世界老吾師
어인 일로 인간 세상에 와 시를 찾으시나.	底事人間來乞詩
오늘 또 묘향산 향해 떠나가시니	如今又送香山去
나월[181]과 솔바람을 즐겨 지니시겠네.	蘿月松風好護持

179 상인(上人) : ①지혜와 덕을 겸비한 불제자. ②스님네를 존칭하는 말. ③훌륭한 사람.
180 항하(恒河) : 항하사(恒河沙). 항하의 모래라는 뜻으로, 셀 수 없이 많음을 뜻하는 불교
용어. 항하(恒河)는 인도의 갠지스강을 일컫는 말. 항하사수(恒河沙數)라고도 한다.
여러 경전에서 셀 수 없이 많다는 것에 비유할 때 쓰인다. 『아함경』에 보면 항하는
아욕달지 동쪽에 있다 했고, 우구(牛口)에서 나와 500개의 하수를 거두고 동해로 들어간
뒤 사자구(師子口)에서 나와 500하천을 따라 남해로 흘러간다고 했다.
181 나월(蘿月) : 등나무 넌출 사이에 뜬 밝은 달. 남조(南朝) 송(宋)나라의 포조(鮑照)와
왕연수(王延秀) 등이 쓴 〈월하등루연구(月下登樓連句)〉에 "너울에 걸린 달빛을 닮았고,
대나무 밭 안개 속 그림자처럼 어지럽네.(霏霧蘿月光 繽紛篁霧陰)"란 구절이 있었다.

금아[182]에게

贈琴娥

어느 저녁에 선아[183]가 적성[184]에 내려와서　　　　一夕仙娥下赤城

풍류 넘치는 우아한 자태는 초나라 여인의 허리[185]처럼 가볍구나.

　　　　　　　　　　　　　　　　　　　　　　風流雅態楚腰輕

구슬 거문고[186] 안고 사창[187] 아래로 가더니　　瑤琴抱向紗窓下

그리움의 무한한 마음을 모두 풀어내시네.　　　彈盡相思無限情

---

182 금아(琴娥) : 거문고를 켜는 아름다운 여인이란 뜻으로, 기생 이름이거나 일반적인 기
　　생을 가리킬 수도 있다.

183 선아(仙娥) : 선녀(仙女). 또는 미인(美人).

184 적성(赤城) : 제왕(帝王)이 사는 궁성. 담장이 붉은 색이라 이렇게 불린다.

185 초나라 여인의 허리〔楚腰〕 : '초요'는 가는 허리. 초(楚)나라 영왕(靈王)이 허리가 가는
　　미인을 사랑하자 궁녀들이 다투어 끼니를 걸러 여위다가 마침내 굶어죽었다는 고사에
　　서, 윗사람이 좋아하는 바를 아랫사람이 다투어 따르는 것을 비유하는 말이다.

186 구슬 거문고〔瑤琴〕 : 옥으로 장식한 거문고.

187 사창(紗窓) : 가는 비단을 두른 창문.

박연폭포에서

朴淵

한 물줄기 이어져 아래위로 연못을 이루니	一水相連上下淵
하늘 위로 흩뿌리는 물방울이 바람 안개를 씻어내네.	半空飛沫灑風烟
산신령이 지난 왕조의 한을 씻어내려는지	山靈欲洗前朝恨
일부러 긴 냇물에게 동천[188]에 걸리게 한 것이지.	故遣長川掛洞天

---

188 동천(洞天) : 도교(道敎)에서 말하는 신선(神仙)의 거처(居處). 골짜기 안에 또 다른
별천지(別天地)가 있다는 말이다. 나중에는 보통 경치가 좋은 명승지(名勝地)를 말하
게 되었다.

만월대에서

滿月臺

산허리 분첩[189]에는 비낀 햇살이 담담하고	山腰粉堞淡斜暉
옛 궁전은 황량하여 낙엽 지는 때로구나.	古殿荒凉木落時
대 앞에서 동쪽으로 흘러가는 저 냇물아	借問臺前東逝水
아직껏 울어 예니 누구를 위한 슬픔이더냐?	至今嗚咽爲誰悲

---

189 분첩(粉堞) : 석회를 바른 성가퀴. 성가퀴는 성(城) 위에 낮게 쌓은 담을 일컫는 말.

남쪽으로 돌아가는 홍승지[190]를 배웅하면서
奉別洪承旨南歸

강바람이 문득 일어 물결은 반짝이는데[191]　　　江風初起浪粼粼
은근한 석별의 마음을 거듭 술잔에 담노라.　　　惜別慇懃勸酒頻
한강수와 석양에도 무한한 정이 담겼으니　　　　漢水夕陽無限意
영남 가는 천 리 길을 홀로 돌아가시겠네.　　　　嶺南千里獨歸人

---

190 승지(承旨) : 고려시대부터 조선시대까지 왕명의 출납(出納)을 담당했던 관직.
191 반짝이는데〔粼粼〕 : '인린'은 물이 맑게 흐르는 모양. 물속의 돌이 환하게 비치는 모양.

느낌을 노래함

感懷

푸른 하늘에 구름 다하니 달빛이 외로운데	碧空雲盡月輪孤
빈 누각에 턱 괴고[192] 앉은 밤이 괴로워라.	虛閣支頤夜坐勞
한 고을 친구들이 다들 현달(顯達)하였는데	同里故人多不賤
이 몸은 무슨 일로 진흙탕에서 허우적이나?	此身何事困泥塗

---

192 턱 괴고〔支頤〕 : '지이'는 손으로 턱을 굄.

다시 계랑과 만나
重逢癸娘

예부터 꽃을 찾기도 절로 때가 있는데　　　　　　從古尋芳自有時
번천[193]은 어인 일로 이처럼 더디실꼬.　　　　　樊川何事太遲遲
내 발길이 꽃을 찾으려는 뜻은 아니거니와　　　吾行不爲尋芳意
오직 시를 논하자던 그때 기약을 지키려 함일세.　唯趁論詩十日期
완산에 있을 때 계랑이 나에게 말하기를 "원컨대 열흘 동안 시를 논하고 싶습니
다."고 했기 때문이다.　　　　　　　　在完山時 娘謂余曰 願爲十日論詩故云

---

193 번천(樊川) : 물[水] 이름. 섬서성(陝西省) 장안현(長安縣) 남쪽에 있다. 그 땅이 본래
　　두현(杜縣)의 번향(樊鄕)이었다. 한(漢)나라 번쾌(樊噲)의 식읍(食邑)이 이곳이어서
　　냇물이 이런 이름을 얻게 되었다. 여기서는 만당(晩唐) 때의 시인 두목(杜牧,
　　803~852)을 일컫는 말로 쓰였다. 인물이 잘 생긴 것으로 유명했다.

배를 타고 가다 봉성촌에 닿아서

舟次鳳城村

쪽배 한 척이 닿았는데 봉성촌이 가까우니	孤舟泊近鳳城村
별자리[194]도 반짝이고[195] 밤은 이미 깊었구나.	星宿昭昭夜已分
밀물이 올라와 바다로 떠가기를 기다리니	坐待潮生浮海去
나루터에는 고깃배 불이 찬 구름을 넘어가네.	渡頭漁火隔寒雲

---

194 별자리[星宿] : '성수'는 모든 성좌(星座)의 별들. 그리하여 별자리를 말한다.
195 반짝이고[昭昭] : '소소'는 환하게 밝음. 명량(明亮).

옥진[196]을 애도하며

悼玉眞

고운 넋이 느닷없이 흰 구름을 타고 떠났으니   香魂忽駕白雲去
푸른 하늘[197] 아득하게 귀로를 잡았구나.   碧落微茫歸路賒
그저 이원[198]에는 곡조 한 가락만 남아 있어   只有梨園餘一曲
왕손[199]들은 다투어 옥진의 노래를 이야기하네.   王孫爭說玉眞歌

---

196 옥진(玉眞) : 선인(仙人)을 이르는 말. 특히 선녀(仙女)를 가리킨다. 여기서는 1610년 38살의 젊은 나이로 세상을 떠난 매창을 가리킨다.

197 푸른 하늘[碧落] : '벽락'은 도교용어(道敎用語). 천공(天空). 푸른 하늘.

198 이원(梨園) : ①배우들이 연기를 익히던 곳. 당나라 현종(玄宗)이 장안의 대궐 안에 있는 이원에, 자제 300명을 골라 속악을 배우게 하고, 또 궁녀 수백 명을 의춘북원(宜春北院)에 두어 이원의 제자로 삼은 고사에서 연극 또는 배우를 일컫는 말이 되었다. ②교방(敎坊)의 다른 이름. 교방은 장악원(掌樂院)의 좌방(左坊, 雅樂)과 우방(右坊, 俗樂)을 아울러 부르는 말이다.

199 왕손(王孫) : 왕(王)의 자손(子孫). 나중에는 귀족자제(貴族子弟)를 가리키는 말이 되었다.

소암 임숙영[200]의 유점사[201] 시에 차운하여
次疎菴 任公叔英 楡岾寺韻

다리 아래로 구름 이니 허공을 밟는 듯하고 　　　脚底雲生躡半空

계수나무 가지에 그림자는 성글어 향풍이 움직이네. 　桂枝疎影動香風

사미승[202]이 동쪽 누대에 앉으라 권하는데 　　　沙彌勸我東臺坐

웃으며 부상[203]에 붉게 뜨는 해를 가리키네. 　　笑指扶桑浴日紅

---

200 임숙영(任叔英) : 1576~1623. 조선 중기의 문신. 본관은 풍천이고, 자는 무숙(茂叔)이며, 호는 소암(疎菴)이고, 초명은 상(湘)이다. 1613년 영창대군(永昌大君)의 무옥이 일어나자 다리가 아프다는 핑계로 정청(庭請)에 참가하지 않았다. 파직되어 집에서 지내다가 외방으로 쫓겨나 광주(廣州)에서 은둔했다. 광주 귀암서원(龜巖書院)에 배향되었다. 문집에『소암집』이 있다.

201 유점사(楡岾寺) : 강원도 고성군 서면 백천교리 금강산에 있는 사찰. 서기 4년 신라 유리왕 23년에 인도에서 조성한 53불(佛)이 신룡(神龍)에 의하여 안창현 포구에 도착한 것을 그 고을 군수가 이상하게 여겨 임금에게 고하고 창건했다고 한다. 광복 이전까지 53불 중 3불이 없어지고 50불이 남아 있었다.

202 사미승[沙彌] : '사미'는 범어(梵語) Sramonera의 음역. 불문에 들어가 수행 중인 미숙한 중. 불교 교단에 처음 입문하여 10계를 받고 수행하는 남자 승려. 여자는 사미니(沙彌尼)라고 한다. 사미는 산스크리트 슈라마네라(śrāmaṇera)를 소리나는 대로 적은 것으로 식자(息慈)·근책남(勤策男) 등으로 번역한다.

203 부상(扶桑) : ①조선(朝鮮)의 다른 이름. ②해 뜨는 곳. 하늘 동쪽 맨 끝에 큰 뽕나무가 있고, 그 가지 위에 금빛의 수탉이 앉아 있는데, 하룻밤을 지내고 해가 뜨려고 하면 이 닭이 운다고 한다. 그러면 세상의 모든 닭들이 따라서 울고, 해가 뽕나무 위로 떠오른다고 한다.

한정자[204]의 시에 차운하여 2수

次韓正字韻

따뜻한 바람 맑은 햇살 먼지 한 점 일지 않고	暖風晴日不生塵
꽃은 지고 다시 피니 또 한창 봄날일세.	花落花開又一春
집은 냉천 높은 나무[205] 너머 있으니	家在冷泉雲樹裏
다 늙도록 아직도 돌아가지 못한 나그네로다. (1)	白頭長作未歸人

이익에 눈먼[206] 장안에는 길 먼지[207]가 자욱한데	乾沒長安紫陌塵
매화가지에 핀 고운 꽃이 새로 봄을 알리네.	梅梢瓊萼報新春
오늘도 병에 들어 시를 읊는 나그네 신세니	如今抱病吟詩客
누가 현도[208]에 다시 온 이를 기억할꼬. (2)	誰記玄都再到人

---

204 정자(正字) : 조선 초기에는 서연관(書筵官)으로 정7품직이었지만, 집현전(集賢殿)의
정9품직으로 경연관(經筵官)을 겸임하게 되었다. 이후 정9품직으로 굳어져 홍문관,
승문원, 교서관에 배치되었다.

205 높은 나무〔雲樹〕 : '운수'는 구름에 닿을 듯한 높은 나무.

206 이익에 눈먼〔乾沒〕 : '건몰'은 돈을 벌기 위해 매점매석(買占賣惜) 같은 것을 하여 이익
을 남기기도 하고 손해를 보기도 함. 투기(投機)하여 이익을 도모함.

207 길 먼지〔紫陌〕 : '자맥'은 황제(皇帝)가 사는 서울의 길거리.

208 현도(玄都) : 전설(傳說)에 나오는 신선(神仙)이 사는 곳.

꿈에 비로봉[209]에 올라

夢上毗盧峯

꿈에 비로 제일봉에 올랐더니   夢上毗盧第一峯

부상에서 빛나는 해가 붉게 물결에 쏘아대네.   扶桑旭日射波紅

여자 신선이 학을 타고 구름을 넘어 오시더니   女仙駕鶴凌雲去

나를 섬궁[210] 계수나무 그림자 사이로 데려가네.   邀我蟾宮桂影中

---

209 비로봉(毘盧峰) : 강원도 금강군 내강리(內剛里)와 고성군 온정리(溫井里) 사이에 있는 금강산의 주봉. 높이 1,639미터로, 금강산 봉우리 가운데 최고봉이며, 금강산 연봉의 중앙에서 약간 서쪽으로 치우쳐 있다. 동쪽으로 일출봉(日出峰)과 월출봉(月出峰), 서쪽으로 영랑봉(永郎峰), 능허봉(凌虛峰), 북쪽으로 마석암(磨石巖), 남쪽으로 석가봉(釋迦峰), 지장봉(地藏峰) 등에 둘러싸여 있다.

210 섬궁(蟾宮) : 월궁(月宮). 달에는 두꺼비가 살고 있어 방아를 찧고, 항아(姮娥)가 살고 있다는 데서 나왔다.

용문사에서

龍門寺

비가 오려 하는지 하늘은 낮게 가라앉았는데   雨欲來時天欲低
산사[211]는 아득히 석문 서쪽에 자리했네.   招提遙在石門西
스님 찾아 점점 영원[212] 깊이 들어가니   尋師漸入靈源邃
골짜기마다 안개가 가득해 한 줄기 길이 아련하네.   滿壑風烟一逕迷

---

211 산사〔招提〕: '초제'는 여러 스님들이 모여 사는 곳, 사찰(寺刹).
212 영원(靈源): 일체(一切)의 근원(根源). 절대평등(絶對平等)한 불심(佛心)이나 불성
     (佛性), 진여(眞如) 등을 가리킨다.

청허루 시운에 차운하여

次淸虛樓韻

열두 개 조각한 난간에서 잠시 쉬려는데　　　十二雕欄暫借休
누대 앞에 한 줄기 강이 구불구불[213] 흘러가네.　樓前袞袞一江流
가을 와서 뗏목을 타고 나갈 수 있다면　　　秋來若得乘槎去
만 리 길 은하수도 자유롭게 노닐겠구나.　　萬里銀河可自由

---

213 구불구불〔袞袞〕: '곤곤'은 용이 구불구불 서린 모양. 끊임없이 이어지는 모양. 큰 강이
유유히 흐르는 모양.

타향에서 자다가 거문고 노래 가락을 듣고
客夜聞琴歌

풍류며 정취야 두목(杜牧) 못지 않은데	風情不減杜樊川
가는 곳마다 머물러 놀기는²¹⁴ 젊을 때가 최고이지.	到處淹留最少年
기운 빠진²¹⁵ 오늘에는 협기²¹⁶도 없으니	衰謝卽今無俠氣
늦은 밤 여관에서 등불을 벗 삼아 잠드노라.	夜深孤舘伴燈眠

---

214 머물러 놀기는〔淹留〕: '엄류'는 오래 머무르며 떠나지 못함.
215 기운 빠진〔衰謝〕: '쇠사'는 정력(精力)이 쇠퇴(衰退)함.
216 협기(俠氣): 의용(義勇)을 내어 보이는 기개(氣槪).

유교리[217]의 시에 차운하여

次柳校理韻

저녁 기운은 먼 산[218] 사이에서 자욱한데[219]　　　　夕氣霏霏紫翠間

뜬 구름이 골짜기에서 솟으니 새도 돌아갈 줄 아는구나.[220]

　　　　　　　　　　　　　　　　　　　　　　　浮雲出岫鳥知還

맑은 시에 화답하고자 난간에 오래 기댔는데　　　　清詩欲和憑欄久

한 조각 빙륜[221]이 푸른 산을 넘어가네.　　　　　一隻氷輪轉碧山

---

217 교리(校理) : ①조선시대 집현전(集賢殿), 홍문관(弘文館)의 정5품 관직으로서 서적의
조사, 정리, 문한(文翰)의 일을 주로 담당했다. 특히 홍문관 교리는 경연관, 사관(史官),
지제교(知製敎)를 겸임했고 삼사(三司)에도 참여했다. ②교서관(校書官), 승문원(承文
院)의 종5품 벼슬. 교서관 교리는 주로 서적의 간행, 향축(香祝), 인문(印文)의 필사에
관한 일을 담당하고, 승문원 교리는 외교 문서의 작성과 검토를 주로 맡아보았다.

218 먼 산[紫翠] : '자취'는 자줏빛과 비취빛. 이내가 긴 먼 산의 경지를 형용하는 말.

219 자욱한데[霏霏] : '비비'는 농밀(濃密)하고 무성(茂盛)한 모양.

220 부운출수조지환(浮雲出岫鳥知還) : 도연명(陶淵明)의 〈귀거래사(歸去來辭)〉에 "구름은
무심히 산골짜기를 돌아 나오고, 날기에 지친 새들은 둥지로 돌아올 줄 안다.(雲無心以
出岫 鳥倦飛而知還)"는 구절이 있다. 이것을 점화(點化)한 시구다.

221 빙륜(氷輪) : 달[月]의 다른 이름.

관가정[222]에서

觀稼亭

멀리 멀리서 관가정을 찾아왔더니	遠遠來尋觀稼亭
논에는 벼가 익어 누렇고 푸르구나.	稻田禾穀半黃青
세정이며 인사가 모두 번복이 심한데	世情人事皆翻覆
오직 시내와 산만 모습을 변치 않았네.	唯有溪山不改形

---

222 관가정(觀稼亭) : 조선 중종 때 청백리로 널리 알려진 우재(愚齋) 손중돈(孫仲暾, 1463∼ 1529)의 옛 집이다. 언덕에 자리 잡은 건물의 배치는 사랑채와 안채가 口자형을 이루는 데, 가운데의 마당을 중심으로 남쪽에는 사랑채, 나머지는 안채로 구성된다. 안채의 동북쪽에는 사당을 배치하고, 담으로 양쪽 옆면과 뒷면을 둘러막아, 집의 앞쪽을 탁 트이게 하여 낮은 지대의 경치를 바라볼 수 있게 하였다. 보통 대문은 행랑채와 연결되 지만, 이 집은 특이하게 대문이 사랑채와 연결되어 있다. 사랑채는 남자 주인이 생활하 면서 손님들을 맞이하는 공간으로, 대문의 안쪽에 사랑방과 마루가 있다. 마루는 앞면 이 트여있는 누마루로, '관가정'이라는 현판이 걸려 있다.

칠월 보름날 밤에
七月望夜

한 번 꿈에서 깨어보니 달은 오경[223]인데   一夢初回月五更

파초 잎 위로는 이슬방울이 떨어지네.   芭蕉葉上露珠傾

옷깃 여미고 고요히 마음의 근원을 살피니   披襟靜向心源處

지수[224]는 하늘처럼[225] 올곧게 맑구나.   止水涵虛徹底淸

---

223 오경(五更) : 밤 시간을 초경(初更), 이경(二更), 삼경(三更), 사경(四更), 오경(五更)
과 같이 다섯으로 나누는데, 오경은 대략 새벽 4시 전후를 가리킨다. 또는 초경에서
오경까지의 시간을 통 털어 오경이라고도 한다.

224 지수(止水) : 명경지수(明鏡止水). 맑은 거울과 조용한 물이라는 뜻으로, 티 없이 맑고
고요한 심경을 일컫는 말이다.

225 하늘처럼〔涵虛〕: '함허'는 물 위로 하늘이 비추는 것을 일컫는 말.

지나는 길에 찾아준 사람에게 감사하면서
謝人見過

뜰 앞에서 당당하니²²⁶ 참된 소나무가 늘어졌고	庭前盤礡眞松下
또 추운 날 매화는 섣달에 향하여 피었네.	又有寒梅向臘開
매화와 소나무가 아니라면	不是梅花與松樹
누가 눈을 뚫고 나를 찾아오셨는가?	何人訪我雪中來

---

226 당당하니〔盤礡〕: '반박'은 광대(廣大)한 모양. 웅장하고 당당한 모양.

극적루에서 차운함
次克敵樓韻

황량한 옛 잣성에 발길을 멈추었거니 　　　　　　旅寓荒凉古栢城
새벽 오자 눈 갰는데 섬돌도 묻혔구나. 　　　　　　曉來晴雪沒堦平
홀로 품은 그윽한 상념을 물어볼 이 없으니 　　　幽懷獨抱無人問
바람벽에는 등불만이 깜빡거리며 빛난다. 　　　　　半壁殘燈滅又明

침류대 20영
枕流臺二十詠

1영(詠) 북악의 단풍　　　　　　　　　　　　　　　　北岳丹楓

깊은 가을에 병을 안고 누대에 올랐더니　　　　深秋扶病上層臺

북악에는 단풍 들어 비단 장막처럼 펼쳐 있네.　岳面丹楓錦帳開

한 해 가운데 좋은 때가 중구일²²⁷이려니　　　　一歲良辰是重九

모름지기 금어²²⁸를 벽향²²⁹과 바꾸어 와야지.　金魚須換碧香來

2영(詠) 남산의 푸른 아지랑이　　　　　　　　　南山翠靄

솟았다 가라앉고 모였다 흩어져 본래 종적이 없으니　浮沉聚散本無蹤

아래로 성곽을 눌렀다가 위로 봉우리로 날아가네.　下壓層城上出峯

만약 원휘²³⁰가 이 광경을 그린다면　　　　　　若使元暉摹此景

---

227 중구일(重九日) : 음력으로 매년 9월 9일을 중구 또는 중양절이라 한다. 중양이라 하는 것은 9가 양수이기 때문에 양수가 겹치는 것을 이르는 것이다.

228 금어(金魚) : 발해 관인(官人)이 관복(官服)에 찼던 치레걸이[佩飾]. 3질 이상의 높은 벼슬아치들이 자줏빛 관복에 매달았다고 한다. 당(唐)나라에서 3품 이상의 벼슬아치가 금제(金製) 어형(魚形) 치레걸이을 찼던 것에서 비롯했다. 금어나 은어(銀魚)를 관복에 차는 것은 장식이 아니고 소명(召命)의 거짓을 막고 궁중을 출입할 때 신분을 확인하기 위한 신패(符信)였다.

229 벽향(碧香) : 맛좋은 술[酒] 이름. 특히 벽향주(碧香酒)는 평안도(平安道) 지방에서 빚던 썩 맑고 향기가 있는 좋은 술이다.

230 원휘(元暉) : 미우인(米友仁). 1090~1170. 송나라의 화가. 미불(米芾)의 아들. 자는 원휘고, 호는 나졸노인(懶拙老人)이다. 아버지를 이어 산수, 화조의 화법을 배웠고, 특히 그의 운산(雲山) 화법은 미법산수(米法山水)로 정착되었다. 고종(高宗)의 인정을

기이한 형체 이상한 모양이 한결 같지가 않겠구나.　　奇形異態固難同

3영(詠) 차계에서 빨래를 함　　　　　　　　　　　叉溪浣紗

산비가 처음 걷히자 푸른 노을이 흩어지는데　　山雨初收散碧霞

맑은 시내는 잔잔하여 모래알이 다 비치네.　　玉流淸淺見瓊沙

봄 오자 계집 아이들 생각도 다정하여　　　　春來女伴多情思

손으로 잔 물결 희롱하며 월나라 비단을 빠는구나.　手弄微波浣越紗

4영(詠) 휴암에서 나무하기　　　　　　　　　　鵂巖採樵

비 온 뒤 산 빛이 푸르다 못해 떠오르는데　　雨後山光翠欲浮

나무 하는 도끼 그림자가 바위 위로 떨어지네.　採樵斧影落巖頭

석양을 타고 나무꾼의 노랫가락이 흥겨우니　斜陽一曲樵歌興

인간 세상 만호후[231]와도 바꾸지 않으리라.　不換人間萬戶侯

5영(詠) 산사의 저녁 범종 소리　　　　　　　　尼院暮鍾

골짜기에 봄날은 맑아 구름은 더디 개이는데　洞裏春晴雲捲遲

우뚝한 대웅보전(大雄寶殿)[232]은 촌 울타리와 닿았네.　崢嶸寶殿接村籬

저녁 범종 소리가 앞 봉우리 너머로 떨어지니　暮鍾搖落前峯外

받아 병부시랑과 부문각직학사(敷文閣直學士) 등의 벼슬을 지냈다.

231 만호후(萬戶侯) : 식읍(食邑)이 만호(萬戶)인 제후(諸侯). 보통 고관대작(高官大爵)을 말한다.

232 대웅보전[寶殿] : 석가모니를 봉안한 사찰 당우(堂宇) 중의 하나. 대웅보전(大雄寶殿)이라고도 한다. '대웅'이란 부처님의 덕호(德號)이다. 항상 사찰의 중심을 이루는 건물이다. 중앙에 불단을 설치하고 그 위에 불상을 모시는데, 석가모니불을 중심으로 문수보살과 보현보살을 좌우에 봉안한다.

비구[233]가 부처님께 참례(參禮)하는 때로구나.　　　知是比丘參佛時

6영(詠) 천단[234]의 새벽 석경(石磬)[235] 소리　　　天壇曉磬
백련봉 아래 자청[236]단이 있으니　　　白蓮峯下紫淸壇
기수[237]와 고운 꽃에 이슬 기운이 차구나.　　　琪樹瓊花露氣寒
도사가 향을 사르며 북두[238]를 향해 절하는데　　　道士焚香拜北斗
한 줄기 금빛 경쇠 소리가 구름 끝에서 떨어진다.　　　一聲金磬落雲端

7영(詠) 삼산의 저녁 비　　　三山暮雨
삼산이 우뚝 서서 푸른 연꽃 같으니　　　三山屹立碧芙蓉
반은 구름 끝에 가렸고 반은 하늘로 솟았구나.　　　半隱雲端半出空
해 저무는데 긴 바람이 비를 머금고 불어오니　　　日暮長風吹雨過
높은 봉우리 가파르게 얽혀 보일 듯 말 듯 하여라.　　　層巒疊嶂有無中

---

233 비구(比丘) : 불교의 구족계(具足戒)인 250계를 받고 수행하는 출가한 남자 승려. 팔리어 비쿠(bhikkhu)를 소리나는 대로 적은 것으로 산스크리트로는 비크슈(bhikṣu)라고 한다. 음식을 빌어 먹는 사람이라는 뜻으로서 걸사(乞士)·파악(破惡)·근사남(勤事男) 등으로 번역하기도 한다.

234 천단(天壇) : 중국에서 천자가 제성(帝城)의 남교(南郊)에서 동지(冬至)날에 친히 천제(天祭)를 봉사(奉祀)하던 제단. 흰 대리석으로 둥글게 만든 단에 석계(石階), 석란(石欄)을 갖추었다.

235 석경(石磬) : 돌로 만든 경쇠. 아악기(雅樂器)의 한 가지. 제향(祭享)에 사용하는 악기로서 경기도 남양(南陽)에서 나는 돌로 만든 것이 가장 좋다.

236 자청(紫淸) : 천상(天上)을 가리키는 말. 신선(神仙)이 거처하는 곳을 말한다.

237 기수(琪樹) : 선경(仙境)에서 자란 옥수(玉樹).

238 북두(北斗) : 북두칠성(北斗七星)의 줄인 말. 초제(醮祭)의 대상(對象)이었다.

8영(詠) 만정에서 밥 짓는 연기　　　　　　　　　　萬井炊烟

만정이 십 리로 길게 이어졌는데　　　　　　　　萬井相連十里賒
누대는 가물가물[239] 석양 노을에 비꼈구나.　　樓臺隱映夕陽斜
푸른 연기가 곳곳에서 바람 따라 일어나니　　青烟處處隨風起
모두가 종명정식[240]하는 집안이라네.　　　　盡是鍾鳴鼎食家

9영(詠) 상림에서 달구경　　　　　　　　　　　　上林玩月

옥우[241]는 맑고 맑은데 비도 얼핏 그쳤고　　玉宇澄清雨乍晴
선인장[242] 위로는 이슬방울이 맑구나.　　　仙人掌上露華清
여느 때처럼 중천에 뜬 저 달도　　　　　　　應知一樣中天月
이 밤에 숲 속에서 우런 밝은 줄 알겠네.　　此夜林間分外明

10영(詠) 어원[243]에서의 꽃 감상　　　　　　　　御苑賞花

봄빛이 먼저 들어 땅 속에 자리하니　　　　　　春光先入地中胎
고운 햇살과 온화한 안개가 맑은 기운을 재촉하네.　　麗日和烟淑氣催

---

239 가물가물[隱映] : '은영'은 흐렸다 개었다 함. 보일 듯 말 듯함.
240 종명정식(鍾鳴鼎食) : 끼니 때 종을 쳐서 식구를 모으고, 술을 늘여놓고 먹는다는 뜻으로, 부귀하고 호사스럽게 생활하는 것을 일컫는 말. 격종정식(擊鐘鼎食).
241 옥우(玉宇) : 옥으로 만든 궁전. 전설상 천제(天帝) 또는 신선이 사는 곳.
242 선인장(仙人掌) : 한나라 무제가 이슬을 받아먹고 신선이 되기 위해서 금동(金銅)으로 사람 모양을 만들어 높다랗게 세운 다음, 손은 하늘을 향하게 하고 그 손바닥 위에 이슬을 받기 위한 쟁반을 올려놓았다고 한다. 이를 금동선인(金銅仙人) 또는 선인(仙人)이라고 부른다.
243 어원(御苑) : 궁궐의 후원(後園)을 일컫는 말. 금원(禁苑)이라고도 한다. 꽃과 나무를 심고 연못을 파며 정자를 세우는 등 아름답게 꾸몄는데, 현전하는 것으로는 창덕궁의 후원이 대표적이다. 고려 전기 황궁(皇宮)의 어원에는 선호정(仙呼亭)과 상춘정(賞春亭), 상화정(賞花亭) 등이 있다.

비로소 동군[244]이 뜻을 옮김[245]을 알겠거니 　　　始識東君勤用意
천홍만자[246]가 한꺼번에 피었구나. 　　　千紅萬紫一時開

11영(詠) 꽃 섬돌에 나비가 춤을 춤 　　　花階蝶舞
몇 길 궁전 담이 계곡 물 끝에 있는데 　　　數仞宮墻澗水湄
천 가지 꽃나무가 각기 빛을 다투네. 　　　千般花木各爭輝
다정하기로는 향기 찾는 나비만한 게 없으니 　　　多情最是尋香蝶
꽃술을 둘러 가지를 오르며 자유롭게 날아다닌다. 　　　遶蘂攀枝自在飛

12영(詠) 유시에서 듣는 꾀꼬리 노래 　　　柳市鶯歌
삼월의 진천[247]에 비 왔다가 맑게 개고 　　　三月秦川雨乍晴
동풍이 낮게 부니 버들개지가 가볍구나. 　　　東風低拂柳絲輕
꾀꼬리의 날랜 혀가 참으로 다정하니 　　　鶯兒巧舌多情思
울며 맑은 노래를 한두 가락 들려주네. 　　　啼送淸歌一兩聲

13영(詠) 옛 우물을 나는 가을 반딧불이 　　　古井秋螢
동구에 가을 비 내려 어두웠다 개이니 　　　洞口秋霖陰復晴
샘물 난간은 이끼에 젖어 날던 반딧불이 부딪치네. 　　　井欄苔濕撲流螢

---

244 동군(東君) : 봄을 맡은 신.
245 뜻을 옮김[用意] : '용의'는 입의(立意). 뜻을 세워 실천함. 어떤 일을 적극적으로 주관함.
246 천홍만자(千紅萬紫) : 온갖 꽃들이 한꺼번에 피어 아름다움을 다툰다는 말.
247 진천(秦天) : 고지명(古地名). 지금의 섬서(陝西)와 감숙(甘肅) 등 진령(秦嶺) 이북의 평원지대(平原地帶)를 가리키는 말. 춘추 전국시대 진(秦)나라에 속했기 때문에 이렇게 불린다. 여기서는 중국과는 관계없는 이름이다.

시인은 삼여[248]의 배움을 잃을까 두려워 해   騷人恐失三餘學
손 거두고 돌아와 등불[249]을 바꾼다.   手拾歸來替短檠

14영(詠) 신풍[250]의 술집 깃발   新豐酒旗

삼월 달 마을 남쪽이 꽃으로 울긋불긋한데   三月村南綠映紅
행락객 풍물을 보면서 동풍 맞으며 섰네.   遊人覽物立東風
신풍 주점 안에는 청렴[251]이 나부끼니   新豐店裏靑帘在
술 파는 일을 어찌 목동에게 물어보리오.   沽酒何須問牧童

15영(詠) 성령의 낙락장송   星嶺長松

어원에 심어진 낙락장송은   落落長松御苑中
푸른 수염을 바꾸지 않아 어느 때나 한결같구나.   蒼髥不改四時同
평생의 성벽이 차가운 절개를 좋아했으니   平生性癖耽寒節

---

248 삼여(三餘) : 세 가지 경우의 여가(餘暇)로, 공부하기에 가장 좋은 때를 말한다. 『삼국
　　지(三國志)』 위서(魏書) 왕숙전(王肅傳)의 주(註)에 보이는 것처럼 한 해의 여가인
　　겨울과 하루의 여가인 밤, 그리고 시(時)의 여가인 비오는 때 등이 이에 해당된다고
　　한다. 학족삼여(學足三餘). 독서삼여(讀書三餘).
249 등불〔短檠〕: '단경'은 키 작은 등잔 받침대. 소등(小燈)을 말하기도 한다.
250 신풍(新豐) : 현(縣) 이름. 한고조(漢高祖) 7년 설치되었다가 당나라 때 없어졌다. 섬서
　　성(陝西省) 임동현(臨潼縣) 서북쪽에 있었다. 본래 진(秦)나라 여읍(驪邑)이었다. 한고
　　조가 관중(關中)에 도읍을 정하고 아버지 태상황(太上皇)을 장안(長安) 궁중에 살게
　　했는데 고향을 그리는 마음이 간절하여 즐거워하지 않았다. 이에 고조가 고향 신풍의
　　거리와 방사(房舍)를 똑같이 본떠 짓고 그 곳 주민들뿐만 아니라 개와 양까지도 모두
　　옮겨오게 했다. 태상황이 그곳에 살면서 날마다 옛 친구들과 술을 마시며 즐겁게 지내
　　자 심정이 유쾌해졌다고 한다. 나중에 신흥귀족(新興貴族)들이 유연(遊宴)을 벌이며
　　놀거나 부귀해진 뒤 친구들과 모여 옛 정을 푸는 일을 비유하게 되었다.
251 청렴(靑帘) : 술집임을 알리기 위해 꽂는 기(旗). 청패(靑斾). 흔히 청포(靑布)로 만들
　　었다.

서리에도 꿋꿋한 십팔공[252]을 가장 사랑했네.　　　　最愛凌霜十八公

16영(詠) 곡성의 어스름 햇빛　　　　　　　　　　　曲城殘照

층층 봉우리는 아련하게 좋은 기운을 머금었고　　層巒隱映添佳氣

텅 빈 푸른 하늘에는 채색 노을이 물들었네.　　碧落虛明散彩霞

그 가운데 가장 느꺼운 일을 알고자 한다면　　欲識箇中無限好

곡성 높은 곳에서 보는 비낀 저녁 햇살이지.　　曲城高處夕陽斜

17영(詠) 필봉에 눈이 그침　　　　　　　　　　　弼峯晴雪

헤진 갓옷 입고 묵묵히 시를 짓노라니　　　　弊裘凝坐强裁詩

바로 한겨울[253] 눈 내리는 때라네.　　　　　正是窮陰雪下時

해 지는데 바람은 불어 구름도 모두 걷히고　　日暮天風雲捲盡

잇닿은 봉우리 맑은 그림자는 옥처럼 들쑥날쑥[254]일세.　亂峯晴影玉參差

18영(詠) 어구의 홍엽　　　　　　　　　　　　　御溝紅葉

매미 소리가 한궁추[255]를 알리는데　　　　　蟬聲已報漢宮秋

---

252 십팔공(十八公) : 소나무의 다른 이름. '송(松)'의 파자(破字)다.

253 한겨울[窮陰] : '궁음'은 궁동(窮冬)의 뜻. 한겨울. 엄동. 또는 겨울의 마지막을 일컫는
말이다.

254 들쑥날쑥[參差] : '참치'는 가지런하지 않은 모양.

255 한궁추(漢宮秋) : 원나라 때의 잡극(雜劇) 이름. 원명은 「파유몽고안한궁추(跛幽夢孤
雁漢宮秋)」. 마치원(馬致遠)이 지었다. 한나라 원제(元帝, 武帝)와 궁녀 왕소군(王昭君)
간의 궁정 비련을 제재로 했다. 화가 모연수(毛延壽)가 엉터리 초상화를 그려 바치는
바람에 미녀 왕소군에게 관심을 갖지 않았던 원제는 후에 비파를 타는 왕소군을 보고
즉석에서 반한다. 흉노로 도망간 모연수는 흉노의 선우(單于)에게 왕소군의 초상화를
그려 준다. 선우는 한나라와의 화친을 조건으로 원제에게 왕소군을 요구한다. 왕소군

마음 속 회포를 펼치려 해도 여의치 않네.   欲寫幽懷不自由

어젯밤 바람서리에 다 떨어졌으려니   昨夜風霜搖落盡

시내 가득 홍엽들이 맑은 도랑으로 들겠구나.   滿溪紅葉入淸溝

19영(詠) 서반²⁵⁶에서 갓끈을 빪   西泮濯纓

찬 시내 한 줄기가 근궁²⁵⁷을 감싸고 도는데   寒流一派繞芹宮

퐁퐁 솟는²⁵⁸ 샘물은 하늘처럼 담담하구나.   潑潑泉源淡若空

동자 수삼 인과 관자 여섯을 데리고²⁵⁹   童子數三冠者六

읊조리며 돌아오니 그윽한 흥취는 넓어 무궁하네.   詠歸幽興浩無窮

은 국가의 이익을 위해 자청하여 궁궐을 떠나다 흑룡강에서 원제를 잊지 못하고 투신자
살한다. 이 작품은 백박(白樸)의 「오동우(梧桐雨)」와 함께 궁중 연애고사를 다룬 걸작
으로 꼽힌다.

256 서반(西泮) : 서반수(西泮水). 성균관(成均館)의 반수(泮水). 가운데 서쪽에 수축된
것. 반수(泮水)는 반궁(泮宮)이다. 제후(諸侯)의 나라에 있는 국학(國學) 기관을 가리
키는 말. 우리나라의 경우는 조선시대의 성균관(成均館)과 문묘(文廟)를 뜻한다. 천자
의 국학 기관을 벽옹(辟雍)이라 한 것에 비하여 제후의 국학 기관을 반궁이라 하는데,
이는 학교를 두르고 있는 연못이 반원을 이루고 있기 때문이다.

257 근궁(芹宮) : 『시경(詩經)』에 "반수(泮水)에 미나리를 캐리라."는 구절이 있는데, 노희
공(魯僖公)이 반궁(泮宮)을 짓는 것을 찬송한 것이다. 후세에 제후의 태학(太學)을
근궁이라 불렀다. ②문묘(文廟)의 다른 이름. 곧 성균관(成均館)을 가리킨다. 옛날
제후(諸侯)의 학궁(學宮)을 반궁(泮宮)이라 했는데, 그 반궁의 물인 반수(泮水)에 미나
리(芹)를 심었던 까닭에 생긴 이름이다.

258 퐁퐁 솟는[潑潑] : '발발'은 소리에 대한 의성어. 물이 졸졸 흘러가는 소리. 왕성한 모양.

259 동자수삼관자륙(童子數三冠者六) : 『논어(論語)』 11편 선진편(先進篇) 25장에 증석(曾
晳)이 "저는 늦은 봄에 봄옷이 완성되면 관을 쓴 사람 5, 6명과 어린아이 6, 7명을
데리고 기수에서 목욕하고 무우(舞雩)에 올라 바람을 쐬며 노래하면서 돌아오겠다."고
대답한 데서 나온 시구다.

20영(詠) 동쪽 냇가에 봄을 캠〔봄맞이를 함〕

東澗採春

봄바람이 건듯 불어[260] 풀은 새로 푸른데

산비가 내리려는지 구름이 사방에 깔렸네.

한가로이 시내를 좇다가 골짜기를 건넜으니

푸른 복숭아꽃이 만발한 때로구나.

春風習習草新綠

山雨欲來雲四垂

閑隨流水度幽壑

正是碧桃花發時

----

260 건듯 불어〔習習〕: '습습'은 바람이 산들산들 불고 따사로운 모양.

호당[261] 선안에 삼가 올림

敬呈湖堂仙案

강에서의 선유[262]를 좇아갈 수 없으니	江上仙遊不可追
뜰에 가득 밝은 달에 혼자 머뭇거리네.[263]	滿庭明月獨躕跼
어떻게 하면 푸른 소[264]에 걸터앉아 가면서	何當橫跨青牛去
눈 내린 날 방안에서 등불 켜고 함께 시를 지을까?	雪屋懸燈共賦詩

---

261 호당(湖堂) : 독서당(讀書堂)의 다른 이름. 문관 가운데 특히 문학에 뛰어난 사람에게 휴가를 주어 오로지 학업을 닦게 하던 서재. 조선시대 세종 8년에 사가독서(賜暇讀書) 하는 제도를 마련했고, 성종 23년에 서울의 동호(東湖) 옆 폐허(廢墟)가 된 사찰을 고쳐 독서당을 마련했는데, 호수 옆이라 해서 호당(湖堂)이라 불렀다.

262 선유(仙遊) : 선계(仙界)를 노닌다는 뜻으로, 즐겁고 유쾌한 유락(遊樂)을 가리키는 말.

263 머뭇거리네[躕跼] : '주지'는 마음속으로 의심이 들어 머뭇거리는 모양.

264 푸른 소[青牛] : '청우'는 ①검은 털의 소. ②흙으로 만든 소. 청토우(青土牛)라고도 부름. ③신선이 타는 소. ④노자(老子)가 함곡관(函谷關)을 지나 서역(西域)으로 들어갈 때 탔다고 하는 수레[青牛車]를 끌던 푸른빛의 소. ⑤천년 묵은 나무의 정령(精靈)이 변해 된 소.

눈 내리는 가운데 매화를 감상하면서

雪中賞梅

누가 나를 찾아 사립문265을 두드리겠나   何人訪我叩柴扉
울타리도 쓰러져서266 눈발이 날려 드네.   籬落寥寥亂雪飛
홀로 매화를 마주하니 읊조림도 만족스러워   獨對寒梅吟詠足
늙은이 쉴 곳으로 이곳이 그만이로구나.   老夫棲息此中宜

---

265 사립문〔柴扉〕: '시비'는 섶으로 만든 문. 빈한(貧寒)한 집안 사정을 비유한다.
266 쓰러져서〔寥寥〕: '요요'는 외롭고 쓸쓸한 모양.

여든 살 세월을 무사히 보내고서
八十餘年無事過

내 올해로 여든 다섯 해를 누렸으니　　　　吾今八十五年享
눈앞은 비록 침침해도 다리 힘은 가볍네.　眼力雖微脚力輕
천태[267]에서 약초를 캐어 시험해 봤더니　採藥天台曾試險
기구[268]한 세상살이도 편안하게 왔구나.　崎嶇世路亦安行

---

267 천태(天台) : 천태산(天台山)으로, 절강 천태현(天台縣)의 북쪽에 있다. 산세가 동북에
서 서남쪽으로 뻗어 있으며 적성(赤城)과 폭포(瀑布), 향로(香爐), 화정(華頂), 동백
(桐柏) 등의 여러 산들로 이루어져 있는데, 주봉(主峰)은 화정(華頂)이다. 높은 절벽이
많고 가파르다. 불교의 천태종이 여기에서 나왔다고 한다.
268 기구(崎嶇) : '기구'는 본래의 의미는 산길이 험하다는 뜻인데, 처세(處世)하기 어려운
모양을 비유하는 데 많이 사용한다.

도봉서원[269]에서 근백을 모시고 유상하면서

그때 양주 최사군이 함께 했다 2수

峯書院 陪圻伯遊賞 時楊州崔使君從之 二首

울퉁불퉁 돌길에 흐르는 노을이 묻어 있어　　　崎嶇石路襯流霞

주인장의 오리 두 마리[270]가 사람[271]을 맞이하네.　　地主雙鳧引使華

선현들을 만나 뵙고 난간에 기대보니　　　　　謁罷先賢仍倚檻

둥근 보름달이 처마 끝에 선뜻 다가와 있구나.(1)　一輪明月入簷多

---

269 도봉서원(道峯書院) : 서울시 도봉구 도봉동에 있는 서원. 1537년 지방 유림의 공의로
조광조(趙光祖)의 학문과 덕행을 추모하기 위해 창건하여 위패를 모셨고, '도봉'이라는
사액(賜額)을 받았으며, 1696년 송시열(宋時烈)을 추가 배향했다. 1775년 어필사액을
다시 받아 선현배향과 지방교육의 일익을 담당했다. 그 뒤 흥선대원군의 서원철폐령으
로 1871년 훼철되었으며, 위패는 땅에 묻었다. 1903년 지방 유림에 의해 단이 설치되어
봄과 가을에 향사를 지내오다가 한국전쟁으로 다시 중단되었으나, 1972년 도봉서원재
건위원회가 구성되어 복원되었다. 사우(祠宇)의 오른쪽에는 조광조의 위패가, 왼쪽에
는 송시열의 위패가 봉안되어 있었다.

270 오리 두 마리[雙鳧] : '쌍부'는 ①한 쌍의 물오리. ②지방관(地方官)을 일컫는 말. 섭현
(葉縣)의 현령 왕교(王喬)는 후한(後漢)때 사람으로 신기한 술법이 있었는데, 매월
삭망(朔望)에 조정에 올 때마다 수레나 말이 보이지 않자 현종(顯宗)이 괴이하게 여기
고 태사(太史)를 시켜 엿보게 하다가, 한 쌍의 물오리가 날아오는 것을 보고 그물을
쳐서 잡아보니 왕 4년에 하사한 신발 한 짝이었다는 데서 나왔다.

271 사람[使華] : '사화'는 임금의 명령을 받은 사신. 『시경(詩經)·소아(小雅)』 황황자화편
(皇皇者華篇)이 사자(使者)를 보내는 시(詩)인 데서 나왔다.

무진년[272] 시월 열이틀 밤에　　　　　　　　　　　　戊辰十月十三夜

침류당 누대에 올라 세 사람이 함께 앉았네.[273]　　　　鼎坐枕流堂上樓

맑은 호수 어린 달빛에 시혼(詩魂)은 상쾌하고　　　　澄潭月色吟魂爽

절경 속에서 소선이 적벽에서 노닐고 있구나. (2)　　　絶勝蘇仙赤壁遊

---

272 무진년(戊辰年) : 1628년. 인조(仁祖) 6년.

273 함께 앉았네〔鼎坐〕: '정좌'는 세 사람이 세발솥의 발 모양으로 나란히 앉음.

동교[274]를 새벽에 지나면서

東郊曉行

꼭두새벽[275]에 잠시 나라 동문을 나서니 凌晨暫出國門東
하연 안개가 밀물처럼 골짜기마다 자욱하구나. 白霧如潮漲壑中
햇빛은 이제 겨우 천지 사이로 떠오르는데 旭日纔昇天地闊
누가 길 다했다 우는지 알 수 없어라. 不知誰是泣途窮

---

274 동교(東郊) : 동쪽 교외. 조선시대에는 주로 서울의 동대문 밖을 가리켰다.
275 꼭두새벽〔凌晨〕 : '능신'은 아직 햇살이 희미한 때. 꼭두새벽. 청신(淸晨). 청조(淸早).

영국동 유거에서 차운함
次寧國洞幽居韻

자연²⁷⁶ 속에 뒤늦게 띠집²⁷⁷을 엮어 지었으니   茅茨晚結烟霞裏
낮에도 사립문 걸어 잠그고 길 밖을 나서지 않네.   晝掩柴扉不出歧
이웃 노인이 일찍이 인사를 나누지 못하여   鄰叟未曾知禮義
울타리 너머로 나를 부르며 늙은 선비님이라 하네.   隔籬呼我老經師

---

276 자연〔烟霞〕: '연하'는 연기와 노을. 그리하여 산수자연(山水自然)을 말한다.
277 띠집〔茅茨〕: '모자'는 띠로 이어 만든 지붕 또는 그 지붕을 덮어 만든 집으로 일반 백성
    의 집을 가리킨다. 옛날 중국의 요(堯) 임금이 모자로 궁을 지었다 하여 군주(君主)의
    검소한 생활을 빗대는 말로도 쓰인다.

충막재 시운에 차운하여 벗들에게 보여주다
次冲漠齋韻 示諸友

우리 집 경치가 그대 집보다 나으니	吾家形勝勝君家
대나무 둑이며 소나무 제단에 국화까지 피어 있지.	竹塢松壇又菊花
예부터 염량[278]은 계절 따라 변한다지만	從古炎凉隨節變
말세에 갈림길이 많은 것을 어쩌리오.	任他衰世路歧多

---

278 염량(炎凉) : 덥고 시원함. 기후(氣候). 그리하여 기후의 변화(變化)를 인정(人情)의
후박(厚薄)에 비긴 말로, 인정의 부침(浮沈)이 무상(無常)한 것을 일컫는다.

나이 아흔에 탄식하노라
九十歎

내 인생 아흔 나이가 참으로 가련하니　　　　　　吾生九十最堪憐
치아며 머리칼은 다 빠졌고 정수리는 어깨에 걸렸네.　齒髮俱凋頂在肩
곁 사람에게 묻노니 그대 또한 늙을 텐데　　　　借問傍人君亦老
인간 세상 그 누가 나와 같은 나이런가.　　　　　人間誰是我同年

침류대에서 2수

枕流臺

집은 장안 번화가 동쪽에 있어서	家在長安紫陌東
문 앞을 흐르는 시내는 푸르게 넘실거리지.[279]	門前流水碧溶溶
단사[280]를 불리기도 끝나 할 일이 없으니	丹砂鍊罷無餘事
삼산 제일봉을 앉아서 바라보노라.(1)	坐對三山第一峯

창덕궁[281] 서쪽 경복궁[282] 동쪽에	昌德宮西景福東
그 사이에 골짜기 시내가 있으니 물은 넘실넘실.	中間一壑水溶溶
사람 와서 즐길 데 없다고 말하지 말아라	人來莫謂無佳翫
하늘 위로 우뚝 솟은 푸른 봉우리를 보게나.(2)	看取中天聳碧峯

---

279 넘실거리지〔溶溶〕 : '용용'은 물이 힘차게 흐르는 모양.

280 단사(丹砂) : ①붉은 빛깔의 흙은 안료로 쓰이는데, 이것을 사용하여 만든 안료를 토홍(土紅)이라 한다. 단확(丹艧). 주사(朱砂). ②도가에서 술사(術士)들이 만들어 먹는다는 무병장수(無病長壽)의 약. 여기서는 ②의 뜻으로 쓰였다.

281 창덕궁(昌德宮) : 조선시대 태종 5년(1405) 10월 19일에 이궁(離宮)으로 창건된 궁(宮)으로, 10월 25일에 창덕궁(昌德宮)이라 했다. 속칭 동궐(東闕) 또는 새 대궐(大闕)이라고 했다. 그 후 임진왜란 때 소실(燒失)되었다가 선조 39년(1606)에 개수(改修)를 시작하여 광해군 3년(1611)에 준공되었다. 창경궁(昌慶宮)과 통하여 창덕궁이 되고 고종 5년(1868) 경복궁이 재건될 때까지 2백 50여 년간 정궁(正宮)으로 사용되었다.

282 경복궁(景福宮) : 조선시대의 정궁(正宮). 도성의 북쪽에 있다고 하여 북궐(北闕)이라고도 한다. 이성계가 조선을 개창한 뒤 곧 도읍을 옮기기로 하고, 즉위 3년째인 태조 3년(1394)에 궁의 창건을 시작했으며 이듬해에 완성한다. 이때의 궁의 규모는 3백 90여 칸이다.

꿈에 식영정에서 미녀를 보고

夢見息影亭美女歌

항상 남쪽 고을 서석산[283]을 그리워했으니   每憶南州瑞石山

서까래 몇 개로 세운 정사가 대숲 사이에 있네.   數椽精舍竹林間

그 해의 아리따운 이는 지금 어디 있는지   當年美女今何在

푸른 머릿결 붉은 얼굴을 꿈속에서 보았노라.   綠鬢朱顔夢裏看

---

283 서석산(瑞石山) : 무등산(無等山)의 옛 이름. 고려시대 때 서석산이라 불리다가 조선시대에 이르러 처음으로 무등산이라고 불렀다.

골짜기에서 일이 있어

峽中卽事

흐릿하고[284] 푸릇푸릇 비안개가 엷은 비단처럼 깔렸는데　　霏微翠靄薄於紈

계곡 사이로는 단풍이 물들었고 이슬이 차갑구나.　　兩岸楓林玉露寒

고삐 잡고 오가면서 좋은 시구를 찾노라니　　攬轡徘徊尋秀句

자등화[285] 아래로 물은 잔잔히 흘러가네.　　紫藤花下水潺湲

---

284 흐릿하고[霏微] : '비미'는 눈이나 비가 흩날림. 가득 차서 넘침.

285 자등화(紫藤花) : 나무 이름. 덩굴이 뿌리부터 생겨 다른 나무를 감고 올라간다. 꽃은
자줏빛이고 나비 모양을 보이는데, 관상용으로 쓰인다.

지가운의 석가산[286]에 쓰다

題池駕雲石假山

그대의 집에 있는 석가산을 보니	我見君家石假山
층층 봉우리가 흰 구름 사이로 솟았구나.	層巒競出白雲間
오늘부터 만약 안기자[287]를 만난다면	從今若遇安期子
함께 자연 속에 들어가 연단[288]을 배워야지.	共入烟霞學鍊丹

---

286 석가산(石假山) : 정원에 돌을 쌓아서 산처럼 만든 것.

287 안기자(安期子) : 안기생(安期生). ?~?. 진(秦)나라 때 사람. 신선술(神仙術)을 익혀 신선이 되었다고 한다. 해변에서 약을 팔며 하상장인(河上丈人)에게 배웠는데, 장수하여 천세옹(千歲翁)이라 불리기도 한다. 진시황이 동유(東遊)했을 때 삼주야(三晝夜) 동안 이야기를 나누었다. 금과 옥을 하사해도 받지 않으면서 몇십 년 뒤 봉래산(蓬萊山)에서 자기를 찾으라 하고 떠났다. 진시황이 찾았지만 찾지 못하자 부향정(阜鄉亭) 주변의 십여 군데에 사당(祠堂)을 세웠다. 일설에 따르면 안기생(安其生)이라고도 하며, 괴통(蒯通)과 친했는데 항우(項羽)가 봉후(封侯)하려고 했지만 끝내 받지 않았다고 한다.

288 연단(鍊丹) : 도교(道教)에서 불로장생(不老長生)하는 약을 만드는 일.

[오언율시]

청평사에서 김수재[289]에게 드림
清平寺贈金秀才

청평사의 멋진 경치를 다 즐겼는데	覽盡清平勝
서천이 그 중에서도 가장 뛰어났지.	西川最絶奇
구름이 끼자 용은 골짜기에서 나오고	雲迷龍出洞
달이 걸리자 학은 가지에 깃들었네.	月掛鶴棲枝
낯선 땅에서 시간이 장차 바뀌려 하는데	異地時將換
고향 산에서는 연락도 또한 더디구나.	鄉山信亦遲
다시 방외[290]의 친구를 만났으니	仍逢方外侶
술잔을 잡고 함께 시를 논하네.	把酒共論詩

---

289 수재(秀才) : 여러 가지 의미로 쓰인다. ①학문과 재능이 뛰어난 사람. ②장가를 들지 않은 남자를 높여 일컫는 말. ③일명 무재(茂才). 한(漢)나라 때부터 관원 등용과목의 1종이 되어, 당(唐)나라 때에는 명경(明經), 진사와 함께 병칭되는 과목이 되었다. 송(宋)나라 때에는 응거자(應擧者) 모두를 수재라 했고, 명청(明清)시대에는 현학(縣學)에 입학한 생원을 일컬었다. ④성균관 유생 가운데 재주가 뛰어난 자.
290 방외(方外) : 이 세상 밖. 곧 세상일에 관심이 없는 것. 세상을 버린 사람이 몸을 상도(常道) 밖에 두는 것을 일컫는 말. 속세를 떠난 이교도(異教徒).

깊은 골짜기 정암²⁹¹의 무덤에 쓰다
題深谷靜菴墓

그리운 마음²⁹²으로 깊은 골짜기에 드니	望望來深谷
가을 산에 나뭇잎이 누렇구나.	秋山木葉黃
남은 비석은 넝쿨풀에 묻혀 있고	殘碑蔓草沒
옛 무덤은 석양에 쓸쓸해라.	古墓夕陰凉
도덕으로 천 년 세월을 빛냈고	道德明千載
문장은 한 지역에서 으뜸이었지.	文章冠一方
향을 사뢰고 술 한 잔 올리는데	焚香仍奠酌
애 끓는 눈물이 옷깃을 적시는구나.	哀淚濕衣裳

---

291 정암(靜庵) : 조광조(趙光祖). 1482~1519. 조선 중기의 학자. 본관은 한양이고, 자는
효직(孝直)이며, 호는 정암이고, 시호는 문정(文正)이다. 성균관 유생들을 중심으로
한 사림파(士林派)의 절대적 지지를 바탕으로 도학정치(道學政治)의 실현을 위해 적극
적으로 활동했다. 중종에게 발탁되어 관계에 진출했지만, 사림파의 과격한 언행과 정책
에 염증을 느낀 중종의 지지를 업은 훈구파(勳舊派)가 기묘사화(己卯士禍)를 일으키자
능주에 유배되었다가 사사(賜死)당했다. 문집에 『정암집』이 있다.

292 그리운 마음[望望] : '망망'은 우러러 바라보는 모양. 그리워하는 모양.

그네타기[293]

秋千

계절이 단오[294]에 이르렀으니	節序端陽値
추천을 화각[295] 앞에서 벌리네.	秋千畫閣前
붉은 치맛자락에 햇볕은 흩날리고	紅裳飄白日
수놓은 신발로 푸른 하늘을 밟는구나.	繡鳥蹴靑天
문득 피리 부는 계집아이는	却訝吹簫女
선약을 훔친 신선[296]이 아닌가 싶어라.	還疑竊藥仙
내려와 손을 내리고 섰는데	下來垂手立
운빈[297]이 푸르게 엉클어졌네.[298]	雲鬢綠穨然

---

293 그네타기[秋千] : '추천'은 그네타기. 두 끈 사이에 널빤지를 묶어놓고 위에 나무 시렁을 드리운 채 사람이 앉기도 하고 서기도 하면서 양손으로 두 끈을 쥐고는 앞뒤로 움직이면서 율동을 준다. 추천(鞦韆)으로도 쓴다.

294 단오[端陽] : '단양'은 단오(端午). 우리나라 명절의 하나. 음력 5월 5일.

295 화각(畫閣) : 단청(丹靑)한 아름다운 누각. 화루(畫樓).

296 선약을 훔친 신선[竊藥仙] : 항아(姮娥). 신화에서 달 속에 있는 여신. 예(羿)의 아내인데, 예가 서왕모(西王母)에게 불사약(不死藥)을 얻었는데, 항아가 훔쳐 먹고 신선(神仙)이 되어 월궁(月宮)으로 달아나 달의 요정이 되었다고 한다.

297 운빈(雲鬢) : 운빈화안(雲鬢花顔). 머리털이 탐스럽고 얼굴이 아름답게 생긴 여자의 모습을 일컫는 말.

298 엉클어졌네[穨然] : '퇴연'은 사람이 쓰러지는 모양. 또는 술에 몹시 취해 몸을 가누지 못하는 모양.

칠석[299]날에
七夕

오동나무 가지에 바람 기운은 차고	梧枝風氣冷
계수나무 잎에는 이슬방울 흐르네.	桂葉露華流
천상에서는 좋은 기약 맺는 저녁이고	天上佳期夕
인간 세상에서는 걸교[300]하는 가을일세.	人間乞巧秋
기쁜 마음에 겨우 입을 열었는데	懽情纔啓口
이별의 눈물은 벌써 눈동자에 어렸구나.	別淚已凝眸
한 조각 지기석[301]은	一片支機石
헛되이 박망후[302]에게 보내버렸네.	空傳博望侯

---

299 칠석(七夕) : 음력 칠월 초이렛날의 밤. 이날 은하수 동쪽에 있는 견우성(牽牛星)이 서쪽에 있는 직녀성(織女星)과 오작교(烏鵲橋)에서 1년에 한 번 만난다고 한다.

300 걸교(乞巧) : 옛날 풍속에 7월 7일 밤에 처녀들이 달빛에 비추어 바늘귀에 실을 꿰면 바느질 솜씨가 는다고 하여 하는 행사. 칠석(七夕) 날에 부녀자들이 오색 색실을 바쳐 놓고 견우(牽牛)와 직녀(織女)를 제사하던 형초(荊楚) 지방의 풍속이다.

301 지기석(支機石) : 천상(天上)의 직녀(織女)가 써서 베틀을 지탱하는 돌.

302 박망후(博望侯) : 박망을 지키는 장수. 박망은 옛날의 산(山) 이름으로, 지금의 안휘(安徽) 당도(當塗) 서남쪽에 있는 동량산(東梁山)과 화현(和縣) 남쪽의 서량산(西梁山)을 사이에 두고 서로 문처럼 마주보고 있다.

여강[303] 강루[304]에 있는 시에 차운함
次驪江江樓韻

아득한 포구에서는 구름이 막 일어나고	極浦雲初起
긴 모래톱에는 비가 내리다 그쳤네.	長洲雨乍晴
두 눈동자를 멀리까지 펼쳐보니	雙眸仍遠放
온갖 물상들이 다 눈에 들어오는구나.	萬象各來呈
해와 달은 동서에서 나타나고	日月東西見
하늘과 땅[305]은 아래위로 평탄하네.	乾坤上下平
강산에 그윽한 홍취가 더해졌으니	江山添逸興
어찌 반드시 영주[306]에 올라야 하겠는가.	何必强登瀛

---

303 여강(驪江) : 경기도 여주(驪州)의 옛 이름.

304 강루(江樓) : 강을 마주보며 세워진 누대.

305 하늘과 땅〔乾坤〕 : 『주역(周易)』 팔괘(八卦) 가운데 건괘(乾卦)와 곤괘(坤卦). 보통 하늘과 땅을 말한다.

306 영주(瀛州) : 동해 가운데 있는, 신선이 산다는 삼신산(三神山)의 하나. 선경(仙境)에 들어간다는 뜻으로, 선비나 문인이 특별한 영예를 얻는 것을 일컫는 말. 등영주(登瀛州). 당나라 태종(太宗)이 두여회(杜如晦), 방현령(房玄齡) 등 글 잘 하는 18명의 학사(學士)를 모아서 우대하니, 당시의 사람들이 그들을 신선이 사는 '영주'에 올랐다며 부러워했다.

완산에서 송어사[307]에게 드림
山呈宋御史

나그네 계획은 끝내 이루기 어려우니	客計終難就
머물다 보니[308] 어느 덧 열흘이 지났네.	淹留又一旬
단오도 장차 다 하려는 저녁인데	端陽將盡夕
고향 땅으로는 아직 돌아가지 못했네.	故國未歸身
푸른 대나무는 섬돌을 둘러 촘촘하고	翠竹環墻密
꾀꼬리는 벗을 부르며 자주 우네.	黃鶯喚友頻
어찌 알았으리요. 풍패[309]의 고을에서	那知豊沛府
예전에 사귀었던 친구를 만날 줄을.	得見舊交親

---

307 어사(御史) : 관직 이름. 진(秦)나라 이전에는 사관(史官)의 명칭이었는데, 한나라 이후에는 직분이 자주 변동되었다. 주로 감찰 관계의 일을 맡았다. 명청시대에는 감찰어사(監察御史)가 있었다. 우리나라에서는 암행어사(暗行御史)라 해서 중앙에서 필요에 따라 지방에 파견하면서 임명했다.

308 머물다 보니[淹留] : '엄류'는 오래 머무르며 떠나지 못함.

309 풍패(豊沛) : 풍(豊)은 중국의 현명(縣名)이고 패(沛)는 중국의 군명(郡名)으로서 한나라의 건국 시조 유방이 패군(沛郡) 풍현(豊縣) 중양리(中陽里) 출신이었던 까닭에 풍패는 건국 시조 또는 제왕의 고향을 지칭하게 되었다. 여기서는 조선을 건국한 태조 이성계의 관향(貫鄕) 전주를 말한다.

남쪽으로 가다가
南行

만 리에 몸은 오히려 멀어지고	萬里身猶遠
삼상³¹⁰의 길은 더욱 아득하구나.	三湘路更脩
해마다 나그네 신세가 괴로우니	年年爲客苦
날마다 고향 그리며 시름에 젖네.	日日望鄕愁
들판 주점에서는 푸른 연기 가늘게 솟고	野店靑烟細
산골 마을에는 푸른 대나무가 촘촘해라.	山村翠竹稠
망망³¹¹한 천지의 바깥을 서성거리며	茫茫天地外
표박³¹²의 신세가 물가 갈매기에 부끄럽네.	漂泊愧沙鷗

---

310 삼상(三湘) : 중국에서 호남(湖南) 상향(湘鄕)과 상담(湘潭), 상음(湘陰 또는 湘源) 세 곳을 합쳐 부르는 말.
311 망망(茫茫) : 드넓은 모양.
312 표박(漂泊) : 동분서주(東奔西走)하면서 행로가 일정하지 않은 것을 비유하는 말.

이학관[313]에게 삼가 보냄
奉寄李學官

서담[314]을 못 본 지 오래인데	不見西潭久
생각할수록 문득 넋이 나가네.[315]	思之暗斷魂
텅 빈 산에서 〈벌목〉[316] 시를 읊조리니	空山吟伐木
저무는 햇살 아래 머문 구름을 본다네.	落日望停雲
병화가 일어난 지 6년밖에 되지 않았으니	兵火六年內
친했던 사람들 몇이나 살아 있을꼬?	交親幾箇存
어느 때나 비바람[317] 부는 저녁 때	何時風雨夕
술잔을 마주하며 즐겁게 이야기 나눌까?	笑語對芳樽

---

313 학관(學官) : 삼국시대 이래 조선시대에 이르기까지 각급 교육기관에서 학생들을 대상
으로 학업을 전수하는 일을 담당하던 관원을 일컫는 말.

314 서담(西潭) : 이달(李達). 1539~1609?. 삼당파(三唐派) 시인으로 불리는 조선 중기의
시인. 신분적 한계 때문에 관직은 한리학관(漢吏學官)에 그치는 등 타고난 재능에 비해
불우한 삶을 살았다.

315 넋이 나가네[斷魂] : '단혼'은 넋이 녹아 가버림. 변함 없는 깊은 애정이나 애상(哀傷)을
말한다.

316 벌목(伐木) : 『시경(詩經)』 소아(小雅)의 편명(篇名). 후대에는 친하게 사귀지 못한 친
구 사이를 풍자하는 전고(典故)로 쓰인다.

317 비바람[風雨] : '풍우'는 풍우대상(風雨對狀). 형제나 친구가 서로 만난다는 뜻. 당나라
위응물(韋應物)이 동생에게 보낸 시에 "어찌 알았으리 비바람 부는 저녁에, 다시 상을
맞대고 볼 줄을.(寧知風雨夜 復此對狀眼)"이라 한 것을 소식(蘇軾)이 보고 깊이 느껴
아우 소철(蘇轍)에게 시를 보낼 때 이 시구를 다시 쓴 데서 나왔다.

적멸암³¹⁸에 묵으면서

寂滅菴

하룻밤 천마사에서 묵었는데　　　　　　一宿天摩寺
향기로운 누대에서 밤은 이미 깊어졌네.　香臺夜已分
뜰은 고요해 계수나무 꽃은 지고　　　　庭空桂花落
산은 적막하여 물소리가 떠들썩하구나.　山寂水聲喧
스님의 나이³¹⁹는 섬돌 앞 나무와 같고　僧臘堦前樹
선정³²⁰에 든 마음은 언덕 너머 구름일세.　禪心嶺上雲
옷깃을 여미며 베개를 밀고 앉으니　　　整襟推枕坐
서리 비낀 달빛이 하얗게 부서지는구나.³²¹　霜月白紛紛

---

318 적멸암(寂滅菴) : 두 군데가 있다. ①경기도 개풍군 천마산에 있던 사찰. ②강원도 고
　　성군 외금강면 창대리 금강산 구정봉에 있던 사찰. 신계사에 딸렸던 암자다.
319 스님의 나이〔僧臘〕 : '승랍'은 스님이 수계(受戒)를 받은 뒤의 나이.
320 선정(禪定) : 육도(六度)의 하나. 선나바라밀(禪那波羅蜜). 진리를 올바로 사유(思惟)
　　하며, 마음을 적정(寂靜)히 하여 생각을 한 곳에 모아 산란치 않게 하는 것. 육도는
　　육바라밀(六波羅蜜)이라 부르기도 한다.
321 부서지는구나〔紛紛〕 : '분분'은 어지러운 모양.

지족사에서

智足寺

오래된 절이라 머무는 스님도 없어	古寺無僧住
텅 빈 산문(山門)을 나그네가 찾아왔네.	空門有客來
처마는 비어 푸른 봉우리가 낮아 보이고	簷虛低碧岫
우물은 말라 파란 이끼로 덮였네.	井廢沒蒼苔
불전에 향불도 차가우니	佛殿香煙冷
선방엔 낙엽만 쌓였구나.	禪房木葉堆
거닐어도 사람은 보이지 않아	徘個人不見
길게 한숨 쉬며 누대를 내려오노라.	長嘯下層臺

한산³²² 객사³²³에 붙임
題韓山客舍

멀리³²⁴ 북극³²⁵과 이별하고	遙遙辭北極
어느 새³²⁶ 남쪽을 다니네.	望望且南征
땅은 군산³²⁷ 포구로 트여 있고	地坼羣山浦
강은 백제성으로 이어지네.	江連百濟城
봄날은 깊어 방초는 푸르고	春深芳草綠
해는 저물어 저녁 조류가 조용하네.	日落晚潮平
시골 마을이 가까운 줄 알겠으니	知有孤村近
안개 숲 너머로 절구질 소리 울리네.	烟林一杵鳴

---

322 한산(韓山) : 충남에 있으니, 본래 백제 마산현(馬山縣)이다. 지금의 서천군 한산면이다.

323 객사(客舍) : 객관(客館). 조선시대에 각 고을에 원이 거처하는 집 외에 공식적인 손님들을 유숙시키기 위한 집을 하나씩 따로 지어놓고 있었다. 이것을 객사라 불렀다. 대체로 객사나 원이 거처하는 집이나 할 것 없이 반드시 동쪽과 서쪽의 두 채로 구성되는데 동쪽 채를 동헌(東軒), 서쪽 채를 서헌(西軒)이라고 불렀다.

324 멀리〔遙遙〕 : '요요'는 시간이나 공간적으로 아득히 먼 모양.

325 북극(北極) : 제왕(帝王)이나 조정(朝廷), 조당(朝堂)을 비유하는 말.

326 어느 새〔望望〕 : '망망'은 갑작스럽게 눈으로 보는 모양.

327 군산(群山) : 전라북도 북서부에 있는 시. 호남평야 북서부 말단. 금강 하구 좌안(남안)에 있으며, 동쪽은 익산시, 북쪽은 금강을 사이에 두고 충청남도 서천군, 남쪽은 만경강을 경계로 김제시와 접하고, 서쪽은 황해에 면한다.

고암[328] 촌장[329]에서

鼓巖村莊

성곽에서 고작 삼 리 떨어졌는데	郭外僅三里
동이 속 별천지[330]로구나.	壺中別一天
구름 그림자는 약초밭에서 생겨나고	雲陰生藥圃
물 기운은 오이 밭에서 촉촉하네.	水氣潤瓜田
지경이 고요해 세상 생각[331] 적어지고	境靜少塵慮
몸이 한가하니 낮잠이 달콤하구나.	身閑酣晝眠
홀로 구학의 아름다움을 차지했으니	獨專丘壑美
응당[332] 여생을 맡겨야겠네.	端合付餘年

---

328 고암(鼓巖) : 고려대학교 뒷산에 북처럼 생긴 커다란 바위가 있는데 이를 한자로 '종암 (鐘巖)' 또는 '고암'이라 부른다.

329 촌장(村莊) : 향민(鄕民)들이 모여 사는 장소.

330 별천지〔壺天〕 : '호천'은 전설에 후한(後漢)의 비장방(費長房)이 시연(市掾)으로 있을 때 시장에 노옹(老翁)이 약을 팔았는데, 가게 앞에 호리병을 하나 걸어 두고 장사가 끝나면 호리병 속으로 들어가는 것을 보았다. 비장방이 그것을 누대에서 보고 비상(非 常)한 사람인 것을 알았다. 다음 날 노옹에게 가서 함께 호리병 속으로 들어갔는데 옥당(玉堂)이 아름답게 세워져 있고, 맛있는 술과 안주가 잔에 가득 차 있었다. 함께 마시고는 나왔다고 한다. 그리하여 선경(仙境)이나 승경(勝景)을 뜻하게 되었다.

331 세상 생각〔塵慮〕 : '진려'는 속념(俗念). 잡스러운 생각.

332 응당〔端合〕 : '단합'은 응당(應當). 응해(應該). 당연히.

사미정에서

四美亭

허공에 걸린[333] 아름다운 경치를 찾았으니	憑虛探勝槩
네 가지 아름다움[334]으로 이름을 얻었네.	四美得其名
들판 주점은 안개로 어둑하고	野店烟初暝
어촌에는 화촉[335]이 밝구나.	漁村火獨明
옷깃을 거두어 물가 난간으로 옮기니	披襟移水檻
두건을 벗고[336] 바람 기둥에 기대었네.	岸幘倚風楹
문 앞에 물줄기가 빙 둘렀으니	一帶門前水
맑고 깨끗해 갓끈을 빨 만하구나.[337]	澄淸可濯纓

---

333 허공에 걸린[憑虛] : '빙허'는 하늘 위로 우뚝 솟아오름.

334 네 가지 아름다움[四美] : '사미'는 네 가지 아름답고 좋은 일. 음악(音樂)과 진미(珍味), 문장(文章), 언담(言談)을 말한다.

335 화촉(火燭) : 고기잡이배가 물고기를 끌기 위해 켜놓은 등불.

336 두건을 벗고[岸幘] : '안책'은 두건을 벗고 머리를 드러낸다는 뜻으로, 예법에 구애받지 않고 친숙하게 대하는 것을 일컫는 말이다.

337 갓끈을 빨 만하구나[濯纓] : '탁영'은 갓끈을 씻는다는 뜻으로, 세속의 때를 씻고 고결함을 지키는 것을 일컫는 말이다.

창랑정[338]에서

滄浪亭

칼 한 자루 빈 난간에 걸어두니	一劍憑虛檻
하늘과 땅은 아래위로 나란하구나.	乾坤上下齊
물결은 푸른 바다로 이어져 열렸고	波連滄海闊
하늘은 푸른 산을 누르며 낮네.	天壓碧山低
방랑의 자취는 상담에서 멀어지고	浪跡湘潭遠
타향 떠도는 마음은 고향 생각에 어지럽네.	歸魂故國迷
내 바야흐로 돌아가고자 하는데	吾方欲歸去
처마 너머에서 두견새[339]가 우는구나.	簷外杜鵑啼

---

338 창랑정(滄浪亭) : 강원도 철원군 갈말읍 정연리에 있는 정자. 조선시대 문인 월담(月
潭) 황근중(黃謹中, 1560~1633)이 세웠다. 금강산으로 접어드는 길목이라서 많은 문
인이 운집하는 명소였다.

339 두견새[杜鵑] : '두견'은 새[鳥] 이름. 두우(杜宇) 또는 자규(子規)라고 부른다. 옛날
촉왕(蜀王) 두우(杜宇)의 넋이 변해 두견새가 되었다고 한다. 소쩍새.

탕춘대[340]에서 술을 마시면서 윤자윤의 시에 차운하여

蕩春臺讌飮 次尹子胤韻

성곽 너머 삼산[341] 아래에	郭外三山下
차가운[342] 맑은 물 흐르는 개울가 있네.	冷冷玉澗邊
비 그쳐 구름 기운은 젖어 있고	雨晴雲氣濕
꽃잎 떨어져 나무 그림자로 이어지네.	花落樹陰連
풍성한 화합이 바로 오늘이니	盛會猶今日
번화한 모습에 지난날이 그리워지네.	繁華憶昔年
어여뻐라, 노래하고 춤추는 곳에	可憐歌舞地
누대 위로 풀은 우거졌구나.[343]	臺上草芊芊

---

340 탕춘대(蕩春臺) : 종로구 신영동에 있던 누대. 연산군이 짓고 풍류를 즐기던 정자였다.

341 삼산(三山) : 북한산(北漢山)의 다른 이름. 백운대, 인수봉, 만경대 세 봉우리가 있어 이렇게 부른다.

342 차가운〔冷冷〕: '냉냉'은 차갑고 시원한 모양.

343 우거졌구나〔芊芊〕: '천천'은 초목이 무성한 모양.

양수재에게
贈楊秀才

양수재에게 말씀 전하노니 　　　　　寄語楊才子

자고 먹는 일이 어떠하신가? 　　　　其如眠食何

사화[344]는 눈과 달이 다투고 　　　　詞華爭雪月

필력은 용사[345]로 꿈틀거리네. 　　　　筆力動龍蛇

잠시 청릉[346]의 일을 말한 뒤에 　　　暫話靑綾後

백발이 늘어난 것을 서로 생각하네. 　　相思白髮多

누대 앞에 문은 덩그러니 닫혔으니 　　臺前門獨掩

적막한 가운데 국화를 바라보노라. 　　寂寞對黃花

---

344 사화(詞華) : 문채(文采). 사조(辭藻)가 화려(華麗)함.

345 용사(龍蛇) : 용과 뱀. 비범(非凡)하고 비상(非常)한 사람을 비유하는 말. 초서(草書)
의 필세를 형용하는 말로 쓰였다.

346 청릉(靑綾) : 옥당(玉堂)을 일컫는 말. 옥당에는 청색 비단을 치기 때문에 옥당을 이렇
게 부른다. 옥당은 궁중의 경서(經書)나 사적(史籍)의 관리, 문한(文翰)의 처리 및
왕의 자문에 응하는 일을 맡아보던 관청인 홍문관(弘文館)으로, 사헌부(司憲府), 사간
원(司諫院)과 더불어 삼사(三司)라고 한다.

청평사에서

淸平寺

전에 놀던 절간을 다시 오니	又到曾遊寺
공림347에 길은 흐릿하구나.	空林一逕迷
서천에서 스님은 승복을 빠는데	西川僧洗衲
북악으로 해오라기 둥지 찾아 돌아온다.	北岳鶴尋棲
보전에 향기는 아스라하고	寶殿香烟裊
경봉348에 달은 낮게 떨어졌네.	瓊峯落月低
읊조리다 고요히 앉았노라니	吟餘仍靜坐
두견이 창가로 와서 우는구나.	杜宇近窓啼

---

347 공림(空林) : 아득히 사람 자취가 없는 수림(樹林).
348 경봉(瓊峯) : 돌로 된 봉우리〔石峰〕를 아름답게 부르는 말.

범헌을 보내면서

送帆軒

풍진³⁴⁹의 시끄러움에 이미 질렸으니	已厭風塵鬧
맑은 물가로 거처를 옮겼네.	移居碧水陬
꿈에는 단봉의 궁궐³⁵⁰을 찾지만	夢尋丹鳳闕
몸은 백구 노니는 모래톱에 있지.	身在白鷗洲
떨어지는 햇살은 모래사장에서 빛나고	落日明沙岸
긴 강물 위로 낚시배를 띄웠노라.	長江泛釣舟
이 가운데 맑은 흥취가 만족스러우니	箇中淸興足
어찌 반드시 봉구³⁵¹를 찾겠는가.	何必訪蓬丘

---

349 풍진(風塵) : 세상의 소란. 병란(兵亂). 벼슬길의 어려움. 환해(宦海). 여러 가지 뜻이 있다.

350 단봉의 궁궐〔丹鳳闕〕 : '단봉궐'은 제왕의 궁궐. 경성(京城).

351 봉구(蓬丘) : 봉래산(蓬萊山). 삼신산(三神山)의 하나. 동해 가운데 있는 신선이 살며, 불로불사(不老不死)의 땅으로 생각되는 영산(靈山). 봉도(蓬島). 봉래(蓬萊). 봉호(蓬壺).

팔봉헌에서

八峯軒

집이 남산 아래에 있으니	宅在南山下
그 모습 당당히 맹씨의 초려(草廬)³⁵²일세.	依然孟氏廬
층층 성곽은 난간 너머로 낮아지고	層城低檻外
험한 봉우리는 빈 처마로 갈마드네.	亂嶂入簷虛
구름이 걷힌 뒤에 나무엔 그림자 지고	樹影雲歸後
비가 막 그쳐 뜰에는 그늘이 졌네.	庭陰雨過初
공무 끝난 뒤라 별 일도 없으니	公餘無箇事
찬찬히 옛 사람 책을 마주 대하노라.	長對古人書

---

352 맹씨려(孟氏廬) : 맹호연(孟浩然). 689~740. 당나라 양주(襄州) 양양(襄陽) 사람. 자는 호연(浩然)이고, 세칭 맹양양(孟襄陽)으로 불린다. 일찍이 녹문산(鹿門山)에 은거하여 공부에 힘썼다. 마흔 살쯤에 장안(長安)으로 올라와 진사 시험을 쳤지만, 합격하지 못했다. 일찍이 태학(太學)에서 시를 썼는데, 사람들이 모두 탄복을 금치 못했다. 현종(玄宗) 개원(開元) 25년(737) 장구령(張九齡)이 형주장사(荊州長史)로 나갈 때 부탁으로 잠시 그 밑에서 종사(從事)로 일했지만 곧 사직하고 귀향했다. 이후 관직에 오르지 못하고 불우한 일생을 마쳤다. 왕유(王維)와 이름을 나란히 하여 '왕맹(王孟)'으로 불렸다. 저서에 『맹호연집(孟浩然集)』 4권이 있으며, 200여 수의 시가 전한다.

성도사³⁵³를 보내면서

送成都事

조석³⁵⁴을 청문 밖에 열었으니	祖席靑門外
가을바람에 들판 국화가 밝구나.	秋風野菊明
애오라지 시를 쓰고 술과 함께 늙으리니	聊將詩老酒
멀리 막료³⁵⁵의 여행을 위로하노라.	遠慰幕僚行
비가 뭇 봉우리를 눌러 어둡고	雨壓千峯暗
구름은 골짜기마다 자욱해 평탄하네.	雲沉萬壑平
영랑³⁵⁶을 만약 물을 수 있다면	永郎如可問
쇠약하고 병이 들어 진성³⁵⁷에 머무르네.	衰病滯秦城

---

353 도사(都事) : 조선시대에 주로 관리의 감찰과 규탄을 맡아보는 종5품의 벼슬.

354 조석(祖席) : 여행하는 사람을 전송(餞送)하는 연회 자리.

355 막료(幕僚) : 막부(幕府)의 속료(屬僚). 장군을 보좌하는 참모관. 각군의 참모총장, 사령관 등에 직속하여 참모 업무 및 부관 임무를 맡은 장군.

356 영랑(永郎) : ?~?. 신라 효소왕 때의 화랑. 술랑(述郎), 남랑(南郎), 안상(安詳) 등과 함께 사선(四仙)의 하나로 꼽혔다. 금강산 방면의 유오(遊娛)로 이름났다. 낭도 가운데 진재(眞才)와 번완(繁完) 등이 특히 유명했다.

357 진성(秦城) : 진(秦)나라의 장성(長城).

남종사[358]를 보내면서
送南從事

금릉[359]현에 머물러 있다가	旅寓金陵縣
한나라 사신을 만났구나.	仍逢漢使臣
옷깃을 여미니 정의는 돈독한데[360]	披襟情款款
술상을 대하니 말수도 많아지네.[361]	把酒語頻頻
멀리 봉우리에는 구름 그림자가 차갑고	遠岫雲陰冷
추운 연못에는 달빛이 새롭구나.	寒潭月色新
다음 날 아침이면 또 헤어질 터이니	明朝又分手
늙은이 눈물이 절로 수건을 적시네.	老淚自沾巾

---

358 종사(從事) : 관직 이름. 한(漢)나라 이후 삼공(三公)과 주군(州郡)의 장관(長官)들이 모두 직접 요속(僚屬)을 뽑았는데, 이를 종사(從事)라 불렀다.

359 금릉(金陵) : 황해도 금천(金川)의 옛 지명. 개성에서 평양으로 가는 첫 경유지이다.

360 돈독한데〔款款〕: '관관'은 성의(誠意)가 간절한 모양. 충실(忠實)한 모양.

361 많아지네〔頻頻〕: '빈빈'은 연이어 반복되는 모양.

송경[362] 회고
松京懷古

시냇가 다리 곁에 홀로 섰는데	獨立溪橋畔
바람 안개로 골짜기마다 어둡구나.	風烟萬壑陰
궁궐이며 누대는 황폐해져 허물어졌는데	殿臺荒已沒
산수 자연은 예전과 변함이 없구나.	山水古猶今
수레 다니던 길에는 시든 나뭇잎만 구르고	輦路飄寒葉
격구[363]하던 뜰에는 저녁 짐승이 내려오네.	毬庭下夕禽
사람을 만나 지난 일을 물어보는데	逢人問前事
떨어지는 해가 서녘 봉우리에 걸렸구나.	落日照西岑

---

362 송경(松京) : 경기도 개성(開城)의 다른 이름.

363 격구(擊毬) : 무인(武人)들의 무예의 하나. 특히 고려시대에 크게 성행한 국가적인 놀이였다. 단오절에는 궁정 연중행사의 중심이었고, 조선 중기까지 무과 시험 과목 중의 하나였다. 격구는 기마(騎馬) 또는 보행(步行)의 두 가지가 있는데, 동서 양편의 대(隊)가 막대기로 공을 쳐서 구문(毬門)을 통과시켜 많은 쪽이 이기게 되어 있었다. 고려 때는 주로 기마가 성행했다.

탕춘대[364]에서

蕩春臺

산하 천지의 명승지인데	山川名勝地
방랑의 자취가 맑은 유람을 더럽히네.	浪跡忝清遊
절은 무너져도 구름은 여전히 있고	寺廢雲猶在
누대는 비었어도 물은 절로 흐른다.	臺空水自流
시로는 능히 흥겨움을 담을 수 있고	詩能聊遣興
술로는 근심을 몰아낼 수 있지.	酒亦可消愁
경물이 다시 여러 상념을 일으키는데	景物還多感
하염없이[365] 낙엽 지는 가을이로구나.	蕭蕭落木秋

---

364 탕춘대(蕩春臺) : 서울시 종로구 신영동 136번지에 있던 돈대. 연산군 11년(1505) 이곳
에 탕춘대를 마련하고 앞 냇가에 수각을 짓고 미희들과 놀았던 데서 유래된 이름이다.
365 하염없이〔蕭蕭〕: '소소'는 의성어. 말 우는 소리나 나뭇잎 떨어지는 소리, 바람 부는
소리, 물 흘러가는 소리, 악기 소리 등을 형용한다.

중구일에 유문학을 모시고 북쪽 언덕에 올라
九日 陪柳文學登北麓

소나무 사이에서 작은 술자리를 여니	松間開小酌
양편으론 돌이끼가 점점이 붙어 있네.	兩岸石苔斑
골짜기에선 가는 샘물 소리가 이어지고	亂壑泉聲細
층층 성곽에는 저녁 햇살이 차구나.	層城夕照寒
가을 그늘은 고목에서 생겨나고	秋陰生古木
구름 그림자는 빈 단을 넘어가네.	雲影度空壇
바위 아래 울퉁불퉁366 길 이어지니	巖下崎嶇路
지팡이 짚고 홀로 돌아오노라.	扶筇獨自還

---

366 울퉁불퉁〔崎嶇〕: '기구'는 지세(地勢)나 도로의 높낮이가 일정하지 않은 모양.

태고정³⁶⁷에서 2수

太古亭

잠시 청계동을 지나다가	暫過淸溪洞
이어 태고정에 올랐노라.	仍登太古亭
뜰의 구름은 사람이 쓸지 않았고	庭雲人不掃
냇가 물소리는 객이 와서 듣네.	澗水客來聽
가는 대나무는 푸른 처마에 걸렸고	細竹當簷翠
키 큰 소나무는 골짜기에 걸려 푸르구나.	長松拂壑靑
어느 때나 세상 티끌과 이별하고	何時謝塵土
이곳에서 남은 생애를 보낼 거나?(1)	此地付餘齡
오랫동안 선가³⁶⁸의 경치를 그렸거니	久憶仙家勝
가을 다할 때 비로소 문을 두드렸네.	窮秋始扣門
시든 난초는 섬돌 틈에 누워 있고	衰蘭低砌隙
낙엽은 이끼 흔적을 덮었네.	落葉覆苔痕
골짜기를 건너 구름 그림자를 밟으니	度壑躡雲影

---

367 태고정(太古亭) : 겸재(謙齋) 정선(鄭敾, 1676∼1759)이 서울 인왕산의 청풍계와 청풍
지각이라는 누각 등을 그린 그림을 보면, 화면 오른쪽 중·하단으로는 청풍계 계곡과
산, 그리고 울창한 수목이 묘사되었고, 청풍계 오른쪽 비탈에는 초가 형태의 정자 태고
정(太古亭)이 있다.

368 선가(仙家) : 선인(仙人)이 살고 있는 곳.

시내를 따라 물 근원을 찾아가노라.   沿溪尋水源
한 움큼 담아 마시니 이빨까지 시린데   掬來漱寒齒
머리 풀어 헤치고 솔뿌리에 누웠다네.(2)   散髮臥松根

침향[369] 괴석

沈香恠石

한 조각 침향 뿔이	一片沉香角
어느 때 세상으로 내려왔나?	何年落世間
다행히 노스님의 손길을 입어	幸因老師手
교묘히 층층 봉우리를 만들었네.	巧作數重巒
골짜기에는 이끼 흔적이 오랬고	亂壑苔痕古
뾰족 봉우리에 칼 기운이 차가워라.	尖峯劍氣寒
갈홍[370]을 만약 만날 수만 있다면	葛洪如可遇

---

369 침향(沈香) : 침향(沈香)은 팥꽃과인 침향나무로부터 얻어진 수지성분을 말한다. 이
수지성분은 침향나무에 상처가 생겼을 때 자연스럽게 분비되면서 상처를 보호한다.
침향은 자체적으로도 특이한 향이 나지만 불에 태우면 그 향은 더욱 강렬해진다. 또
수지성분은 물보다 비중이 높기 때문에 침향은 물에 넣으면 가라앉는다. 이에 물에
가라앉는 향이라고 해서 침향이라고 한다. 예로부터 향(香) 중에는 침향을 으뜸으로
여겼다. 예수님이 십자가에서 돌아가셨을 때 침향과 함께 세마포로 싸서 장례를 지냈다
는 그 약재이다. 뿐만 아니라 고대 중국의 약전에도 침향에 대한 기록이 있으며 우리나
라에는 이미 삼국 시대 이전부터 수입되어 왕실에서만 사용된 귀한 약재이며 부처님께
바치는 최고의 공양품인 향이었다.

370 갈홍(葛洪) : 284~364. 동진(東晉) 단양(丹陽) 구용(句容) 사람. 연단가(煉丹家). 자
는 아천(雅川)이고, 호는 포박자(抱朴子)다. 순수한 강남 귀족 출신이다. 젊었을 때
가난했지만 학문을 좋아했다. 많은 책을 두루 읽었고, 특히 신선도양(神仙導養)의 술법
을 좋아했다. 정은(鄭隱)과 포현(鮑玄)에게 배워 그 법을 얻었다. 동진이 들어서자
교지구루(交阯句漏, 베트남 북방 경계)에 단사(丹砂)가 난다는 소식을 듣고 영(令)을
자원하여 광주(廣州)를 지나 임지로 부임하던 중 나부산(羅浮山)에 들어가 저술과 연단
에 전념했다. 저서에 『포박자』와 『신선전(神仙傳)』, 『금궤약방(金匱藥方)』, 『집이전
(集異傳)』 등이 있다.

머물면서 함께 금단[371]을 정련해야지.   留與鍊金丹

---

371 금단(金丹) : 옛날에 도사(道士)가 정련(精鍊)한 황금의 정(精)으로 만든 단약(丹藥). 먹으면 장생불사(長生不死)의 신선이 된다고 하는 영약(靈藥)이다.

강정에서 쌍천 성여학[372]의 시에 차운하면서

江亭 次成雙泉 汝學 韻

문 앞 버들은 여린 녹색을 띠었고	嫩綠門前柳
난간 너머로 시원한 미풍이 지나가네.	微涼檻外風
하늘과 땅은 아래위로 나뉘었고	乾坤分上下
해와 달은 서쪽과 동쪽에서 보인다.	日月見西東
만물은 그저 읊조린 시에 담겼고	萬象孤吟裏
뭇 산은 한 눈에 다 들어오네.	千山一望中
어부나 나무꾼들 생계가 넉넉한데	漁樵生計足
나 침류옹만 부끄럽구나.	愧我枕流翁

---

372 성여학(成汝學) : ?~?. 조선 중기 때의 문인. 본관은 창녕(昌寧)이고, 자는 학안(學顔)이며, 호는 학천(鶴泉) 또는 쌍천(雙泉)이고, 성혼(成渾)에게 사사했다. 시를 잘 지었고, 이수광(李睟光)과는 절친한 시우(詩友)였다. 50여 살 때 사마시에 급제했지만, 벼슬은 별좌(別座)에 그쳤다. 저서에 『학천집』과 『속어면순(續禦眠楯)』 등이 있다.

한생원[373]의 시에 차운하여
次韓生員韻

나무 가득 꽃이 비단을 두른 듯한데 　　　　　滿樹花如錦

이곳에서 노닌 지 또 한 해일세. 　　　　　　茲遊又一年

초가지붕은 끊긴 언덕에 기댔고 　　　　　　茅簷依斷岸

나무다리는 긴 내에 걸터앉았구나. 　　　　　木彴跨長川

해 저무는데 집오리 한 마리 날고 　　　　　落日飛孤鶩

잔잔한 호수에는 작은 배가 한가롭다. 　　　　平湖點小舡

서교[374] 방초 핀 길가에서 　　　　　　　　西郊芳草路

귀로를 말에게 맡기고 느긋하게 돌아오노라. 　　歸馬任垂鞭

---

373 생원(生員) : 조선시대 생원시(生員試)에 합격한 사람. 생원 가운데는 문과에 응시하여
　　관직에 나가거나 성균관에 들어가지 않고 참봉, 훈도, 오위장 등 종9품직에 제수되는
　　경우도 있었다. 생원, 진사시(進士試)는 관리 선발의 목적이 아니고 문과(文科)의 전단
　　계로서 일종의 자격시험으로서 대부분은 생원이라는 신분으로 군역이나 잡역을 면제
　　받았을 뿐아니라 향촌 사회에서 양반 지위를 유지할 수 있었다.

374 서교(西郊) : 도성(都城) 밖 서쪽의 들. 거기에서 가을을 맞는 제사를 지냈다. 그리하여
　　가을의 들녘.

정유년[375] 9월 호위[376]하여 성을 나와서
丁酉九月 扈衛出城

진퇴는 병가[377]에서 으레 있으니	進退兵家法
적군의 진로가 사방으로 엉켜 있네.	縱橫賊路三
아픈 마음으로 궁궐[378]을 떠났는데	傷心辭鳳闕
눈물을 훔치며 난삼을 호위하노라.	掩淚扈鸞驂
들판에서 잠을 자니 서리가 귀밑털에 묻고	野宿霜粘鬢
산길을 걷자니 나뭇잎이 적삼을 치네.	山行葉打衫
닭이 우니 어디에 주점이 있는지	雞鳴何處店
새벽달은 소나무 끝에 걸렸구나.	曉月掛松杉

---

375 정유(丁酉) : 1597년. 선조(宣祖) 25년.

376 호위(扈衛) : 제왕(帝王)을 따라가며 호위(護衛)함.

377 병가(兵家) : 전국시대 때 군사에 관해 연구하고 병법을 개발한 학파. 고대의 전쟁 경험
을 바탕으로 전쟁의 의의, 병권의 유지, 진영배치, 기타 전술전략을 연구했으며, 실전
에 응용하기도 했다. 손무(孫武, 孫子), 오기(吳起, 吳子), 손빈(孫臏), 울료자(尉繚子),
사마양저(司馬穰苴) 등이 대표 인물이며, 이들 학파의 저작으로는 『손자병법(孫子兵
法)』과 『손빈병법(孫臏兵法)』 등이 있다.

378 궁궐〔鳳闕〕 : '봉궐'은 궁궐의 문 또는 궁궐을 달리 일컫는 말. 한(漢)나라 때 궁궐(宮闕)
이름. 궁궐의 지붕 위에 동으로 만든 봉황(鳳凰)을 안치(安置)했던 것에서 나왔다.

제목이 없음
失題

조국이 위기에 처한 오늘날	故國艱危日
타향에서 늙고 병든 몸일세.	他鄉老病身
아득히 하늘 북극[379]을 바라보면서	遙瞻天北極
서쪽 바닷가에서 통곡하노라.	痛哭海西濱
살기가 하늘과 땅을 가득 채웠어도	殺氣乾坤阨
어진 바람[380]은 초목을 새롭게 하는구나.	仁風草木新
원컨대 천 길 빗자루를 들고	願將千丈箒
영남의 먼지를 싹 쓸어버리겠노라.	掃盡嶺南塵

---

379 북극(北極) : 북극성은 가장 존엄한 것으로, 그 장소를 보고 모든 별들이 움직인다. 그리하여 제왕(帝王)을 비유한다.

380 어진 바람〔仁風〕 : '인풍'은 ①인덕(仁德)의 교화. ②부채의 다른 이름. 진(晉)나라의 원굉(袁宏)이 전별품(餞別品)으로 부채를 받고, 어진 바람을 받들어 떨쳐 백성들을 위로하겠다고 대답한 데서 나왔다. ③따뜻한 봄바람을 비유하는 말. 즉 동풍(東風).

다시 영광을 지나면서

再過靈光

다시 기성관에 다다르니   又到箕城館

새로 짓느라 기와도 막 바꾸었네.   重營盖瓦初

풍연[381]은 천고의 빛깔을 띠었고   風烟千古色

전쟁 끝난 지도 10여 년일세.   兵火十年餘

푸른 바다에 하늘 모습은 드넓고   碧海天容闊

푸른 산 아래 빗방울은 성글구나.   青山雨脚踈

고향 뜰은 참으로 아득한데[382]   鄕園正迢遞

나그네의 심정은 어떠하겠나.   遊子意何如

---

381 풍연(風烟) : 바람과 연기. 바람에 빗겨 흐르는 안개. 풍진(風塵). 또는 멀리 떨어져
있는 것을 말한다.

382 아득한데〔迢遞〕: '초체'는 아득히 먼 모양.

진송정에서
眞松亭

가동[383]이 손님 왔다 아뢰는데   家僮報客來

탑을 걸어두고[384] 뜰가로 내려왔네.   懸榻下庭隈

눈 내린 길은 아직 쓸지 않았고   雪逕不曾掃

사립문은 이제 처음 열렸지.   柴扉今始開

시를 읊으며 흥취를 떨쳐 보내고   吟詩聊遣興

술잔을 잡고서 회포를 푸는구나.   把酒且論懷

촛불 꺼지자 초생달을 맞으니   滅燭迎新月

난간에 기대어 이른 매화를 감상하노라.   憑軒賞早梅

---

383 가동(家僮) : 옛날에 사가(私家)의 노비를 부르던 통칭.

384 탑을 걸어두고〔懸榻〕 : 후한(後漢)의 진번(陳蕃)이 왠만해서는 손님을 만나지 않았는
데, 오직 서치(徐穉)가 오면 특별히 걸상을 내어 후대했다. 그리고 그가 떠나면 걸상을
걸어 두고 쓰지 않은 데서, 손님을 후대하거나 귀한 손님을 일컫는 말이 되었다.

원계의 옛 일을 회고하면서
懷猿溪舊事

집이 원계 곁에 있어	宅在猿溪畔
흐릿흐릿[385] 꿈결에 찾아가네.	依俙夢裏尋
늙은이라 기력이 딸려	老夫無氣力
먼 길을 오르지 못했네.	長路未登臨
세업[386]은 유술[387]을 전하고	世業傳儒術
가풍은 효심을 이었지.	家風繼孝心
생애가 남아 아직 죽지 않았으니	餘生今不死
더욱 지난 은혜 깊은 것을 느끼노라.	更感舊恩深

---

385 흐릿흐릿〔依俙〕: '의희'는 분명하지 않은 모양.
386 세업(世業): 대대로 이어오는 사업(事業)이나 직업(職業).
387 유술(儒術): 유학(儒學)의 학술(學術).

이재[388] 행헌[389]에게 삼가 올림
奉呈頤齋行軒

조장[390]을 시냇가에 펼쳐두고	祖帳臨溪次
이별의 술잔에 억지로 마음을 펴네.	離盃强自寬
오늘 아침 궁궐[391]에서 헤어지면	今朝辭鳳闕
며칠이 지나야 용만[392]에 닿을까?	幾日到龍灣
역로[393]는 구름 그림자로 젖었고	驛路雲陰濕
관하[394]는 구름 기운으로 차갑네.	關河雨氣寒

---

388 이재(頤齋): 조우인(曺友仁). 1561~1625. 본관은 창녕(昌寧). 자는 여익(汝益), 호는 매호(梅湖)·이재(頤齋). 경상도 예천 출생. 우부승지 조계형(曺繼衡)의 증손자이다. 1588년(선조 21)에 사마시에 합격해 진사가 됐고 1605년에 문과에 급제해 여러 벼슬을 지내다가 1616년(광해군 8)에는 함경도경성판관을 지냈다. 1621년에는 제술관(製述官)으로 있으면서 광해군의 잘못을 풍자했다가 그 글로 말미암아 3년간 옥에 갇혔다. 인조의 등극으로 풀려나 상주(尙州)의 매호(梅湖)에서 은거하며 여생을 마쳤다. 시·서예·음악에 뛰어나 삼절(三絶)이라는 평을 받기도 했다. 특히, 그의 가사집 『이재영언(頤齋詠言)』에는 〈매호별곡(梅湖別曲)〉·〈자도사(自悼詞)〉·〈관동속별곡(關東續別曲)〉·〈출새곡(出塞曲)〉 등 4편의 가사작품이 실려 전한다.

389 행헌(行軒): 옛날에 고귀(高貴)한 사람이 타던 수레를 일컫는 말. 귀한 손님을 가리키기도 한다.

390 조장(祖帳): 여행 중인 사람의 안전을 위해 신에게 제사를 지내려고 설치한 장막. 곧 노제(路祭)를 지내기 위해 설치한 장막을 일컫는다.

391 궁궐[鳳闕]: '봉궐'은 궁궐의 문 또는 궁궐을 달리 일컫는 말. 한(漢)나라 때 궁궐(宮闕) 이름. 궁궐의 지붕 위에 동으로 만든 봉황(鳳凰)을 안치(安置)했던 것에서 나왔다.

392 용만(龍灣): 평안북도 의주(義州)의 옛 이름.

393 역로(驛路): 역도(驛道). 큰 길. 옛날에는 중요한 길목마다 역참(驛站)을 두어 공무(公務)로 여행하는 사람의 편의를 제공하게 했다.

어느 때나 나랏일이 끝나   何時王事畢

말 타고[395] 큰 칼 찬 채 돌아올까?   馹騎大刀環

---

394 관하(關河) : 관산(關山)과 하천(河川). 관산(關山)은 지명으로, 중국 북방 변경에 있
   는 산인데, 그곳으로 많은 사람들이 수자리를 살러 갔었다. 여기서는 의주(義州)의
   관문(關門)과 압록강(鴨綠江)을 비유한 말이다.
395 말 타고[馹騎] : '일기'는 잘 달리는 역마(驛馬)를 탐.

남쪽으로 가다가

南行

멀리 멀리 한양 입구에서 헤어져	遠遠辭京口
아득히 초나라 구름[396] 속으로 들어가네.	遙遙入楚雲
깜빡이는 은하수 하늘은 밝으려 하는데	殘河天欲曙
늘어선 별자리는 밤마다 더욱 분명하구나.	列宿夜猶分
대나무에는 상비[397]의 눈물이 얼룩졌고	竹染湘妃淚
강에는 굴원(屈原)[398]의 넋이 잠겼네.	江沉屈子魂
남으로 내려가면 외로운 나그네일 뿐이니	南來孤客耳
어찌 자규[399]의 우는 소리를 들을까?	那忍子規聞

---

396 초나라 구름[楚雲] : '초운'은 초(楚)나라 하늘의 구름. 여기서는 중국 북방의 장안(長安)에서 가장 먼 남쪽 지방인 초(楚)나라로 간다는 뜻으로, 갈 길이 멀다는 뜻으로 쓰였다.

397 상비(湘妃) : 아황(娥皇)과 여영(女英). 당요(唐堯)의 두 딸. 우순(虞舜)의 아내. 우순이 남으로 순행하다가 창오산에서 죽으니 아황과 여영이 그 남편이 그리워 소상강에 눈물을 뿌리고 빠져 죽은 후 소상강 대나무가 그 피눈물 진 자국으로 물들었다고 함. 반죽(斑竹)의 다른 이름.

398 굴원[屈子] : 굴원(屈原). 기원전 343?~기원전 277. 전국시대 초(楚)나라 사람. 이름은 평(平)이고, 자는 원(原)이며, 호는 영균(靈均)이다. 초나라의 왕족으로 태어나 처음에는 회왕(懷王)의 신임을 받았지만 연횡책(連橫策)을 주장한 상관대부(上官大夫)의 참언(讒言)에 의해 면직되었다. 나중에 회왕이 진나라에 갔다가 사로잡혀 죽은 뒤 아들 항양왕(項襄王) 때 다시 쫓겨나 멱라수(汨羅水)에 빠져 죽었다.

399 자규(子規) : 두견(杜鵑). 항상 밤에만 울어 소리가 처절(悽切)한데, 슬프거나 괴롭고 원망하는 마음에 비유한다.

신계현⁴⁰⁰에서 호위하다가 승전보를 듣고 기뻐 짓노라
扈衛新溪縣 聞捷報 喜而賦之

임금 수레⁴⁰¹가 신계에서 머물렀는데	鳳駕駐新溪
승리의 소식을 듣게 되었네.	仍聞報捷書
추격한 병사는 3만도 되지 않는데	追兵三萬未
벤 목⁴⁰²은 구천 명을 넘는다 하네.	斬馘九千餘
낙하⁴⁰³에는 사람들이 다시 모이고	洛下人還集
남중⁴⁰⁴에는 적들이 점점 성글어간다.	南中賊漸疎
중흥의 날도 응당 멀지 않으리니	中興應不遠
기쁨의 눈물이 절로 옷깃을 적시네.	喜淚自沾裾

---

400 신계현(新溪縣) : 황해도 신계군의 조선시대 이름. 삼국시대에 백제의 사소올현(沙所兀縣)이었다가 아신왕(阿莘王, 392~405 재위) 때 고구려의 영토가 되었다고 『대동지지』에 기록되어 있다. 신라의 삼국통일 후 757년에 신은현(新恩縣)으로 개칭되었고, 영풍군(永豊郡, 평산)의 영현(領縣)이 되었다.

401 임금 수레〔鳳駕〕: '봉가'는 제왕(帝王)이나 후비(后妃)가 타는 수레를 일컫는 말.

402 벤 목〔斬馘〕: '참괵'은 적의 목을 베고 왼쪽 귀를 잘라 공(功)을 계산함. 전장에서 죽인 적의 숫자를 말한다.

403 낙하(洛下) : 한양(漢陽). 중국의 서울이 낙양(洛陽)인 점에 비유해서 쓰던 말이다.

404 남중(南中) : 중국 천남(川南)과 운귀(雲貴) 일대. 보통 남부 지방을 가리키는 말로 쓰이는데, 여기서 신계는 한양에서 보면 북쪽이지만, 대개 중국에서 전쟁이 나면 남쪽으로 피난을 가기 때문에 이렇게 쓰였다.

호당[405]의 여러 학사들에게

奉呈湖堂諸學士

꿈에서는 모래톱 갈매기를 좇는데	夢逐沙鷗去
산하에는 눈발이 흩날려 반짝이네.[406]	山河雪陸離
이탄에는 고깃배 불이 빛나고	梨灘漁火烔
저도에는 찬 구름이 낮게 드리웠지.	楮島凍雲垂
학사[407]들께서 맑게 유람하는 날에	學士淸遊日
늙은 시인은 병에 걸려 누웠구나.	騷翁病臥時
닭이 울자 몸을 일으켜 앉았는데	雞鳴仍起坐
새벽달이 매화나무 가지에 걸렸네.	曉月上梅枝

---

405 호당(湖堂) : 독서당(讀書堂)의 다른 이름. 문관 가운데 특히 문학에 뛰어난 사람에게
  휴가를 주어 오로지 학업을 닦게 하던 서재. 조선시대 세종 8년에 사가독서(賜暇讀書)
  하는 제도를 마련했고, 성종 23년에 서울의 동호(東湖) 옆 폐허(廢墟)가 된 사찰을
  고쳐 독서당을 마련했는데, 호수 옆이라 해서 '호당'이라 불렸다.
406 반짝이네[陸離] : '육리'는 빛이 서로 뒤섞이어 눈부시게 빛나는 모양. 『이소경(離騷
  經)』에 보면 "얽히며 풀리며 우르르 몰리더니, 오르며 내리며 쭈르르 흩어지네.(紛總
  總其離合兮 斑陸離其上下)"란 구절이 나온다.
407 학사(學士) : 고대에 국학(國學)에서 책을 읽던 선비.

수안군[408]에서 제야[409]하면서 성어사를 모시고 우연히 읊다
遂安郡除夜 陪成御史偶吟

어사께서는 맑은 절조(節操)를 지니시어　　　　　御史持淸節

추운 겨울에 눈을 무릅쓰고 오셨네.　　　　　　窮冬冒雪來

당당한 명성은 지금 골짜기 고을에 있지만　　　威聲今峽郡

이전에는 상대[410]에서 떨쳐 일어났지.　　　　　振起舊霜臺

수세[411]하는 도지개는 세 척인데　　　　　　　守歲檠三尺

근심 삭히는 술은 한 잔이라네.　　　　　　　　消愁酒一盃

턱 괴고 한참을 앉아 있자니　　　　　　　　　支頤凝坐久

처마 너머로 파루 소리[412] 울리는구나.　　　　簷外漏聲催

---

408 수안군(遂安郡) : 황해도 북동부에 있는 군. 동쪽은 곡산군, 서쪽은 연탄군과 서흥군, 남쪽은 신계군, 북쪽은 연산군과 신평군과 접해 있다.

409 제야(除夜) : 섣달 그믐날 밤. 제석(除夕).

410 상대(霜臺) : 조선시대 사헌부(司憲府)의 다른 이름. 조선시대 삼사(三司)의 하나로, 시정(時政)을 논집하고 백료(百僚)를 규찰하며 기강을 바로잡고 풍속을 살피며, 원억 (怨抑)을 펴게 하고 남위(濫僞)를 금하는 일을 맡았다.

411 수세(守歲) : 음력 섣달 그믐달 제야에 등촉을 밝히고 온 밤을 지새우는 풍습. 이날 밤에 각 가정에서는 방이나 마루, 곳간 등에 불을 밝히고 새벽닭이 울 때까지 잠을 자지 않았다.

412 파루 소리[漏聲] : '누성'은 파루(罷漏) 소리. 매일 새벽 5경 3점(五更三點)에 큰 쇠북을 쳐서 도성의 통금(通禁)을 해제하던 일. 또는 그 시각. 쇠북은 33번 울렸는데, 이것은 제석천(帝釋天)이 이끄는 33천(三十三天)에 고하여 그 날 하루의 국태민안(國泰民安) 을 기원한다는 뜻이 담겨 있었다.

화장사⁴¹³에서 묵으면서

宿華藏寺

잠에서 깨어 창가에서 선정⁴¹⁴에 드니	夢罷禪窓靜
텅 빈 산에 밤은 오경일세.	空山夜五更
남은 재⁴¹⁵는 만겁⁴¹⁶의 세월을 날리니	有灰飛萬刼
삼생⁴¹⁷을 물을 방법도 없구나.	無計問三生
들판 시내는 비단 끈처럼 흘러가고	野水橫羅帶
바위 단풍은 비단 병풍인 양 펼쳐졌네.	巖楓展錦屛
향 사르고 일어나 앉았으니	焚香仍起坐
하얀 달빛 속에 작은 종⁴¹⁸이 우는구나.	霜月小鍾鳴

---

413 화장사(華藏寺) : 경기도 장단군 진서면 대원리 보봉산에 있는 사찰. 본래는 계조암(繼
祖菴)이었는데 공민왕 22년(1373)에 지공(指空)이 터를 보고 절을 지어서 화장사라
했다. 조선 정종의 원찰이기도 한다.

414 선정(禪定) : 육도(六度)의 하나. 선나바라밀(禪那波羅密). 진리를 올바로 사유(思惟)
하며, 마음을 적정(寂靜)히 하여 생각을 한 곳에 모아 산란치 않게 하는 것.

415 남은 재[灰劫] : '회겁'은 불교 용어. 대삼재(大三災) 가운데 화겁(火劫) 뒤에 남은 재
(灰)를 말한다.

416 겁(劫) : 시간의 단위로 가장 길고 영원하며, 무한한 시간. 겁파(劫波)라고도 한다.
측정할 수 없는 시간, 즉 몇 억만 년이나 되는 극대한 시간의 한계를 가리킨다.

417 삼생(三生) : 불교(佛敎)에서 말하는 삼세전생(三世轉生)을 일컫는 것으로서, 전생(前
生), 현생(現生), 후생(後生), 또는 전생, 이승, 저승을 뜻한다.

418 작은 종[小鐘] : '소종'은 풍경(風磬). 절[寺], 기타 누각 등의 처마 끝에 다는 경쇠.

용문사[419]에서

龍門寺

오랫동안 용문사를 그렸는데	久憶龍門寺
오늘 비로소 옷깃을 떨치네.[420]	今年始拂衣
성근 종소리는 푸른 벽에 울리고	疎鍾飄翠壁
가는 비는 붉은 문짝을 적시네.	細雨濕朱扉
잠시 삼생의 꿈을 깨었으니	暫覺三生夢
바야흐로 마흔을 헛되게 살았음을 알겠노라.[421]	方知四十非
뜬구름 같은 생애 본래 정처가 없으니	浮生本無定
내일이면 또 어디로 가려는가?	明日又何歸

---

419 용문사(龍門寺) : 경기도 양평군 용문면(龍門面) 신점리(新店里) 용문산에 있는 사찰. 신라시대 때 세워졌다.

420 옷깃을 떨치네〔拂衣〕: '불의'는 옷깃을 떨침. 걸음걸이를 한다는 뜻이다.

421 도연명(陶淵明)의 〈귀거래사(歸去來辭)〉에 나오는 "내가 인생길을 잘못 들어 헤맸으나 아직 그리 멀지 않았으니, 오늘이 옳고, 지난날의 벼슬살이가 그릇된 것이었음을 깨달았다.(實迷塗其未遠 覺今是而昨非)"는 구절을 빌려온 표현이다.

봉황정[422]에서

鳳凰亭

만 길 높은 벼랑 위로	萬丈層厓上
쓸쓸히[423] 따로 언덕 하나 있네.	蕭條別一丘
산은 높아 해도 늦게 뜨고	山高初日晚
들판은 넓어 묵은 구름 걷히네.	野闊宿雲收
봉황이 간 뒤 성근 하늘만 남았고	鳳去踈空在
사람은 없어도 물은 절로 흐르는구나.	人亡水自流
이 강산에 그윽한 흥취를 더했으니	江山添逸興
좋은 시구 찾으며 며칠을 지내노라.[424]	覓句更淹留

---

422 봉황정(鳳凰亭) : 경기도 양평군 용문면 광탄리(廣灘里) 산239-1에 있는 1624년(인조 2년) 남원 양씨 가문이 세운 정자. 흑천(黑川)과 마주친 절벽 위에 있어서, 봉황이 춤추는 모습처럼 경치가 뛰어나다. 이식, 유희경, 김창흡 등 이름 있는 선비들이 시를 짓고 경치를 즐겼다 한다.

423 쓸쓸히〔蕭條〕: '소조'는 적막(寂寞)하고 쓸쓸함. 영락(零落)함.

424 며칠을 지내노라〔淹留〕: '엄류'는 오래 머무르며 떠나지 못함.

영월 동헌에서 차운함
次寧越東軒韻

한 줄기 물이 한강으로 이어지니	一水連江漢
편지⁴²⁵가 절로 통할 수 있겠구나.	魚書可自通
창가로는 벼랑에 걸린 달을 훔쳐보고	窓窺靑嶂月
난간에는 붉은 낭떠러지 바람을 끌고 오네.	檻引紫厓風
나그네 되어 또 해가 바뀌려는데	作客年將換
돌아갈 기약은 까마득하구나.	歸家計已空
향기로운 막걸리를 잔에 가득 채우니	香醪須滿酌
얼큰하게 취해 꿈결 속을 노닌다네.	頹臥醉鄕中

---

425 편지〔魚書〕: '어서'는 임금이 외방에 나가는 신하에게 주는 부절(符節)로, 그 위에 글씨
를 새겨 주었다. 그리하여 '편지'를 뜻하기도 한다.

마음을 담아 정효순에게 보냄
述懷 寄鄭孝純

홀로 앉았으니 누가 벗이 될까?	獨坐誰相伴
등불만 깜박거리며 밤을 밝히네.	殘燈滅復明
하늘가에는 기러기 그림자 보이고	天邊征鴈影
달빛 아래로 다듬이 소리만 울린다.	月下搗衣聲
선비란 원래 느낌이 많은 법이고	志士元多感
시인[426]도 역시 감정이 그득하네.	騷人亦有情
동쪽 울타리에 누런 국화가 피었으니[427]	東籬黃菊在
어찌 차마 혼자 깨어 있으리오.	何忍獨爲醒

---

426 시인[騷人] : '소인'은 소인묵객(騷人墨客). 중국 초(楚)나라의 굴원(屈原)이 지은 『이
소(離騷)』에서 유래한 말로, 시인(詩人)과 문사(文士)를 일컫는다.
427 도연명(陶淵明)의 시 〈음주(飮酒)〉 가운데 "동쪽 울타리에서 국화를 꺾다가, 아득히
남산을 바라본다.(採菊東籬下 悠然見南山)"는 구절을 따온 것이다.

도봉서원에 묵으면서

宿道峯書院

잠시 동재[428]를 빌려 자는데	暫借東齋宿
등불 사위어가는 밤은 이경[429]이네.	殘燈夜二更
구름이 사우[430]를 덮어 고요하고	雲深祠宇靜
물은 돌난간을 돌아 흐르며 울리네.	水遶石欄鳴
도의 기운은 봉우리와 합쳤고	道氣峯巒合
신령의 빛은 골짜기에서 밝네.	靈光洞壑明
사문[431]에 일찍이 뜻을 두었으니	斯文曾有意
세모에 다시 산길을 걷노라.	歲暮又山行

---

428 동재(東齋) : 조선 시대의 여러 서원들은 북쪽에 사우(祠宇)가 있고 그 앞에 동재(東齋)
와 서재(西齋)가 양쪽으로 마주보며, 서원은 남쪽에, 그 가운데에 강당(講堂)이 있으며
양쪽에 협실이 있는 전형적인 구조를 가지고 있다. 도봉서원도 이러한 전형적인 구조
를 따르면서, 지형을 이용해 서원 주변 계곡에 행랑(行廊)을 마련하고 주변 지형을
따라 정문을 만들었다.

429 이경(二更) : 하룻밤을 오경(五更)으로 나누었을 경우 둘째의 경(更), 즉 밤 9시에서
11시 사이를 말한다.

430 사우(祠宇) : 선조(先祖)나 선현(先賢)의 신주(神主)나 영정을 모셔두고 배향하는 곳.

431 사문(斯文) : 이 학문. 이 도. 유가(儒家)의 예악과 제도를 말한다. 유교에서 유교의
문화를 일컫는 말이다.

강가 정자에서 성쌍천의 시에 차운함

江亭 次成雙泉韻

조류 소리는 극포에서 시끄럽고	潮聲喧極浦
버들 빛깔은 봄바람에 물드네.	柳色染春風
파릉⁴³² 북쪽은 비로 어둡고	雨暗巴陵北
저도 동쪽은 돛단배가 돌아간다.	帆歸楮島東
병풍 그림자⁴³³ 너머로 새는 날아가고	鳥飛屛影裏
거울 빛⁴³⁴ 속에서 고기는 춤을 추네.	魚躍鏡光中
도성 근처에 사는 것이 지겨워	厭就都城近
강호에서 낚시하는 늙은이가 되었다네.	江湖作釣翁

---

432 파릉(巴陵) : 경기도 김포(金浦)의 양천(陽川).

433 병풍 그림자〔屛影〕 : '병영'은 구름〔雲〕을 비유하는 말.

434 거울 빛〔鏡光〕 : '경광'은 물결이 찰랑이는 것을 비유하는 말.

진송정에서
眞松亭

한 줄기 빗발이 막 그친 뒤에	一雨初收後
송정에는 석양빛이 터져 흐르네.	松亭漏夕陽
산이 깊어 푸른 아지랑이 어울리고	山深靑靄合
골짜기가 멀어 옥류[435]는 길게 흐른다.	洞邃玉流長
대나무 사이로 향기로운 술잔은 푸르고	竹裏芳樽翠
꽃밭에서는 웃음소리가 향긋하네.	花間笑語香
옛 친구를 다행히 만났으니	故人幸相遇
기분대로 함께 술잔을 날리네.	隨意共飛觴

---

435 옥류(玉流) : 맑게 흐르는 물줄기.

봄날에 우연히 읊음

春日偶吟

생애가 비록 괴롭다고[436] 해도	生涯雖苦楚
품성은 본래 맑고 깨끗하지.	稟性本澄淸
물을 내려다보니 마음은 더욱 청정해지고	俯水心猶淨
산을 바라보니 눈이 문득 밝아지네.	看山眼忽明
마을이 깊어 난을 피하기 적당하고	村深宜避亂
땅이 구석져 이름을 숨기기 좋구나.	地僻可藏名
바로 삼짇날[437]을 맞았으니	正値三三日
어찌 답청[438]을 하지 않으리오.	何妨又踏靑

---

436 괴롭다고[苦楚] : '고초'는 고통(苦痛). 고(苦)는 쓴 풀을 말하고, 초(楚)는 회초리를
말한다. 생활 속에서 겪는 어려움을 말한다.

437 삼짇날[三三日] : '삼삼일'은 삼삼절(三三節). 상사절(上巳節). 옛 사람들은 음력 3월
3일날 수계(修禊)하는 풍속이 있었다.

438 답청(踏靑) : 우리나라 명절의 하나. 삼월 삼짇날로 이 날 들에 나가 파랗게 난 풀을
밟고 노는 풍습이 있었다.

반송[439]에 눈이 개인 뒤

盤松霽雪

새벽에 일어나 창문을 열어 보니　　　　　曉起開窓見
반송이 눈에 묻혀 평평하구나.　　　　　　盤松雪壓平
처음에는 은빛 우산이 꽂혀 있는 듯 하더니　初如銀傘揷
옥빛 쟁반을 높이 든 게 아닌가 싶었지.　　還訝玉盤擎
조물주는 수시로[440] 변하지만　　　　　　造物須臾變
천지는 항상 맑구나.　　　　　　　　　　乾坤一樣清
이놈을 베어다가 작은 책상을 만들면　　　取來成小榻
밤에 독서할 때 글자도 분명하겠네.　　　　夜讀字分明

---

439 반송(盤松) : 키가 작고 가지가 옆으로 퍼진 소나무. 또는 분(盆)에 심어 인공(人工)으로 손질한 소나무. 분재(盆栽)한 소나무.

440 수시로[須臾] : '수유'는 아주 짧은 시간.

연광정[441]에서

練光亭

시인이 그윽한 흥취를 이기지 못해	詩人乘逸興
홀로 연광정에 올랐네.	獨上練光亭
낙엽 떨어진 산은 새로 여위었고	木落山新瘦
날씨가 차가워 술은 쉽게 깨네.	天寒酒易醒
구름은 기자의 무덤[442]에 짙고	雲深箕子墓
달은 패강[443] 성에 걸렸네.	月掛浿江城
지난 일을 오늘 되새겨보니	往事今追憶
눈물이 나도 모르게 갓끈을 적시네.	難堪淚濯纓

---

441 연광정(練光亭) : 평양시 중구역(中區域) 대동문동(大同門洞)에 있는 누정(樓亭). 경치
가 빼어나 예로부터 관서팔경의 하나로 알려졌으며, 제일누대 또는 만화루 등으로도
불렸다. 현존하는 누정은 1670년에 다시 지은 것으로, 연대가 다른 글자를 새긴 기와가
20여 종이나 되는 것으로 보아 이전에 여러 번 보수했다는 것을 알 수 있다. 누정의
남쪽채는 정면 3칸, 측면 3칸이고, 북쪽채는 정면 2칸, 측면 4칸이다.

442 기자의 무덤[箕子墓] : 기자묘(箕子廟). 또는 기자사(箕子祠)를 일컫는 말. 중국 은(殷)
나라의 성인인 기자(箕子)의 위패(位牌)를 모신 사당. 평양 기림리(箕林里)에 있다.
고려 숙종 7년(1102)에 정당문학(政堂文學) 정문(鄭文)의 건의로 예종 2년(1107)에
건립되었다. 그 후 명종 때 잡사(雜祀)에 포함되어 토지 50결을 지급받았고, 공민왕
때 여러 번 수리했다.

443 패강(浿江) : 대동강(大同江)의 다른 이름.

[오언배율]

송백천 천장[444] 만시(挽詩)[445]
宋白川遷葬挽

오십 년 동안의 일들 가운데	五十年來事
드문 일이 갑작스럽게 일어났네.	依俙瞥眼間
자상[446]은 원래 심어 둔 것이고	慈祥元素植
충효는 모두 완전했었지.	忠孝兩全完
기상과 절조는 추상과 같이 꿋꿋했고	氣節秋霜凜
마음에 품은 회포는 눈 달빛처럼 차가웠네.	襟懷雪月寒
은천[447]에서는 옛 수령이었고	銀川前太守
호부[448]에서는 지난 낭관[449]이었지.	戶部舊郞官
나그네 꿈은 송악[450]을 나는데	客夢飛松岳

---

444 천장(遷葬): 무덤을 이장(移葬)하는 것을 일컫는 말.
445 만시(挽詩): 죽은 사람을 애도(哀悼)하면서 지은 시(詩).
446 자상(慈祥): 자애(慈愛)롭고 상서(祥瑞)로움.
447 은천(銀川): 황해도 백천(白川)의 옛 이름. 지금의 연백군 은천면이다.
448 호부(戶部): 고려시대 상서육부(尙書六部)의 하나. 호구(戶口)와 곡물, 부세(賦稅),
   돈과 식량에 관계되는 업무를 맡아 보았다.
449 낭관(郞官): 조선시대 육조(六曹)에 설치한 각 사(司)의 실무 책임을 맡은 정랑(正郞)
   과 좌랑(佐郞)의 합칭어. 육조에는 각각 3, 4개의 속사(屬司)를 설치하고 그 실무를
   책임 맡은 정5품의 정랑과 정6품의 좌랑을 두었는데, 이들을 합칭하여 낭관 또는 조랑
   (曹郞)이라 했다.
450 송악(松岳): 경기도 개성(開城)의 옛 이름.

신령한 혼백은 위산에 깃들었겠지.　　　　　　　　英靈寄潙山

바람은 보배 나무451에서 슬퍼하고　　　　　　　　風端悲寶樹

거울 안에서는 외로운 난새452가 우네.　　　　　　鏡裏泣孤鸞

옛 마을은 무덤453에서 먼데　　　　　　　　　　　故里佳城遠

남양에는 여츤454이 돌아왔구나.　　　　　　　　　南陽旅櫬還

궁벽한 마을에 내 홀로 있어서　　　　　　　　　　窮村吾獨在

엎드려 만사를 짓자니 눈물이 걷잡을 수 없네.455　拜挽淚潸潸

<hr>

451 보배 나무〔寶樹〕: '보수'는 불교 용어. 칠보(七寶) 나무, 즉 극락세계 가운데 있는 칠보
로 단장한 나무를 일컫는 말이다.

452 외로운 난새〔孤鸞〕: '고란'은 외로운 난조(鸞鳥). 고인은사(高人隱士)를 비유한다.

453 무덤〔佳城〕: '가성'은 무덤이나 묘지의 다른 이름. 무덤이 견고한 것이 성(城)과 같다
는 뜻이다.

454 여츤(旅櫬): 객사(客死)한 사람을 담은 영구(靈柩).

455 걷잡을 수 없네〔潸潸〕: '산산'은 눈물이 흘러 그치지 않는 모양.

심정의 〈강정〉운에 삼가 차운함
敬次沈正江亭韻

강가에 있는 몇 칸 작은 집에는	江上數間屋
주인장이 별 일 없이 지내지.	主人無事時
맑은 창가에서 붓을 비껴 잡았고	晴窓斜點筆
깨끗한 궤상에서 시를 짓는다네.	淨几坐題詩
빼어난 경치라도 시 짓기는 괴로운데	景勝吟猶苦
정신이 맑아 기운은 지치지 않네.	神淸氣不疲
한 척 배는 포구로 빨리 돌아오고	孤帆歸浦疾
추운 기러기는 모래톱에 더디 앉네.	凍鴈下沙遲
들판 주점에 구름은 나무에 가라앉았고	野店雲沉樹
어촌에서는 눈이 울타리를 감쌌네.	漁村雪擁籬
술동이를 잡고 매화를 감상하려면	携壺賞梅去
모름지기 섣달 전 기약을 기다리게나.	須待臘前期

삼가 지내면서[456] 지난 번 운을 써서 차운함
端居 再用前韻

세모에 그윽하게 지내는 운치는	歲暮幽居趣
반송에 눈이 쌓인 때라네.	盤松雪壓時
거문고 잡고서 옛 음조를 퉁기니	携琴彈古調
붓에 입김을 불어[457] 새로 시를 짓네.	呵筆寫新詩
친구들은 해마다 줄어드는데	親友年年減
뼈마디는 날마다 삐걱대는군.	筋骸日日疲
매화를 보러 새벽 일찍 일어났고	看梅晨起早
달 감상을 하려고 밤에 늦게 잠이 드네.	玩月夜眠遲
골짜기 물은 네모난 연못으로 이어지고	澗水連方沼
산 너머 구름은 낮은 울타리를 지나가네.	山雲過短籬
술잔 속에 녹의[458]가 떠다니니	尊中浮綠蟻
좋은 기약을 저버리지 말게나.	且莫負佳期

---

456 삼가 지내면서〔端居〕 : '단거'는 평상(平常) 때의 거처(居處). 별 일 없이 지냄.

457 붓에 입김을 불어〔呵筆〕 : '가필'은 날씨가 차가워 붓이 얼었을 때 입김을 불어 녹이는 것.

458 녹의(綠蟻) : ①미주(美酒)의 다른 이름. ②술구더기, 걸러 놓은 술 위에 떠다니는 푸른 거품을 말한다.

택풍당 이식[459]의 〈화연명구일〉[460] 시에 삼가 차운함

奉次澤風 李公植 和淵明九日韻

고요한 깊은 정원 안에	寥寥深院裏
소나무 대나무가 푸르게 엇갈렸네.	松竹翠相交
이슬에 젖어 찬 꽃은 터졌고	露浥寒花拆
서리가 재촉해 병든 잎은 시들었구나.	霜催病葉凋
비 온 뒤라 냇물 소리는 울리고	雨餘晴澗吼
구름은 흩어져 옥빛 봉우리가 높네.	雲散玉峯高
까마귀 그림자[461]는 푸른 바다로 가라앉고	烏影沉滄海

---

459 이식(李植) : 1584~1647. 조선 중기의 문신. 본관은 덕수(德水)고, 자는 여고(汝固)며, 호는 택당(澤堂), 남궁외사(南宮外史), 택구거사(澤癯居士)다. 1610년(광해군 2) 별시 문과에 급제했다. 1613년 세자에게 경사(經史)와 도의(道義)를 가르친 정7품에 해당하는 설서(設書)를 거쳐 1616년 북평사(北評事)가 되었다. 1618년 폐모론이 일어나자 정계에서 은퇴하여 경기도 지평(砥平, 지금의 양평군 양동면)으로 낙향했다. 문장이 뛰어나 신흠(申欽)·이정구(李廷龜)·장유(張維)와 함께 한문사대가로 꼽혔으며 그의 문하에서 많은 문인과 학자가 배출됐다. 문집으로『택당집』이 전하는데 한시의 모든 갈래에 두루 능숙했고 많은 작품을 남겼다. 『초학자훈증집(初學字訓增輯)』과『두시비해(杜詩批解)』등을 저술했으며, 『수성지(水城志)』와『야사초본(野史初本)』등을 편찬했다.

460 도연명의 원작시 〈을유세구월구일(乙酉歲九月九日)〉

靡靡秋已夕　凄凄風露交　蔓草不復榮　園木空自凋
清氣澄餘滓　杳然天界高　哀蟬無留響　叢雁鳴雲霄
萬化相尋繹　人生豈不勞　從古皆有沒　念之中心焦
何以稱我情　濁酒且自陶　千載非所知　聊以永今朝

461 까마귀 그림자[烏影] : '오영'은 해[日]를 달리 부르는 말.

두꺼비 빛⁴⁶²은 푸른 하늘로 퍼지네.　　　　　　蟾光射碧霄

몸이 한가로워 마음대로 내다니고　　　　　　身閑隨意適

성격이 게을러 세상 노고⁴⁶³는 사양했지.　　　性懶謝塵勞

백발이야 치료할 의원이 없어도　　　　　　白髮醫無術

단심⁴⁶⁴은 늙어도 시들지 않았네.　　　　丹心老不焦

어찌 중구일⁴⁶⁵ 만나는 게 어렵겠는가　　何妨逢九九

또 취하여 기분은 도도⁴⁶⁶하네.　　　　又是醉陶陶

팔십여 년 생애를 살면서　　　　　　八十餘生在

여유롭게⁴⁶⁷ 네 임금을 섬기며 살았네.　　悠悠經四朝

---

462 두꺼비 빛〔蟾光〕: '섬광'은 달빛. 월색(月色). 월광(月光). 달에 두꺼비가 산다고 하여 이렇게 불린다.

463 세상 노고〔塵勞〕: '진로'는 번뇌(煩惱)의 다른 이름. 번뇌는 마음을 오염시킬 수 있기 때문에 마치 먼지가 심신(身心)을 지치게 하는 것과 같아 이렇게 불린다.

464 단심(丹心): 충심(忠心). 붉은 정성(精誠)이 담긴 마음.

465 중구일(九九): '구구'는 구월 구일 중양절(重陽節)을 가리키는 말. 중구(重九)라고도 부른다.

466 도도(陶陶): 화기애애(和氣靄靄)하고 즐거운 모양. 취한 모양.

467 여유롭게〔悠悠〕: '유유'는 침착(沈着)하고 여유(餘裕)가 있는 모양.

중흥사[468] 산영루[469]에 올라
登中興寺山影樓

구월 중양절 지난 뒤	九月重陽後
홀로 산영루에 올랐네.	獨登山影樓
바람 서리는 골짜기를 지나가고	風霜纔過壑
나뭇잎은 정녕 가을에 취했구나.	木葉正酣秋
산색은 비단 병풍을 두른 듯하고	山色錦屛展
물빛은 찬 옥이 흐르는 듯하구나.	水光寒玉流
소나무 제단에는 영뢰[470]가 피어나고	松壇靈籟發
계수나무 언덕에는 석양이 지는구나.	桂嶺夕陽收
꿈에서는 세상의 구차함을 끊었고	夢斷塵中累
몸은 물외[471]의 노님을 따르네.	身隨物外遊
원숭이[472]는 푸른 벼랑에서 외치고	玄猿啼翠壁

---

468 중흥사(中興寺) : 서울시 삼각산 노적봉 남쪽에 있던 사찰. 조선 숙종 때 북한산성을 쌓고 북한산성 도총섭의 지휘 아래 많은 승려들이 산성을 지킬 무렵 도총섭이 있던 큰 절이었다. 1915년 폐사되었다.

469 산영루(山影樓) : 북한산 중흥사에 있던 누대. 북한산을 유람할 때 대표적인 명소로 불렸다. 경기도 기념물 제223호로 지정되었는데, 최근에 복원했다.

470 영뢰(靈籟) : 아름답게 울려퍼지는 음악 소리.

471 물외(物外) : 세상의 속된 일이나 물정(物情)에서 벗어남. 이런 정취를 흔히 '물외지취(物外之趣)'라고 했으며, 옛 현인(賢人)들은 부귀공명(富貴功名)을 버리고 이런 지향을 꿈꾸었다.

472 원숭이[玄猿] : '현원'은 검은 색의 원숭이.

백구는 단구⁴⁷³에서 우는구나.　　　　　　白鶴叫丹丘

온갖 물상은 마힐⁴⁷⁴에 옮겼고　　　　　　萬象輸摩詰

삼승⁴⁷⁵은 사휴⁴⁷⁶에게 묻는다네.　　　　三乘問思休

좋은 향을 한밤에 태우니　　　　　　　　名香焚夜半

조각달은 처마 끝에 걸렸네.　　　　　　片月掛簷頭

발우⁴⁷⁷ 밑에는 반룡⁴⁷⁸이 서렸고　　　鉢底蟠龍穩

상 앞에는 개미가 바글거리네.　　　　　床前戰蟻留

차가운 재⁴⁷⁹는 몇 겁을 지났는지　　　　寒灰經幾刧

좋은 경치가 두 눈으로 들어오네.　　　好景入雙眸

---

473 단구(丹丘) : 단구(丹邱). 전설상 신선이 사는 곳으로, 밤에도 항상 낮처럼 밝다고 한
다. 구체적인 지명으로는 중국 절강성 영해현(寧海縣) 남쪽 90리에 있고, 사산(獅山)에
가깝다고 한다. 손작(孫綽)의 〈천태산부(天台山賦)〉에 "도사를 단구에서 방문하여, 불
사의 복지를 찾노라.(訪羽人於丹丘 尋不死之福庭)"고 했다.

474 마힐(摩詰) : 유마힐(維摩詰). 석가(釋迦)와 같은 시대 사람으로 비야리성(毘耶离城)
의 거사(居士). 정명(淨名) 또는 무구칭(無垢稱)으로도 의역한다. 일찍이 석가의 제자
인 사리불(舍利佛)과 미륵(彌勒), 문수사리(文殊師利) 등과 대승교의(大乘敎義)를 강
의했다. 그리하여 대승불교를 수업한 거사의 범칭으로 쓰인다.

475 삼승(三乘) : 중생(衆生)을 가르쳐 열반(涅槃)의 언덕에 이르게 하는 부처의 세 가지
교법(敎法). 곧 듣고 깨달음(聲聞), 스스로 깨달음(緣覺), 해탈하고 남을 해탈하게
함(菩薩)을 일컫는 말. 승(乘)은 물건을 실어 옮기는 것을 목표로 하니, 부처의 교법도,
중생을 실어 열반의 언덕에 이르게 하는 데 비유한다.

476 사휴(四休) : 송나라 손방(孫昉). 호가 사휴거사(四休居士)였다. 황정견(黃庭堅)이 의
술(醫術)의 요체를 물으니, "욕심내지 않고, 투기하지 않으며, 배가 부르면 쉬는 것(不
貪不妬飽暖郎休)"

477 발우(鉢盂) : 바리때. 곧 스승의 밥그릇. 발(鉢).

478 반룡(蟠龍) : 엎드려 있는 용(龍).

479 차가운 재[寒灰] : '한회'는 사회(死灰). 물질(物質)이 완전히 연소된 뒤에 남은 재를
말한다. 욕망(慾望)이 일어나지 않는 마음이나 인생에 있어 더 이상 추구할 것이 없는
심정(心情)을 비유한다.

도솔의 하늘[480]이 오히려 가까우니   兜率天猶近

영원[481]의 땅이 절로 그윽하구나.   靈源地自幽

내일 아침 문 밖에서는   明朝石門外

푸른 소를 타고 길게 한숨 쉬겠지.   長嘯駕靑牛

---

480 도솔의 하늘[兜率天] : '도솔천'은 범어 tusita-deva의 번역. 욕계(欲界) 육천(六天)의
　　　넷째 하늘에 해당한다. 칠보(七寶)로 만든 아름다운 궁전이 있고, 한량없는 하늘 사람
　　　들이 살고 있다고 한다.

481 영원(靈原) : 수원(水原)의 미칭(美稱). 물의 근원. 그리하여 모든 이치의 근원을 말한다.

[칠언율시]

안삼척482을 보내면서
送安三陟

산은 푸른 바다로 바다는 다시 하늘로	山連碧海海連天
또 누대 앞에는 오십천483이 흐르네.	又有樓前五十川
황고484의 옛 능도 이백 년이 지났고	皇考舊陵年二百
소공의 남은 비갈(碑碣)485은 글자가 삼천이네.	召公殘碣字三千
상대486는 옛날에 청총487을 탄 어사(御史)가 되었고	霜臺昔作靑驄史

---

482 여기서 '삼척'이란 당사자가 삼척에서 벼슬을 했기 때문에 부르는 별칭이다.

483 오십천(五十川) : 강원도 삼척시를 흐르는 하천.

484 황고(皇考) : 돌아가신 아버지의 존칭. 그보다는 지난 왕조 고려(高麗)를 뜻하는 것으로 보인다.

485 1423년(세종 5) 관동 지방에 큰 흉년이 들자 당시 강원도 관찰사로 임명된 황희(黃喜, 1363~1452)가 굶주린 백성들에게 양곡을 베풀어 도왔다. 이에 백성들은 황희를 중국의 소공(召公)과 같은 정도의 은인이라 하여 당시 황희가 가끔 쉬곤 하던 와현(瓦峴)이라는 고개에 돌을 쌓아 단을 만들어 '소공대(召公臺)'라 이름 붙이고 그의 치적을 기렸다. 이후 1516년(중종 11) 황희의 증손인 황맹헌(黃孟獻)이 강원도관찰사로 부임하여 소공대를 둘러보고 소공대가 와해되어 있자 그 자리에 비석 형태로 세운 것이 소공대비(召公臺碑)이다. 현재 남아있는 비는 1578년(선조 11) 황희의 6대손 황정식이 마모된 비석을 대신하여 새로 세운 것으로, 비문은 당시 영의정이었던 남곤이 지었다.

486 상대(霜臺) : 조선시대 사헌부(司憲府)의 다른 이름. 조선시대 삼사(三司)의 하나로, 시정(時政)을 논집하고 백료(百僚)를 규찰하며 기강을 바로잡고 풍속을 살피며, 원억(怨抑)을 펴게 하고 남위(濫僞)를 금하는 일을 맡았다.

487 청총(靑驄) : 털 빛깔이 푸른색과 흰색이 서로 섞여 있는 준마(駿馬).

부석488은 지금 자부489의 신선이 되었네.　　　　　　　鳧舃今爲紫府仙

직무 마친 뒤 난간에 기대 별 일도 없으니　　　　　　衙罷倚欄無箇事

인주를 갈아 한가롭게 권점(圈點)490을 하며 책을 읽는다네.491

　　　　　　　　　　　　　　　　　　　　　研朱閑點絶韋篇

---

488 부석(鳧舃) : 신선의 신발. 또는 현령(縣令).

489 자부(紫府) : 도가(道家)에서 신선이 사는 곳을 일컫는 말. 자방(紫房).

490 권점(圈點) : 시문(詩文)에서 절묘한 지점이나 요처의 옆에 찍는 둥근 점.

491 책을 읽는다네〔絶韋編〕: 위편삼절(韋編三絶). 공자(孔子)가 『주역』을 애독해서 죽간
　　(竹簡)을 엮은 가죽 끈이 세 번이나 끊어졌다는 데서, 독서에 깊이 빠져 있는 것을
　　일컫는 말이다.

총석정⁴⁹²에서

叢石亭

여섯 모난 무늬 긴 돌이 하늘 동쪽을 기댔는데　　　　　六稜文石倚天東
쫀 듯 갈아낸 듯 절로 무리를 지었구나.　　　　　　　如琢如磨自作叢
문득 용의 허리가 하늘에서 떨어졌나 싶었다가　　　　却訝龍腰垂碧落
옥빛 죽순이 푸른 하늘로 솟구쳤다 의심했지.　　　　　還疑玉笋露靑空
빛은 부상⁴⁹³ 너머로 드는 빛나는 해를 흔들었고　　光搖旭日扶桑外
그림자는 발해⁴⁹⁴에서 비낀 햇살에 드리웠네.　　　影倒斜陽渤海中
한 자루 칼을 들고 오가다 문득 멈춰 섰으니⁴⁹⁵　　一劍徘佪仍佇立
만 길 무지개가 붉은 파도에 비춰 있구나.　　　　　　虹霓萬丈映波紅

---

492 총석정(叢石亭) : 강원도 통천군 고저(庫底)에 있는 정자. 관동팔경(關東八景)의 하나
　　로. 주위에 현무암으로 된 여러 개의 돌기둥이 바다 가운데에 솟아 있어 절경을 이룬다.
493 부상(扶桑) : 해가 뜨는 곳.
494 발해(渤海) : 동해(東海)의 다른 이름. 창해(滄海).
495 문득 멈춰 섰으니〔佇立〕 : '저립'은 우두커니 서 있음. 오래도록 서 있음.

이재⁴⁹⁶의 시에 차운함

次頤齋韻

하늘가에 칼인 듯 창인 듯 산봉우리 삐죽한데   天邊劍戟亂山嵬
턱 괴고 앉아⁴⁹⁷ 드넓은 우주를 바라보노라   拄笏憑看宇宙恢
베갯가의 찬 소리는 대나무 치는 바람소리고   遶枕寒聲風打竹
창문 너머 성근 그림자는 매화 가지에 어린 달빛일세.   隔窓疎影月移梅
숲속 스님은 시구를 찾아 자주 지나가시고   林僧乞句時時過
모래톱 새는 무람하게⁴⁹⁸ 날마다 찾아오네.   沙鳥忘機日日來
시렁에는 경서가 가득하고 다섯 자 거문고 있으니   滿架經書琴五尺
마음대로 술잔 엎는 것도 문제될 게 없어라.   不妨隨意倒深盃

496 이재(頤齋) : 조우인(曺友仁). 1561〜1625.
497 턱 괴고 앉아[拄笏] : 주홀간산(拄笏看山). 홀로 턱을 괴고 산을 바라본다는 뜻으로,
　　　 관직에 있지만 은거하려는 고상한 운치가 있음을 일컫는 말. 또는 유유자적(悠悠自適)
　　　 하는 생활 태도를 가리킨다.
498 무람하게[忘機] : '망기'는 구로망기(鷗鷺忘機). 기심(機心)을 잊음. 즉 세욕(世慾)에
　　　 끌리는 마음을 훌훌 털어내고 물외의 지취(旨趣)를 추구하는 심성의 상태를 말한다.

수림정 시에 삼가 차운함

敬次樹林亭韻

정자 앞에 첩첩 산은 그림을 보는 듯한데	亭前圖畫萬重山
고목과 장송이 그 경치⁴⁹⁹ 사이에 있네.	古木長松紫翠間
물이며 달을 외롭게 읊다 사람은 절로 여위어가고	水月孤吟人自瘦
안개 낀 모래톱에 홀로 섰으니 백로가 외려 한가롭구나.	烟沙獨立鷺猶閑
전쟁난 지 여섯 해에 헛되이 눈물 흘리니	干戈六載空垂淚
술잔 술이 어느 땐들 찌푸린 얼굴을 펴게 하겠는가.	樽酒何時可解顔
근심스레 석양에 기대어 하늘가에 섰으니	愁倚夕陽天畔立
몇 가닥 기러기 소리가 구름을 헤치고 돌아가네.	數聲鴻鴈拂雲還

---

499 경치〔紫翠〕: '자취'는 자줏빛과 비취빛. 이내가 낀 먼 산의 경치를 형용하는 말이다.

중흥사에서 노닐면서

遊中興寺

석문에 비낀 햇살도 안개 속에 어둑하고	石門斜日暝烟沉
숲으로 난 한 줄기 길은 더욱더 깊어지네.	一逕穿林深復深
산색은 정녕 마힐[500]의 그림을 옮겨둔 듯하고	山色正描摩詰畫
물소리는 백아[501]의 거문고 울림을 닮았네.	水聲猶奏伯牙琴
스님은 층층 바위 너머 아지랑이 속으로 돌아가고	僧歸翠靄層巖上
학은 첩첩 봉우리 그늘 속으로 돌아오네.	鶴返蒼松疊嶂陰
나무 베개 등나무 침상에 꿈자리도 차가운데	木枕藤床吟夢冷
창 너머 지는 달이 옷깃을 비추인다.	隔窓殘月照衣襟

---

500 마힐(摩詰) : 왕유(王維). 701~761. 당나라 하동(河東) 사람. 자는 마힐(摩詰)이다.

501 백아(伯牙) : ?~?. 춘추시대 초(楚)나라 사람. 악사(樂士). 성은 유(兪)씨다. 성련(成連)에게 거문고를 배워 거문고의 대가가 되었다. 처음 3년 동안 진척이 없자 성련이 동해(東海) 봉래산(蓬萊山)에 보내 바닷물이 출렁거리는 소리와 새들이 지저귀는 소리를 듣게 했는데, 감정이 움직이면 마음도 느끼는 바가 있다는 사실을 깨달아 연주 실력이 크게 발전했다. 그가 연주한 음악은 친구인 종자기(鍾子期)만 이해할 수 있었는데, 종자기가 죽자 거문고 줄을 끊어버렸다는 일화가 유명하다.

종사[502]의 시축[503]에 차운함

次宗師軸韻

주장자 하나 짚고 원공[504]의 거처를 찾았더니 　一筇來訪遠公巢
천 길 낭떠러지 위에 암자[505]가 놓여 있네. 　千丈層崖置屋牢
묵은 봄비도 그쳐 푸른 숲이 에워쌌고[506] 　宿雨春晴青繚繞
뜬구름도 새벽에 걷혀 옥빛 산이 우뚝하구나.[507] 　浮雲曉散玉岧嶢
바위틈에서 꽃잎 날려 와 책 읽는 자리에 떨어지고 　巖花亂點看經榻
샘물은 아득히 승복 빠는 물통으로 갈려 드네. 　澗水遙分洗衲槽
묘법연화경[508]을 다 읽고 베개에 기댔더니 　讀罷妙蓮仍倚枕
창 너머 소나무 그림자가 달빛과 어울리네. 　隔窓松影月華交

---

502 종사(宗師) : 부처님의 바른 종지(宗旨). 곧 조사선법(祖師禪法)을 전하는 스승을 일컫
　　는 말로, 조사(祖師)와 같은 말이다.

503 시축(詩軸) : 시를 적은 두루마리. 때로 시집(詩集)을 낮추어 이렇게 부른다.

504 원공(遠公) : 혜원(慧遠). 334~416. 동진(東晉) 때의 승려.

505 암자〔屋牢〕 : '옥뢰'는 짐승우리처럼 작은 집. 여기서는 암자(庵子)를 가리킨다.

506 숲이 에워쌌고〔繚繞〕 : '요요'는 연기가 빙빙 감돌며 올라가는 모양.

507 우뚝하구나〔岧嶢〕 : '초요'는 산이 우뚝한 모양.

508 묘법연화경〔妙蓮〕 : '묘련'은 묘법연화경(妙法蓮華經). 줄여서 『법화경』이라 부른다.

신판윤[509]이 의주로 영위[510]하러 가는 길에 삼가 올림 3수
奉呈申判尹義州迎慰之行

평생의 방랑 자취는 밝은 흐름을 좇았더니	平生浪迹逐淸流
지리산과 금강산에서 좋은 여행을 노래했지.	智異金剛賦勝遊
십년 동안 항상 산수 자연을 이야기했는데	十載每供山水話
하루아침에 이별하니 슬픔을 어찌 견디리오.	一朝那忍別離愁
안개는 풀잎에 스며 강으로 가는 길은 흐리고	烟連細草迷江路
이슬은 꽃잎에 짙게 맺혀 역루[511]를 비추네.	露浥濃花照驛樓
참으로 관서의 경치가 좋으니	正是關西風景好
무수한 주옥들을 봉우리마다 흩뿌렸네.(1)	幾多珠玉散尖頭

봉황이 단조[512]를 물고 용만[513]에 내리더니	鳳啣丹詔下龍灣
상서로운 아지랑이가 자연 속에 자욱하구나.[514]	瑞靄霏微紫翠間
백여 편 새로 지은 시는 맑아 눈을 놀래키고[515]	百首新詩淸刮目

---

509 판윤(判尹): 조선시대 수도인 한성부의 장관으로 정2품이었다. 처음 한성부의 장관은 판한성부사였는데, 예종 원년(1469)에 판윤으로 개칭되었다. 고종 32년(1895) 행정 제도 개혁 때 한성부가 폐지되면서 같이 없어졌다가 이듬해 한성부로 승격되면서 다시 부활했다.

510 영위(迎慰): 중국에서 온 사신을 맞이하고 노고(勞苦)를 위로함.

511 역루(驛樓): 역참(驛站)에 세워진 누방(樓房).

512 단조(丹詔): 임금의 조칙(詔勅). 임금이 보낸 명령서.

513 용만(龍灣): 평안북도 의주(義州)의 옛 이름.

514 안개가 자욱하구나[霏微]: '비미'는 눈이나 비가 흩날림. 가득 차서 넘침.

천추의 아름다운 경사에 기뻐 얼굴에 떠오르네.   千秋嘉慶喜浮顔

돌아갈 길 아득한데[516] 방초로 이어지고   歸程杳杳連芳草

행색은 초라하여[517] 저녁 산으로 들어간다.   行色蕭蕭入暮山

여관에 비단 자리며 은촛대가 타는 밤에   賓舘錦筵銀燭夜

좋은 술[518]을 가득 마시고 흥겹게 취해보세.(2)   滿斟瓊液醉團欒

세월은 물결 따라 거침없이[519] 흘러가고   年光逐水去堂堂

이월 봄바람[520]에 온갖 꽃들 향기를 피우네.   二月東風百卉香

하늘에 이치란 원래 귀천이 없으니   天理本來無貴賤

사람 마음이 일에 닥쳐 한가하고 바쁜 것이지.   人心底事有閑忙

역로를 날아오를 듯 달리는 푸른 구름은 멀어지고   騰驤驛路靑雲遠

욕심[521]으로 진흙탕에 빠져 머리털로 다 세었네.   乾沒泥塗白髮長

들판 정자에 나가니 방초도 시들었는데   行次野亭芳草細

몇 번이나 고개 돌려 고향을 그리워했나.(3)   幾時回首戀家鄉

---

515 눈을 놀래키고〔刮目〕: '괄목'은 괄목상대(刮目相對). 눈을 비비고 본다는 뜻으로, 남의 학식이나 재주가 전에 비하여 딴 사람으로 보일 만큼 부쩍 는 것을 경탄하며 일컫는 말이다.

516 아득한데〔杳杳〕: '묘묘'는 흐리고 어두운 모양.

517 초라하여〔蕭蕭〕: '소소'는 쓸쓸하고 춥고 차가운 것을 형용하는 말.

518 좋은 술〔瓊液〕: '경액'은 도교(道敎)에서 말하는 옥액(玉液). 마시면 장생(長生)한다고 한다. 여기서는 미주(美酒), 맛좋은 술을 말한다.

519 거침없이〔堂堂〕: '당당'은 씩씩하고 위대한 모양.

520 봄바람〔東風〕: '동풍'은 동쪽에서 불어오는 바람. 봄바람을 말한다.

521 욕심〔乾沒〕: '건몰'은 돈을 벌기 위해 매점매석(買占賣惜) 같은 것을 하여 이익을 남기기도 하고 손해를 보기도 함. 투기(投機)하여 이익을 도모함.

백마강[522] 회고시에 차운함

次白馬江懷古韻

뜻을 잃고[523] 호서[524]에서 방랑의 길 다녔는데	落魄湖西放浪遊
조룡대[525] 옆에 돛단배를 띄우노라.	釣龍臺畔泛孤舟
격구(擊毬)하던 뜰에는 잡초만 무성해 서글프고	毬庭細草空添恨
연로[526]는 찬 안개에 묻혀 근심이 솟는구나.	輦路寒烟暗結愁
반월성[527] 옆에서 일찍이 눈물 뿌렸거니	半月城邊曾灑淚
고란사[528]에 올라 다시 누대에 오르노라.	皐蘭寺裏又登樓

522 백마강(白馬江) : 충청남도 부여 부근을 흐르는 금강의 이름. 일반적으로 금강변 부여
    읍(扶餘邑) 정동리 앞 범바위〔虎岩〕에서부터 부여읍 현북리 파진산 모퉁이까지의 약
    16km 구간을 백마강이라 한다.

523 뜻을 잃고〔落魄〕: '낙백'은 뜻을 얻지 못하여 침륜(沈淪)함.

524 호서(湖西) : 충청남북도를 부르는 이름. 호서지방이라는 별칭은 충청북도 제천시에
    저수지인 의림호의 서쪽에 있는 지방이라는 뜻에서 유래한다.

525 조룡대(釣龍臺) : 충남 부여군 백마강에 있는 수중암(水中巖)으로, 낙화암(落花巖) 가
    까이에 있는 작은 섬 모양의 바위이다. 옛날 당(唐)나라 군사가 백제(百濟)의 왕성을
    공격하기 위해 강을 거슬러 올라오던 중 갑자기 풍랑이 일어 진군할 수 없게 되었다.
    당나라 장수 소정방(蘇定方)이 그 연유를 알아내고는, 수중암에 걸터앉아 백마의 머리
    를 미끼로 강물 속에서 백제 무왕(武王)의 화신인 청룡(靑龍)을 낚아 올림으로써 용의
    조화를 막고 풍랑을 멎게 했다는 전설이 있다.

526 연로(輦路) : 임금의 수레가 다니던 길. 넓고 큰 길을 말한다.

527 반월성(半月城) : 부소산성(扶蘇山城). 사적 제5호. 충청남도 부여군 부여읍 쌍북리에
    소재한다. 백제의 도성이었으며, 백제 성왕 때 축조된 것으로 추정된다.

528 고란사(皐蘭寺) : 충청남도 부여군 부여읍 부소산(扶蘇山)에 있는 고려시대 백제의 후
    예들이 중창한 사찰. 창건에 대한 자세한 기록은 없으나, 백제 때 왕들이 노닐기 위하여
    건립한 정자였다는 설과 궁중의 내불전(內佛殿)이라는 설이 전한다.

백제⁵²⁹의 오백 년 기나긴 역사가 　　　　　溫家五百年前事

떨어지는 해 옛 나루터에 어부가로 남았네. 　　落日漁歌古渡頭

---

529 백제〔溫家〕: '온가'는 백제를 가리키는 말. 백제를 건국한 임금이 온조왕(溫祚王)이라 이렇게 부른다.

호당530의 여러 학사에게 삼가 올림
奉呈湖堂諸學士

지난 날 남루를 함께 취해 올랐는데 　　　　　憶昔南樓共醉攀

따뜻한 바람 맑은 햇살에 온갖 꽃이 얼룩졌지. 　暖風晴日百花斑

스님은 석양 빛 너머로 저도로 돌아가고 　　　僧歸楮島斜陽外

사찰은 원릉 고목 사이에 있었지. 　　　　　寺在園陵古木間

항상 모래톱 기러기와 수부531에서 노닐었거니 　每與沙鷗遊水府

길이 신선들을 따라 소단532에 들었었네. 　　　長隨仙侶忝騷壇

이후로 기운 빠져533 근력도 떨어졌으니 　　　邇來衰謝無筋力

단봉문534 서쪽에서 홀로 문을 걸어 닫았노라. 　丹鳳門西獨掩關

---

530 호당(湖堂) : 독서당(讀書堂)의 다른 이름.

531 수부(水府) : ①물을 주관하는 별 이름. ②수신(水神)의 존칭으로도 쓰임. 수신이 산다고 하는 집. 여기서는 물이 많은 지역을 가리킨다.

532 소단(騷壇) : 시단(詩壇).

533 기운 빠져〔衰謝〕 : '쇠사'는 정력(精力)이 쇠퇴(衰退)함.

534 단봉문(丹鳳門) : 조선시대 창덕궁(昌德宮) 남문이었던 돈화문(敦化門) 동쪽 문의 이름으로 본래는 남장문(南墻門)이라 불리던 것을 성종(成宗) 6년(1475)에 대궐의 각 이름을 고칠 때 이 이름으로 고치고 편액을 달았다. 한편, 서쪽에 있는 문의 이름은 금호(金虎)라 하였는데, 일반 조정 신하들은 이들 문으로 드나들었다고 한다.

완산[535]에 머물면서

完山旅懷

빈 서재에 밤비 내려 차마 들을 수 없는데	空齋夜雨不堪聽
홀로 앉아 아득하니 온갖 생각 일어나네.	獨坐悠悠百感生
천 리 길 나그네 신세 백발만 늘어나고	千里旅遊添白髮
한 해 중 명절이라 청명[536]이 가까웠네.	一年佳節近淸明
구름으로 한강 북녘이 흐려 진성[537]은 멀고	雲迷漢北秦城遠
길은 강남으로 이어져 초 땅[538]은 평평하구나.	路入江南楚地平
물으니 군산[539]은 어느 곳에 있는가?	借問君山何處是
석양에 피리 소리가 이따금씩 들려온다.	夕陽長笛數三聲

---

535 완산(完山) : 전북 전주(全州)의 옛 이름.

536 청명(淸明) : 24절기(二十四節氣) 중 제5절기(第五節氣)로서 춘분(春分)과 곡우(穀雨) 사이. 곧 양력 4월 5일 또는 6일에 해당된다.

537 진성(秦城) : 진(秦)나라의 장성(長城).

538 초 땅[楚地] : '초지'는 초나라 땅. 도성(都城)과 멀리 떨어진 지역을 말한다.

539 군산(君山) : 산(山) 이름. 상산(湘山)이라고도 부른다. 악양현(岳陽縣) 서남쪽 동정호 (洞庭湖) 속에 있는 상산(湘山). 상비묘(湘妃廟)가 있다.

높은 곳에 올라[540]

登高

서풍이 내게 불어와 행궁[541]을 나서서	西風吹我出行宮
멀리 종남산[542] 제일봉을 오르노라.	遠上終南第一峯
밭들 사이로는 안개가 끼어 그림 속인 듯하고	萬井踈烟圖畫裏
산마다 저녁 풍경은 보일 듯 말 듯하네.	千山晚景有無中
시를 지어 스스로 좋은 계절에 붙이지만	裁詩自擬酬佳節
술을 잡아 누가 늙은이를 위로할까?	把酒誰能慰老翁
속세의 사람들이 입을 열어 웃더라도	塵世幾人開口笑
홀로 트인[543] 하늘에 기대니 뜻이 무궁하구나.	獨憑寥廓意無窮

---

540 높은 곳에 올라〔登高〕: '등고'는 음력 9월 9일 중양절(重陽節)에 높은 언덕에 올라 재앙
　　을 물리치던 풍속.

541 행궁(行宮): 임금이 궁 밖으로 행차할 때 임시로 머무르던 별궁(別宮). 이궁(離宮)이
　　라고도 한다.

542 종남산(終南山): 중국 섬서성 장안(長安)의 남쪽에 있는 산. 주남산(周南山) 또는 남
　　산, 진령(秦嶺)이라고도 부른다. 높이는 1,200m이며, 진령산맥(秦嶺山脈) 산봉에 속
　　한다. 주봉의 해발고도는 2,604m이다. 예로부터 도사들이 사는 곳으로 유명하며 장안
　　(長安) 부근의 명산이기 때문에 고적·명승을 탐방하는 사람이 많았다.

543 홀로 트인〔寥廓〕: '요확'은 비고 트였으며 깊고 먼 모양.

최영숙[544]에게

贈崔英叔

북리 서쪽 마을에서 갈림길로 떨어졌으니	北里西村隔路歧
머문 구름 눈에 들어와 생각 더욱 간절하네.	停雲入眼倍相思
찬 기운이 정녕 홀로 잠드는 곳과 알맞은데	新涼正合孤眠處
개인 경치는 다시 산보하기 좋은 때일세.	霽景還宜散步時
골짜기 가득한 풍광은 채색 붓으로 그린 듯하고	滿壑風光供彩筆
하늘 위에 뜬 달빛은 시인의 수염을 비춘다.	中天月色照吟髭
어떻게 해야 다시 소단[545]의 모임을 열어	何當更作騷壇會
함께 구름 산을 대하면서 옛 시를 고쳐볼까?	共對雲山改舊詩

---

544 최영숙(崔英叔) : 최기남(崔奇男). 1586~?. 본관은 천녕(川寧)이고, 자는 영숙이며, 호는 구곡(龜谷), 묵헌(默軒)이다. 어려서 신익성(申翊聖)의 문하에 드나들었으며 그의 아버지 신흠(申欽)의 눈에 띄어 시의 재능을 인정받았다. 시의 재능이 뛰어나 사대부들 사이에서도 이름을 날렸다. 동인지 『육가잡영(六家雜詠)』을 간행했다. 위항시인들의 스승으로 존경을 받았고, 훌륭한 시인들을 많이 길러냈다. 저서로 『구곡집』 2권이 있다.

545 소단(騷壇) : 시단(詩壇).

도봉서원 시에 차운함

次道峯書院韻

돌길은 들쭉날쭉[546] 푸른 산으로 이어지고   石路崎嶇入翠微
바람 부는 샘이 골을 울리고 바위틈을 감도네.   風泉吼壑遶巖扉
벼랑에 비 지나가자 나뭇잎은 물이 돌고   層厓雨過葉初嫩
옛 골짜기에 봄은 깊어 꽃잎이 나부끼네.   古洞春深花亂飛
살면서 어찌 오늘이 옳을 줄 알겠으며   在世豈知今日是
산 노니니 비로소 지난날 글렀음을 알겠구나.   遊山方覺去年非
슬픈 마음으로 선현의 묘당을 배알하고 나서   傷心謁罷先賢廟
홀로 창망[547]하게 서서 갈 곳 몰라 하노라.   獨立蒼茫無所歸

---

546 둘쭉날쭉[崎嶇] : '기구'는 지세(地勢)나 도로의 높낮이가 일정하지 않은 모양.
547 창망(蒼茫) : 모호해서 분명하지 않은 모양.

달빛에 꽃 그림자가 옮겨질 때 난간에 올라
月移花影上欄干

금성[548]에 봄빛 도니 버들은 눈썹 같고 　　　　禁城春色柳如眉
청쇄[549]에서 사신[550]이 만물을 느끼는 때라네. 　青瑣詞臣感物時
금압[551]에 불은 꺼져 연기는 가늘게 오르고 　金鴨火殘烟縷細
동룡[552]에 물이 떨어져 파루 소리가 늦구나. 　銅龍水澁漏聲遲
꽃 빛나는 이슬 섬돌엔 향기가 젖었고 　　　　花明露砌香猶濕
달 뜨는 바람 난간에는 그림자 절로 움직이네. 　月上風軒影自移
서러워라[553] 십년 동안 공연히 관직을 따라 　惆悵十年從薄宦
고향의 좋은 절기에도 돌아갈 기약 어겼구나. 　故園佳節負歸期

---

548 금성(禁城) : 임금이 거처하는 궁성(宮城).
549 청쇄(靑瑣) : 황궁(皇宮)의 문이나 창을 장식하는 둥근 화문(花紋). 그리하여 궁성(宮城)을 뜻한다.
550 사신(詞臣) : 문사(文詞)를 담당한 신하를 일컫는 말.
551 금압(金鴨) : 금(金)으로 만든 향로(香爐)의 별칭. 모양이 오리같이 생겼다.
552 동룡(銅龍) : 동으로 만든 용 모양의 기물(器物). 물시계의 부속 중 하나로 쓰였다.
553 서러워라[惆悵] : '추창'은 실망하고 실의하여 상심하고 번뇌함.

정효순의 시에 차운함

次鄭孝純韻

산 아래 유거[554]에서 어떻게 지내는지	山下幽居問若何
창가의 성근 그림자는 일찍 핀 매화로다.	隔窓疎影早梅花
소나무 그늘 가득하여 도연명 길[555]인가 싶고	松陰滿地疑陶逕
봉우리 빛이 처마에 닿으니 사령운의 집[556]인가 여기네.	岳色當簷似謝家
봄이 작은 연못에 들어 요초[557]는 가늘고	春入小塘瑤草細
눈 녹은 맑은 냇물에는 옥류[558]가 그득하네.	雪消淸澗玉流多
다른 날 만약 글을 논하러 모인다면	他時倘得論文會
함께 술잔을 잡고서 노래 한 곡조 뽑으리라.	共把深盃一放歌

---

554 유거(幽居) : 궁벽하고 고요한 거처(居處).

555 도연명 길〔陶逕〕: 도잠(陶潛)의 〈귀거래사(歸去來辭)〉에 보면 "세 갈래 길이 황폐해져 가지만, 소나무 국화는 여전히 있구나.(有三逕就荒 松菊猶存)"라는 구절이 있다. 이로부터 은자(隱者)가 사는 곳을 말한다.

556 사령운의 집〔謝家〕: '사가'는 남조(南朝) 송나라 사령운(謝靈運)의 집. 그가 회계(會稽) 시녕현(始寧縣)에 산을 등지고 냇물이 흐르는 장원(莊園)을 두었는데, 후대에 귀족(貴族)의 가원(家園)을 가리키게 되었다.

557 요초(瑤草) : 전설(傳說)에 나오는 향초(香草).

558 옥류(玉流) : 맑게 흐르는 물줄기.

조승지⁵⁵⁹의 〈강정〉시에 차운함
次曹承旨江亭韻

안개 자욱한 골짜기에 그윽한 터전⁵⁶⁰을 닫아거니	烟霞洞裏掩幽巢
대 그림자는 창가에 어려 푸른 기운이 도포에 떨어지네.	竹影當窓翠滴袍
항상 강산을 대하면서 늘 스스로 즐기는데	長對江山常自樂
홀로 구학⁵⁶¹을 차지하니 이 무슨 호사인가?	獨專丘壑是何饕
맑은 연못에 물은 찰랑이고⁵⁶² 비단 잉어 꿈틀거리는데	澄潭澈灩纖鱗躍
텅 빈 집이 밝으니 조각달이 높이 떴네.	玉宇虛明片月高
벼슬살이 힘든 줄은 이미 겪어봤으니	宦路崎嶇曾試險
편히 누워 도도⁵⁶³하게 취하느니만 못하네.	不如頹臥醉陶陶

---

559 승지(承旨) : 고려시대부터 조선시대까지 왕명의 출납(出納)을 담당했던 관직.
560 그윽한 터전〔幽巢〕 : '유소'는 깊은 곳에 있는 새둥지. 여기서는 사는 곳을 겸손하게 부르거나 세속과 떨어져 있음을 암시하기 위해 쓰였다.
561 구학(丘壑) : 깊은 산과 깊숙한 골짜기. 그리하여 은자(隱者)가 사는 곳.
562 찰랑이고〔澈灩〕 : '염염'은 ①물이 넘치는 모양. ②잔잔한 물결이 널리 이어지는 모양. ③물결이 햇빛에 반짝이는 모양.
563 도도(陶陶) : 취한 모양.

중구일에 높은 곳에 올라
九日登高

바쁜 가운데 짬을 내어 푸른 봉우리에 오르니	忙裏偸閑上翠峯
모추(暮秋)564 좋은 절기에 국화가 만발하네.	九秋佳節菊花叢
애오라지 쪽빛 물가에서 시흥을 담으려니	聊將藍澗題詩興
용산565에서 모자 떨구던 바람과 일치하네.	付與龍山落帽風
전란이 끝난 뒤 사방은 온통 처량한데	滿目凄凉兵火後
한 바탕 담소하면서 술잔을 채우노라.	一場談笑酒盃中
근래 들어서도 기력은 오히려 강건하니	年來脚力猶强健
하루 종일 다니는데 지팡이가 필요없다네.	盡日登臨不用筇

---

564 모추〔九秋〕: '구추'는 9월의 깊은 가을을 일컫는 말. 모추(暮秋).
565 용산(龍山): 진(晉)나라 때 맹가(孟嘉)가 환온(桓溫)의 참군(參軍)이 되었는데, 성품
이 온화하고 엄정하여 환온이 매우 총애했다. 어느 해 9월 9일에 환온이 막료들과
용산에서 놀이를 할 때 마침 바람이 불어 맹가의 모자가 불려 떨어졌는데, 이것도
모르자 주변 사람들에게 말하지 말라고 했다. 그래서 이날을 낙모지신(落帽之辰)이라
고 일컬으며, 등산회(登山會)를 용산회(龍山會)라 하고 이날의 시회를 용산음(龍山吟)
이라 불렀다고 한다.

청명⁵⁶⁶일에 남산에 올라

清明日登南山

산에 오르니 다시 답청하는 때를 만났는데	登臨又値踏靑時
푸른 절벽 단애 사이를 느릿느릿 걷노라.	翠壁丹厓步步遲
저녁 이내는 멀리 풀 자란 강가로 이어지고	暮靄遠連芳草渚
긴 바람은 낮게 자하⁵⁶⁷의 술잔을 흔드네.	長風低拂紫霞巵
일찍이 한강에 뗏목을 띄울 계획 버렸거니	曾抛漢水乘槎計
다시 진산에서 약초 캘 계획을 세웠네.	再訪秦山採藥期
골짜기 가득 흰 구름에 갈 길은 아득한데	滿壑白雲迷去路
손으로 신선 나무를 잡고 다시 머뭇거리노라.	手攀瓊樹更躕蹰

---

566 청명(淸明) : 24절기(二十四節氣) 중 제5절기(第五節氣)로서 춘분(春分)과 곡우(穀雨)
사이. 곧 양력 4월 5일 또는 6일에 해당된다. 청명일(淸明日).

567 자하(紫霞) : 보랏빛 노을.

서석산⁵⁶⁸에서 제봉⁵⁶⁹에게

瑞石山呈霽峯

강남의 서석은 예부터 명산이려니	江南瑞石舊名山
오늘 올라서 자세히 살펴보네.	此日登臨仔細看
봄 지난 동천⁵⁷⁰에는 꽃잎도 다 떨어졌고	春盡洞天花落盡
길손 돌아간 소나무 길에는 학이 날아오른다.	客還松路鶴飛還
삼생⁵⁷¹의 꿈은 비로전에서 깨어났고	三生夢斷毗盧殿
한밤의 범종 소리는 사리⁵⁷²단에서 울리네.	半夜鍾鳴舍利壇
베개에 기대 시상의 괴로움 견디지 못하는데	欹枕不堪詩思苦
낭랑히 읊으며 붓을 휘둘러 구름 낀 봉우리를 씻노라.	朗吟揮筆灑雲巒

---

568 서석산(瑞石山) : 광주시 무등산(無等山)의 다른 이름. 전라남도 담양과 화순 사이에 있다. 백제 때는 무진악(武珍岳), 신라 때는 무악(武岳), 고려 때는 서석산으로 불렀다.

569 제봉(霽峰) : 고경명(高敬命). 1533∼1592. 조선 중기의 문인. 의병장. 본관은 장흥이고, 자는 이순(而順)이며, 호는 제봉(霽峰) 또는 태헌(苔軒)이고, 시호는 충렬(忠烈)이다. 임진왜란이 일어나자 광주에서 모집한 의병 6천여 명을 이끌고 금산 싸움에서 왜군과 싸우다가 순국했다. 저서에 『제봉집』이 있고, 저서에 『유서석록(遊瑞石錄)』이 있다.

570 동천(洞天) : 도교(道敎)에서 말하는 신선(神仙)의 거처(居處). 골짜기 안에 또 다른 별천지(別天地)가 있다는 말이다. 나중에는 보통 경치가 좋은 명승지(名勝地)를 가리키게 되었다.

571 삼생(三生) : 불교에서 삼세전생(三世轉生)을 일컫는 말. 전생과 이승, 저승을 뜻한다.

572 사리(舍利) : 범어 sarira의 음역으로 부처나 성자(聖者)의 유골을 일컫는 말. 후세에는 화장한 뒤에 나오는 작은 모양의 구슬을 일컫는 말이 되었다.

악양루⁵⁷³ 장관이 천하에 전해짐

岳陽壯觀天下傳

피곤한 나그네 남쪽으로 내려와 원유를 배웠더니　　倦客南來學遠遊
강가에 가득한 맑은 경치에 한 번 누대를 오르네.　　滿江淸景一登樓
공연히 굴원이 임금을 그리워 한 뜻을 품어 보았고　　空將屈子思君意
가만히 상비⁵⁷⁴가 황제를 그리워 한 근심을 떠올렸지.　暗結湘妃憶帝愁
몽택⁵⁷⁵에 바람이 일어 물결은 출렁거리고　　夢澤風生飜疊浪
군산에 나뭇잎은 떨어져 가을 정취를 울리네.　　君山木落動高秋
초연히 끝없는 강가에 홀로 서서　　超然獨立無邊岸
초수⁵⁷⁶와 오운⁵⁷⁷을 보니 근심은 더욱 깊어가네.　　楚甾吳雲望更悠

---

573 악양루(岳陽樓) : 호남성 악양현의 성 서쪽 문 위에 있는 3층짜리 누각. 당나라 때 세웠고, 동정호(洞庭湖)가 내려다보여 경치가 좋기로 명성이 있다. 황학루(黃鶴樓)와 등왕각(騰王閣)과 함께 강남의 3대 명루(名樓)로 꼽힌다.

574 상비(湘妃) : 아황(娥皇)과 여영(女英). 요(堯)임금의 두 딸로 순(舜)임금의 아내가 되었다. 순임금이 창오산(蒼梧山)에서 죽으니 남편이 그리워 소상강(瀟湘江)에 눈물을 뿌리고 빠져 죽은 뒤 소상강 대나무가 그 피눈물 진 자국으로 물들었다고 한다.

575 몽택(夢澤) : 운몽택(雲夢澤). 호북성 남쪽에 있는 수택(藪澤).

576 초수(楚甾) : 초나라 지방의 산봉우리. 아주 먼 곳을 뜻한다.

577 오운(吳雲) : 오나라 지방에 떠도는 구름. 역시 먼 곳을 뜻한다.

김정자[578]에게 삼가 올림

奉贈金正字

선인장 위로 이슬 처음 떨어지는데
만 리에 구름 한 점 없어 옥우[579]가 맑구나.
처마 끝에 밤은 차가워 맑은 달빛이 어리고
우물 난간엔 이끼가 축축해 반딧불이 부딪치네.
강남의 옛 집에는 대나무도 늙었는데
낙하[580]의 깊은 가을에 늦은 국화가 밝구나.
세상이 뒤숭숭해 나라 걱정하는 날에
혜성은 무슨 일로 태성[581]을 범하는가?

仙人掌上露初零
萬里無雲玉宇清
簷角夜凉當霽月
井欄苔濕撲流螢
江南舊宅疎篁老
洛下深秋晩菊明
時事艱虞憂國日
彗星何意犯台星

---

578 정자(正字): 관직 이름. 조선 초기에는 서연관(書筵官)으로 정7품직이었지만 세종 2
년(1420)에 집현전(集賢殿)의 정9품직으로 경연관(經筵官)을 겸임하게 되었고, 이후
정9품직으로 굳어져 홍문관(弘文館), 승문원(承文院), 교서관(校書館)에 배치되었다.

579 옥우(玉宇): 옥으로 만든 궁전. 전설상 천제(天帝) 혹은 신선이 사는 곳.

580 낙하(洛下): 한양(漢陽). 서울. 중국의 서울이 낙양(洛陽)인 점에 비유해 쓰던 말이다.

581 태성(台星): 삼태성(三台星). 자미성(紫微星)을 지키는 세 별로, 상태성(上台星)·중
태성(中台星)·하태성(下台星)의 삼태성. 『진서(晉書)』천문지(天文志)에서는 하토
(下土)를 관장한다고 했다.

함열[582] 동헌[583]의 시에 차운함
次咸悅東軒韻

그리는 마음에 덥고 추운 줄 물을 짬도 없거니	相思不暇問寒溫
필마 타고 남쪽으로 와서 바닷가에 이르렀네.	匹馬南來到海濱
냇가 버들과 바위틈 꽃이 봄빛을 함께 하니	澗柳巖花春色共
긴 여정 낮은 봉화대 사이로 길은 나뉘었네.	長程短堠路歧分
원문[584]에서 오랑캐 평정할 계책을 올리지 못했으니	轅門未獻平胡策
인각[585]에 세상을 덮을 공훈을 그려 넣기 어렵겠구나.	麟閣難圖盖世勳
해 저물고 흰 구름 일어 갈 길은 어지러운데	日暮白雲迷去路
초강 어디에서 상군[586]을 조문할까?	楚江何處吊湘君

---

582 함열(咸悅) : 전라북도 익산지역의 옛 지명.

583 동헌(東軒) : 지방 수령(守令)의 집무실.

584 원문(轅門) : 군영(軍營), 진영(陣營)의 문. 군영, 진영을 가리키기도 한다. 옛날 중국에서 전렵(田獵)할 때나 전쟁하는 곳에 진을 칠 때 수레로써 우리처럼 만들고, 그 드나드는 곳에는 수레를 뒤집어놓아 수레의 끌채가 서로 향하도록 만들었던 것에서 온 말.

585 인각(麟閣) : 기린각(麒麟閣). 한무제(漢武帝) 때 지은 것을 선제(宣帝) 때에 이르러 흉노족의 내복(來服)을 기념하여 12공신의 상을 모시고 그 명예를 표창했다는 누각. 12공신은 곽광(霍光)과 장안세(張安世), 한증(韓增), 조윤국(趙充國), 위상(魏相), 병길(丙吉), 두연년(杜延年), 유덕(劉德), 양구하(梁丘賀), 소망지(蕭望之), 소무(蘇武) 등이다.

586 상군(湘君) : 요임금의 두 딸 아황(娥黃)과 여영(女英)이 순임금에게 출가했다가 순임금이 창오(蒼梧)에서 숨지자 상수(湘水)에 몸을 던져 죽어 신이 되었다고 한다.

임정자의 옥진587을 애도한 시에 차운함
次任正字悼玉眞韻

맑은 눈동자에 하얀 이빨 푸른 눈썹을 가진 아가씨가	明眸皓齒翠眉娘
홀연히 뜬 구름을 좇아 아득히 사라졌네.	忽逐浮雲入杳茫
비록 고운 넋은 패읍으로 돌아갔지만	縱是芳魂歸浿邑
누가 옥골을 고향에다 묻어줄까?	誰將玉骨葬家鄉
타지에서 죽어588 새로 조문하는 이도 없고	更無旅櫬新交吊
다만 경대589에는 지난 날 향기만 남았네.	只有粧奩舊日香
정미년590 연간에 다행히 서로 만났었지만	丁未年間幸相遇
슬픔의 눈물 견딜 수 없어 옷깃을 흠뻑 적시네.	不堪哀淚濕衣裳

---

587 옥진(玉眞): 선인(仙人)을 이르는 말. 특히 선녀(仙女)를 가리킨다. 여기서는 1610년 38살의 젊은 나이로 세상을 떠난 매창(梅窓)을 가리킨다.

588 타지에서 죽어[旅櫬]: '여츤'은 객사(客死)한 사람을 담은 영구(靈柩).

589 경대[粧奩]: '장렴'은 화장도구를 담는 상자. 또는 몸치장을 하는 데 필요한 여러 가지 물건. 경대(鏡臺).

590 정미년[丁未]: 1607년. 선조(宣祖) 35년.

순천[591] 행헌[592]에게 삼가 올림
奉呈順天行軒

땅은 승평[593] 푸른 바닷가에서 끝났는데	地盡昇平碧海陬
사람들은 천부[594]가 이곳 웅주[595]라 말하네.	人言天府是雄州
쌍 오리[596]는 멀리 진성 밖으로 날아가고	雙鳧逈出秦城外
오마[597]는 길이 초나라 강가[598]를 달리네.	五馬長驅楚岸頭
밤비와 가을 메뚜기가 나그네 슬픔을 돋우고	夜雨寒蛩挑客恨
가을바람과 피리 소리[599]는 향수를 자극하네.	秋風畫角動鄕愁
헤어지려니 일어나는 끝없는 슬픈 심사를	臨離無限傷心事
만고에 흐르는 푸른 강물에 흘려보내노라.	付與滄江萬古流

---

591 순천(順天) : 전남 동남부에 위치한 시.

592 행헌(行軒) : 옛날에 고귀(高貴)한 사람이 타던 수레를 일컫는 말. 귀한 손님을 가리키
기도 한다.

593 승평(昇平) : 전남 순천의 옛 이름.

594 천부(天府) : 토지가 비옥하고 산물(産物)이 풍부한 지역. 천상지부(天上之府).

595 웅주(雄州) : 땅이 넓고 산물이 풍부하며 인걸(人傑)이 많은 중요한 고을. 여기서는
순천을 말한다.

596 쌍 오리〔雙鳧〕: '쌍부'는 한 쌍의 물오리. 지방관을 일컫는 말이다.

597 오마(五馬) : 태수(太守)를 달리 일컫는 말.

598 초나라 강가〔楚岸〕: '초안'은 초나라의 강가. 앞의 진성(秦城)이나 여기서 말하는 초안
은 모두 중앙에서 멀리 떨어진 지방을 상징하는 표현으로 쓰였다.

599 피리 소리〔畫角〕: '화각'은 악기의 하나. 길이는 5척이다. 모양은 죽통(竹桶)과 닮았는
데, 대나무나 가죽 등으로 만든다. 채색했기 때문에 화각이라 부른다.

양구[600] 동헌에 적힌 시에 차운함
次楊口東軒韻

산길 끝나지 않았는데 다시 냇가 길 이어지니	山行未了又溪行
계곡 물 소리며 새 소리는 물리게 들었노라.	厭聽灘聲與鳥聲
언덕 너머 외딴 마을에서는 쌍 절구 소리가 급하고	隔岸孤村雙杵急
구름 머문 빈 여관에는 등불 하나 밝혀 있네.	宿雲空舘一燈明
하늘 끝 피붙이들은 소식[601]조차 끊겼는데	天涯弟妹音書斷
비 그치자 연못가에는 새 봄 풀이 돋아나네.	雨歇池塘夢草生
난리 뒤라 버려진 밭[602]이 곳곳에 널렸으니	亂後閑田隨處在
농사짓기 배우기도 어렵지 않겠구나.	不妨隨處學躬耕

---

600 양구(楊口) : 강원도의 군.

601 소식〔音信〕: '음신'은 먼 곳에서 전하는 소식이나 편지(便紙).

602 버려진 밭〔閑田〕: '한전'은 경작하지 않는 토지(土地). 또는 주인이 없는 전지(田地)를 말한다.

동지사⁶⁰³의 행차에 올림 2수

上冬至使行次

조석⁶⁰⁴을 광원루⁶⁰⁵에 성대하게 열었으니	祖席高開廣遠樓
세 갈래 미녀⁶⁰⁶들이 명류들 틈에서 떨치는구나.	三行紅粉揚名流
가락 속에 묻은 향기에 매화는 떨어지고	曲中香氣梅花落
술잔에 어린 푸른빛이 댓잎에 떠다니네.	杯面靑光竹葉浮
관서 지방에서의 객고도 이와 같은데	正是關西爲客苦
계북⁶⁰⁷에서 이별하는 슬픔을 어이 견딜까?	那堪薊北又離愁
해마다 하교⁶⁰⁸에서 이별을 거듭하다니	年年每向河橋別
늙고 병들어 상심하여 머리는 벌써 백발일세.(1)	老病傷心已白頭

주남⁶⁰⁹에 머물렀던 것은 태사⁶¹⁰와 같더니	留滯周南太史如

---

603 동지사(冬至使) : 조선시대 동지(冬至)에 명나라와 청나라에 보내던 사절 또는 파견된 사신. 대개 동지를 전후하여 보내기 때문에 동지사라 하였다.

604 조석(祖席) : 여행하는 사람을 전송하는 연회 자리.

605 광원루(廣遠樓) : 황해도 황주목의 객사 동쪽에 있던 누정을 가리키는 말.

606 미녀〔紅粉〕: '홍분'은 부녀자들이 화장을 위해 쓰는 연지와 연분. 미녀 또는 기생을 가리킨다.

607 계북(薊北) : 계현(薊縣) 북쪽을 가리키는 지명. 북경(北京) 일대를 말한다.

608 하교(河橋) : 옛날의 다리〔橋〕 이름. 그 터가 섬서성(陝西省) 대려현(大荔縣) 동쪽 대경관(大慶關)과 산서성(山西省) 영제현(永濟縣) 서쪽 포주진(蒲州鎭) 사이 황하(黃河)에 있다.

609 주남(周南) : 오늘날의 중국 하남성 낙양(洛陽) 지방. 그리하여 조정의 정사에 직접 참여하지 못하는 먼 지방의 고을을 뜻하게 되었다.

다행히 운각⁶¹¹에 올라 신선 거처를 접했네.　　　幸登芸閣接仙居

오희⁶¹²와 월녀⁶¹³는 각자 재주를 뽐내고　　　吳姬越女各呈技

용관⁶¹⁴과 봉생⁶¹⁵이 높이 가락을 울린다.　　　龍管鳳笙高拂虛

푸른 풀 자란 호숫가에 서리는 일찍 내리고　　　青草湖邊霜落早

부평초⁶¹⁶ 떠 있는 모래톱엔 기러기 비로소 날아가네.　白蘋洲畔鴈飛初

아픈 마음으로 다시 하늘 끝을 바라보노니　　　傷心更向天涯望

갈 길은 아득하여⁶¹⁷ 만 리가 남았구나. (2)　　　行色迢迢萬里餘

610　태사(太史) : 태사공(太史公). 보통 사마천(司馬遷)을 말하지만, 여기서는 그의 아버지 사마담(司馬談)을 말한다. 사마담은 전한 하양(夏陽, 섬서성 韓城) 사람이다.

611　운각(芸閣) : 조선시대 교서관(校書館)의 다른 이름. 운관(芸館).

612　오희(吳姬) : 오나라 지방의 미녀(美女).

613　월녀(越女) : 옛날 월(越)나라에서 미녀(美女)가 많이 나왔는데, 특히 서시(西施)가 유명하다. 그리하여 월나라의 미녀를 가리키게 되었다. 여기서는 모두 빼어난 용모와 기예를 지닌 기생을 가리키는 말로 쓰였다.

614　용관(龍管) : 조선 초기 궁중에서 사용하던 당악기의 하나. 죽부(竹部)에 속하는 구멍이 여섯 있는 관악기이다. 오죽(烏竹)을 써서 그 한 면을 깎아버리고 두 개를 합쳐서 쌍성(雙聲)이 나게 하는 악기로 주로 아악을 연주할 때 사용했다.

615　봉생(鳳笙) : 피리[笛]를 달리 부르는 말.

616　부평초[白蘋] : '백빈'은 백평(白萍). 물 위에 떠다니는 부평초(浮萍草)를 말한다.

617　아득하여[迢迢] : '초초'는 길이 먼 모양. 또는 강이 길게 이어진 모양.

동호의 시에 차운함
次東湖韻

계도⁶¹⁸와 난장⁶¹⁹으로 푸른 물결을 헤치니	桂棹蘭槳泝碧瀨
바람 안개도 잠시 궁성 밖으로 밀려났네.	風烟暫隔禁城隈
모든 산은 북향하여 삼각산⁶²⁰으로 이어지고	千山北向連三角
강물 하나는 서쪽으로 흘러 오대산⁶²¹에서 시작했지.	一水西來自五臺
드리운 버들은 해마다 떠나는 객에게 꺾이지만	垂柳每因歸客折
좋은 꽃은 응당 늙은이를 기다려 피는구나.	好花應待老夫開
은근히 좋은 명절에 응수하고자 하노니	慇懃正欲酬佳節
하루 종일 시 읊으며 억지로 술을 마신다네.	盡日吟哦强倒盃

---

618 계도(桂棹) : 계수나무로 만들어진, 배를 젓는 공구(工具).
619 난장(蘭槳) : 목란(木蘭)으로 만든 돛대. 화려하게 치장한 배란 뜻인데, 과장된 시적
      표현이다.
620 삼각산(三角山) : 북한산(北漢山)의 다른 이름.
621 오대산(五臺山) : 강원도에 있는 산 이름. 한강(漢江)이 오대산에서 발원(發源)한다.

정효순의 시에 차운함

次鄭孝純韻

구름 그늘이 사방을 뒤덮어 다 개지 않았는데	雲陰四塞未全晴
골짜기 앞 거처에서 홀로 형문[622]을 닫았네.	谷口幽居獨掩荊
젊은 시절 어울려 놀 때는 석우[623]를 찾았고	少日交遊尋石友
노년에 마음의 기약은 매형[624]에게 기탁했지.	暮年心契託梅兄
바람 앞에 버들가지는 어지러이 날리고	風前柳絮渾無賴
비 온 뒤에 산 빛은 다정도 하구나.	雨後山光卽有情
머리 허연 노인이 끝내 이룬 일이라곤	頭白老人終底事
시단에서 허랑하게 헛된 명성을 얻었구나.	詩壇浪得一虛名

---

622 형문(荊門) : 가시로 만든 사립문. 가난한 살림살이를 말한다.

623 석우(石友) : 정의(情誼)의 단단하기가 금석(金石) 같은 친구. 또는 다음 시구와 대구
(對句)로 보면 수석(壽石)을 말할 수도 있다.

624 매형(梅兄) : 매화(梅花)에 대한 아칭(雅稱).

동악[625]의 〈원리상춘〉시에 차운함

次東岳園林賞春韻

우연히 종남산[626]에 와 한 번 머리를 드니	偶到終南一擧頭
봄바람에 물상들이 눈 돌릴 사이[627]에 들어오네.	東風物象入回眸
궁궐 안 꽃과 버들은 봄 내내[628] 아름다운데	禁中花柳三春好
하늘 밖 구름 산은 첩첩으로 빽빽하구나.	天外雲山萬疊稠
잠시 명성의 길을 사양하니 문도 홀로 닫혔고	暫謝名途門獨掩
길이 고요한 세상을 찾으니 일도 덩달아 쉬네.	長尋靜域事還休
사람 와서 뭐 하느냐고 묻지를 말거라	人來莫問何爲者
약초 캐던 전생에는 성이 유씨였다네.	採藥前身卽姓劉

---

625 동악(東岳) : 이안눌(李安訥, 1571~1637). 조선 중기 때의 문인. 본관은 덕수(德水)고, 자는 자민(子敏)이며, 호는 동악(東岳)이고, 시호는 문혜(文惠)다. 1599년 정시문과에 을과로 급제했다. 1632년 주청부사(奏請副使)로 명나라에 가서 인조의 아버지인 정원군(定遠君)의 추존을 허락받아 원종(元宗)이라는 시호를 받아왔다. 청백리에 녹선 되고, 시문에 뛰어나 이백에 비유되었으며, 글씨도 잘 썼다. 문집에 『동악집』이 있다.

626 종남산(終南山) : 중국 섬서성 장안(長安)의 남쪽에 있는 산. 주남산(周南山) 또는 남산, 진령(秦嶺)이라고도 부른다.

627 눈 돌릴 사이[回眸] : '회모'는 눈동자를 돌림. 돌아봄.

628 봄 내내[三春] : '삼춘'은 봄날의 석 달. 음력(陰曆) 정월(正月)은 맹춘(孟春)이라 부르고, 2월은 중춘(仲春)이라 하며, 3월은 계춘(季春)이라 한다.

여러 상공[629]의 계연[630]에 삼가 올림
奉呈諸相公契宴

정자는 층층 벼랑 아득한[631] 곳에 있으니	亭在層厓縹緲邊
따뜻한 바람 맑은 햇살이 화려한 자리를 비추네.	暖風晴日敞華筵
삼산[632]은 빛 처마 사이로 반쯤 들어갔고	三山半入虛簷裏
이수[633]는 작은 난간 앞에서 평평하게 갈라지네.	二水平分小檻前
시흥은 멀리 방초 핀 강가에서 흔들리고	詩興遠飄芳草岸
피리 가락은 높이 석양 진 하늘가에 울리네.	笙歌高拂夕陽天
네 계절 좋은 때마다 길이 취했으니	四時佳節長昏醉
분지에서 달구경하던 신선이 부럽겠는가.	肯羨溢池玩月仙

---

629 상공(相公) : 옛날 재상(宰相)에 대한 경칭(敬稱).

630 계연(契宴) : 계연(禊宴). 계음(禊飲). 음력 3월 상사일(上巳日)에 액막이로 모여 마시는 술자리.

631 아득한[縹緲] : '표묘'는 아득히 멀어서 희미함. 또는 아득히 넓은 모양.

632 삼산(三山) : 전설(傳說)에 나오는, 바다에 있는 삼신산(三神山).

633 이수(二水) : 장하(漳河) 상류의 흐린 장하(漳河)와 맑은 장하(漳河). 여기서 삼산과 이수는 계연이 펼쳐진 곳의 주변 경치를 묘사한 것이다.

살아서 술 한 잔만 못한 것을
不如生前一盃酒

맑은 가을에 문득 고향 생각 떠올라서	淸秋忽憶故園懷
만경창파에 한 척 배로 왔노라.	萬頃滄波一棹來
영달을 얻고자 하면 신후계⁶³⁴를 찾지 않을 것이고	聞達不求身後計
근심을 없애는 것으로 눈앞 술만 한 게 없지.	攻愁無過眼前杯
강가의 신선한 회가 참으로 맛이 좋으니	江鄕玉膾眞佳味
관리 생활에 은어⁶³⁵는 재앙의 씨앗이라네.	宦路銀魚是禍胎
청컨대 유령⁶³⁶의 무덤 위 흙을 보시구려	請看劉伶墳上土
외론 원숭이 달빛에 울면서 홀로 어슬렁거리지 않는가.	孤猿嘯月獨徘徊

---

634 신후계(身後計) : 죽은 뒤 명성을 생각하면서 쌓는 덕업(德業).

635 은어(銀魚) : 금어(金魚)와 같이 관복(官服)에 차는 패식(佩飾)을 말한다. 당대(唐代)
에는 오품관(五品官) 이상의 관복에 패용하는 은제(銀製)의 어형부절(魚形符節)이다.
금어나 은어를 관복에 패용하는 것은 장식이 아니고, 소명(召命)의 거짓을 막고 궁중출
입에 신분을 확인키 위한 부신(符信)이었다.

636 유령(劉伶) : ?~?. 서진(西晉) 패국(沛國) 사람. 자는 백륜(伯倫)이다. 마음대로 행동
하면서 항상 우주가 비좁다고 여겼으며, 재산에 대해서도 전혀 신경을 쓰지 않았다.
죽림칠현(竹林七賢) 가운데 한 사람이다. 술을 좋아해 〈주덕송(酒德頌)〉을 지어 예법
에 얽매인 인사들을 조롱했다. 언제나 하인에게 삽을 메고 따라 다니게 했는데, "언제
어느 곳에서 죽을지 모르니 죽은 곳에 묻히기 위함이라"고 했다.

황수재의 〈삼청상춘도〉시에 차운함
次黃秀才三淸賞秋圖韻

삼청동 안에 있는 비선대에서   三淸洞裏秘仙臺
우연히 만나 올랐는데 길잡이도 없었네.   邂逅來登亦不媒
천지에는 기미가 있어 때로 자주 바뀌지만   天地有機時屢換
시내와 산에는 주인이 없으니 누가 시기하겠는가. 溪山無主孰能猜
가을을 만나면 반랑[637]의 귀밑털이 떠오르고 逢秋每感潘郎鬢
시구를 찾을 땐 문득 노두[638]의 재주에 부끄럽네. 覓句還慚老杜才
중구일 좋은 때를 그대는 어기지 말기를   九九良辰君莫負
여러분들 모였으니 자줏빛 바위 이끼 긴 곳이라네. 諸公會集紫巖苔

---

637 반랑(潘郎) : 반악(潘岳, 247~300). 서진(西晉) 형양(滎陽) 사람. 재능이 뛰어났고
풍채가 좋아 부인네들에게 인기가 많았다. 아내가 죽은 뒤 쓴 〈도망시(悼亡詩)〉3수가
유명하다.
638 노두(老杜) : 당나라 대의 시인 두보(杜甫)의 별칭(別稱).

직려⁶³⁹에서

直廬

언 옷은 쇠와 같아 누워도 편치 않은데 凍衣如鐵臥難平
홀로 편안히⁶⁴⁰ 앉았으니 온갖 상념이 일어나네. 獨坐悠悠百感生
사람살이는 모두 전쟁 때문에 변했고 人事盡隨兵火變
눈꽃이 다시 감싸니 귀밑털도 밝구나. 雪華還繞鬢毛明
은하수는 담담하고 구름은 천 리로 덮였는데 銀河淡淡雲千里
옥루⁶⁴¹ 소리 댕댕 울려⁶⁴² 달은 오경이 되었네. 玉漏丁丁月五更
베개에 엎드려도 밤샘 숙직은 힘이 드니 伏枕不堪連夜直
옷깃 잡고 때때로 섬돌을 내려 걷노라. 攬衣時復下階行

---

639 직려(直廬) : 옛날에 시신(侍臣)이 숙직(宿直)하던 장소.
640 편안히〔悠悠〕 : '유유'는 침착(沈着)하고 여유(餘裕)가 있는 모양.
641 옥루(玉漏) : 옥으로 꾸민 누각(漏閣). 누각은 물시계다. 그리하여 물시계의 미칭(美稱).
642 댕댕 울려〔丁丁〕 : '정정'은 건장(健壯)한 모양. 소리가 울려 퍼지는 모양.

오산 차천로[643]가 〈탄은산수도〉에 쓴 시에 차운함

次車五山　天輅　題灘隱山水圖韻

산색은 푸르고 물 기운은 젖었는데	山色蒼蒼水氣霏
강가 마을은 고요하여 사립문도 닫혔구나.	江村寂寞掩柴扉
구름이 깊어 안탑[644]은 산사[645]에 숨었고	雲深鴈塔藏蕭寺
해는 저물어 고깃배는 조기[646]에 정박했네.	日暮漁舟傍釣磯
백 길 날리는 샘물은 흘러 다함이 없고	百丈飛泉流不盡
천 마디 묵은 나무는 잎조차 드물구나.	千章古木葉全稀
누가 이런 선경의 경치를 만들었는지	何人幻出仙區景
바라보니 세간의 근심이 다 스러지네.	對此方知世慮微

---

643 차천로(車天輅) : 1556~1615. 조선 중기의 문신. 본관은 연안이고, 자는 복원(復元)이며, 호는 오산(五山) 또는 난우(蘭藕), 귤실(橘室), 청묘거사(淸妙居士)로, 송도(松都) 출생이다. 명나라에 보내는 대부분의 외교 문서를 담당해 동방문사(東方文士)라는 칭호를 받았다. 한시에 뛰어나 한호의 글씨, 최립의 문장과 함께 '송도삼절(松都三絶)'로 불렸다. 문집에 『오산집』, 작품에 〈강촌별곡(江村別曲)〉 등이 있다.

644 안탑(雁塔) : ①탑 이름. 대안탑(大雁塔)과 소안탑(小雁塔)이 있는데, 전자는 지금의 섬서성(陝西省) 서안시(西安市) 남쪽 자은사(慈恩寺)에 있고, 후자는 천복사(薦福寺)에 있다. ②탑을 아름답게 부르는 이름. 기러기를 공양하기 위해 세운 탑. 『서역기(西域記)』에 떨어져 죽은 기러기를 묻고 그 위에 탑을 세웠다는 고사에서 나왔다.

645 산사(蕭寺) : '소사'는 사찰(寺刹)을 달리 부르는 말. 양무제(梁武帝)가 불교를 독실하게 믿어 불사(佛寺)를 많이 지었는데, 그의 성씨가 소씨(蕭氏)여서 이렇게 부른다.

646 조기(釣磯) : 고기를 낚을 때 앉는 바위.

이시잠[647]이 쓴 〈구로계병시〉[648]에 차운함

次李市潛九老契屛詩韻

종남산[649] 아래 석양이 지는 곳에
구로[650]께서 서로 비단으로 짠 자리를 이으셨네.
젊은 날의 사귐이야 믿을 게 못 되지만
만년에 수계[651]하니 더욱 어여쁘구나.
세상에 성인이 없다고 길이 탄식했는데
술잔 속에 현인이 있으니 더욱 부러워라.
당시의 아름다운 모임 장소를 생각하니
풍류 넘치는 멋진 자취가 지금까지 전해오네.

終南山下夕陽邊
九老相連錦繡筵
少日論交猶未信
暮年脩禊更堪憐
長嗟世上人無聖
却羨樽中酒有賢
想得當時佳會處
風流勝迹至今傳

---

647 이시잠(李市潛) : 미상(未詳).

648 구로계병시(九老契屛詩) : 구로도(九老圖). 당(唐)나라의 백거이(白居易)와 호고(胡杲), 길교(吉皎), 유진(劉眞), 정거(鄭據), 노정(盧貞), 장혼(張渾)이 연로하여 은퇴해 낙양(洛陽)에 살았는데, 일찍이 상치회(尙齒會)를 만들어 각자 시를 짓고 그 일을 기록했다. 그때가 회창(會昌) 5년(845) 2월 24일이었다. 그 해 여름 이원상(李元爽)과 승려 여만(如滿) 역시 늙어 낙양으로 돌아왔는데, 이로 인해 구로상치회(九老尙齒會)를 만들고 성명과 연치(年齒)를 적은 뒤 그 모습을 그림으로 그렸다. 이를 구로도(九老圖)라 불렀다.

649 종남산(終南山) : 중국 섬서성 장안(長安)의 남쪽에 있는 산. 주남산(周南山) 또는 남산, 진령(秦嶺)이라고도 부른다. 높이는 1,200m이며, 진령산맥(秦嶺山脈) 산봉에 속한다. 주봉의 해발고도는 2,604m이다. 옛 이름은 태일산(太一山), 중남산(中南山), 주남산(周南山) 또는 남산(南山) 등이었다.

650 구로(九老) : 당나라의 백거이(白居易)와 호고(胡杲) 등 아홉 사람을 가리키는 말. 여기서는 계를 위해 모인 사람들을 가리킨다.

651 수계(修禊) : 음력 3월 상사일(上巳日, 삼짇날로 음력 3월 초사흘 날)에 요사(妖邪)를 떨어버리기 위한 의식으로 행하는 제사.

중흥사에서 묵으면서

宿中興寺

사찰은 아득히 석문 동쪽에 있는데	招提遙在石門東
죽장망혜[652]로 원공[653]을 찾아가네.	竹杖芒鞋訪遠公
빗물이 푸른 구름을 씻어 선동[654]은 깨끗하고	雨洗碧雲仙洞淨
바람이 단계[655]를 꺾어 학의 둥지는 비었네.	風摧丹桂鶴棲空
막 개미떼가 상머리에서 싸우는 소리를 들었는데	纔聞蟻子床頭戰
또 사미승이 공양한 뒤 치는 범종 소리를 듣노라.	又聽沙彌飯後鍾
예주경[656]을 다 읽고서 고요히 앉았더니	看罷蘂珠仍靜坐
상방[657]의 스님께서 달 밝은 가운데 말씀하시네.	上方僧語月明中

---

652 죽장망혜(竹杖芒鞋) : 대지팡이와 짚신. 간소한 여행 차림을 비유한다.

653 원공(遠公) : 혜원(慧遠). 334~416. 동진(東晉) 때의 스님.

654 선동(仙洞) : 선인(仙人)이 사는 동부(洞府).

655 단계(丹桂) : 계수(桂樹)나무의 일종. 단(丹)은 장수하는 선약(仙藥)을 말한다.

656 예주경(蘂珠經) : 도교(道敎)의 경전(經典) 이름.

657 상방(上房) : 선종(禪宗)에서 주지를 일컫는 말. 본디 산상(山上)의 절을 일컫던 말인데, 주지가 거처하는 곳이 절에서 가장 높은 곳에 있었으므로 훗날 주지를 지칭하는 말로 변했다. 방장(方丈). 주지(住持).

월출산[658] 도갑사[659]에서 박사상[660]의 시에 삼가 차운함

月出山道岬寺 謹次朴使相韻

옛 나그네 생각이 많아 한밤에도 깨었는데	舊客懷多倚半宵
몇 가락 풍경 소리가 달빛 속에 울리네.	數聲淸磬月中搖
안개는 멀리 봉우리서 피어 얇은 깁처럼 찢기는데	烟生遠峀輕紈裂
물은 위태로운 바위에서 떨어져 옥 부서지듯 튄다.	水落危巖碎玉跳
열 길 용궁은 물가를 따라 나오고	十丈龍宮依岸出
천 층 안탑은 하늘로 솟아 높구나.	千層鴈塔入天高
배꽃이 땅에 그득해도 쓰는 사람 없으니	梨花滿地無人掃
양원[661]에 내린 눈이 녹지 않았나 의심했네.	疑是梁園雪未消

---

658 월출산(月出山) : 전남 영암군과 강진군에 걸쳐있는 산. 월출산이라는 이름은 '달(月) 이 뜨는(出) 산'이라는 의미이다. 가장 높은 봉우리는 천황봉(약 809m)이고 구정봉, 사자봉, 도갑봉, 주거봉 등이 깎아지른 듯한 기암절벽을 이루고 있다.

659 도갑사(道岬寺) : 전남 영암군 군서면(郡西面) 도갑리(道岬里) 월출산에 있는 절. 661 년(신라 문무왕 1) 도선(道詵)이 창건했고, 1456년(세조 2) 신미(信眉)와 수미(守眉) 대사가 중건했다. 이때 지은 것으로 해탈문(解脫門, 국보 50호)이 남아 있다. 대웅전 (大雄殿)은 조선 후기의 건축으로 석가삼존(釋迦三尊)과 육광보살(六光菩薩)의 금동상 (金銅像)을 모셨고, 절 안에 3층석탑과 5층석탑이 있다. 특히 이 절의 입구에는 벚꽃나 무가 1km 이상이나 국도 양편에 늘어서 있어 장관을 이루며, 도갑사석조여래좌상(石 造如來坐像, 보물 89호)이 있다. 부근에 도선과 수미 두 대사의 비와 월출산도갑사왕사 묘각화상비(月出山道岬寺王師妙覺和尙碑)가 있다.

660 사상(使相) : 중국 송나라 때의 벼슬 이름. 우리나라의 절도사(節度使)나 중서령(中書 令)에 해당되었다.

661 양원(梁苑) : 전한(前漢) 양효왕(梁孝王)이 지은 동원(東苑). 터가 하남성(河南省) 개 봉시(開封市) 동남쪽에 있다. 원림(園林)의 규모가 굉장하여 둘레가 3백여 리인데,

궁실(宮室)이 연이어져 있어 유상(遊賞)하면서 사냥을 할 수 있다. 양효왕이 그곳에 빈객(賓客)을 초청했는데, 당시의 명사 사마상여(司馬相如)와 매승(枚乘), 추양(鄒陽) 등이 좌상객(座上客)이 되었다. 토원(兔園)으로도 불린다.

[오언고시]

산수음

山水吟

나는 본래 방외⁶⁶²의 사람이라	我本方外人
산수 자연 속을 다니며 시를 읊었지.	行吟山水間
한가로이 푸른 옥 지팡이를 끌면서	閑拖綠玉杖
푸른 구름 감도는 언덕을 거닐었네.	遍踏靑雲巒
하늘 바람은 신령한 소리를 흩뿌리고	天風散靈籟
골짜기를 건너니 샘물 소리가 시원하구나.	度壑泉聲寒
나는 신선은 푸른 허공을 가르면서	飛仙過碧虛
나를 자청⁶⁶³단으로 부르네.	邀我紫淸壇
자청으로 돌아가는 길은 머니	紫淸歸路遠
옷깃을 걷고 청란⁶⁶⁴을 탄다네.	披衣跨靑鸞
아침에는 현포⁶⁶⁵에서 노닐고	朝從玄圃遊

---

662 방외(方外) : 이 세상 밖. 속 세상일에 관심이 없는 것. 세상을 버린 사람이 몸을 상도(常道) 밖에 두는 것을 일컫는 말. 속세를 떠난 이교도(異敎徒)를 가리킨다.

663 자청(紫淸) : 천상(天上)을 가리키는 말. 신선(神仙)이 거처하는 곳을 말한다.

664 청란(靑鸞) : 옛 전설(傳說)에 나오는 봉황(鳳凰)과 같은 종류의 신조(神鳥). 붉은 색이 많은 것이 봉(鳳)이고, 푸른색이 많은 것은 난(鸞)이 된다. 주로 신선(神仙)들이 타고 다닌다.

665 현포(玄圃) : 곤륜산(崑崙山) 위에 있어 선인(仙人)이 산다고 하는 곳. 기이한 꽃과

저녁에는 창오[666]로 돌아오지.　　　　　　　　暮向蒼梧還

향을 사르면서 북두에 절을 하고　　　　　　　焚香拜北斗

패옥을 두르고서 바람 끝 소리를 듣네.　　　　環珮響風端

맑은 지경이라 신령한 물건들이 많으니　　　　清境多靈貺

아득히[667] 세상과는 동떨어져 있지.　　　　茫茫隔塵寰

어떻게 하면 도규[668]를 먹고서　　　　　　何當服刀圭

천 년이 지나도록 고운 얼굴을 지켜 볼까?　千載保童顔

　　　돌이 많다고 한다.

666 창오(蒼梧): 창오산(蒼梧山). 구의산(九疑山)이라고도 한다. 호남성 영원현(寧遠縣) 동쪽에 있는 산으로, 순 임금이 남쪽을 순행하다 붕어(崩御)했다는 곳이다.

667 아득히〔茫茫〕: '망망'은 아득히 먼 모양.

668 도규(刀圭): 가루약의 분량을 재는 작은 숟가락. 작은칼과 같은 모양에 끝 부분이 규벽(圭璧)처럼 모가 나고 오목하여 붙여진 이름이다. 의술(醫術)이나 약물(藥物)을 말하기도 한다.

삼오칠언

三五七言

금문[669] 밖	金門外
옥 시냇가 옆에	玉澗邊
세 무[670] 밭에 약초를 심고	種藥田三畝
몇 개 기둥을 세워 몸을 쉬게 하네.	安身屋數椽
세상에는 갈림길이 많아 발 내디디기 어려우니	世路多歧難着足
높은 곳에 몸을 눕히고 여생을 보내는 것만 못하네.	不如高臥送餘年
궁음[671]은 다하고	窮陰盡
난율[672]이 돌아오니	暖律回
모자를 벗고[673] 그윽한 골짜기를 나와	岸幘出幽壑
지팡이를 짚고서 작은 누대에 오르네.	扶筇登小臺
숲 너머 어디에 봄꽃은 피었는지	隔林何處早花發
한 줄기 찬 향내가 술잔으로 떨어진다.	一縷寒香落酒杯
비가 막 걷히고	雨初霽

---

669 금문(金門) : 황제가 거처하는 궁궐의 문. 여기서는 대궐문을 말한다.

670 무(畝) : 6척 사방을 1보(步)라 하고, 100보를 1무(畝)라 한다.

671 궁음(窮陰) : 겨울이 다하고 한 해를 마치려는 때.

672 난율(暖律) : 기후의 척도. 옛날에 시령(時令)을 악률(樂律)에 맞추었는데, 온난(溫暖)한 절후(節候)는 '난율'이라 불렀다.

673 모자를 벗고[岸幘] : '안책'은 두건을 벗고 머리를 드러낸다는 뜻으로, 예법에 구애받지 않고 친숙하게 대하는 것을 일컫는 말이다.

시냇물은 콸콸 흐르는데	水亂流
발을 씻으며 하얀 돌 위에 앉고	濯足踞白石
머리를 풀고 푸른 언덕에 누웠네.	散髮臥靑丘
안개 속 버들은 하늘거리며⁶⁷⁴ 땅에 드리웠고	烟柳依依拂地垂
꾀꼬리는 규방 여인의 근심을 자아내는구나.	鶯兒喚起閨人愁
가을바람 부니	秋風起
옥우⁶⁷⁵도 맑은데	玉宇淸
서리 맞은 단풍은 비단 나뭇잎을 만들고	霜楓裁錦葉
이슬 내린 국화는 금빛 꽃망울을 터뜨리네.	露菊發金英
집안은 가난해도 새로 빚은 술이 익었으니	家貧只有新醅熟
구름 머금은 산을 바라보면서 달빛에 취하노라.	坐對雲山醉月明
바람은 차갑고⁶⁷⁶	風剪剪
눈발은 자욱한데⁶⁷⁷	雪漫漫
걸어 경요⁶⁷⁸의 지경으로 나가고	步出瓊瑤境
빛은 은해⁶⁷⁹의 추운 곳을 비추네.	光侵銀海寒
돌다리의 맑은 경치는 패교⁶⁸⁰에 온 듯하고	石橋淸景還如灞

---

674 하늘거리며〔依依〕: '의의'는 부드럽게 한들거리는 모양. 무성(茂盛)한 모양.

675 옥우(玉宇): 옥으로 만든 궁전. 전설상 천제(天帝) 혹은 신선이 사는 곳.

676 차갑고〔剪剪〕: '전전'은 날씨나 바람이 쌀쌀한 모양.

677 자욱한데〔漫漫〕: '만만'은 넓고 멀어 끝이 없는 모양.

678 경요(瓊瑤): 경궁요대(瓊宮瑤臺). 옥으로 장식한 화려한 궁전과 누대. 원래는 옥황상
제가 거처하는 화려한 천상 궁궐을 일컫는 말이다. 중국 상(商)나라의 주왕(紂王)이
이를 만들어 그 사치스러움을 자랑하다가 민력(民力)을 피폐시켜 결국 주(周)나라에
의해 멸망했다.

679 은해(銀海): 은해는 도가(道家)의 말로 사람의 눈〔目〕을 말한다. 소식의 시에 "빛이
눈을 흔들어 꽃이 어지럽구나.(光搖銀海眩生花)"란 구절이 있다.

노새를 타고 시를 읊조리니 태산[681]이 솟는 듯하구나. 驢背吟肩聳似山

680 패교(灞橋) : 다리 이름. 섬서성(陝西省) 서안시(西安市) 동쪽 10km 떨어진 패수(灞水)
   에 있다. 한(漢)나라 때 처음 세워졌다. 한당(漢唐) 때 손님을 전송할 때 이곳 다리까지
   와서 작별했다. 원래는 지금보다 서북쪽으로 10여 리 떨어진 곳에 있었는데, 나중에
   패수가 동쪽으로 이동하는 바람에 현재의 터로 옮겼다.
681 태산(泰山) : 중국 산동성 중부 독중산지(禿中山地) 서쪽에 있는 산. 해발고도 1532m
   로, 제남시(濟南市) 남동쪽 태안지구(泰安地區)의 경계를 따라 동북쪽에서 남서쪽으로
   뻗어 있다. 중국 5악(五嶽) 가운데 하나인 동악(東嶽)으로 대산(岱山) 또는 대종(岱宗)
   이라고도 한다.

연구[682]

逸聯

달빛 어린 연못가 학 그림자에 스님 그림자 어리니	月潭鶴影兼僧影
바람 부는 골짜기 소나무 소리에 물소리가 섞이네.	風壑松聲雜水聲
바위는 학이 머무는 계수나무에 기댔고	巖欹棲鶴桂
시내는 스님이 건네는 다리 아래 누웠네.	溪臥渡僧橋
댓잎으로는 아침이면 이슬이 구르고	竹葉朝傾露
솔가지에는 밤이면 별이 걸렸구나.	松梢夜掛星
돌은 이끼 흔적 묻어 오래되었고	石帶苔痕古
산은 비 기운을 머금어 푸르네.	山含雨氣靑
연못은 깊어 용이 온화하게 누웠고	潭深龍臥穩
소나무는 늙어 학이 위태롭게 깃들었네.	松老鶴棲危

---

682 연구(聯句) : 작시방법(作詩方法)의 하나. 두 사람 또는 여러 사람이 각각 한 구 또는 여러 구를 지어 이를 합해 한 작품을 만드는 것이다. 옛날에 한무제(漢武帝)가 신하들과 함께 지은 〈백량시(柏梁詩)〉에서 유래했다고 한다.

촌은집발 이여고[683]

村隱集跋 [李汝固]

유촌은은 시에 노숙한 실력을 보여주고 있는데, 지금 나이가 84살에 이르렀는데도 소아(騷雅)[684]의 기상은 여전히 얼굴[685]에서 배어 나오고 있다. 한평공(韓平公)이 궤짝을 열고 수백 편의 시를 찾아낸 다음 이를 정리하고 서문을 붙여 동호인에게 보여 주었는데, 모두 청초하여 읊을 만하였다. 나는 일찍이 "시는 성정에 근본을 두고 있으니 반드시 책을 통해서 배울 수 있는 것이 아니고, 요컨대 그 정수(精粹)를 온축(蘊蓄)해 두고 오묘하게 표현한 것을 살피면 될 뿐이다."고 말한 적이 있었다. 유옹처럼 여정(閭井)에서 어렵게 살아가고 있는 사람이 어찌 지금 경생[686]이라든가 학생[687]들이 하고 있는 것처럼 일찍이 마음껏 송습(誦習)을 하고 글 짓는 공부[688]에 매진해 본 적이 있었겠는가. 그럼에도 얻은 것이

---

683 이여고(李汝固) : 이식(李植). 1584~1647. 조선 중기의 문신. 본관은 덕수(德水)고, 자는 여고(汝固)며, 호는 택당(澤堂), 남궁외사(南宮外史), 택구거사(澤臞居士)다. 『초학자훈증집(初學字訓增輯)』과 『두시비해(杜詩批解)』 등을 저술했으며, 『수성지(水城志)』와 『야사초본(野史初本)』 등을 편찬했다.

684 소아(騷雅) : 『이소경(離騷經)』과 『시경(詩經)』의 대아(大雅), 소아(小雅)를 함께 일컫는 말. 시문(詩文)에 대한 재질을 가리킨다.

685 얼굴[眉宇] : '미우'는 이마와 눈썹 언저리. 곧 얼굴을 일컫는 말.

686 경생(經生) : 한(漢)나라 때 박사(博士)를 가리키는 말. 경학(經學)의 전수(傳授)를 담당한다.

687 학생[學子] : '학자'는 학생(學生). 학교(學校)에서 학업을 익히는 사람.

688 글 짓는 공부[琱劖] : 옥을 가느다란 털처럼 잘 쪼아 다듬음. 학업이나 문예 창작에 힘쓰는 것을 말한다.

그들을 넘어서게 되었으니, 그 까닭은 다른 데 있지 않다. 단지 몸을 청허(淸虛)하게 두고 욕심을 버려 가슴속에 더러운 찌꺼기를 남겨 두지 않기 때문이다.

게다가 유옹은 일생동안 이름난 산수 자연을 오가면서 틈만 있으면 초석(草石)과 어조(魚鳥)를 느긋하게 감상했고, 때로 종장[689]과 재사(才士), 일민과 석사[690]를 만나면서 재능을 닦고 노력을 더했는데,[691] 이러한 일을 어려서부터 만년에 이르도록 매일 계속해 왔기 때문에, 가슴속에 온축된 정영(精英)이 스스로 숨길 수 없게 되어 솟아나오게 된 것이다. 더구나 옹이 한창 혈기방장한 때에는 나라의 시교(詩教)가 활짝 꽃을 피워 삼당[692]의 시대를 멀리 뛰어넘고 있었으니[693] 더 말해 무엇 하겠는가. 관각의 대가들이 바야흐로 연허[694]의 경지를 치닫고 있었던 것은 물론이고, 하급 관료인 원외랑[695]이나 협률랑[696]들의 시를 보더라도 소무와 이릉[697]을

---

689 종장(宗匠) : 경전(經典)에 밝고 글을 잘하는 사람. 종사(宗師)가 법을 잘 말하여 후배들을 지도 양성하는 것이, 마치 훌륭한 장인(匠人)이 재료를 마음대로 다루어 좋은 물건을 만들어 내는 것과 같다는 데서 나온 말이다.

690 일민과 석사〔逸民釋士〕: 절행(節行)이 탁월하여 세상을 피해 숨어 사는 사람과 불승(佛僧) 등 수도자를 가리키는 말.

691 노력을 더했는데〔浸涵渟蓄〕: '침함정축'에서 '침함'은 푹 가라앉아 헤엄을 치듯이 어떤 일을 익히기 위해 노력하는 것이고, '정축'은 함축(含蓄)한다는 뜻으로, 재능을 갈고닦아 더욱 보충하는 것이다.

692 삼당(三唐) : 시작(詩作)이 왕성하게 이루어졌던 당시(唐詩)의 품격을 나눔에 있어서 초당(初唐), 성당(盛唐), 만당(晚唐)으로 나눈 것.

693 뛰어넘고 있었으니〔軼軌〕: '질궤'는 초월(超越)함. 정도를 훨씬 뛰어넘음.

694 연허(燕許) : 중국 당(唐)나라의 연국공(燕國公) 소정(蘇頲)과 허국공(許國公) 장열(張說)이 모두 당대의 문장가로 입신한 데서, 대문장가를 말한다. 연허대수필(燕許大手筆)로 불렸다.

695 원외랑(員外郎) : ①신라시대 집사성(執事省)의 한 벼슬. 신문왕 5년(685)에 두었던 사지(舍知)를 경덕왕 18년(759)에 고친 이름. 혜공왕 12년(776)에 다시 사지로 고쳤

따르는 율양[698]의 무리처럼 힘차게 새가 울고 높이 날아오르는 듯했다. 그리하여 아래로 말단 관리[699]와 일반 서민에 이르기까지 들 까마귀처럼 읊조리고 모래사장의 학이 뽑아 대는 시구들까지 모두가 옥구슬처럼 울리면서[700] 성운(聲韻)을 잃지 않았으니, 바로 유옹이나 백대붕같은 이들이 그들이다.

그래서 당시에 이들을 풍월향도(風月香徒)[701]라고 불렀으니, 향도는 사람들이 수계[702]하는 것에 대해 붙인 이름이었다. 그러고는 학사(學士)와 선생(先生)들이 그들에 대해서는 몸을 낮춰 예우하면서 자주 함께 어울려

다. ②고려시대 상서성(尙書省)의 정6품 벼슬. ③고려시대 주, 부, 군, 현의 이직(吏職)의 하나. 성종 2년(983)에 부호정(副戶正)으로 고쳤다. ④수(隋)나라 때 상서성(尙書省)에 둔 정원 외의 관직. 평상시에는 소속된 부서의 장부를 맡아보다가 시랑(侍郞)이 결원일 때는 그 직무를 맡아보았다.

696 협률랑(協律郞) : 나라의 제향(祭享)이나 진연(進宴) 때 풍류를 아뢰는 일을 맡은 벼슬. 조선 태조 때는 정7품이었다.

697 소무와 이릉[蘇李] : 한무제(漢武帝) 때의 소무(蘇武)와 이릉(李陵)으로, 이들로부터 오언시(五言詩)가 비롯되었다는 것이 통설(通說)이다.

698 율양(溧陽) : 나이 쉰 살에 과거에 급제해 율양위(溧陽尉)라는 하급 관직에 몸담았던 당(唐)나라 시인 맹교(孟郊)를 가리키는 말. 특히 오언에 능했고, 그의 시에 대해 '탁흥심미(託興深微)'하고, '결체고오(結體古奧)'하다는 평이 전해지고 있다. 한유(韓愈)의 시 〈천사(薦士)〉에 "오언시는 한나라 때 처음 나와, 소무와 이릉이 처음 시체(詩體)를 바꾸었네.(五言出漢時 蘇李首更號)"란 구절이 있고, 또 "지지리도 고생하는 우리 율양위, 나이 쉰에 그리도 폭삭 늙었는가?(酸寒溧陽尉 五十幾何耆)"라고 한 구절이 있다.

699 말단 관리[小吏] : '소리'는 직위(職位)가 아주 낮은 관원(官員).

700 울리면서[錚錚] : '쟁쟁'은 의성어. 금속이나 옥그릇 따위가 부딪는 소리.

701 향도(香徒) : 갖가지 공동 목적을 달성하기 위해 결성되었던 조직체. 삼국시대에 불교가 수용된 이후 종교적 결사체로서 향도가 널리 유행했다. 최초의 향도는 신라 진평왕(眞平王) 3년(609) 경에 김유신(金庾信)을 중심으로 조직된 화랑도를 용화 향도(龍華香徒)라 부른 사실에서 찾을 수 있다.

702 수계(修禊) : 고대 민속(民俗)의 하나. 음력 3월 상순의 사일(巳日) 경에 물가로 나가 즐겁게 노닐면서 재액(災厄)을 예방했던 일을 말한다.

시를 주고받으며 노래하곤 했다. 그리하여 삼대[703] 때 풍요(風謠)[704]가 남긴 유풍이 자욱하게[705] 배어나오곤 했으니, 오호라! 얼마나 성대한 광경이었겠는가.

그러다 수십 년의 세월이 흐르면서 전란과 살육의 시대를 겪게 되는 바람에 의관(衣冠)들이 몰락하여 기운은 초췌해지고, 유옹의 무리 또한 일찍 죽거나 매몰되는 등 지난날의 기상을 다시는 보지 못하게 되었는데, 오직 유옹만은 천수를 누리면서 명성을 독점하여 여러분들의 칭송을 듣고 있으니, 어찌 그렇게 된 까닭이 없다고 하겠는가.

오호라! 이 시집을 보노라면 세상을 논할 수도 있고 사람에 대해서도 알 수 있을 것이니, "회풍 이하는 평할 것도 없다."[706]는 말은 해서는 안 될 것이다.

무진년[707] 섣달에 택당 이식이 쓴다.

劉村隱老於詩 今年八十四 騷雅之氣 猶見眉宇間 韓平公肱其篋 得數百篇 刪而序之 傳諸同好 皆清楚可詠 余嘗謂詩本諸性 學不必書 要在蓄其精 按其妙而已 如翁閭井寒寠人 曷嘗侈誦習 勤珊彰 如今經生

---

703 삼대(三代): 중국의 하(夏), 은(殷), 주(周) 세 왕조. 이 세 나라는 태평성대(太平聖代)를 이루었다고 한다.

704 풍요(風謠): 『시경(詩經)』 가운데 15 국풍(國風)을 일컫는 말. 각 지방의 민요(民謠)를 모은 것인데, 인간의 성정이 잘 담겨 있는 작품으로 평가를 받는다.

705 자욱하게〔靄然〕: '애연'은 안개나 구름 등이 자욱하게 낀 모양.

706 회풍이하무기언(檜風以下無譏焉): 논평할 가치도 없을 만큼 하찮은 작품이라는 말. 춘추시대 오(吳)나라 계찰(季札)이 노(魯)나라에 가서 주(周)나라의 음악을 차례로 들어보고는 모두 평을 하였는데, 회(檜)나라 이하의 민요에 대해서는 아무런 평도 가하지 않았다는 이야기에서 유래한 것이다.

707 무진년(戊辰年): 1628년. 인조(仁祖) 6년.

學子爲也 而所得有過之 無他焉 直以其淸虛寡欲 滓礦不留胸中 加以
一生往來名山水 動有草石魚鳥之玩 間接宗工才士逸民釋士 浸涵渟
蓄 自幼至耋如一日 故其精英之蓄 自有不可掩者 況當翁盛壯時 國朝
詩敎洋洽 軼軌三唐 無論館閣鉅公 方鸞燕, 許 下僚外朝員外, 協律
隨, 蘇, 溧陽之倫 雄鳴高翥 下至齊民小胥 野鵠之吟 沙鶴之句 擧皆
鏗鏘 不失聲韻 卽如劉翁與白大鵬輩是已 當時號爲風月香徒 香徒者
庶流修禊之名也 學士先生 降禮接之 往往酬詠相間 藹乎三代風謠之
遺 噫 何其盛歟 數十年來 干戈刀鉅 衣冠剝喪憔悴 翁之徒亦皆夭殞
湮埋 非復曩世氣象 而翁獨享壽擅名 爲諸公所稱賞 此豈無所自而致
耶 鳴呼 觀斯集者 可以論世 可以知人 毋曰自檜以下無譏焉 可也 戊
辰臘日 澤堂李汝固 題

촌은집 권지이 ○ 부록

村隱集 卷之二 ○ 附錄

村隱集

전기 유몽인[1]

傳 [柳夢寅]

유생의 이름은 희경이고, 호는 촌은이며, 서울의 한미한 집안 출신이다. 이렇다 할 직업이 없이 오직 시와 예에만 전념하여 늙을 때까지 다른 기술로 바꾸지 않아, 비록 빈궁했지만 편안했다. 그를 아는 사람들이 그가 늙도록 나라의 은혜[2]를 받지 못하는 것을 안타깝게 여겨 도감[3]에 이름을 얹거나 예규에 따른 포상을 받아 품계를 절충하라고 권했지만, 나이 일흔이 되도록 항상 한가하게 살았다.

내가 살펴보니 우리 동방이 기자 이래로 귀천에 대한 구별이 너무 심해 큰 폐단[4]을 불러왔고, 더욱이 과거 시험을 중시하여 비록 대단한 재능과

---

1 유몽인(柳夢寅) : 1559~1623. 조선 전기의 문신. 본관은 고흥(高興)이고, 자는 응문(應文)이며, 호는 어우당(於于堂), 간재(艮齋), 묵호자(默好子)다. 성혼(成渾)과 신호(申濩)에게서 수학했으나 경박하다는 책망을 받고 쫓겨나, 성혼과는 사이가 좋지 못했다. 저서로는 야담을 집대성한 『어우야담』과 시문집 『어우집』이 있다.

2 나라의 은혜[易名] : '역명'은 ①이름을 바꿔 시호(諡號)를 부르는 일. 죽은 이에게 그가 평생에 끼친 공적에 부합되는 사호를 내리는 것. 2품 이상의 실직(實職)에 있던 사람에게 주는 임금의 은전이다. ②임금이 시호를 내리는 은전. 사시(賜諡).

3 도감(都監) : 고려와 조선시대에 국장(國葬), 국혼(國婚), 궁궐의 영건(營建), 도성(都城)의 수축(修築) 등 국가의 중대사를 관장할 목적으로 수시로 설치한 임시 관청. 임시적인 관청으로 비상설직(非常設職)이지만 고려시대 무신집권기 최충헌(崔忠獻)이 설치한 교정도감(教定都監)은 국가 최고 기구로 군림하기도 했다. 조선시대에도 고려의 도감 제도를 따라 도감을 설치했는데, 대표적으로 선조 27년(1594)부터 고종 19년(1822)까지 훈련도감(訓鍊都監)이 존속했다. 도감에 속한 관원과 품계는 도감의 성격에 따라 다르지만 주로 겸직이나 임시직의 성격을 가졌다.

4 큰 폐단[季葉] : '계엽'은 계세(季世). 정치와 도덕, 풍속 등이 쇠퇴한 세상. 곧 말세(末

깊은 학덕이 기이하고 뛰어난 선비라고 해도 불행하게 천얼 출신이면 관직의 길에는 얼씬도 못하게 하고, 지위도 문무과를 통해 진출한 사람들 과는 달라, 역관이나 의관이 되거나 음양산수(陰陽算數)를 맡아 하늘과 땅의 일을 살피는데 이 모두 과목을 두고 상황에 따라 기용하는 분야다. 이보다 낮으면 아전(衙前)[5]이나 농민, 공인(工人), 장사꾼, 노비가 되는 데, 각자 자기 생업을 꾸리기 때문에 구차하게 대과에 응시할 필요가 없었 으니 각자 글을 쓰기는 했지만 그 글은 시서(詩書)는 아니었기 때문에 같은 직업에 종사하는 사람들이 이들을 지목하면서 우활[6]하다고 비웃었 던 것이다.

중세에 어무적[7]과 박계강[8], 정옥서(鄭玉瑞)는 문장으로 이름을 떨쳤고, 서기[9]와 박인수,[10] 권천동, 공억건은 학행으로 칭송을 받았는데, 당시의

世), 숙계(叔季). 여기서는 폐단이 아주 심해진 상태를 비유한 것으로 보았다.

5 아전〔胥徒〕: '서도'는 본래 평민으로 요역(徭役)에 봉사하는 사람을 가리켰는데, 나중 에는 관부(官府)의 아역(衙役)을 일컫게 되었다.

6 우활(迂闊) : 실용적인 가치가 없음. 실정에 맞지 않음. 세사(世事)에 어두움.

7 어무적(魚無迹) : ?~?. 시인. 자는 잠부(潛夫)고, 호는 낭선(浪仙)이며, 본관은 함종 (咸從)이다. 아버지는 사대부였지만, 어머니가 관비여서 관노가 되어 과거에 응시하지 못했고, 한때 서얼에게 주어지는 율려습독관(律呂習讀官)을 지냈다. 유민의 고통을 그 려낸 〈유민탄(流民歎)〉이나 〈신력탄(新曆嘆)〉 등이 유명하다.

8 박계강(朴繼姜) : ?~?. 조선시대 때의 여항시인. 중종 때부터 선조 때 사이에 활동했 다. 호는 시은(市隱)이다. 『이향견문록(里鄕見聞錄)』에 의하면 원래 부유한 집안 출신 으로 40대까지 문자를 전혀 알지 못했는데, 어느 날 길거리에서 천한 노비의 질문에 대답하지 못한 수모를 당하자, 즉시 발분하여 학업에 열중한 나머지 수년 만에 문명(文 名)을 드날리게 되었으므로 사십문장(四十文章)이라 일컬어졌다고 한다. 특히, 기묘명 현(己卯名賢)의 한 사람이었던 김정(金淨)과 가까이 지내며 시문(詩文)을 창수(唱酬)했 다고 한다. 그리고 당시 여항시인으로 이름이 높았던 유희경이 중심이 되어 구성되었던 풍월향도(風月香徒) 시단의 한 사람이었다. 작품으로 〈증인(贈人)〉 등 3수의 시가 남아 있을 뿐이다.

9 서기(徐起) : 1523~1591. 조선 중기의 문신. 자는 대가(待可)고, 호는 고청초로(孤靑樵

사대부들이 안색을 꾸며 천한 신분으로 보지 않았다. 명분과 실제가 옳고 그른 것은 따지지 않더라도 대개 백 년 사이에는 들어본 적이 드문 일이었다. 유생과 같은 사람은 신분이 비천해서 과거에 응시해 급제할 수는 없었으니 다른 기예를 배워 생활을 도모해야 하는 것이 그 직분이었다. 그런데도 일찍이 시를 배워 생산에 힘쓰지 않고 서리 백대붕과 시를 주고받기를 형제[11]와 같이 하여 한 때 진신(縉紳) 선비들이 권장하며 기렸다. 비로소 동호의 독서당에 들어가 명관들의 아름다운 작품들을 보고 그 운에 화답하니, 상국 사암공 박순[12]이 크게 칭송하고, 이어 당시를 가르쳐 그 재주를 성취하게 했다.

당시 조정의 선비들이 이학(理學)을 숭상해 반드시 『가례』와 『소학』으로 법도를 삼았는데, 홍가신[13]과 서인원,[14] 허상,[15] 안민학[16] 등의 무리들

老) 또는 구당(龜堂), 이와(頤窩)며, 본관은 이천(利川)이다. 스승 이지함을 따라 각지를 유랑하며, 민속과 실용 학문을 연구했다. 저서에 『고청유고(孤靑遺稿)』가 있다. 공주 충현서원(忠賢書院)에 배향되었다. 시호는 문목(文穆)이다.

10 박인수(朴仁壽) : 1521~1592. 조선 중기의 문신. 본관은 송경이고, 자는 덕로(德老)다. 평생 벼슬에 나가지 않고, 이름 있는 산수를 찾아 자연을 벗삼아 호연지기(浩然之氣)를 길렀다.

11 형제〔塤箎〕: '훈호'는 훈지(塤箎). 피리의 일종. 훈(塤)은 흙으로 만들고, 부르짖는 듯한 소리를 내며, 지(箎)는 대나무로 만들고, 어린아이의 울음소리를 닮았다. 형이 훈을 불고 아우는 지를 불어 서로 조화된 음률을 이룬다는 뜻에서 형제가 서로 화목한 것을 일컫는다.

12 박순(朴淳) : 1523~1589. 조선 전기 예조판서, 우의정, 좌의정 등을 역임한 문신. 본관은 충주(忠州)고, 자는 화숙(和叔)이며, 호는 사암(思菴)이다. 1540년 사마시에 합격하고, 1553년(명종 8) 정시 문과에 장원한 뒤 성균관전적(成均館典籍), 홍문관수찬(弘文館修撰) · 교리(校理), 의정부사인(議政府舍人) 등을 거쳤다. 1561년 홍문관응교(弘文館應敎)로 있을 때 임백령(林百齡)의 시호 제정 문제에 관련, 윤원형(尹元衡)의 미움을 받고 파면되어 향리인 나주로 돌아왔다. 저서로 『사암집(思菴集)』 7권이 있다. 시호는 문충(文忠)이다.

13 홍가신(洪可臣) : 1541~1615. 조선 중기의 문신. 자는 흥도(興道)고, 호는 만전당(晚全

이 가르치기를 허락해 『가례』를 배웠다. 집에 있을 때는 효성을 다하고 우애로웠으며, 관혼상제가 닥치면 조목에 맞춰 정도를 조절하여 상세하게 처리하지 않은 적이 없었다. 또 『의례』와 두씨[17]의 『통전』, 구씨의 『의절』도 참고하여 당시 사람들이 쓰지 않던 문헌까지 모두 사용했다. 도서와 전적, 선유(先儒)들의 논의까지도 살펴 그 전모를 모두 파악했던 것이다. 때문에 선비들이 초상을 당하면 모두 그를 불러 예경(禮經)에 근거해 오복[18]의 제도를 논했으니 그의 입을 바라보고서야 일을 마무리할 수 있었다. 또 일찍이 부모님을 모시면서 오직 효성을 다했고, 초상을 당해서는 애도와 예법을 모두 갖추어 사람들이 이 때문에 더욱 존경했다.

堂) 또는 간옹(艮翁)이며, 본관은 남양(南陽)이다. 1589년 정여립(鄭汝立)의 모반사건으로 파직당했다. 1596년 이몽학(李夢鶴)의 반란을 평정한 공으로, 1605년 영원군(寧原君)에 봉해졌다. 저서에 『만전집』과 『만전당만록(晩全堂漫錄)』이 있다. 시호는 문장(文壯)이다.

14 서인원(徐仁元) : 1544~?. 조선 명종과 선조 때의 문신. 본관은 이천(利川)이고, 자는 극부(克夫)며, 호는 명암(明巖)이다. 진주목사 서예원(徐禮元)의 형으로, 학행이 빼어났고, 강원도 관찰사 등을 지냈다.

15 허상(許鎬) : 1542~?. 조선 중기의 학자. 본관은 양천이고, 자는 행원(行遠)이다. 허돈(許墩)의 아들이고, 허당(許鐺)의 형이다. 도원도찰방(桃源道察訪)과 선교랑(宣敎郞)을 지냈다.

16 안민학(安敏學) : 1542~1601. 조선 중기의 문신. 본관은 광주(廣州)고, 자는 이습(而習)이며, 초자는 습지(習之)고, 호는 풍애(楓厓)며, 이이(李珥)의 문인이다. 1592년 임진왜란 때 소모사(召募使)가 되어 군량의 수송을 맡고, 후에 사도시첨정에 임명되었지만, 사퇴하고 홍주(洪州)에 우거(寓居)했다.

17 두씨(杜氏) : 두우(杜佑). 735~812. 당나라 경조(京兆) 만년(萬年) 사람. 자는 군경(君卿)이고, 두희망(杜希望)의 아들이다. 저서에 『통전(通典)』 200권이 있다.

18 오복(五服) : 상(喪)을 당했을 때 죽은 사람과의 혈통 관계의 원근에 따라 다섯 가지로 구분되는 유교의 상복제도(喪服制度). 곧 3년 상복의 참최(斬衰), 1년 상복의 제최(齊衰), 9개월 상복의 대공(大功), 5개월 상복의 소공(小功), 3개월 상복의 시마(緦麻)를 가리킨다.

명유(名儒) 허성[19]이 더욱 그를 아껴 일본에 사신으로 가게 되었을 때 백대붕과 함께 그도 데려 가려고 했는데, 노친을 모셔야 해서 사양하므로 백대붕만 따라 갔던 것이다. 임진년의 난리를 당해 변사(邊使) 이일[20]이 백대붕이 왜적의 일을 잘 안다고 하여 강제로 동행을 시켰는데, 백대붕은 군진 안에서 죽고 말아 더욱 외로워졌지만 그래도 옛 일을 그만두지 않았다. 생활이 바쁘고 빈곤하게 살면서도 일이 닥칠 때마다 시를 읊어 마음을 달랬다.

서울 북쪽 마을에 정업원[21]이 있는데, 땅이 외지고 산이 가까운 데다

---

19 허성(許筬) : 1548~1612. 조선 전기 예조판서, 동지중추부사, 예문관대제학 등을 역임한 문신. 본관은 하양(河陽)이고, 자는 맹명(孟明)이다. 성격이 강직하고 불의를 못 참았으며, 총명함으로 왕의 총애를 받았다. 시호는 공간(恭簡)이다.

20 이일(李鎰) : 1538~1601. 조선시대 지중추부사, 비변사당상, 훈련원지사 등을 역임한 문신. 본관은 용인(龍仁)이고, 자는 중경(重卿)이다. 1558년 무과에 급제해 경성판관 등을 거쳐 1583년 전라좌수사·경원부사를 지냈다. 1601년 부하를 죽였다는 살인죄의 혐의를 받고 붙잡혀 호송되다가 정평에서 죽었다. 좌의정에 추증되고, 시호는 장양(壯襄)이다. 저서에 『증보제승방략(增補制勝方略)』이 있다.

21 정업원(淨業院) : 조선시대 도성 안에 있었다. 국초에 응봉(鷹峰) 아래 창덕궁(昌德宮)의 서쪽에 내명부의 수도처인 정업원을 설치했는데 승려의 입성을 금지하는 조선사회에서도 왕궁 지척의 장소에 자리한 정업원만은 예외로 왕실의 비호와 원조를 받는 유일한 불교의 전당이 되었다. 『조선왕조실록』에 따르면 이곳 정업원은 성종 때 노예가 180여 명에 이르렀으며, 명종 때에는 많은 인력, 물력을 동원하여 인수궁(仁壽宮)을 정업원 경내에 짓기도 하였다. 정업원이 있었던 만큼 이곳의 지명을 유학의 본산인 성균관이 있던 지역의 동명 관동(館洞)과 대비하는 원동(院洞) 또는 정업원동이라 하였다. 원동 또는 정업원동이란 이름도 창덕궁 요금문 밖에 함춘원이 있던 데서 유래되었다. 성종 때 사림들의 정계 진출이 활발해지면서 정업원은 유학자 관료들의 비판 대상이 되었다. 성종 때에는 정업원에 대한 폐해를 지적한 상소들이 특히 자주 올라왔는데, 1486년(성종 17년) 대사헌 박건(朴楗) 등이 상소하기를 "정업원이 궁궐 담벼락 바로 곁에 있어 범패(梵唄) 소리가 궁중에까지 들리는데 기울거나 무너졌다면 헐어 없애는 것이 맞건만 오히려 중수(重修)를 해서 사치한다."(『성종실록』 17년 12월 11일)고 지적했다. 또 1489년(성종 20)에는 인수대비가 정업원에 보낸 불상을 유생 이벽 등이 가져

맑은 샘물 한 줄기가 바위 틈 골짜기에서 흘러나왔다. 그 땅을 사 살면서 손수 복숭아나무와 살구나무 네 다섯 그루를 심고 돌을 쌓아 작은 누대를 만들어 날마다 그 위에 올랐으니, 침류대라 이름을 붙이고 시 몇 편을 지었다. 오늘날의 문사 오산 차천로와 지봉 이수광, 현옹 신흠, 남창 김현성, 녹문 홍경신, 소암 임숙영, 현남 조우인, 쌍천 성여학 등이 이 누대에 올라 시를 짓기도 하고 그의 시에 차운하기도 하며 또 명성을 듣고 시를 올리기도 하니 이런 작품들을 모으니 책 한 질이 되었는데, 모두 문장으로 세상을 울린 사람들이었다.

나의 경우는 그와 면식을 가진 지가 벌써 40여 년이다. 처음에 장의동의 청풍계에서 놀았는데, 그때 이발[22]의 집이 시냇가에 있었다. 그의 맑고 소탈한 성품을 사랑하여 집으로 초청했었다. 내가 홍영필[23]과 함께 영경

다 태워버리는 사건이 발생하기도 했다(『성종실록』 20년 5월 11일). 문정왕후(중종의 비)의 지원 하에 복원된 정업원은 다시 왕실 비구니원으로 기능하게 되었고, 광해군 때까지 유지되었다. 1568년(선조 1) 성균관 유생, 사헌부, 홍문관 등이 10여 차례 상소하여 정업원을 혁파할 것을 청했으나 선조는 윤허하지 않았다. 임진왜란 발발 당시 정업원이 속해 있던 인수궁은 불에 타 전소되었다. 하지만 전쟁이 끝난 이후에도 정업원이라는 이름의 절은 계속 유지되었다. 1623년(광해군 15) 정업원에서 불공을 드리고 있던 상궁 김개시(金介屎)를 벤 기록이 등장하는 것으로 볼 때(『광해군일기(중초본)』 15년 3월 13일), 광해군 때까지 정업원이 창덕궁 인근에 위치하고 있었음을 확인할 수 있다. 하지만 이 기사를 마지막으로 정업원에 대한 기록은 더 이상 실록에 나오지 않는다.

22 이발(李潑) : 1544~1589. 조선 중기의 문신. 자는 경함(景涵)이고, 호는 동암(東菴)이며, 본관은 광산이다. 문과 알성시에 장원으로 급제하여 벼슬이 부제학에 이르렀고, 동생 이길(李洁)도 별시 을과에 아원(2등)으로 급제하여 응교에 이르렀으나, 기축옥사에 연루되어 둘 다 고문을 받던 중 사망하였다. 동인 강경파의 영수였고, 또한 북인에 속했다. 정여립을 편들고 친하게 지낸 것이 기축옥사에 연루되는 원인이 되었으며, 형제의 죽음에 이어 80대 노모와 어린 아들까지 고문으로 죽어 동인들이 원망했는데, 이는 동인의 남북 대립으로 이어졌다.

23 홍영필(洪永弼) : ?~?. 조선 중기의 학자. 1590년 증광시에 급제했다.

전에서 그를 만났는데, 홍영필이 말했다. "그대는 유 아무개를 모르는가? 이 분은 시인으로 우리 백숙부와 막역한 사이라네. 어쩌다 만난 것이 이렇게 늦었나?" 홍영필의 백숙은 시로 이름난 집안의 철장(哲匠) 홍천민[24]과 홍성민[25] 두 분을 말한다. 내가 그의 사람됨이 우아하고 낭랑하며 공손하고 삼가는 데다 옛 예법에 정통하면서 시에도 능한 것을 기이하게 여겨 '비 온 뒤의 청산(雨後靑山)'으로 운을 불러 시를 짓게 했다. 그랬더니 그는 바로 응대하여 "돌은 이끼 흔적을 둘러 늙었고, 산은 비 기운을 머금어 푸르구나.(石帶苔痕老 山含雨氣靑)"라고 말했다. 내가 그 시구의 맑고 아름다운 것을 좋아해 이후 자주 허심탄회하게 왕래했는데, 이때부터 터놓고 지내게 되었다.

지금 그가 자신의 시권을 모아 내게 글을 부탁했는데, 만나지 못해 헛걸음을 하고 돌아간 것이 몇 차례였다. 마침내 얻어 읽어 보았는데, 그의 문학을 좋아하는 것이 일흔을 넘기고도 여전하니 이에 군자다운 사람임을 알겠다. 내가 비록 부족하지만 가만히 스스로 겸손해하지 않은 것은 불후하겠다는 망령된 생각 때문이 아니고, 그에게 드리는 것이 시나 서(序), 기(記)가 아니라 전(傳)으로 한 것은 그가 자신의 사업에 뜻을 두었으니 그것이 영원히 전해지게 하고자 하기 때문이다. 만력 43년 (1615) 을묘년에 고흥후인 한천묵호옹 유몽인이 쓰노라.

---

24 홍천민(洪天民) : 1526~1574. 조선 중기의 학자. 자는 달가(達可)고, 호는 율정(栗亭) 이며, 본관은 남양(南陽)이다. 1571년 대사성, 이듬해 대사간이 되었다. 교지 작성에 뛰어나 도승지를 여러 번 지냈다.

25 홍성민(洪聖民) : 1536~1594. 조선 중기의 학자. 자는 시가(時可)고, 호는 졸옹(拙翁) 이며, 본관은 남양(南陽)이다. 1575년 사은사로 명나라에 가서 종계변무(宗系辨誣)에 힘썼다. 문집에 『졸옹집』이 있다. 시호는 문정(文貞)이다.

劉生名希慶 號村隱 長安寒微人也 無手業 所事惟詩禮 抵老不易他伎
雖窮餓 猶恬如也 知生者 憐其老不易名 勸托名都監 蒙例賞加折衝階
年七十 常閑居 余觀吾東方自箕子以來 分別貴賤殊甚 至季葉 尤重科
舉 雖有宏才邃學奇儁之士 不幸出於賤孼 則不令齒仕路 如地位不當
絲文武科進者 于譯于醫 于陰陽算數 監天相地 皆有科以應時用 下此
則爲胥徒農工賈僕隷 各遂其生謀 故苟不宜赴大科者 各自書其書 其
書非詩書 有業之儕類 目笑之以爲迂 中世有魚無迹・朴繼姜・鄭玉
瑞 以辭章名 徐起, 朴仁壽, 權千同, 孔億健 以學行稱 當時大夫士
多假之顔色 不以賤隷視 毋論名實端崟 槩是百年間寡聞者也 若劉生
所處庳 不得應科第 則入他伎以圖生 乃其職也 早學詩 不事生産 與
書吏白大鵬 酬唱若塡箎 一時搢紳諸彦 多獎譽之 始遊東湖讀書堂 見
名官佳什 和其韻 相國思菴公朴淳大嘉賞之 仍敎以唐詩 俾成其才 時
朝士尙理學 必繩以家禮, 小學 洪可臣, 徐仁元, 許鐺, 安敏學之輩
許生以可敎 敎之家禮 於居家孝友 及冠婚喪祭 節目度數 無不盡詳
參以儀禮經典, 杜氏通典, 丘氏儀節 悉用時人所不用之文 按圖籍先
儒遺論 畢究其終始 故士有喪 咸請生執禮經論五服之制 仰生口以成
禮 又嘗事親 單其誠孝 居喪也 哀禮俱至 衆以此益敬之 名儒許筬 愛
之特甚 當其使日本也 欲與白大鵬泊生偕 生以養老辭 獨以大鵬行 逮
壬辰之亂 巡邊使李鎰 以大鵬諳倭中事 强之同行 大鵬死軍中 生益孤
猶不廢舊業 棲遑食貧 遇物 輒哦咏以自遣 長安之北村 有淨業院 地
僻近山 有淸泉一條出巖洞間 買其地居之 手種桃杏四五樹 疊石爲小
臺 日坐臥其上 名之曰枕流臺 仍有詩若干首 今之文士若車五山天輅
李芝峯睟光 申玄翁欽 金南窓玄成 洪鹿門慶臣, 任踈菴叔英 曹峴南
友仁 成雙泉汝學 或登其臺而賦之 或見其詩而和之 或聞其風而贈之
總諸篇成一峽 悉以文鳴世者也 若余則與生識面 已四十年 始遊莊義
洞之淸風溪 時李潑家住溪上 愛生淸踈 引于其家 余與洪生永弼 遇生

于永敬殿前 洪曰 子不識劉生乎 此詩人也 吾伯叔父莫逆交也 子何見
之晚也 洪伯叔 卽騷家哲匠天民, 聖民也 余奇生爲人雅朗恭謹 通曉
古禮 且能詩 指雨後靑山 呼韻使賦之 生應口對曰 石帶苔痕老 山含
雨氣靑 余愛其淸麗 常往來心曲 自此頗相款 今者哀其卷徽余文 不遇
虛還者數矣 及得觀之 生之好文學 七十猶篤 於是乎知君子人矣 余雖
不佞 竊不自遜 妄期以不朽 其贈生也 不以詩序記而以傳者 欲使劉生
志業 永有以傳之也 萬曆四十三年歲次乙卯 高興後人寒泉嘿好翁 柳
夢寅 書

묘표 김창흡[26]
墓表 [金昌翕]

그의 이름은 희경이고, 자는 응길이며, 촌은이 그의 호다. 살던 침류대
는 여러 명사들이 이름을 내려준 것이다. 지금 그 땅은 도총부에 들어가
있는데, 직접 심은 소나무 한 그루가 아직도 남아 있다고 한다. 사람됨
이 느긋하고 삼가면서 옛 것을 좋아했다. 어렸을 때 당시(唐詩)를 사암
박순공에게 배웠고, 예설(禮說)을 동강 남공에게 배워 마침내 삼례의 주
소(註疏)와 두우의 『통전』과 구씨의 『의절(儀節)』을 두루 종합하여 잡
복[27]의 학문을 연구했는데, 무릇 입으로 강의하거나 손으로 가리키는 것
들이 하나하나 전거(典據)를 따르고 있었다. 나라의 초상[28]에서부터 사
대부의 초상에 이르기까지 그를 기다려서 함렴[29]을 하지 않은 적이 없었
다. 그가 아직 널리 알려지기 전에는 베를 보내 상복을 만드는 사람이

---

26 김창흡(金昌翕) : 1653~1722. 조선 후기의 학자. 서울 출신. 본관은 안동(安東)이고,
자는 자익(子益)이며, 호는 삼연(三淵)이다. 과거에는 관심이 없었으나 아버지의 명으
로 응시하여 1673년 진사시에 합격한 뒤 과장에 발을 끊었다. 백악(白岳) 기슭에 낙송루
(洛誦樓)를 짓고 동지들과 글을 읽으며 산수를 즐겼다. 1681년 김석주(金錫胄)의 천거로
장악원주부(掌樂院主簿)에 임명되었으나 나가지 않았다. 저서로는 『삼연집(三淵集)』과
『심양일기(瀋陽日記)』 등이 있다.

27 잡복(雜服) : 옛날에 규정한 각색(各色)의 복제(服制).

28 나라의 초상[國恤] : '국휼'은 국가(國家)의 우환(憂患)이나 위난(危難). 나라가 근심할
만한 일. 보통 국상(國喪)을 말한다.

29 함렴(含斂) : 옛날 상례(喪禮)에서 주옥(珠玉)이나 쌀[米], 조개껍질[貝] 따위를 사자
(死者)의 입에 넣고 옷을 갈아입힌 다음에 관에 넣는 일.

침류대 아래 끊이지 않았는데, 모두 한결같은 태도로 순순히 응했다. 한 가할 때면 소나무를 마주하고 시를 읊조렸으니 당대의 철장[30]들이 모두 그 골목으로 모여들어 붓과 벼루를 함께 하면서 명악[31]으로의 유람을 요 청하면 일찍이 늙고 아프다고 하여 사양한 적이 없었으니 그의 풍모[32]가 이와 같았다.

그는 가정 을사년(1545) 2월에 태어나 숭정 병자년(1636) 2월에 죽었 으니, 세상을 살아간 햇수가 92년이다. 그 사이 나라는 궁하고 통하며[33] 평화와 환란[34]을 겪은 적이 많았다. 매번 변란을 만날 때마다 볼 만한 절개를 보여주었으니, 임진왜란 때는 의롭게 시정 사람을 모아 근왕[35]의 의거를 보였고, 무오년(1618) 광해군이 모후를 폐했을 때 조정의 의론이 거리에 사는 기로[36]들을 위협해 상소를 올리게 만들면서 따르지 않으면 형벌을 받았지만 그는 흔들리지 않았다. 평소 이이첨과 친했지만 이에 이르러 증오하고 발걸음을 끊었는데, 나갔다가 우연히 만나자 힐난하니 이에 대답했다. "미천한 나에게 어머니가 계셔서 봉양하고자 애쓰다 보니

---

30 철장(哲匠) : 명달(明達)하고 재능이 풍성한 대신(大臣).

31 명악(溟岳) : 깊은 바다와 높은 산.

32 풍모〔襟韻〕 : '금운'은 가슴 속에 갖고 있는 풍운과 멋. 마음이나 시심, 시운(詩韻)의 뜻도 있다.

33 궁하고 통하며〔否泰〕 : '비태'는 막힘과 통함. 세상일의 성쇠(盛衰)와 운명의 순역(順逆) 을 일컫는 말. 비(否)와 태(泰)는 『주역』에 나오는 64괘의 하나. '비'는 곤하건상(坤下乾 上)(☷☰)으로 음양이 고르지 못해 일이 잘 풀리지 않는 상이고, '태'는 건하곤상(乾下坤 上)(☰☷)으로 음양이 조화를 이루어 사물이 이롭게 통하는 상이다.

34 평화와 환란〔平陂〕 : '평피'는 평탄한 것과 경사진 것. 평화로운 때와 혼란스러운 때를 말한다.

35 근왕(勤王) : 임금을 위하여 나라 일에 힘씀. 또는 임금에게 충성(忠誠)을 다함.

36 기로(耆老) : 나이가 많고 덕이 높은 사람. 육십을 기(耆), 칠십을 노(老)라 한다. 육십 세 이상의 늙은이를 말하기도 한다.

고관의 문안에 발을 디딜 겨를이 없었소이다." 그는 실제로 효행이 있어서 13살 때 아버지를 잃었을 때 예를 갖춰 장례를 치르면서 몸이 얼고 흙을 지고 자면서도 그 아래서 여막(廬幕)을 지켰던 것이다. 어머니 배씨도 30년 동안 편안히 지냈는데,[37] 이른 아침부터 밤늦도록 곁에서 모시면서 손수 변기까지 직접 씻어냈고, 그 여가에 글쓰기에도 애썼다. 행실은 돈독하고 학문은 민첩하니 여기서 그의 문질[38]을 볼 수 있겠다.

그는 관향이 강화[39] 출신인데, 할아버지 유도치(劉道致)와 아버지 유업동(劉業仝)이 모두 비천하고 한미했지만, 허씨를 아내로 맞아 나이 아흔이 넘도록 살다 죽자 함께 도봉에 묻혔다. 아들을 다섯 두었는데, 각각 유순민과 유우민, 유성민, 유사민, 유일민이고, 안팎의 자손들이 2백여 명에 이르렀다. 그는 처음에 임진년에 기의[40]하여 선조의 포상을 받았고, 계해년(1623) 반정 때에는 인조가 절개를 가상하게 여겨 가선 작위를 내렸는데, 통정의 품자를 얻었을 때는 일찍이 고기를 먹는 것을 찬성하여 나라의 수요를 넉넉하게 하고자 했으니 이것 또한 충정의 소치인 것이다. 여든 살이 되어서는 상례에 따라 가의(嘉義)가 더해졌고, 죽은 뒤에는 아들 유일민의 원종[41] 공훈으로 자헌대부 한성부판윤에 추증되었으니, 그가 처했던 처지로 보면 이미 대단히 현달한 것이다.

---

37 편안히 지냈는데〔帖席〕: '첩석'은 자리에 붙어 엎드림. 안온(安穩)한 것을 비유한다.

38 문질(文質): 문화(文化)와 질박(質朴). 겉으로 꾸민 것과 원래 가진 바탕이란 뜻으로, 교양(教養)과 심성(心性)을 함께 이르는 말이다.

39 확인한 결과, 유희경의 본관은 강화가 아니라 강릉(江陵)이다. 김창흡의 착오가 있었던 듯하다.

40 기의(起義): 의로움에 의지해 병사를 일으킴.

41 원종(原從): 임금의 잠저(潛邸) 때부터 시종해 온 공로가 있는 자에게 부여된 공신(功臣) 칭호.

그러나 소암 임공은 그의 현명함을 높이 평가하면서 우리나라의 제도가 비루한 것을 통탄했으니, "가난한 집[42]이나 귀한 집안[43]이라도 재능에서는 누가 길고 짧겠는가? 사회의 신분[44]이 속박이다."고 말했던 것이니, 이 말이야말로 숭상할 덕이다. 나는 선조(宣祖) 때부터 침류대의 인연이 있었고, 오늘날에는 세도(世道)에 대한 느낌이 적이 저 "나에게는 어머니가 있다.(小人有母)"는 말을 아끼게 만들었다. 이런 까닭으로 즐겁게 표문(表文)을 지어 널리 알리니, 문장력이 시원찮은 것도 잊고 이것을 써서 그의 손자가 되는 유자욱에게 말하는 것이다. 숭정 기원후 71년(1698) 무인년 정월에 안동 김창흡이 쓴다.

君名希慶 字應吉 村隱其號 所居枕流臺 有諸賢之賜與名 今其地入於
都揚府 所植一松猶在云 爲人恬憨好古 少學唐詩於思菴朴公 受禮說
於東崗南公 遂博綜三禮註疏及杜典, 丘儀 以究雜服之學 凡所口講
指畫 曲有据依 自國恤以至士喪 莫不待君而含斂 其未遍詣 則送麻裁
服者 相接於枕流臺下 君一皆順應 閑則對松而哦 一時哲匠 咸造其巷
與共筆硯 要爲溟岳遊 未嘗以老疾辭 其襟韻如此 君生於嘉靖乙巳二
月 歿於崇禎丙子二月 凡在輦轂下九十二年 於國家否泰平陂 所閱多
矣 每値時變 輒有可觀之節 壬辰倭亂 義募市民 爲勤王擧 戊午 母后
之廢 朝議薈街居耆老使投疎 不從則刑 君不爲撓 素善李爾瞻 至是

42 가난한 집〔蓬蓽〕: '봉필'은 봉문필호(蓬門蓽戶). 쑥대나 잡목의 가지로 엮어 만든 문. 가난한 사람이 사는 집을 일컫는다.
43 귀한 집안〔綺紈〕: '기환'은 화려한 비단. 또는 화려한 비단옷. 그리하여 부귀한 집안 자제를 비유하는 말. 환고(紈袴). 기유환고(綺襦紈絝).
44 사회적 신분〔流品〕: '유품'은 품류(品類). 등급(等級). 본래 관계(官階)를 가리키는데, 나중에는 문제(門第) 또는 사회적 지위를 뜻하게 되었다.

惡而絶跡 出遇見詰 答曰 小人有母 專於奉養 未暇踵公門云 君實有
孝行 十三 喪父 葬之以禮 凍體負土 邃廬其下 母喪三十年帖席 夙夜
于側 身自浣滌厠牏 而以其暇劬書 行篤而學敏 斯見其文質矣 君系出
江華 祖道致 父業全 盖皆卑微 配許氏 年亦踰九十而歿 同葬道峯 有
子五人 舜民, 禹民, 聖民, 士民, 逸民 內外曾玄 二百餘人 君始以
壬辰起義 受宣廟之褒 至癸亥反正而仁廟嘉其節 命爵嘉善 其得通政
資 則以嘗贊肉食者 謀裕國需 是亦忠之致也 旣耋而例加嘉義 歿 用
子逸民原從勳 贈君資憲大夫漢城府判尹 就其所坐地 亦旣隆顯矣 然
踈菴任公 高君之賢 而陋我邦制曰 蓬蓽綺紈 才孰長短 而流品是拘
尙德哉斯言也 余以先古有枕流之契 而在今日世道之感 竊愛夫小人
有母之說 是以 樂爲表闡 而忘其不文 邃書此 以與爲君孫者自勗云
崇禎紀元後七十一年戊寅春正月日 安東金昌翕 撰

묘지명 병서 홍세태⁴⁵

墓誌銘 幷序 [洪世泰]

공의 이름은 희경이고, 자는 응길이며, 성은 유씨다. 나이 13살 때 아버지를 잃고 흙을 뒤집어쓰면서 장례를 치르고 무덤을 지켜 떠나지 않으니 이웃의 스님이 애처롭게 여겨 무덤 곁에 흙집을 지어주고 죽을 끓여 먹도록 했다. 어머니를 섬기는 것도 지극히 효성스러웠는데, 어머니가 병환에 들었을 때는 오랫동안 편안하게 해드리면서 밤낮 곁에서 지키면서 조금도 게으르지 않았다. 짬이 나면 깔고 있던 자리를 거둬 동소문 밖 시냇가로 나가 직접 씻어 바위 위에 올려두고 말리면서 곁에 앉아 책을 읽으니 보는 사람이 기이하게 여겼다. 일찍이 동강 남언경⁴⁶을 따

---

45 홍세태(洪世泰) : 1653~1725. 조선 후기의 문신. 본관은 남양(南陽)이고, 자는 도장(道長)이며, 호는 창랑(滄浪), 유하(柳下)다. 5세에 책을 읽을 줄 알고 7, 8세에는 글을 지을 만큼 뛰어난 재주를 타고났으나 신분이 중인층이라 제약이 많았다. 시로 이름이 나서 김창협(金昌協)・김창흡(金昌翕)・이규명(李奎明) 등의 사대부들과 절친하게 지냈다. 임준원(林俊元), 최승태(崔承太), 유찬홍(庾纘弘), 김충렬(金忠烈), 김부현(金富賢), 최대립(崔大立) 등의 중인들과 시회를 함께 하며 교류하였다. 죽기 전에 스스로 자신의 시문집을 엮어 자서(自序)를 써서 부인에게 맡겼다. 1730년에 사위 조창회(趙昌會)와 그의 문인에 의하여 『유하집』 14권이 간행되었다.

46 남언경(南彦經) : 1528~1594. 조선 중기의 학자. 본관은 의령이며, 자는 시보(時甫)고, 호는 동강(東岡)이다. 학행으로 천거되어 헌릉참봉이 되고, 1566년 조식(曹植), 이항(李恒) 등과 함께 발탁되어 지평현감(砥平縣監)이 되었다. 1592년 다시 여주목사로 기용되었고, 이듬 해 공조참의가 되었으나 이요(李瑤)와 함께 이황(李滉)을 비판하다가 양명학을 숭상한다는 빌미로 탄핵을 받고 사직하여 양근(楊根, 지금의 경기도 양평군)의 영천동(靈川洞)에 물러나 한거하다 67세로 별세하였다.

라 주문공의 『가례』를 배워 상제(喪制)에 더욱 밝았고 전례(典禮)를 널리 살펴 고금의 변화에 대해 깊이 연구하여 마침내 상례의 권위자라는 명성을 얻었다. 국상 때 의론이 간소하게 치르자고 했지만 제도를 능히 아는 사람이 없자 공을 불러 상복을 만들어 쓰게 하니, 아래로는 사대부의 초상에 이르기까지 반드시 청하여 예법을 집행하게 하여 공의 입과 손을 바라보며 처리했다.

임진왜란 때 임금의 수레가 서경(西京, 평양)으로 옮겨가니 공이 눈물을 흘리며 비분강개하여 의로운 병사를 소리쳐 모아 하늘의 도움으로 토벌할 것을 맹세했다. 이 소식을 듣고 선조께서 하교하여 포상하도록 하면서 "희경 그는 오로지 의로움을 떨치고 왜적을 격멸하려는 것으로 뜻을 삼았으니 내 이를 아름답게 여기노라."고 말했다. 당시 나라에 변란이 많아 조사[47]들이 끊임없이 이어지고[48] 여러 가지 비용들이 너무 많아 호부에는 재정이 고갈되어[49] 재상이 이를 걱정했다. 공이 백인호 등 몇 사람을 불러 쓸 만한 계책을 물으라고 청해 마침내 그 힘을 얻을 수 있었다. 이 일로 포상을 받아 품계가 통정에 올랐다.

무오년(1618) 역신 이이첨이 모후를 폐하려고 일을 꾸미면서 원로들을 위협해 상소를 올리도록 하면서 어기는 자에게 형벌을 가했는데, 공이 홀로 거절했다. 공이 평소 이이첨과 가까웠는데 이에 이르러 절교해버렸다. 길에서 만났을 때 이이첨이 화를 내며 문책하니 공이 "미천한 나에게 어머니가 계신데 어머니 봉양이 급하여 그대의 문안으로 들어갈 짬이

---

47 조사(詔使) : 중국 사신. 옛날 중국 임금의 조칙(詔勅)을 가지고 온다 하여 이르던 말이다.
48 끊임없이 이어지고[相望] : '상망'은 서로 바라봄. 연이어져 끊이지 않은 것을 형용하는 말. 아주 많은 것을 말한다.
49 재정이 고갈되어[罄竭] : '경갈'은 텅 비어 다 없어짐. 대개 제물에 대해 말한다.

없었소이다."라고 대답했다. 인조반정 때 대신들이 그의 절개에 대한 얘기를 듣고 특별히 녹봉을 올리도록 했다.

처음에 공이 예를 잘 안다고 하여 사람들 사이에서 칭송을 들었는데, 이에 이르러 사람들이 그의 절의를 높게 평가하면서 더욱 존경하게 되었다. 박엽[50]이 의주부윤을 맡았을 때 형벌이 엄중했는데 공의 아들이 박엽의 뜻을 거슬러 사형에 처하려고 했지만, 물어 공의 아들인 것을 알고 석방했다. 사람들이 공의 현명함이 박엽의 엄격함도 잃게 만들었다고 말했다.

공은 사람됨이 침착하고 욕심이 없었고 성품이 산수 자연을 좋아했다. 집이 정업원 하류에 있었는데, 물가에다가 돌을 쌓아 누대를 만들고 이름을 침류라 했다. 근처에 복숭아나무와 버드나무 수십 그루를 심으니 봄마다 울긋불긋한 꽃잎들이 시내와 골짜기를 환하게 비쳤다. 공이 당시(唐詩) 1권을 손에 들고 안석 하나와 술독 하나를 두고 그 안에 앉거나 누워 하루 종일 시를 읊조리며 유유자적하면서 자호를 촌은이라 했다. 공이 지은 시는 한가롭고 담담한 것이 당시에 가까웠는데, 사암 박순(朴淳) 상공이 극찬했다. 공경대부들이 모두 누대 위로 모여 시가를 창화하면서 다투어 돌려가며 감상했는데, 세상에서 말한 『침류대시첩』이 이것이다.

영안위 홍공[51]이 날마다 찾아왔는데, 인목왕후[52]가 그가 자주 나간 다는

---

50 박엽(朴燁) : 1570~1623. 조선시대 병조정랑, 해남현감, 황해도병마절도사 등을 역임한 문신. 본관은 반남(潘南)이고, 자는 숙야(叔夜)며, 호는 약창(藥窓)이다. 1597년 별시 문과에 병과로 급제, 1601년 정언(正言)이 되고, 이어 병조정랑과 직강(直講)을 역임하고 해남현감 등을 지냈다. 1613년에는 의주부윤을 지냈다. 그 뒤 광해군 때 함경도병마절도사가 되어 광해군의 뜻에 따라 성지(城池)를 수축해 북변의 방비를 공고히 했다. 인조반정 뒤 처가가 광해군과 인척이었다는 이유로 학정(虐政)의 죄를 쓰고 사형 당했다.

말을 듣고 사람을 시켜 가 살펴보게 하니 비단 도포를 입은 공자(公子)들이 백발이 성성한 노인과 함께 반송(盤松) 아래 모여 앉아 있다고 보고했다. 이후로 영안위가 나갔다는 말을 들으면 궁궐의 연육(臠肉, 저민 고기)을 하사했다. 나중에 그 땅이 도성으로 들어와 도총부가 되었지만 소나무는 그대로 남아 있어, 사람들이 이를 알고 "이것은 유 아무개가 직접 심은 것이다."고 말한다.

공은 나이가 이미 많았지만 정신이나 기골이 대단히 굳건하여 사대부들 가운데 금강산으로 유람을 가자는 사람이 있어 앞장서 줄 것을 부탁하면 바로 용감하게 나가 늙었다고 사양하지 않았다. 일찍이 정암 조광조(趙光祖) 선생의 현덕(賢德)을 흠모하여 도봉서원이 창건되었을 때에는 공이 실제로 관리했다. 그 산수를 애호하여 여생을 마칠 계책으로 삼고 이징[53]에게 부탁해 〈임장도〉를 그리게 한 뒤 여러 사람들에게 시와 글을 요청해 그 뜻을 말하게 했다. 세상을 떠난 뒤 도봉산 아래 묻혔는데 공이 대질[54]로

---

51 홍공(洪公) : 홍주원(洪柱元). 1606~1672. 조선 중기의 문신. 선조의 사위로, 본관은 풍산(豊山)이고, 자는 건중(建中)이며, 호는 무하당(無何堂)이다. 1623년 선조의 딸 정명공주(貞明公主)에게 장가들어 영안위(永安尉)에 봉해졌다. 1647년 사은사로 청나라에 가서 시헌력(時憲曆)을 구입해서 귀국, 새로운 역법의 시행을 건의했다. 저서로는 『무하당집(無何堂集)』 6권이 있다. 시호는 문의(文懿)이다.

52 인목황후(仁穆皇后) : 1584~1632. 조선 선조의 계비. 연안 김씨로, 연흥부원군(延興府院君) 김제남(金悌男)의 딸이다. 1602년 왕비에 책봉되었고, 1606년 영창대군을 낳았다. 능은 목릉(穆陵)으로 양주에 있다.

53 이징(李澄) : 1581~?. 조선 중기의 화가. 본관은 전주(全州)고, 자는 자함(子涵)이며, 호는 허주(虛舟)다. 16세기의 대표적인 문인화가인 이경윤(李慶胤)의 서자(庶子)다. 화원으로 벼슬은 주부를 지냈다. 1609년 원접사(遠接使)의 수행 화원으로 동행했으며, 1623년 위항 문인 유희경의 요청에 의하여 그의 별서(別墅)를 묘사한 실경산수화 〈임장도(林莊圖)〉를 그렸다.

54 대질(大耊) : 80세의 나이를 일컫는 말이라고 한다. 그 유래를 자세히 알 수 없지만 사람의 나이에 대해서 10세를 유(幼), 20세를 약(弱), 30세를 장(壯), 40세를 강(强),

가의대부에 오르고, 나중에 아들 유일민(劉逸民)이 원종의 공훈이 있어
자헌대부 한성부판윤에 추증되었다. 가정 을사년(1545)에 태어나 숭정
병자년(1636)에 돌아가시니 향년이 92살이었다. 할아버지는 유도치(劉
道致)고, 아버지는 유업동(劉業仝)이며, 부인은 허씨였다. 역시 나이 아흔
이 넘어 세상을 떠나자 도봉산에 함께 묻혔다. 아들 다섯이 있어 각각
유순민과 유우민, 유성민, 유사민, 유일민이고, 안팎의 자손들이 2백여
명에 이르렀다.

공은 시와 예로 당대에 이름을 떨쳤지만 충절로 더욱 빛났으니[55] 저
세상에 명예의 의리를 구휼하지 못하고 오직 이익만 얻으려는 자들을
부끄럽게 할 만했다. 내가 가만히 공의 풍모를 흠모하여 때를 함께 하지
못했던 것을 탄식했었다.

오호라! 공은 진실로 어진 분이었다. 그러나 당시 사람들 가운데 군자
로 덕을 숭상하는 미덕이 있지 않았다면 누가 능히 경상의 존귀함으로써
베옷을 풀어헤친 노님을 가져 그 애중(愛重)하는 것이 이와 같을 수 있겠
는가? 무릇 여러분들이 애중했던 것과 공의 현명함을 더욱 잘 볼 수 있다.

공이 세상을 떠나고 70년 뒤에 삼연 김창흡 공이 처음으로 공의 무덤에
묘표(墓表)를 써서 남기신 광영(光榮)을 널리 알렸다. 공의 증손 유태응
(劉泰膺)이 내게 와서 말하기를 김공께서 이미 묘표로써 공훈을 드러내셨
으니 내게 아직 알려지지 않은 사실을 적어 달라고 부탁했다. 이에 명을
지었다.

50세를 애(艾), 60세를 기(耆), 70세를 노(老), 8, 90세를 모(耄), 100세를 기(期)로
분류한 『예기(禮記)』 곡례편(曲禮篇) 상(上)의 기록은 주목할 만하다.
55 더욱 빛났으니[卓卓] : '탁탁'은 여럿 가운데 높이 솟은 모양.

예가 사라지면 재야(在野)에서 찾는데 공이 수립한 것은 당시 관직에 있던 사람보다 뛰어난 것이었다. 비록 그 사람은 미천했지만 그 명예라면 무거우니 오호라! 나중에 본받는 사람들이여 황폐한 무덤이라고 보지 말지어다.

숭정 기원후 78년(1705) 을유 4월에 당성 홍세태가 쓰노라.

公諱希慶 字應吉 姓劉氏 江華人 年十三而孤 負土以葬 因守不去 隣僧哀之 作土宇墓側 煮粥勸之 事母至孝 母病久帖席 夙夜其側 未嘗少懈 間取所藉褥 出東小門外川上 手濯而曝之巖石 坐其傍讀書 見者異之 嘗從南東崗彦經 受文公家禮 尤明於喪制 博攷典禮 以究極古今之變 遂以善治喪名 國喪議用質殺 而無能知其制者 乃召公裁用 而下至士大夫之喪 必請以執禮 仰其口手而定 壬辰倭亂 車駕西幸 公卽涕泣慷慨 號聚義士 誓助天討 事聞 宣廟下敎褒賞曰 希慶 爾惟以奮義減賊爲志 予用嘉之 時國家多難 詔使相望 諸用費甚多而戶部罄竭 宰相有憂之 公請召白仁豪數人問計 事可集 竟得其力 以此賞階通政 戊午 逆臣李爾瞻謀廢母后 脅諸父老投疏 違者刑 而公獨不肯 素與爾瞻熟 至是絶之 而遇諸塗 爾瞻怒責之 公對曰 小人有母 急於母養 未暇及公之門 及仁祖反正 大臣以其節聞 特命陞秩 始公以禮稱諸公間 及是 諸公高其節義 益敬重之 朴燁爲義州 猛甚 公子見忤於燁 將殺之 問知爲公子 釋之 人謂公之賢 能使燁失其猛云 公爲人恬靜寡欲 性嗜山水 家在淨業院下流 卽其水涯 壘石爲臺 名之曰枕流 傍植桃柳數十株 每春時 紅綠照爛川谷 公手唐詩一卷 一几一壺 坐臥其中 嘯詠終日以自適 自號村隱 其爲詩 閒淡近唐 思菴朴相公亟稱之 公卿大夫咸造其臺上 唱和歌詩 競相傳玩 世所謂枕流臺詩帖是也 永安尉洪公日來訪 仁穆王后聞其數出 嘗使人往視 則見錦袍公子與白髮老叟 對坐

盤松之下 自是閒尉往 輒下禁轡 後地入禁中 爲都揚府 而其松尙存 人識之曰 此劉某手植云 公年旣高而神骨甚强 士大夫有爲金剛之遊 者 要以先導 則輒勇往 不以老辭 嘗慕靜菴之賢 道峯書院之刱也 公 實經紀之 而愛其山水 擬作終老之計 要李澄畫林莊圖 請諸公詩若序 以道其意 及歿 葬道峯下 公以大耋 陞嘉義 後用子逸民原從勳 贈資 憲大夫漢城府判尹 生於嘉靖乙巳 卒於崇禎丙子 得年九十二 祖道致 考業全 配曰許氏 年亦踰九十而歿 同葬道峯 有子五人 舜民, 禹民, 聖民, 士民, 逸民 內外曾玄 二百餘人 公以詩禮 聞於當世 而其忠節 尤卓卓 可以愧死夫世之不卹名義而唯利之得者 余竊嘗慕公之風 而 有不同時之歎 嗚呼 公固賢矣 然而非當時諸公有君子尙德之美 則孰 肯以卿相之尊 而從褐之父遊 而其愛重之若此 夫以諸公之愛重 而公 之賢 益可見矣 公歿七十年 三淵金公 始表其墓 式闡遺光 公之曾孫 泰雄來告余 金公旣表其顯 子其誌諸幽 乃爲之銘曰

禮失而求諸野 若公所樹立 有出於當世之在位者 其人雖眇 其名則 重 嗟後其式 毋視枯冢

崇禎紀元後七十八年乙酉夏四月日 唐城洪世泰 撰

행록 남학명[56]

行錄 [南鶴鳴]

유군 희경은 자가 응길이고, 본관은 강화다. 아버지는 유업동(劉業仝)으로 계공랑[57]을 지냈다. 가정 을사년(1545) 2월 27일 인시[58]에 대묘동에서 태어났다. 정성과 효성이 하늘에서 나온 것으로, 강보에서 떠난 뒤부터 부모님 곁에서 삼가고 조심하면서[59] 얼굴빛을 어기지 않았다.[60]

13살 때 아버지가 돌아가시자 외가 선영 근처 땅에 묻으려고 했는데, 청원위 한공[61]의 묘지기가 권세를 믿고 내쫓으려고 했다. 공이 헌부에

---

56 남학명(南鶴鳴) : 1654~?. 조선 중기의 학자. 본관은 의령(宜寧)이고, 자는 자문(子聞)이며, 호는 회은(晦隱)이다. 중년에 수락산(水洛山) 회운동(晦雲洞)에 꽃과 나무 1,000여 그루를 심고 집을 지어 살았는데, 상국(相國) 최석정(崔錫鼎)이 회은재(晦隱齋)란 이름을 지어 주었다. 서사(書史)와 금석문 1만 축(軸) 가까이 비치한 외에 일체의 세속적 기호(嗜好)에는 초연했는데, 오직 산수(山水)만 좋아했다. 문집에『회은집』4권 2책과『회은잡지(晦隱雜識)』, 편저에『와유록(臥遊錄)』과『남판윤유사(南判尹遺事)』등이 있다.

57 계공랑(啓功郞) : 조선시대 문관 종7품의 품계명.

58 인시(寅時) : 새벽 3시부터 5시 사이의 시간.

59 삼가고 조심하면서[夔夔] : '기기'는 경계하고 삼가며 공경하고 조심하는 모양.

60 얼굴빛을 어기지 않았다[無違色] : 얼굴빛을 거스르지 않음. 부모의 명령을 잘 살펴 부모의 표정이 흐려지게 만들지 않았다는 뜻이다. 공자(孔子)가 효자(孝子)가 지녀야 할 모습의 하나로 제시했다.

61 한공(韓公) : 한경록(韓景祿). 1520~1593. 조선 전기 제11대 중종의 부마인 왕족. 공신. 본관은 청주(淸州)다. 위호는 청원위(淸原尉)고, 문음으로 출사했다. 명종이 즉위할 때 수종한 자들을 원종공신에 기록했는데, 이때 그는 추성협익정난위사공신(推誠協翼定難衛社功臣) 2등에 녹훈되고, 광덕대부(光德大夫)로서 청원군에 제수되었다. 1547년에는 을사공신녹훈 1주년을 맞아 가자(加資, 자품을 올려 줌)되어 성록대부(成祿大夫)

진정서를 내자 사헌부 관원이 공이 홀몸에 유약한 것을 안타깝게 여겨 청원위의 묘지기에게 형벌을 주고 힘을 합해 묘지를 만들게 했다. 공이 이어 무덤가에 여막을 치고 매일 곡을 하고 저녁 내내 꼿꼿이 앉아 있었다. 그 사이에 직접 흙을 지고 와 봉분 주변을 정리했다. 오직 그믐과 보름 때마다 귀가하여 안석과 대자리를 펼쳐 제사를 지내고 어머니를 모시니 고을 안에서 칭찬하지 않는 사람이 없었다.

동강 남언경 선생이 수락산 조상의 분묘[62]를 왕래하다가 듣고 기이하게 여겨 와서 만나보았다. 공이 추위와 고통에 떠는 것을 가엽게 여겨 거친 베로 두텁게 짠 옷(세속에서는 '삼정'이라고 부른다)을 주고, 또 망월암 스님에게 부탁해 무덤 곁에 흙집을 짓고 죽을 쑤어 권하게 해 의지하게 했다. 복상이 끝나자 예문(禮文)으로 가르치니, 이때부터 이름난 사대부로 동강과 교유하는 사람들 가운데 불러 보고 감탄하지 않는 사람이 없었다.

어머니 배씨가 하늘이 정해준 배필을 잃고 슬픔이 지나쳐 상을 치른 뒤부터 육식을 끊고 자리에 누운 것이 30여 년이었다. 공이 아침저녁으로 울면서 말리고 직접 땔감을 해오고 물을 걷는 일을 도맡았다. 어머니상을 당하자 염송하는 일을 시종 예에 따라 행했고, 제사 또한 정성을 극진하게 하여 늙을 때까지 게으름을 부리지 않았는데, 집안에 역병이 돌아도 그치지 않았다. 당시 예학(禮學)이 분명하지 않아 사대부 집안에서도 상례에 맞춰 복상하는 이가 드물었는데 공은 정확하게 준행했다.

청원부원군에 제수되었다. 1577년에 사화(士禍)로 인한 위훈(僞勳)을 도모한 자들을 삭탈관작하고 문외출송했는데, 이때 그도 파직되었다. 그 뒤 선조가 직첩을 환급하자 1581년에 다시 양사가 파직을 청했지만 들어 주지 않았다. 1593년 10월에 관원을 보내 치제(致祭)했다.

62 조상의 분묘[先壟] : '선롱'은 조상의 분묘(墳墓).

젊어서 책 읽기를 좋아했는데 어머니의 병환이 깊어져 화장실 출입이 자유롭지 못하자 자리 사이에 강보를 깔아 이를 받들었다. 공이 때때로 동소문 밖으로 나가 직접 빨아 너럭바위에 펼쳐두고는 곁에 앉아 종일토록 책을 읽었다.

막내 유희운(劉希雲)이 염병에 걸렸는데, 공이 외출했다가 막 돌아오니 이웃사람들이 모두 피하라고 권했지만 공이 "어린아이가 큰 병에 걸렸으니 제때 돌보아 구하지 않으면 반드시 죽을 것입니다. 형제는 한 몸이니 지금 들어가 보지 않는다면 바로 내 자신을 버리는 꼴입니다."라고 말했다. 그리고는 바로 들어가 몸소 간호하니 며칠 뒤 열이 내렸고, 자신도 전염되지 않았다. 번개와 비바람, 눈이 내리는 날이면 비록 밤이 깊었어도 반드시 촛불을 켜놓고 단정히 앉아 있었다.

예학으로 칭송을 듣자 사대부 집안에 초상이 나면 반드시 불러 장례를 주관하기를 부탁했는데, 당시 이를 두고 "양예수[63]가 뒷문으로 나가면 유희경이 앞문으로 들어온다."는 속어가 나돌았다. 시를 즐겨 지었는데 좋은 시구가 많아 서리 백대붕과 이름을 나란히 해 한때 함께 불려졌다. 여러 명공(名公)들이 장려하니 사암 박순 상국이 일찍이 공의 시를 보고 크게 칭송했다. 이로 인해 공에게 당시(唐詩)를 가르쳐 그 재주를 이루도록 하면서 "시가 있으면 모아 간행하겠다."고 말했다.

집이 정업원 아래 시냇가에 있었는데,(속칭 '원동'으로 불린다) 문 앞

---

63 양예수(楊禮壽) : ?~1597. 조선시대의 의관(醫官). 본관은 하음(河陰)이고, 자는 경보(敬甫)며, 호는 퇴사옹(退思翁)이다. 박학하고 의술에 능했으나 1563년 내의원주부(內醫院主簿)로서 순회세자(順懷世子)의 병을 치료하지 못한 책임을 지고 투옥되었다. 1580년 가선대부에, 1595년 동지중추부사가 되었다. 이듬해 태의(太醫)로『동의보감』의 편찬에 참여했고, 박세거(朴世擧), 손사명(孫士銘) 등과 함께『의림촬요(醫林撮要)』를 저술했다. 임진왜란 때 중전이 수안과 해주에 머물 때 호종의관이 되기도 했다.

시냇물이 맑아 돌을 꾸며 누대를 만들고 이름을 '침류'라 했다. 주변에 복숭아나무와 버드나무를 심으니 봄여름으로 경치가 맑고 빼어나 당시 여러 학사(學士)들이 시를 더욱 빛나게 했다. 소암과 오산이 특히 자주 왕래했다. 소암이 죽었는데(1623년) 궤짝에 남긴 옷도 없자 공이 입고 있던 옷을 벗어 염을 했다.

완평 상공이 가장 인정하여 미복[64] 차림으로 자주 와서는 침류대에서 바둑을 두었다.(완평공이 금호문[65] 밖에 작은 집을 장만했다. 효종 때 만수전[66]을 지을 때 궐 안에 남은 땅이 없자 침류대와 완평댁이 모두 지목 되어 들어가 도총부[67]가 되었다. 반송이 지금도 남아 있다.)

임진왜란 때 선조가 도성을 떠나자 공이 의병을 모아 하늘의 토벌을 도왔다. 조정에서 특별히 포상을 내렸는데, 교지가 지금도 남아 있다. 교지의 글에 "생각하니 너 희경은 나라가 망극한 일을 당했을 때 너희들은 모두 나라를 지키겠다는 생각[68]으로 한결같이 의로움을 떨치고 왜적을 격멸하겠다는 뜻으로 혹은 창의하여 군사를 모으고 혹은 적진의 정세를

---

64 미복(微服) : 지위가 높은 사람이 어떤 목적으로 남의 눈에 잘 나타나지 않도록 하기 위해 입는 남루한 옷.

65 금호문(金虎門) : ①조선시대 승정원의 서행랑문. ②창덕궁(昌德宮)에 있는 궁문(宮門) 의 하나. 창덕궁 돈화문(敦化門)의 서쪽에 있던 문으로, 대신들이 창덕궁으로 들어올 때 주로 이 문으로 출입했다. 여기서는 ②의 뜻이다.

66 만수전(萬壽殿) : ①고려시대 연경궁(延慶宮)에 있던 건물. 인종 16년(1138)에 영수전 (靈壽殿)으로 고쳤다. ②조선시대 창덕궁에 있던 건물. 효종 7년(1656)에 인정전 북쪽 옛 흠경각(欽敬閣) 터에 건축했다. 대왕대비전으로 사용했다. 여기서는 ②의 뜻이다.

67 도총부(都總府) : 오위도총부(五衛都摠府). 조선시대 오위(五衛)의 군사 업무를 담당하 던 관서.

68 나라를 지키겠다는 생각[思漢] : '사한'은 백성들이 옛 나라를 생각한다는 뜻으로, 중국 의 전한(前漢)이 망하고 왕망(王莽)이 신(新)나라를 세우자, 백성들이 전한을 사모하여 왕망을 물리치고 다시 한실(漢室)의 후예인 유수(劉秀)를 받들어 후한을 세웠다.

탐색하여 공격할 수 있는 계책을 도왔으니, 지극히 아름다운 일이다. 운운.(만력 22년〔1594〕 1월 아무 날이라고 적혀 있다.)"

기유년(1609)에 중국의 사신이 오니 지출이 너무 심해 호조에서 보관한 재물이 완전히 바닥나자 재상이 공에게 계책을 물었다. 공이 "농사일은 사내종에게 물어야 마땅하고, 옷을 짜는 일은 계집종에게 물어야 마땅합니다. 청컨대 백인호와 김서, 신천룡을 불러 계획하게 하소서. 이 세 사람은 시정의 부호들입니다."라고 대답했다. 이때 오부[69]의 부녀자들이 반지를 거두어 쓰도록 하여 관접[70]에 소홀함이 없게 했다. 조정에서 공과 세 사람의 공적에 포상하여 통정대부의 품계를 하사했다.

혼조[71] 때 대비를 폐위하자는 논의가 일면서 여항의 원로들을 위협해 상소하도록 했는데, 공은 끝내 굽히지 않았다. 반정 뒤에 완평공이 공의 절의를 알려 가선대부로 승차했다. 신미년(1631) 대질(나이 여든)로 가의대부가 더해져 표장(表奬)했다. (혼조 때 대관[72]이 공을 심문해 처벌하려고 했는데, 그때 대헌[73]이 중지하게 했다고 한다.)

---

69 오부(五部) : 조선 태조 3년(1394) 10월 한양으로 서울을 옮긴 뒤 설치한 행정 구역 및 행정 관아. 한성을 동남서북중의 오부(五部)로 나누고 그 부내의 소송(訴訟), 도로(道路), 금화(禁火), 택지(宅地) 등의 일을 관리하기 위해 관아(官衙)를 베풀고 이 관아도 부(部)라 일컬었다.

70 관접(館接) : 숙소를 내어주고 접대함.

71 혼조(昏朝) : 임금이 혼미(昏迷)하여 국사를 잘 다스리지 못하는 조정. 조선의 연산군(燕山君)이나 광해군(光海君) 때의 조정을 말한다.

72 대관(臺官) : 조선시대 사헌부(司憲府)의 대사헌(大司憲)으로부터 지평(持平)까지의 관리들을 지칭하는 말. 또는 사헌부 자체를 말하기도 한다. 사헌부는 정사를 논하고 백관을 규찰하며 풍속을 바로잡고 억울한 것을 풀어주며 남위(濫僞)를 금하는 등의 업무를 담당했다.

73 대헌(大憲) : 1369년 이후로 쓰여진 사헌부의 장관 대사헌(大司憲)을 일컫는 말. 도헌(都憲)이라고도 한다.

공의 집이 궁성 담장 밖에 있었는데, 계해년(1623) 반정 전날 공의 아들 유순민이 역관[74]으로 가도(椵島)에 가자 공이 나가 홍제원[75]에서 전 송하고 돌아오다가 홍제원 뒤편 사동에 이르러 능양군(인조가 잠저에 있을 때의 봉호)이 무사 몇 명을 이끌고 오는 것을 보았는데, 사냥[76]을 하러 나왔다고 했다. 공이 귀가하여 아녀자들에게 다른 곳으로 피신하라 했는데, 일이 끝난 뒤 집안사람이 까닭을 물으니 "그 날 길에서 천안[77]을 뵈었는데 기상이 반드시 큰일을 도모할 듯했기 때문에 상황을 미루어 알게 되었다."고 대답했다.

도봉서원(본래 영국사의 터였기 때문에 처음에는 영곡서원으로 불렸다.) 동북쪽에 공의 묘소가 있다. 산에 샘물과 돌이 그윽한 운치를 자아내 여생을 마칠만한 장소로 삼으려 했지만 자손들이 늙고 병든 몸으로 무리라 하며 만류해 뜻을 이루지 못했다. 그러나 뜻을 완전히 굽히지는 않아 이징에게 부탁해 〈임장도〉를 그리게 하고, 여러분들에게 시와 글을 요청하여 마침내 두툼한 시축(詩軸)을 이루게 되었다.

집안이 본래 한미하여 송곳 하나 꽂을 땅이 없었다. 여러 명공과 사백(詞伯)들의 도움에 힘입어 조석(朝夕)의 쓰임을 충당할 수 있었다.

산수 자연에 대해 끊지 못할 취미가 있어서 나라의 명산이라면 발길이 두루 닿았는데, 사대부들 가운데 금강산에 가려는 이들이 있으면 반드시 공을 불러 산문주인(山門主人)으로 삼았다. 나이 여든에 이르러서도 길

74 역관(譯官) : 옛날에 사신이 외국에서 왔을 때 이를 통역(通譯)하던 관리.

75 홍제원(弘濟院) : 조선시대에 중국 사신들이 서울 성 안에 들어오기 전에 임시로 묵던 공관(公館). 현재 서울시 서대문구 홍제동에 있었다.

76 사냥[呼鷹] : '호응'은 매[鷹]를 불러 짐승을 몰아감. 사냥을 하는 것을 말한다.

77 천안(天顔) : 임금의 얼굴. 또는 임금.

떠나기를 꺼리지 않았는데, 자손들이 간혹 늙고 병들었다며 말리면 "사대부들이 나를 아끼는 것은 내게 이런 취미가 있기 때문이다. 지금 늙었다고 해서 게으름을 부리면 장차 어디서 나를 부르겠느냐?"고 말했다. 젊었을 때 부안읍에서 지냈는데, 유명한 기생 계생(梅窓)이 있었다. 공이 도성(都城) 안의 시객이라는 말을 듣고 "유희경과 백대붕 가운데 누구입니까?"하고 물었다. 대개 공과 백대붕의 명성이 먼 지역까지 알려졌기 때문이었다. 공은 일찍이 기생을 가까이 하지 않았는데 이에 이르러 파계하니, 서로 풍류로 통한 탓이었다. 계생 또한 시를 잘 지었는데, 『매창집』이 간행되어 있다.

선현(先賢)을 우러러 흠모하여 도봉서원의 일에 참여했는데, 마치 자기 집 일처럼 성심을 다했다. 동강 선생이 양주목사(楊州牧使)가 되었을 때 의론을 모아 창건했는데, 공에게 전반적인 경영을 담당하도록 했다. 문권(文券) 안에 공의 이름이 지금도 남아 있다.

광해군 때 정인홍[78]의 무리들이 남명 조식[79]을 위해 삼각산 중흥동에 서원을 창건하려 했는데, 그 의도는 정인홍이 조식의 적통(嫡統)임을 과

---

78 정인홍(鄭仁弘) : 1535~1623. 조선 전기의 문신. 본관은 서산(瑞山)이고, 자는 덕원(德遠)이며, 호는 내암(萊菴)이다. 1589년 기축옥사로 조식학파가 탄압을 받으면서 이황학파와 결별하고 북인을 형성했다. 1608년 영창대군과 광해군을 둘러싼 후사문제로 북인이 대북과 소북으로 대립하게 되자, 소북의 영수 유영경을 탄핵했다가 귀양길에 올랐으나 광해군이 즉위하면서 유배가 풀렸다. 이후 정권을 주도하면서 조식학파의 학문적인 위상 강화에 힘썼으나 인조반정 후 서인의 주도로 처형되었다. 순종 때 영의정으로 복권되었다.

79 조식(曺植) : 1501~1572. 조선 중기의 학자. 본관은 창녕(昌寧)이고, 자는 건중(健中)이며, 호는 남명(南冥)이다. 저서로 1604년에 처음 간행된 『남명집』과 『남명학기유편(南冥學記類編)』, 『신명사도(神明舍圖)』, 『파한잡기(破閑雜記)』가 있으며, 문학작품으로 〈남명가(南冥歌)〉와 〈권선지로가(勸善指路歌)〉가 전한다. 1615년 문정(文貞)이란 시호가 내려졌다.

시하고 나중에 자신도 배향되기 위해서였다. 논의가 공에게 맡겨 일을 처리하게 하니 정인홍이 이익으로 유혹하는 한편 위협하며 겁을 주었지만 끝내 거절하고 따르지 않아 마침내 그 사이에 발을 적시지 않으니 많은 사람들이 따랐다.

나라의 흉사에 비용을 절약하자는 논의가 있었지만 그 제도에 대해 아는 이가 없었다. 이에 공을 불러 일을 처리하게 했다. 이때부터 사대부 집안에서 흉사가 생겨도 친하고 평소 교분이 두터운 사람이 아니면 감히 부르지 못하고 자제나 여종을 보내 베를 가지고 가 부탁하면 공이 잘라내어 마름질해 상복을 만들어 보냈다. 그때 사람들이 아직 예학에 밝지 못했고, 신의경[80]도 뒤늦게 나와 공이 아니었으면 논의해 질정할 곳도 없었을 것이다. 임명길이 13살 때 공에게 배웠는데, 공이 "내 아들이 의주부윤 박엽을 거슬러 죽임을 당한 뻔했는데 물어 내 아들인 것을 알고 특별히 사면을 받았다."고 말했다. 공이 치상(治喪)을 하는 자세는 중화(中和)를 갖추고 있어 비로소 서로 모시고는 이끌어 의지하니 당시 공을 중시했던 것이 이러했음을 볼 수 있다.

공이 여정(閭井)에서 명성이 있어 이이첨이 젊어 서로 교유했는데 자못 교분이 두터웠다. 그러나 이이첨이 모후를 폐위하려고 하자 일체 끊고 왕래하지 않았다. 어느 날 이이첨이 공을 만나자 부르더니 "그대는 어찌하여 우리 집에 발길을 끊었는가?"하고 물었다. 공이 "미천한 사람의 집에 어머님이 계신데 편모를 향촌에서 모시느라 공의 대문 앞에 나갈 겨를이

---

80 신의경(申義慶) : 1557~?. 조선 선조와 광해군 때의 학자. 본관은 평산(平山)이고, 자는 효직(孝直)이며, 호는 서파(西坡)다. 김장생(金長生)과 함께 예학(禮學)을 강론하고 상례(喪禮)를 깊이 연구했다. 저서에 『상례비요(喪禮備要)』 1책이 있다.

없었소이다."라고 대답했다.

영안위 홍공이 날마다 찾아왔는데, 인목왕후가 하교하여 "유동지(劉同知)[81]란 사람은 어떤 인물이기에 영안위의 출입이 그렇게 빈번한가?"라고 물었다. 액정[82] 사람에게 명해 살피게 했는데, 푸른 얼굴에 백발이 성성한 사람으로 젊은 부마[83]와 함께 반송 아래 앉아있더라는 보고를 들었다. 이때부터 자성[84]께서 영안위가 공의 집에 갔다는 소식을 들으면 바로 술과 안주를 하사했다.

일찍이 계림부원군 댁에 갔는데 돌아올 때쯤 부원군이 부축을 해서 보내라고 명했다. 자제들이 노비를 부르자 부원군이 공손하지 못한 것을 꾸짖으니 자제들이 직접 부축해 말에 오르도록 했다고 한다.

어느 날 종루에서 소암을 만났는데 공이 말에서 내려서니 소암도 처음에는 내리려다가 사람을 불러 공을 부축해 말에 오르도록 하고 공과 이야기를 나누었다. 시정 사람들이 아름다운 모습이라며 칭송했다.

공은 나이 92살로 세상을 마쳤으니, 숭정 병자년(1636) 2월 6일이었다. 허씨와 결혼했는데, 공이 세상을 떠난 지 22년 뒤인 정유년(1657) 세상을 떠나니 나이 아흔하고도 여섯이었다. 아들 유일민이 영국원종으로 일등

---

81 동지(同知) : 동지사(同知事)의 줄임말. 조선시대 종2품의 관직. 삼군부, 돈녕부, 의금부, 경연, 성균관, 춘추관, 중추부 등에 각각 약간 명을 두었다. 직함의 표시는 소속된 관청 이름 위에 동지를, 밑에 사를 붙여서 썼다. 예컨대 동지중추부사, 동지삼군부사 등이다.
82 액정(掖庭) : 궁중 정전(正殿) 옆에 있는 궁전. 비빈(妃嬪)이나 궁녀들이 거처하던 곳이다.
83 부마(駙馬) : 관직 이름. 일명 부마도위(駙馬都尉). 한 무제(武帝) 때 처음 설치했다. 승여(乘輿)의 부마(駙馬)를 맡은 벼슬로, 본래는 황제의 측근 시종이 담당했다. 위진(魏晉) 이후에는 임금의 사위를 항상 부마도위에 임명했으므로 이로부터 임금의 사위에 대한 대리 칭호로 사용되기도 했다.
84 자성(慈聖) : 임금의 어머니. 자전(慈殿)과 같은 뜻이다.

훈(一等勳)에 올라 자헌대부 한성부 판윤에 추증되었다.

아들을 다섯 두었는데, 각각 유순민과 유우민, 유성민, 유사민, 유일민이고, 안팎의 자손들이 2백여 명에 이르렀다. 유일민에게 아들 유자욱이 있는데, 지금 벼슬이 첨사[85]다.

공의 임종 소식을 듣고 사대부들 가운데 애도하며 조문을 오지 않는 사람이 없었다. 마을 안의 늙은이와 어린아이까지 통곡했고, 삼척 남벌(南橃)[86]이 넉넉하게 부의를 보냈다. 삼척은 동강 선생의 조카다. 양주 장의동 오향 언덕에 묻혔다. 정부인 허씨는 왼쪽에 합장되었다. 즉 영곡의 동쪽 선영 옆이다.

의녕 남학명이 기술했다.

劉君希慶 字應吉 號村隱 本江華 考業全 啓功郎 嘉靖乙巳二月二十七
日寅時 生於大廟洞 誠孝出天 自離襁褓 在父母側 夔夔然無違色
　十三 喪考 將窆于外氏塋近地 淸原尉韓公墓奴 怙勢驅逐 君呈狀憲
府 憲官憐君單弱 刑淸原奴 仍令合力造墓 君仍廬墓 哭泣每日 終夕危
坐 間又躬負土爲階級 唯朔望 歸奠几筵 仍覲母氏 一州無不稱道 東崗
南先生彦經 往來水落山先壟 聞而異之 來見 憫其寒苦 乃以麻滓厚織
者 俗號三丁 遺之 又令望月菴僧 作土宇于墓側 煮粥勸之 俾得依接
服闋 敎之以禮文 自此名士大夫與東崗遊者 莫不招見嘉歎
　母喪自失所天 悲毁過制 除喪而不御肉味 臥席三十餘載 君夙夜泣

85　첨사(僉使) : 조선시대 각 진영(鎭營)에 속한 종3품의 무관. 첨절제사(僉節制使)를 줄인
　　말이다. 1682년(숙종8) 6월 6일 「劉自勖爲許沙浦僉使」 관직을 제수받다.

86　남벌(南橃) : 1561~1646년. 조선 중기 때의 문신. 본관은 의령이고, 자는 공제(公濟)
　　며, 호는 화은(華隱)이다. 어려서부터 총명하고 문장에 능했으며, 성혼(成渾) 문하에서
　　공부했다. 사후에 승정원 도승지에 추증되었다.

諫 躬執薪水之役 及喪 治斂送終一如禮 祭祀盡誠 至老不懈 家有疫癘
猶不廢 時禮學不明 士大夫家亦鮮制服 君斷然行之

少好讀書 慈母病久 不得出入便旋 著襁褓於席間以承之 君時出東
小門外 手浣而鋪於裳巖 坐其傍 終日讀書

季希雲染病 君出外纔歸 隣里皆勸避 君曰 小兒有大病 如不趁時勤
救則必死矣 兄弟卽一身 今若不入見 便是自棄吾身也 卽入躬自護視
居數日退熱 終亦不染焉

雷風雨雪之日 則雖夜深 必燃燭端坐

以禮學見稱 士大夫之喪 必請以執禮 時爲之諺曰 楊禮壽從後門出
劉希慶從前門入

喜爲詩 多有佳句 與書吏白大鵬齊名 幷稱一時 諸名公多奬與之 思
菴朴相國淳嘗觀其詩 深賞之 因敎以唐詩 俾至成才云 有詩集印行

家在淨業院下流 俗稱院洞 門前溪水淸澈 甃石爲臺 名曰枕流 傍植
桃柳 春夏間景致淸絶 當時諸學士 賦詠而誇耀之 踈菴, 五山尤 頻往
來 踈菴之喪 篋無遺衣 君爲脫所着而斂之

完平相公最許與 微服頻來 圍碁於枕流臺 完平卜小宅於金虎門外
孝宗朝 搆萬壽殿 闕中無餘地 枕流臺, 完平宅皆斥入爲都捴府 盤松
至今猶在

壬辰倭亂 宣廟去邪 君募聚義兵 以助天討 朝家特施襃賞 有敎旨尙
在 其文曰 惟爾希慶 國事罔極之時 爾等悉皆思漢 一以奮義減賊爲志
或倡義聚兵 或偵探賊勢 以助進取之策 極爲可嘉云云 萬曆二十二年
正月日

己酉 詔使之來 將多糜費 而戶曹銀貨蕩竭 諸宰招君問計 君對曰 耕
當問奴 織當問婢 請召白仁豪金叙愼天龍計之 三人皆市民之豪也 於是
聚五部婦女指環而用之 館接無缺 朝廷幷賞君及三人 賜階通政

昏朝議廢大妃 迫脅閭巷耆老投疏 君終不撓屈 反正後 完平陳達其

節義 特陞嘉善 辛未 以大耋 加嘉義以獎之 昏朝 臺官欲刑訊君 其時大
憲止之云

　君家在宮墻之外 癸亥反正前一日 君子舜民 以譯官赴椵島 君出送
之弘濟院 歸至院後寺洞 見綾陽君 仁祖潛邸封號 率武士數人 呼鷹而
出 君歸家 卽令婦女出避他處 事定 家人問其由 曰 伊日路拜天顔 氣像
似必有爲 故揣知之矣

　道峯書院 院本寧國廢寺基 故初以靈谷書院稱之 東北隅卽君墓 山
有泉石幽致 擬作終老之計 而子孫以年老挽止 未果 然志猶未已 倩李
澄畫出林莊圖 請諸公詩若序 積成大軸

　家本寒薄 無立錐之地 賴名公詞伯之顧助 得以資朝夕焉

　癖於山水 國中名山 足跡殆遍 士大夫往金剛者 必請君爲山門主人
年至八十 而猶不憚行 子孫或以老病諫止 君曰 士大夫之愛惜 以我有
此癖也 今以老爲懈 則將安所取我也

　少遊扶安邑 有名妓癸生者 聞君爲洛中詩客 問曰 劉白中誰耶 盖君
及大鵬之名動遠邇也 君未嘗近妓 至是破戒 盖相與以風流也 癸亦能
詩 有梅窓集刊行

　景慕先賢 從事於道峯書院 有如己家事 東崗爲楊牧 立議而創 使君
主張經營 文券中 君之姓名尙存

　光海時 鄭仁弘之徒 爲曹南冥將創書院於三角山之中興洞 其意以仁
弘傳南冥之統 而後日將以仁弘配享也 諸議欲委君幹其事 利誘而威怵
之 君辭不肯 終不濡跡於其間 諸公多之

　國恤議用質殺 而無知其制者 招君裁用 一時士夫遭喪家 非親厚者
不敢招致 委遣子弟及女僕 持布往請則君裁出分授製去 其時禮學未明
申君義慶亦晚出 非君則無所論質 林命吉十三歲時 學於君云

　君之子忭於義州府尹朴燁 燁將殺之 問知爲君之子 特赦之 君治
喪具到中和 始相値而率歸 可見一時重君者如此

君有名閭井間 李爾瞻少與之交 頗相厚 及其主廢母論 君絶不還往
一日 瞻道遇君 招與語曰 汝近何絶跡於我 君答曰 小人有母 爲侍偏母
在鄕村 故足不暇及公之門云

永安尉洪公 逐日來訪 仁穆王后下敎曰 所謂劉同知何許人 尉之往
來何太頻耶 命掖庭人往視 蒼顔白髮 與少年駙馬 對坐盤松之下 自是
慈聖聞尉到君家 輒下酒饌

嘗往鷄林府院君宅 臨歸 府院命扶携而出 子弟招奴人 府院責其不
恭 諸郎親自扶擁上馬云

一日 遇踈菴於鍾樓 下馬而立 踈菴初欲自下 更令掖扶君上馬 而後
與之語 市人皆艶看云

君九十二歲而終 卽崇禎丙子二月六日也 配許 後君二十二年丁酉終
年九十有六 以子逸民參寧國原從一等勳 贈君資憲大夫漢城府判尹

子五人 舜民, 禹民, 聖民, 士民, 逸民 內外曾玄二百餘人 逸民子
自勗 官今僉使

聞君之喪 士大夫無不嗟悼來吊 洞中老幼 相率號哭 南三陟檄 優致
賻物 三陟 卽東崗之從子也 葬楊州莊義洞午向之原 貞夫人許氏祔左
卽靈谷之東先塋側也

宜寧南鶴鳴 述

유사
遺事

유희경은 한미한 집안 출신이다. 경성에 살았고, 침류대를 지어 시냇가를 따라 복숭아나무를 심었는데, 자호는 촌은이라 했다. 성격이 침착하고 욕심이 없었으며, 문장을 좋아해 많은 사람들의 인정을 받았다. 선군[87]께서도 일찍이 시를 주셨다. 시는 다음과 같다.

오직 당나라의 이백과 두보를 좇았고
송나라의 진사도[88]와 황정견[89]은 배우지 않았네.

---

87 선군(先君) : 돌아가신 아버지.

88 진사도(陳師道) : 1053~1102. 북송 때의 문학가. 자는 무기(無己) 또는 이상(履常)이고, 호는 후산거사(後山居士)다. 젊었을 때 증공(曾鞏)에게 배웠고, 과거에 뜻을 두지 않았다. 증공의 천거로 역사 편찬에 기용되었지만 포의여서 채용되지 못했다. 철종(哲宗) 원우(元祐) 초에 소식(蘇軾) 등의 추천으로 서주교수(徐州教授)가 되었다. 시에서는 황정견(黃庭堅)의 영향을 받았다. 나중에 그의 시풍에 불만을 품고 두보(杜甫)의 시풍을 본받으려 했지만 그늘에서 완전히 벗어나지는 못했다. 강서시파(江西詩派)를 대표하는 시인이다. 저서에 『후산집(後山集)』과 『후산담총(後山談叢)』, 『후산시화(後山詩話)』 등이 있다.

89 황정견(黃庭堅) : 1045~1105. 송나라 홍주(洪州) 분녕(分寧) 사람. 자는 노직(魯直)이고, 호는 산곡도인(山谷道人) 또는 부옹(涪翁)이다. 영종(英宗) 치평(治平) 4년(1066) 진사에 급제했다. 섭현위(葉縣尉)에 올랐다. 신종(神宗) 희녕(熙寧) 초에 북경(北京) 국자감교수(國子監教授)에 올라 재능으로 문언박(文彦博)의 인정을 받았다. 시인으로서 명성이 높았고, 시사(詩詞)와 문장에 모두 뛰어났다. 스승 소식(蘇軾)과 함께 송나라를 대표하는 시인으로 꼽힌다. 장뢰(張耒), 조보지(晁補之), 진관(秦觀)과 함께 '소문사학사(蘇門四學士)'로 불린다. 강서시파(江西詩派)의 시조로 꼽힌다. 저서에 『예장황선

설옥[90]에는 거문고와 책이 차갑고
매화 놓인 창가에는 웃음소리가 향기롭네.

세상을 떠난 지 지금 30년인데 문득 꿈에 나타나니 엄전한 모습이 신선
과 같았다. 바위 골짜기의 아름다움에 대해 풍성하게 얘기하던 중 내게
시를 부탁했는데, 깨어나서 그때 지은 시를 적었다.

여윈 신선께서 한 번 떠나니 바다에는 먼지가 일고
번개가 번쩍여 아득하니 세상을 자주 비추네.
붉은 언덕에 올라 좋은 바람이 부는 날인데
푸른 복숭아 핀 봄날을 함께 즐길 이 없구나.
-『동주집』에 나온다.

劉希慶 寒微人也 居京城 作枕流臺 緣溪種桃 自號村隱 性恬淡寡欲
喜文辭 諸公多顧遇 先君亦嘗贈詩 有曰惟追唐李, 杜 不學宋陳, 黃
雪屋琴書冷 梅窓笑語香者是已 死今三十年 忽夢見 從容如似爲仙人
者 盛論巖洞之美 請余賦詩 覺而記之 其詩曰 臞仙一去海生塵 電露
茫茫閱世頻 管領丹崖好風日 無人共賞碧桃春 出東州集

생문집(豫章黃先生文集)』30권이 있다. 서예는 채양(蔡襄)과 소식, 미불(米芾)과 함께
'북송사대가(北宋四大家)'의 한 사람으로 일컬어진다.
90 설옥(雪屋) : 큰 눈으로 문이 막힌 집. 은자(隱者) 또는 승려가 사는 집을 말한다.

촌은집 권지삼○침류대록
村隱集　卷之三○枕流臺錄

침류대기 소암[1]

枕流臺記 [疎菴]

오른쪽으로 정업원을 끼고 올라가면 그 아래 샘물이 맑게 흐르는데, 도성에서 거마가 다니는 지역으로서는 완연히 하나의 시내와 골짜기를 이루니 그 흐름이 옅고 좁다고 하여 그 본성이 그렇다고 하여 낮춰볼 수는 없다. 또 삼각산 산기슭에서 발원하여 자못 산을 등진 운치를 보여 생각하기에 반드시 올라가 조망할 만한 장소가 있을 터인데, 물가에서 우뚝 솟아 이 아름다움을 이끌지만 땅이 너무 가깝다고 하여 가볍게 보니 아주 좋아하는 사람이 아니라면 누가 이곳에 그 즐거움을 두려고 하겠는가?

내가 호사가들이 먼 곳에서만 경치를 찾으려 하고 가까운 곳에 대해서는 덮이고 막히며, 조물주의 뜻을 헤아리지 못하고 이 땅에 부끄러움을 남길까 두렵다. 다행히 땅을 북돋아 높여 땅에서 몇 길 올라왔기에 발을 움직여 찾아가보니 이른바 침류대란 곳이었다. 그 이름이 벌써 범상하지 않으니 은연중에 귀를 씻어 스스로 깨끗하겠다는 뜻이 담겨 있어 내가

---

1 소암(疎菴) : 임숙영(任叔英). 1576~1623. 조선시대 박사, 부수찬, 지평 등을 역임한 문신. 본관은 풍천(豊川)이고, 초명은 상(湘)이며, 자는 무숙(茂淑)이고, 호는 소암(疎菴) 또는 동해산인(東海散人)이다. 1601년(선조 34) 진사가 되고, 성균관에서 10년 동안 수학했는데, 논의가 과감해서 전후 유소(儒疏)가 그의 손에서 나왔다. 고문(古文)에 힘썼으며, 중국 육조(六朝)의 사륙문(四六文)에 뛰어났다. 그가 지은 〈통군정서(統軍亭序)〉는 명나라 학자들로부터 크게 호평을 받았다고 한다.

아주 옳다고 여겼다. 주인이 누군지 알아보니 유군 희경이었다. 오호라! 유군은 참으로 돈독하게 좋아하는 사람이로다. 비로소 함께 산수에 대해 논의할 만하겠다.

지금 무릇 우뚝 솟아 산악이 되고 넓고 넓어 강호가 되어 괴기하고 장대한 장관을 다하는데, 즐길 것이 저쪽에 있기 때문에 즐기기가 쉽다. 만약 언덕이나 개미 둑이 낮고 개울물이 가늘다면 마음이나 눈에 닿는 것이 대개 추함을 보기 때문에 이를 즐겼다는 사람을 듣지 못했다. 만약 이를 즐기는 것이 있는 사람이라면 그 즐김은 반드시 자기에게서 나오는 것이지 이쪽과 저쪽의 크고 작음과 아름답고 나쁨에 따라 즐거움이 높거나 낮지 않으니, 들어가 스스로 즐김이 없지 않은 것이다. 그런 연후에야 즐길 수 있기 때문에 즐기는 것이 어렵게 된다. 사람이 능히 그 어려운 바를 극복한다면 즐거움을 바꾸는 일에 있어서도 여유가 있을 것이다. 지금 유군이 이 물에 대해서 능히 그럴 수 있으니, 오호라! 유군이야말로 돈독하게 좋아하는 사람이로다. 이에 이르러 즐겨도 물리지 않으니 하물며 저기에 있어서겠는가?

사람이 현명하고 어리석은지는 즐기는 것에서 알 수 있는데, 이 누대를 본다면 유군에 대해서도 알 수 있겠다. 비록 그렇지만 유군의 현명함은 본래 여기에 있을 뿐만 아니니 유군은 낮은 신분에 있으면서도 선비 군자의 언행을 가졌고, 효성과 우애에도 더욱 돈독했으며 힘이 남으면 시를 배웠다. 그 공교로움은 전문으로 시를 쓰는 사람이라도 따라잡지 못할 정도다. 또 상례(喪禮)에도 정통하여 사대부의 문중을 두루 다녔는데, 당시 예법을 지키는 집안이라면 초상이 날 때마다 유군을 모시지 못하면 부끄럽게 여겼으니, 유군의 현명함은 칭송할 수 있는 것이 이와 같았다. 가령 유군이 세상에서 인재로 불려 쓰이는 경우에 들었다면 그 능력으로 현달했을 것이니, 하나의 터럭으로 어찌 사람을 떨어뜨리겠는가? 지위에 얽매여서 스스로 나올 수 없었던 것이 안타까울 뿐이다. 내가 이미 유군의 일을 칭찬하고 다시 유군의 행적을 슬퍼하니, 글을 마침에 있어 이와 같이 대략을 서술하노라.

만력 기유년(1609) 여름에 소암이 쓴다.

夾右淨業院而上 其下泉脉淸瀉 在京師車馬之境 宛然一溪壑 不可以
其流之淺狹 幷其性而毁之也 且發源于三角之麓 頗有背山之致 意必
有登望之所 峙乎其濱 以御此美 而地凌於太近 非篤好者 孰肯寓其樂
於是也 余恐好事者狃於求遠 而掩蔽其側 不能副造物者之意 以遺恥
于此地 幸有累土而高者 拔於地數丈 就而訪焉 所謂枕流臺者 其名固
已不凡 隱然有洗耳自潔之意 余甚躋之 叩其主者 卽劉君希慶也 嗚呼
劉其篤好者乎 始可與論山水矣 今夫巍然而爲山岳 浩然而爲江湖 極
怪詭壯大之觀 所樂者在彼 故其樂之也易 若丘垤之卑 渠溝之細 則觸
諸心目 多見其醜 故未聞有樂之者 如有樂之者 之人也 其樂必己出
不以彼此之大小美惡 上下其樂 無入而不自樂 然後可樂 故其樂之也
難 人能克其所難者 於其所易者 裕如也 今劉之於此水 乃能如是 嗚
呼 劉其篤好者矣 卽此猶樂之不厭 而況於彼乎 人之賢不肖 以其所樂
者 可知也 觀乎此臺 則可以知劉矣 雖然 劉之賢 本不止於此 劉在下
中 有士君子行 而尤篤於孝友 以餘力學詩 其工 雖專門者 不若也 又
能通喪禮 歷游士大夫門 一時守法家 每有喪 以不得劉爲恥 劉之賢
其可稱者如此 假令劉用世間進取者例 以所能 顯 一毫豈下人 惜乎拘
於地位 不能自出耳 余旣嘉劉事 又悲劉跡 於其乞記 略叙如右 萬曆
己酉夏 踈菴 書

침류대기 이수광[2]

枕流臺記 [李睟光]

정업원 동구(洞口) 창덕궁의 서쪽은 숲과 골짜기가 깊고 으슥하다. 그 가운데 시냇물이 흘러나오는데, 밝고[3] 여유로운[4] 정치가 있다. 내가 일찍이 실록국[5]에 근무하면서 아침과 저녁으로 지나다녔는데 직무에 묶여 있어 한 번도 그 경치를 살펴볼 짬이 없어 아쉽게 생각하고 있었다.

어느 날 유생 희경을 따라 금천 다리 위로 나갔다가 냇물이 콸콸 흐르는데 붉은 꽃떨기가 무수하게 흘러내리는 것을 보고 기뻐하며 말했다. "도원이 바로 이곳이로구나. 내 장차 거슬러 올라가 흔적을 찾아 피난 온 진나라 사람들과 한번 웃어보면 좋겠다." 유생이 빙그레 웃으면 말했다. "이 개천 상류에 내 집이 있네. 누대가 있어 터를 밟고 섰는데 복숭아꽃이 만개했지. 비바람의 시샘을 받아 그만 흩날려 떨어진 모양일세. 그대가 만약 가서 본다면 청컨대 동도주[6]가 되겠네." 내가 역시 기뻐하며 말했다. "그대는

---

2 이수광(李睟光) : 1563~1628. 조선 중기의 문신. 본관은 전주(全州)고, 자는 윤경(潤卿)이며, 호는 지봉(芝峯)이다. 1578년 초시에 합격하고, 1582년 진사가 되었다. 1585년 승문원부정자가 되었으며, 1589년 성균관전적을 거쳐 이듬해 호조좌랑·병조좌랑을 지냈고, 성절사(聖節使)의 서장관으로 명나라를 다녀왔다. 저서로는『지봉집(芝峯集)』이 있다.

3 밝고〔夷曠〕 : '이광'은 평화(平和)롭고 밝게 트여있음.

4 여유로운〔蕭散〕 : '소산'은 소쇄(蕭灑). 행동이나 정신, 풍격(風格) 등이 자연스러워 얽매이는 것이 없이 한가롭고 여유가 있음.

5 실록국(實錄局) : 실록청(實錄廳). 조선시대에 실록을 편찬하기 위해 임시로 설치했던 기구. 실록찬수청(實錄纂修廳)을 줄인 말이다.

진실로 진나라 사람입니다." 마침내 그 뒤를 좇아서 수백 걸음도 가지 않아 오른쪽으로 틀었더니 별세계가 나타나는데, 바로 그의 거처였다.

흐르는 물줄기가 맑고 시원해 사랑스러웠고, 돌을 겹쳐 쌓아 누대를 만들었는데 수면에서 떨어진 것이 고작 몇 척이었으니 바로 이른바 '침류'라는 곳이다. 누대 아래위로는 잡초 한 포기 없이 어여쁜 복숭아나무 수십 그루가 물을 끼고 좌우로 두르고 있었다. 붉은 비는 하늘을 시원하게 뒤덮고 비단 물결은 춤을 추는 듯하니 이보다 더 사치스러울 수가 없었다. 조영[7]이 시에서 말하기를 "어찌 무릉의 정취를 알려 하는가, 버젓하게 시장 거리에도 있는데."라 했으니, 믿을 만하지 않은가? 옛날에 유신[8]이란 사람이 천태 도원에 들었다가 신선을 만나 돌아오지 않았다 하는데, 유생이야말로 유신의 무리로구나.

내 지금 다행스럽게도 신령한 경치를 엿보았으니 어부나 뱃사공들과

---

6 동도주(東道主) : 주인으로서 내방한 손님을 안내하는 사람. 또는 길을 안내하는 사람. 동도주인(東道主人).

7 조영(祖詠) : 699~746. 당나라 하남(河南) 낙양(洛陽, 지금의 河南 洛陽市) 사람. 현종(玄宗) 개원(開元) 12년(724) 진사에 급제했다. 나중에 유랑하다가 여분(汝墳) 사이 별업(別業)으로 옮겼는데, 이곳에서 고기 잡고 나무를 하면서 여생을 마쳤다. 왕유(王維)와 우정을 나누었는데, 왕유는 〈증조삼영(贈祖三詠)〉에서 "친구가 된 지 20년, 하루도 서로의 뜻을 펼치지 못했네. 가난과 병이 그대에게 이미 심하고, 고통스러움이 나에게도 적지 않구나.(結交二十載 不得一日展 貧病子旣深 契闊余不淺)"라고 읊었다. 명나라 사람이 『조영집(祖詠集)』을 편찬했다. 『전당시(全唐詩)』에 시 1권이 수록되어 있다.

8 유신(劉晨) : ?~?. 후한 회계(會稽) 섬계(剡溪) 사람. 전하는 말로 명제(明帝) 영평(永平) 15년(72) 완조(阮肇)와 함께 천태산(天台山)에 들어가 약초를 캤는데, 길을 잃었다. 몇 리를 가나다 여자 둘을 만났는데, 그들을 불러 집으로 데려가 호마반(胡麻飯)을 먹이고 하룻밤을 잔 뒤 부부가 되었다. 산속에서 반년을 지내다가 고향이 생각나 돌아오려니, 두 여자가 손가락으로 귀로를 알려주었다. 나와 보니 친구들은 이미 죽었고, 알아보는 사람이 아무도 없었다. 물어보니 그들의 7대손이었다. 다시 여자들이 있는 곳으로 가려 했지만, 길을 알 수 없었다고 한다.

어깨를 나란히 한 듯하니 이곳에서 함께 잠들어 냇물에 이빨을 한 번 양치질하는 데 무슨 어려움이 있으리오. 서로 더불어 크게 웃으면서 땅에 자리를 깔고 앉으니 물소리가 맑게 부서져서[9] 귀로 들어왔다. 냇물은 눕기를 기다리지 않고도 들을 수 있고 귀로는 씻어내는 번거로움이 없이도 절로 맑아져서 티끌 한 점도 더럽히지 못했다. 온갖 상념은 모두 사라지고 사람의 정신과 기운이 서늘하게 상쾌해져서[10] 황홀하게 바람을 타고 올라 먼지 세상 밖에 선 듯하니 즐거움을 가늠할 길이 없었다.

또 내가 이곳에서 보니 유생에 대해서도 알 것 같다. 이 물은 시끄러운 말과 수레가 다니는 곳에서 지척 거리인데도 숲 속에 스스로를 감춘 것이 마치 옛날 은사가 형체를 숨기고 광채를 흩트리며 살았던 것과 같다. 또 그 흐름이 얕고 좁은 데도 능히 깨끗하고 맑아 더럽혀지지 않아 군자의 덕성과 같은 것이 있으니, 유생이 큰 은거로써 자신을 비기고 누대를 침류로 이름한 것은 그 뜻이 대개 여기에 있을 것이다. 쌓아둔 것에 힘입어 그 근원을 파내고, 맑음을 거울삼아 그 본성을 깨끗하게 하니 회장[11]에 이르러 성실하게 덕을 이룸에 나갈 것이 분명하다. 내 유생을 바라보면서 홀로 그의 신분이 낮아 사람들에게 베풀 수 있는 것이 흐르지 못함을 안타깝게 여겼다. 쌓아두고서 흐르지 못하고 베고 있으면서 스스로만 즐기니 또한 슬픈 일이로구나. 공자가 말하기를 "팔뚝을 베고 누워 있어도 즐거움이 그 안에 있다."고 했는데, 유생이 비록 곤궁하고 꽉 막힌 상태에 처했어도 그 즐거움을 바꾸지 않는다면 거의 즐거움에 가까울 것이다.

---

9 부서져서[琮琮然] : '종종연'은 의성어. 물소리나 옥이 맑게 부서지는 소리.
10 상쾌해져서[灑灑] : '쇄쇄'는 차고 시원한 모양.
11 회장(晦藏) : 숨기고 감춤. 깊숙이 숨음.

이에 유생이 기뻐하면서 말했다. "내가 오늘 이후로 즐거워 할 바가 뭔지를 알았소이다." 마침내 이를 써서 기록한다.

임자년(1612) 중추일에 지봉거사 이수광이 쓴다.

淨業院洞 在昌德宮之西 林壑深邃 其中澗水出焉 有夷曠蕭散之致 余
嘗仕實錄局 昕夕過之 而限於職役 不一窮其勝 寄恨而已 一日 從劉
生希慶 出錦川橋上 見川水正漲 落紅漂出者無數 喜曰 桃源其在是矣
余將沂而跡之 與避秦人一笑可乎 劉莞爾曰 川上流 吾居也 有臺枕其
趾 而桃花盛開 爲風雨所妒 不免作輕薄耳 公若往觀 請爲東道主 余
又喜曰 子誠秦人也 遂踵其後 不百數步 右轉而得一別界 乃其居也
有流水淸洌可愛 砌石爲臺 水不及者僅餘尺 卽所謂枕流者也 臺上下
幷無雜卉 夭桃累十株 夾水左右 紅雨灑空 錦浪如舞 古之桃源 不侈
於是矣 祖詠詩所云 寧知武陵趣 宛在市朝間 不其信耶 昔劉晨者 入
天台桃源 遇仙不返 生卽晨之流也歟 余今幸而覷破靈境 尙得與漁舟
子比 何妨共枕于此 而一嗽其流耶 相與大笑 因席地而坐 水聲琮琮然
入耳 流不待枕而可聽 耳不煩洗而自淨 一塵不染 萬念俱空 使人神氣
灑灑 怳若御風而立乎埃壒之表 甚可樂也 且余觀於是 而有以知生矣
是水也在咫尺車馬之境 而自晦於林莽中 如古隱士逃形鏟彩者之爲
又其流淺狹 而能潔淸不汚 有似乎君子之德 生之以大隱自比 而臺以
枕流名者 其意盖在此也 蒙蓄以濬其源 鑑澈以澄其性 毋果於晦藏 而
勉進於成德 余於生望焉 獨惜乎其居下 可施於人者不流也 積之而不
流 枕之而自樂 則亦可悲已 孔子曰 曲肱而枕 樂在其中矣 生雖處窮
阨 而不改其樂焉 則亦庶幾乎 於是生樂而曰 吾今以後知其所樂矣 遂
書以爲記 壬子仲秋 芝峯居士 李公晬光

침류대기 조우인[12]

枕流臺記 [曹友仁]

물이 백악산[13]의 골짜기에서 나와 굽이굽이 이어져[14] 궁궐 담장 밖으로
흘러내리는데, 수레 먼지나 말발자국으로 더럽혀지거나 진흙탕이 되어
본래 맑은 근원을 잃어버렸다. 유도인은 금호문 밖에 숨어살면서 그 도
랑의 흐름을 보고는 누대를 짓고 연못을 만들어 볼 만하리라 여기고 벽
돌 기와 조각[15]을 없애고 더러운 오물을 흘려보내는 등 트이도록 걸러낸
뒤 돌로 토대를 만들어 더러운 것들은 깨끗해졌고 진흙탕도 맑아져 시
원하게 소리를 내며 흘러가게 만들었다. 마침내 작은 누대를 물가에 짓
고 복숭아나무 여러 그루를 심었다. 누대를 둘러 물이 이어져 꽃빛은 흐
릿하게 비치고[16] 누대 그림자는 출렁이며 어리도록 해 꾸밈을 이렇게 마
무리하니, 반 떼기 공간에 하늘이 새로 열리고 땅이 개벽하여 병풍을 둘
러쳐 막고 그림을 그린 듯한 경관이 이루어졌다.

　유도인의 성품과 심성은 물과 거울과 같고, 심정과 생각은 바람과 꽃과

---

12 조우인(曹友仁) : 1561~1625. 조선 중기의 문신. 본관은 창녕(昌寧)이고, 자는 여익(汝
益)이며, 호는 매호(梅湖) 또는 이재(頤齋)로, 예천(醴泉) 출생이다. 글씨와 그림, 시에
능해 삼절(三絶)이라 불렸고, 글씨는 진체(晉體)와 초서(草書)에 뛰어났다. 문집에 『매
호집』과 가사집 『이재영언(頤齋永言)』이 있다.

13 백악산(白岳山) : 북한산(北漢山)의 다른 이름.

14 굽이굽이 이어져[邐迤] : '이이'는 굽었지만 계속 이어지는 모습.

15 기와 조각[瓦礫] : '와력'은 깨진 벽돌 조각이나 와편(瓦片). 또한 황폐해진 경치를 형용
한다.

16 흐릿흐릿 비치고[掩暎] : '엄영'은 희미하고 어렴풋하게 비치는 것.

같다. 본바탕을 살펴보면 순수하고 기운은 공손하며 말투는 온화하다. 젊을 때부터 다양한 분야에 대해 공부할 줄 알았고 사람들에게 효성으로 칭송을 들었다. 일찍이 시에 대해서도 깨우쳐 당나라 시인들의 시구를 익혀 시구에 경책[17]이 많아 여러 문사들이 즐겨 함께 어울리면서 돌아가며 창화하고 감탄했다. 뒤늦게 주문공〔朱熹〕의 예학을 배워 절문[18]에 정통하고 능숙해져 길한 일이나 흉사 등에 모두 잘 대처하니, 사대부들도 따라잡을 자가 드물었다. 대개 재주와 행실이 탁월하기가 이와 같았다.

게다가 가슴속에서부터 맑아 물욕에 흐르지 않고 찌꺼기가 남지 않아 물이 투명하고 거울이 비치는 것처럼 밝게 하고 맑게 하며 연마하기를 기다리지 않고도 본색이 절로 저러했던 것이다. 그러니 물이 수레 먼지와 말발자국 사이에서 본성을 잃은 것을 유생을 만나 처음을 회복했고, 유생도 또한 변화의 사이 침석(枕席)의 주변에서 물을 쓸 수 있어 물로 하여금 가슴속을 맑게 하도록 돕고 그 활발함을 보태 더할 수 있으니, 유생이 물을 벤 것인지 물이 유생을 벤 것인지 알 수 있구나. 바탕이 꾸밈을 이기면 야비해지기 때문에 바람과 꽃으로 그 몸을 꾸미지 않을 수 없으니, 비괘[19]를 써서 색을 입히고 그 입(口)을 비단으로 치장하며 그 마음을 수놓았던 것이다.

꽃을 보면서 시를 읊조리고 물가에 서서 노래하는데, 요염하기도 하고

---

17 경책(警策) : 시문에서 요점을 지적하여 그 말과 뜻이 넉넉히 사람의 정신을 깨우쳐 줄만한 글귀. 또는 뛰어난 시구(詩句). 말이 채찍 때문에 정신을 차리고 잘 달리게 되는 것과 마찬가지로 그 글귀를 보고 정신을 차리게 된다는 뜻이다.

18 절문(節文) : 의례(禮儀)를 제정하여 행위에 법도가 있게 하는 것. 또는 예절(禮節)이나 의식(儀式)을 말한다.

19 비괘(賁卦) : 주역(周易) 64괘의 하나. 이하간상(離下艮上). 이괘(☲)는 불을, 간괘(☶)는 산을 상징한다. 광명(光明)이나 문식(文飾)을 뜻한다.

방탕하기도 하며 번화하기도 하고 날아오르기도 한다. 그 가운데 심성의 본체는 한가롭고 안정되고 감정과 생각의 쓰임은 꽃처럼 피어나니 이를 즐기느라 늙음이 장차 오는 것도 알지 못하게 된다. 세상의 시비 영욕이나 화복(禍福)과 성패, 거센 물결이나 험난한 파도가 지적에서 시끄럽게 떠들어도 조금도 마음을 두르거나 생각을 막히게 하지 못하는 것이다. 우리 누대에서 한결같이 높이 누웠으니 복숭아꽃은 쉼 없이 피고 흐르는 물도 그치지 않는다. 시를 쓴 책은 길이 남을 것이고, 풍영(諷詠)하는 소리 또한 밤낮마다 들릴 것이다. 얼굴이 환하게 펴지고 마음도 밝아져서 의취[20]가 극으로 치달아 고요하면서 그윽하게 된다. 희헌[21]의 시대를 노닐고 기영[22]에서 함께 어울리며 우주와 통하고 금기[23]가 합해지는 데도 나는 아무것도 모르게 되는 것이다.

오호라! 유도인과 같은 사람은 옛날의 유일[24]이자 오늘날의 숨은 군자 이겠다. 세상 사람들 가운데 구하려고 해도 한둘에 불과하지 않겠는가. 때문에 이를 기록하여 나를 경계하노라.

조현남 조우인이 쓴다.

---

20 의취(意趣) : 의지(意志)가 내달려 나아감. 즉 마음속에서 하고자 하는 바를 밖으로 드러내는 의향(意向).

21 희헌(羲軒) : 복희씨(伏羲氏)와 헌원씨(軒轅氏, 黃帝)를 함께 부르는 말. 태평성대를 말한다.

22 기영(箕潁) : 기산(箕山)과 영수(潁水). 은사(隱士) 또는 그가 사는 곳을 비유하는 말. 요(堯)임금 때 허유(許由)가 기산에 은거해 있을 때, 요임금이 정사를 맡아 달라고 하자 못 들을 말을 들었다 하여 영수에 귀를 씻었다는 데서 나왔다.

23 금기(襟期) : 심기(心期). 사람과 사람 사이에 서로 마음으로 허락하는 것.

24 유일(遺逸) : 명망(名望)이 높은 사람으로 초야(草野)에 묻힌 사람. 또는 세상에서 버림받고 초야에 묻혀 있는 일사(逸士).

水出於白岳山之洞壑　邐迤下流宮墻之外　車塵馬足之所汚　乃淤焉失
本源清　劉道人隱于金虎門之側　瞰其一溝流　足使爲臺沼觀　乃去瓦礫
流穢惡　疏之釃之　石以坻之　汚者以蠲　淤者以澄　泠然鳴瀉　遂築小臺
于其滸　多種桃花　繞臺連水　花光掩暎　臺影蘸漾　粧點纔畢　半畝之內
天新開地改闢　屛障出而畫圖成也　劉道人性心水鏡耳　情思風花耳　原
其本質粹然　氣恭而言溫　少知先修百源　惟孝稱于人　早能解吟咏　爲唐
人詩句　句多警策　諸文士許與遊　迭相唱和感歎之　而晚學朱文公之禮
節文精熟　吉凶極備　士大夫鮮能及焉　盖才行之卓絶如此　而自其胸中
淨然　物欲不流　査滓不留　水空而鏡照　不待蠲之澄之磨礱之　而本色自
若也　然則水能失性於車塵馬足之間　得君而復其初　君能用水於變化
之間　枕席之邊　使之旁助其胸中之清　滋添其活潑地　君枕水耶　水枕君
耶　未可知也　質勝文則野　不可以風花不文其身　用賁色之　錦其口繡其
腸　看花而吟　臨水而咏　夭艶焉放蕩焉　繁華焉　飛揚焉　性心之體閑定
而情思之用英發　樂此而不知老之將至　世之是非榮辱　禍福成敗　驚波
駭瀾喧豗于咫尺者　不一嬰其心關其慮　而吾臺之高枕一㨾　桃花無恙
流水不息　詩卷長存　諷咏之聲　日夕聞焉　怡然曠然　意趣所極　寂寥乎
幽深乎　遊羲軒　混箕潁　通宇宙　合襟期而莫我知也　噫　若道人者　古之
遺逸也　今之隱君子也　求之世人　不一二焉　爲之記以警吾　曹峴南　曺
公友仁　書

침류대기 성여학[25]

枕流臺記 [成汝學]

화악[26]의 남쪽 정업원 동구에 사람이 살고 있는데, 성이 유씨다. 세속의 얽매임을 털어버리고 그 가운데 거처를 마련해 시냇물을 끌어들이고 누대를 지은 뒤 이름을 침류라 했다. 그 시원 상쾌한 모습과 우뚝하면서 고즈넉한 경치는 지봉 상공께서 이미 상세하게 기술하셨으니 내가 어찌 감히 그 사이에 군더더기 말을 더하겠는가. 유생은 집에 있으면서 즐겁고 감탄하며 흠모하고 기뻐하여 능히 그치지 못함이 있는 사람이다. 가만히 세상에서 선비라 하는 사람을 살펴보면 명예와 이익을 쫓기에 정신이 없어 진실로 어짊과 지혜의 즐거움에 대해서는 짬을 내지 못하는데, 하물며 그보다 낮은 사람이겠는가. 유생은 홀로 능히 옛 사람을 뒤따르며 어울리는 무리니, 오직 산수 자연으로 즐거움을 삼아 끝내 이것으로 저것을 바꾸려고 하지 않는다.

봄비가 막 개인 때를 당하여 개구리밥 뜬 모래톱에서는 푸른 물결이

---

25 성여학(成汝學) : ?~?. 조선시대의 문인. 본관은 창녕(昌寧)이고, 자는 학안(學顏)이며, 호는 학천(鶴泉) 또는 쌍천(雙泉)이고, 성혼(成渾)에게 사사했다. 시를 잘 지었고, 이수광(李睟光)과는 절친한 시우(詩友)였다. 50여 살 때 사마시에 급제했지만, 벼슬은 별좌(別座)에 그쳤다. 저서에 『학천집』과 『속어면순(續禦眠楯)』 등이 있다.

26 화악(華岳) : 북한산의 옛 이름. 북한산 그 이름이 자주 바뀌었다. 부아악(負兒岳), 횡악(橫岳), 화악(華岳 또는 華山), 삼각산(三角山), 북한산(北漢山) 등이 그것이다. 일제강점기에도 그렇게 불려 왔는데, 1983년 4월 국립공원이 되면서 공식적으로 북한산이 되었다.

출렁이고 가는 바람이 문득 지나가며 붉은 꽃이 복숭아나무 길에 비춘다. 서쪽 봉우리로 석양을 보내고 동쪽 언덕에서는 밝은 달을 맞이하면서 발에는 푸른 짚신을 신고 머리에는 누런 관을 쓴 채 소요하고 배회하면서 냇물을 따라 오르내리는 즐거움에 돌아갈 것도 잊어버린다. 몸이 권태롭고 정신이 피로해지면 거울 속에서 맑은 물줄기를 완상하고 누대 옆에서 잔잔하게 출렁이는 흐름을 베고 누운 채 몽롱하게 잠에 빠졌다가 문득 나비가 되어 옥경27을 밟고 자부28에 올라 인간 세상을 돌아보면 항아리 속 파리처럼 보일뿐만이 아닐 것이다.

오호라! 유생은 티끌세상에서 허물을 벗어버리고 팔굉29의 바깥을 떠돌아다닌다고 말할 수 있겠다. 나중에 유생의 풍모를 듣는 사람이 어찌 부끄럽지 않겠는가. 문득 절름발이 노새를 채찍질 하여 신선의 근원 세상을 찾아가면서 낭랑하게 지봉의 시와 글을 읊조리면 비록 늙더라도 감히 한 마디 말이라도 천리마 꼬리에 덧붙이지 못할 것이다. 혹여 나중에 머리가 허옇게 되어 하늘 신령의 도움으로 유생과 이웃하게 되어 나에게도 누대 한 귀퉁이를 나눠주면 나 또한 골짜기에서 일생을 보내게 될 터인데, 유생께서는 이것을 허락해 주시겠는가?

만력 41년(1613) 계축년 가을 7월에 창녕후인 쌍천 성여학 학안30이 쓴다.

---

27 옥경(玉京) : 백옥경(白玉京). 옥황상제가 산다고 하는 하늘나라의 도성.
28 자부(紫府) : 도가(道家)에서 신선이 사는 곳을 일컫는 말. 자방(紫房).
29 팔굉(八紘) : 팔방(八方)의 멀고 넓은 범위. 곧 온 세상 또는 먼 곳을 말한다. 『회남자(淮南子)』에 "팔인의 밖에는 팔굉이 있는데, 또한 사방 천리이다(八殥之外 而有八紘 亦方千里)."라 했다. 그 주(註)에 "굉(紘)은 유(維)이다. 천지(天地)를 유락(維絡)하여 그 표(表)가 되므로 굉(紘)이라 한다."라 했다.
30 학안(學顔) : 성여학의 자(字).

華岳之南 淨業之洞 有人焉 劉其姓也 擺落俗累 卜居於其中 引流築
臺 顏之以枕流 其瀟灑之狀 岑寂之勝 芝峯相公 記之詳矣 余安敢更
贅於其間 而第於劉生 有所歡歡慕悅而不能止者焉 竊觀世之號爲士
者 逐逐於名利 固無暇於仁智之樂 況下焉者乎 劉生獨能追古人而與
之徒 惟以山水爲娛 終不肯以此易彼 當其春雨初晴 錄漲蘋洲 條風纏
過 紅暎桃蹊 送斜陽於西岑 迎皓月於東嶺 足靑鞋首黃冠 逍遙焉徜徉
焉 沿流上下 樂而忘歸 及其體倦氣疲 玩淸漪於鏡中 枕潺湲於臺畔
冥然而睡 蘧然而蝶 躪玉京 登紫府 回視人寰 不啻若瓮蚋焉 吁 劉生
其可謂蟬蛻於塵埃 而浮游於八紘之表矣 後之聞劉生之風者 寧無愧
乎 倘得策蹇驢訪仙源 朗吟芝峯之詩若記則雖老矣 敢不留一語以付
驥尾 而或者白首他年 賴天之靈 與生卜鄰 分我以仙臺一半 則吾亦爲
洞中一生矣 生其許歟 萬曆四十一年癸丑秋七月 昌寧後人雙泉成汝
學學顏 記

침류대 주인에 드리는 서 김현성[31]

贈枕流主人序 [金玄成]

무릇 사람에게 귀와 눈이 있는 것은 하늘에서 내려주신 것이다. 귀는 듣기를 주로 하고 눈은 보기를 주로 하니 하나라도 빠진다면 안 될 것이다. 도성 안 정업원 동구에 유생이라 부르는 이가 있는데, 땅[32]의 한 구역을 사서 흙과 돌을 쌓아 누대를 만들고는 이름을 '침류'라 하여 소부[33]가 귀를 씻은 뜻을 담았으니 세상의 얽매임에 대해서 시원하게 벗어났다고 말할 수 있겠다. 그런데 유독 눈의 쓰임은 함께 하지 않고 없앤 것은 무슨 까닭인가?

유생이 보는 것을 없애려고 하지 않았던 것은 천하 만물 모두가 그것을 보기 때문인데, 들음은 두려고 하지 않았던 것이 천하 만물 모두가 듣지 못하기 때문이라면 이미 치우친 것이 아닌가? 어찌 보는 것과 들음을

---

31 김현성(金玄成) : 1542~1621. 조선시대 봉상시주부, 양주목사, 동지돈녕부사 등을 역임한 서화가. 본관은 김해(金海)고, 자는 여경(餘慶)이며, 호는 남창(南窓)이다. 1564년 식년문과에 병과로 급제했다. 시·서·화에 두루 능하였는데, 그림보다는 글씨에 뛰어났으며 특히 시에 능했다고 한다. 글씨는 조선 초에 유행했던 우아하고 균정된 모습을 지닌 송설체(松雪體)를 따랐다. 현재 전하는 그림은 없고 서예 유작으로 행서(行書)로 쓴 〈주자시(朱子詩)〉가 남아 있다. 저술로는 『남창잡고(南窓雜稿)』가 있다.

32 땅[泉石] : '천석'은 샘물과 돌. 그리하여 산수자연(山水自然)을 말한다. 여기서는 '땅'이라는 정도로 보았다.

33 소부(巢父) : ?~?. 고대 요(堯)임금 때 사람. 은자(隱者). 속세를 떠나 산 속 나무 위에서 살았기 때문에 생긴 이름이다. 요임금이 천하를 맡기고자 했지만 사양하고 받지 않았다. 허유(許由)가 영천에서 귀를 씻고 있는 것을 소를 몰고 온 소부가 보고서 그러한 더러운 물은 소에게도 마시게 할 수 없다며 돌아갔다는 이야기가 전한다.

함께 하여 귀와 눈의 총명³⁴함을 넓혀 저 하늘이 부여한 이치를 얻게 하는 것만 하겠는가. 비록 그렇지만 유생의 효행에 이미 남다른 것이 있었고, 시어(詩語) 또한 사람을 놀라게 하는 것이 있었으니, 어찌 마음이 마른 나무나 꺼진 재와 같아 귀와 눈의 쓰임을 치우쳐 없애려고 했겠는가. 거기에는 반드시 뭔가 뜻하는 바가 있을 것이라고 나는 가만히 헤아려 본다.

무릇 어찌 사람의 몸에서 귀와 눈의 쓰임이 비록 다를 게 없다고 말하겠는가. 눈이 보는 것은 몸이 반드시 기필(期必)³⁵한 다음에야 가능하지만 귀로 듣는 것은 문밖을 나가지 않고도 팔황³⁶의 밖을 알 수 있는 것이다. 지금 유생이 도성 안에서 크게 숨어 도읍에서 다니며 보는데 눈으로 마주치는 것은 산하에는 위나라의 보물³⁷이 있고, 궁실에는 사간³⁸의 아름다움이 있다. 높은 건물 사이로 화려한 말들의 왕래가 잦은³⁹ 거리에는 고양⁴⁰의 대부가 아닌 사람이 없고, 아름다운 머리카락을 허리띠까지 드리우고 성시에 채우며 달리는 것에 도시의 사대부와 아녀자가 아님이 없다. 태평한 시대에 문물이 풍성하여 이와 같은 것이 있으니 사람에게 이런 시대에

---

34 총명(聰明) : 귀가 밝은 것을 '총(聰)'이라 하고, 눈이 밝은 것을 '명(明)'이라 한다.

35 기필(期必) : 반드시 그렇게 되기를 기약함.

36 팔황(八荒) : 팔방(八方)의 멀고 넓은 범위. 곧 온 세상.

37 위나라의 보물[魏國之寶] : '위국지보'는 위국산하(魏國山河). 드넓고 좋은 산하(河山)를 가리키는 말. 『사기(史記)』 손자오기열전(孫子吳起列傳)에 보면 위나라의 무후(武侯)가 서하(西河)에 배를 띄우고 내려가면서 중류(中流)에 이르러 오기(吳起)를 돌아보면서 말하기를 "아름답구나. 산하의 견고함이여, 이것이야말로 위나라의 보배로다.(美哉乎山河之固 此魏國之寶也)"고 말했다.

38 사간(斯干) : 계곡의 물. 『시경(詩經)』 소아(小雅) 사간(斯干)에 "콸콸 흐르는구나 사간이여, 그윽하구나 남산이여.(秩秩斯干 幽幽南山)"란 구절이 있다.

39 왕래가 잦은[旁午] : '방오'는 들고 남. 왕래가 빈번한 모양.

40 고양(羔羊) : 『시경』 국풍(國風) 소남(召南)의 편명. 경대부(卿大夫)의 인품이 고결한 것을 비유한 데서, 청렴하고 절조가 있는 사대부를 기리는 말로 쓰인다.

눈이 있는 것은 다행한 일이 아니겠는가. 유생은 어찌하여 보는 것을 거두고 살피는 것을 거두어 스스로 장님⁴¹과 같이 행동하는가?

무릇 사방에서 들리는 이상한 얘기는 위나라의 재상⁴²이 아뢴 것과 같으니 사람이 혹 도청⁴³으로 서로 말하는 경우가 있으면 유생은 바로 짐짓 귀를 막고 들리지 않는 것⁴⁴처럼 할 것이니, 그가 시냇가에 베개를 베고 귀를 씻으면서 누대 위에서 서성거렸던 것은 아마도 이것 때문이 아니겠는가! 그러나 내가 이해할 수 없는 것은 지난 번 5월 병술일에 도성에 지진이 났을 때 우레와 같은 소리가 있어 마룻대와 지붕이 모두 가느다랗게⁴⁵ □□⁴⁶ 이러한 때에 유생이 바야흐로 시냇가에 베개를 베고 누워 귀를 씻고 잠들어 코 고는 우레 소리로 그 소리를 어지럽힌다면 아무도 그 소리를 듣지 못할 것이겠구려. 유생이 이 말을 듣고 빙그레⁴⁷ 웃으니 마침내 이것으로써 서를 삼았다.

계축년(1613) 여름 남창(김현성)이 쓴다.

---

41 장님[矇瞽] : '몽고'는 맹인(盲人). 장님.

42 위나라의 재상[魏相] : '위상'은 오기(吳起)를 두고 한 말. 앞의 '위국지보'에서 무후(武侯)가 견고한 산하를 보면서 안심하자, 오기가 견고한 요새를 믿어서는 안 되고, 어진 정치를 베풀어 민심(民心)을 얻어야 한다고 역설했다.

43 도청(道聽) : 도청도설(道聽塗說). 길에서 얻어듣고 이내 길에서 옮겨 말함. 천박한 사람은 선언(善言)을 듣고도 이를 오래 간직하지 못하는 것을 일컫는 말이다.

44 귀를 막고 들리지 않는 것[褎然如塞耳] : 유여충이(褎如充耳). 겉모습은 훌륭하지만 덕행이 걸맞지 않음. 또는 용모는 출중하지만 마치 귀를 막은 것처럼 다른 사람의 의견을 들으려 하지 않는 태도를 말한다.

45 가느다랗게[窣窣] : '솔솔'은 작은 소리를 형용하는 말. 바람 소리.

46 □□ : 문집(文集) 원문에 두 글자가 지워져 있어 확인이 되지 않음.

47 빙그레[猶然] : '유연'은 여유 있는 모양. 자득(自得)하여 웃는 모양.

夫人有耳目 受之於天 耳主聽而目主視 視聽之用 闕一不可 洛中淨業
院之洞 有曰劉生者 買泉石一區 累土石而爲臺 名之曰枕流 以寓巢父
洗耳之意 其於世累 可謂脫然矣 而獨不得幷與目之用而廢之者 何耶
生不欲其廢視 則擧天下萬物而皆見之 不欲其有聽 則擧天下萬物而
皆不聞 不旣偏乎 曷若幷觀兼聽 擴耳目之聰明 以全夫天之所賦之理
之爲得乎 雖然 生之孝行 旣有過人者 詩語又有驚人者 豈心如槁木死
灰 而偏廢耳目之用者乎 其必有意存乎其間 而余竊度之 夫豈以人之
一身 耳目之用 雖曰不殊 而目之所視 則身必之焉而後可 耳之所聞
則不出戶庭 而可知八荒之外矣 今生大隱於城市 遊覽於都邑 目之所
接者 山河有魏國之寶 宮室有斯干之美 高軒文駟 旁午街衢者 無非羔
羊之大夫 鬌髮垂帶 駢闐寶闠者 無非都人之士女 太平文物之盛 有如
此者 則人之有目於斯世者 不其幸耶 生何可收視返觀 而自同於矇瞽
乎 若夫四方異聞 如魏相所奏 則人或有以道聽相告語者 生輒褎然如
塞耳而無聞 其所以枕流洗耳 徜徉於臺上者 其不以此也耶 抑吾所未
解者 向在五月丙戌 地震京師 有聲如雷 棟宇皆窣窣□□ 于斯時也
生方枕流而臥 洗耳而眠 以鼻息之雷 亂其聲而莫之或聞耶 生猶然而
笑 遂爲之序 癸丑夏 南窓 金公玄成 書

유침류대서 조우인

遊枕流臺序 [曺友仁]

내가 산인[48]이 된 이후부터 세간의 떠들썩한[49] 소리를 듣기 싫어해 일찍이 문을 걸어 잠그고 메마르게 지내면서 외부 사람들과의 교유도 끊어버렸다. 그리고는 항상 저 자연 속의 아름다운 경치를 생각하면서 가만히 표주박을 던지고[50] 귀를 씻었던 풍모를 그리워하며 지냈다.

어느 날 유생 희경이 우리 집을 지나다가 들러 부탁하며 말했다. "저희 집[51]이 한적하여 성시의 한 쪽 산과 숲에서 우연히 한가한 땅을 차지하고 있소이다. 호미로 골라 누대를 지었는데 이름이 '침류'라 하고, 뜻도 거기에 있습니다. 혹시 한 번 오셔서 감상해주신다면 단지 숲과 골짜기가 빛을 내게 하는 것뿐이겠습니까?" 내가 이 말을 듣고 허락했다.

다음 날 동해[52]에게 명해 천천히 말을 몰면서[53] 바로 문 앞으로 가서 문을 두드렸다. 유생이 바로 신발도 거꾸로 신고 뛰어나와 환영하면서

---

48 산인(散人) : 벼슬하지 않고 민간에서 한가하게 지내는 사람을 일컫는 말.

49 떠들썩한[呶呶] : '노노'는 떠들썩하게 지껄이는 모양.

50 표주박을 던지고[投瓢] : '투표'는 괘표(掛瓢). 표주박을 걸었다는 뜻으로, 은거하거나 은거한 사람이 세상을 업신여기는 것을 일컫는 말. 허유(許由)가 손을 물을 움켜 마시자 이것을 본 사람이 표주박을 주었다. 그런데 걸어둔 표주박이 바람이 흔들리며 소리를 내자 성가시다면서 표주박을 버린 데서 나왔다.

51 저희 집[弊居] : '폐거'는 간소하고 누추(陋醜)한 거처(居處). 자신의 집을 낮춰 부르는 겸사(謙辭)로도 쓰인다.

52 동해(童亥) : 아직 성년(成年)이 되지 않은 어린 노복(奴僕).

53 말을 몰면서[款段] : '관단'은 말[馬]이 천천히 움직이는 모양.

나를 인도해 한 곳으로 가는데, 땅 몇 뙈기를 정리했지만 흙을 고르지도 않았고 돌을 쌓지도 않았는데 오직 녹음만이 길을 메우고 있었다. 맑은 샘물이 시내를 감싸고 있어 갓 끈을 빨면서 소요하니 정녕 호흡을 삭히면서 누워 지내기에 좋은 장소였다.

이때 배회하면서 산보하다가 서로 풀 위에 자리를 깔고 편안하게 앉아 청주[54]를 몇 순배 돌리면서 마시니 순식간에 후끈하게 취기가 올라 이내 팔뚝을 베고 누워 눈을 깜짝이다가 잠이 들었는데, 새 한 마리 울지 않고 모든 생물들도 절로 휴식하여 단지 물소리가 돌을 훑으며 스륵스륵[55] 흘러가는 것과 연못에서 늘어지게[56] 떨어지는 것이 들릴 뿐이었다. 먼 것은 은은하여 바람과 우레가 서로 떠드는 듯하고, 가까운 것은 쟁쟁거리면서 옥돌이 서로 부딪치는 듯하였다. 노래하는 듯도 하고 화답하는 듯도 한 것은 거문고와 축(筑)이 서로 울리는 것처럼 들렸고, 때로는 억눌렸다가 때로는 터져 나오는 듯한 것은 궁상(宮商)의 음률이 돌아가며 연주하는 것 같았다.

귀에 떠들썩해도 듣기에 번거롭지 않았고, 기운은 맑아져서 기상은 더욱 상쾌해지니, 한 침상 너머로 속세의 와자지껄함이 아련하게 격리되어 도심이 지척에 있는 것이 아니라 아득하여 말들의 시끄러운 발굽 소리조차 들리지 않았다. 비록 벼슬살이의 먼지바람과 명예 쫓는 길의 다툼소리들이 천 번 뒤집히고 만 번 엎어져도 전혀 무슨 일인지 알 수 없으니, 참으로 즐거운 일이었다.

---

54 청주[秋露] : '추로'는 청주(淸酒)를 일컫는 말. 가을 이슬이 맑기 때문에 이렇게 불린다.
55 스륵스륵[瀧瀧] : '농롱'은 물이 흘러가는 소리.
56 늘어지게[颼颼] : '풍풍'은 음악 소리가 유장(悠長)한 모양.

오호라! 고금의 은둔해 사는 선비들이 반드시 시냇가 산의 깊고 궁벽한 곳을 골랐던 것은 스스로 멀리 가서 돌아오지 않으려는 자취에 기탁한 것인데, 유생은 그렇지 않아 몸은 시정에 있으면서도 뜻은 산림에 두어 한 골짜기 안에서 여유롭게 유유자적하여 한 터럭만한 영예며 치욕도 마음에 얽매이지 않았으니 표주박을 던지고 귀를 씻었던 아취(雅趣)가 은연중에 샘물 소리를 듣고 귀를 깨우치는 가운데 있으니 침류로 누대의 이름을 정한 뜻을 대개 상상할 수 있었다.

내 유생과의 면식이 더욱 무르익으면서 사람됨이 효행[57]으로 알려졌고, 상례를 잘 알고 있어서 조야의 어진 사대부들 가운데 서로 교유하면서 예모를 갖추지 않은 사람이 없으며, 시에 특히 뛰어나서 사람들 사이에 많이 읽어진다고 하니, 한 번 보고도 그가 평범한 사람이 아님을 알 수 있었다. 오호라! 세상에는 시작과 끝이 들쑥날쑥[58]이라 바르다느니 더럽다느니 하는 비난을 피하지 못하고, 나가고 물러남에 허둥거려[59] 사림(士林)의 치욕을 거듭 당하는 일이 있는데, 이것은 유생의 잘못은 아닐 것이다.

계축년(1613) 원정[60]에 현남경조용이 쓴다.

---

57 효행(孝行) : 유희경이 세상을 떠난 지 백여 년 뒤 영조(英祖) 7년(1731) 그의 효성을 표창하는 정문(旌門)이 세워진다. 영조 때 영의정을 지낸 이천보(李天輔, 1698~1761)가 정문(旌門)의 글을 썼다.

58 들쑥날쑥[參差] : '참치'는 가지런하지 않은 모양. 어지러워 번잡한 모양.

59 허둥거려[狼狽] : '낭패'는 허둥댐. 갈팡질팡함. 낭(狼)과 패(狽)는 다 이리의 일종으로 낭은 앞다리가 길고, 뒷다리가 짧으며, 패는 앞다리가 짧고 뒷다리가 길다. 이 두 짐승이 같이 걷다가 서로 떨어지면 넘어지게 되는 데서 나왔다.

60 원정(元正) : 정월(正月) 원일(元日). 원단(元旦). 새해 정월 초하루.

自余爲散人 厭聞世間呶呶聲 嘗杜門枯居 絶不與外人交 每想烟霞水
石之勝 而竊有慕乎投瓢洗耳之風 一日 劉生希慶過余而請曰 弊居閑
寂 城市中一山林 偶占隙地 鋤而爲臺 名以枕流 意亦有在 倘賜一賞
不但林壑爲生色矣 余聞而諾之 明日 命童奚 策款段 徑造其門而叩焉
劉輒倒屣歡迎 導余至一處 除地數畝 不築土 不累石 唯見綠陰滿蹊
淸泉繞流 濯纓逍遙 正合偃息臥遊之所 於是 徘徊散步 相與藉草夷坐
酌秋露數盃而飮之 須臾醺然至醉 洒曲肱而枕 交睫而睡 則一鳥不鳴
蟄動自息 但聞水聲之瀉于石者瀧瀧然 落于潭者渢渢然 遠者殷殷乎
風霆之相隞也 近者琤琤乎環玦之相戛也 如唱如和者 琴筑之互鳴歟
或抑或揚者 宮商之迭奏歟 聒耳而聽不煩 神淸而氣益爽 一枕之外 塵
喧渺隔 非但咫尺闤闠 邈不聞駢闐聲 雖宦海風塵 名途爭奪 千飜萬覆
而了不知爲何事 信可喜也 噫 古今棲遯之士 必擇溪山深僻處 以自托
其長往不返之蹤 而在劉則不然 身市朝而志山林 優遊自適於一壑之
中 而不以一毫榮辱 累其靈臺 則投瓢洗耳之趣 隱然在於聽泉醒耳之
餘 而枕流名臺之意 槩可想矣 余與劉相識最熟 爲人以孝行聞 且曉解
喪禮 朝之賢士大夫 無不與之交游 而禮貌之 尤工於詩 傳誦於人者亦
多 一見可知其非庸衆人也 嗚呼 世有終始參差 不避貞黷之譏 進退狼
狽 重貽林泉之辱者 玆非劉之罪人歟 癸丑元正峴南耕釣翁 書

제침류대기후 미상

題枕流臺記後 [未詳誰作]

세상에는 간혹 성색(聲色)이나 이익을 끊고 외부의 업무를 버렸으며 관직에 나가는 일에도 담백하고 영광이나 명예, 총애나 봉록이 와도 더러운 것이 몸에 묻고 쭉정이가 눈을 어지럽히며 속박⁶¹이 머리를 조여 흙탕길에 처박힌 것⁶²처럼 여기는 사람도 있다. 비록 고위 관직⁶³이나 작록이 더해지지 않더라도 한 번 환로(宦路)⁶⁴의 득실이나 세력과 이익이 기울고 빼앗는 것, 낮고 비좁은⁶⁵ 시장 거리의 떠들썩한 소리를 들어 족히 내 귀에 걸리고 내 정신을 어지럽히면 반드시 이것은 내 잘못이다, 세상에 멀리 떨어져 있지 않아 이런 부끄러움이 있는 것이라고 말한다. 급하게 빨리 달려 깊이 들어가 오직 남들에게 들리는 것이 내게도 들릴까봐 두려워하는 것이다.

옛날 사람 가운데 허유가 있었는데, 대개 그 사람됨이 성색이나 이익을 끊고 외부의 업무를 버렸으며 관직에 나가는 일에도 담박한 사람이었다. 누가 벼슬에 나가라고 권해도 응하지 않고 영수 강가로 떠나가 그 귀를

---

61 속박[羈絆] : '기반'은 속박되어 견제(牽制)를 받음.

62 처박힌 것[逆施] : '역시'는 이치에 어긋나게 일을 함.

63 고위 관직[軒裳] : '헌상'은 수레와 의복. 그리하여 고위(高位) 관직에 있는 사람을 말한다.

64 환로[宦途] : '환도'는 관료가 되는 길. 관장(官場).

65 낮고 비좁은[湫隘] : '추애'는 낮고 비좁음.

씻어 깨끗하게 해서 지금까지 고아한 선비로 칭송을 받는다. 어찌 그러한 것을 믿지 않겠는가? 진실로 억지로 탁 트인[66] 환로나 세력과 이익으로 시장 거리가 시끌벅적한 곳에 두어 날마다 듣게 된다고 해도 그 귀를 자주[67] 씻을 필요가 없으니 대처하는 것이 마땅히 어떠해야겠는가? 비록 그렇지만 채소를 버리고 먹지 않고 굶어 죽으면서까지 행동을 지키는 데,[68] 이런 사람은 이것을 옳다고 여기지 않고 반드시 영수 강가의 한 뙈기 땅에 마를 심어 실을 짜고 콩과 보리를 심어 족히 의식으로 삼아 죽지 않으니, 때문에 비록 귀를 씻는 데 이를 뿐 더욱 멀리 떠나가지 않고 죽어서 기산[69]에 무덤을 둘 것이니, 이를 알 수 있는 것이다.

유공 희경은 지금 시대의 옛 사람이다. 생활을 유지할 땅은 없이 요금문[70] 밖에서 미미한 직업에 종사했는데, 세상에 나와 초막을 지었으니 궁성[71]과의 거리가 다섯 척 밖에 안 될 정도로 가까웠다. 고위 관직이나 작록이 그 몸에 오지 않아도 이미 구하는 것이 없다면 산림이라도 이미 떠나갈 필요가 없고, 오히려 환로나 세력과 이익, 시장거리가 그 귀에 걸릴까 두려워했던 것이다. 이때 그 거처 근처 시냇가 세 길 정도 되는 땅에 흙을 쌓아 누대를 짓고 '침류'라 이름하여 그 몸을 눕혀 쉬었다. 날마다 콸콸거리고 졸졸거리는 물소리를 듣는 것으로 낙을 삼았다. 바야흐로

---

66 탁 트인〔康莊〕: '강장'은 넓고 탁 트였으며 평탄(平坦)함.

67 자주〔數數〕: '삭삭'은 자주. 여러 차례.

68 행동을 지키는데〔抗行〕: '항행'은 고상(高尙)한 행동을 견지(堅持)함.

69 기산(箕山): 중국 하남성(河南省) 등봉현(登封縣) 동남쪽에 있는 산. 요임금 때 소부(巢父)와 허유(許由)가 숨어살던 곳.

70 요금문(耀金門): 요금문(曜金門). 창덕궁(昌德宮)의 서북문(西北門) 액호(額號).

71 궁성〔魏闕〕: '위궐'은 높고 큰 문. 궁성의 정문으로 법령 등을 게시하던 곳. 그리하여 조정(朝廷)을 일컫는다.

또 스스로 악기[72]들을 벌려놓고 늙음이 장차 올 줄도 모르니 시비나 분쟁도 바람소리에 담박하게[73] 섞여 버리니 비록 번개가 산을 깨고 돌을 울리며, 비록 큰 종이 쟁쟁거려 울림이 일어나도 소영무하[74]를 아울러 연주해 번갈아 들리게 할 것이다.

또 비록 욕하고 성내며 꾸짖는 소리가 좌우에서 어지럽게 들어와도 오히려 따라 들어올 틈이 없으니 저들이 집요하게[75] 벼슬길을 권하더라도 또 어찌 내 마음을 흔들겠으며 치혁[76]이나 구원[77]의 비유도 떠들썩하게 말만 많은 것일 뿐이다. 그가 어찌 구차하게[78] 귀를 씻는 것을 일삼겠으며, 외롭게[79] 높이 몸을 올리는 것을 고상하게 여기겠는가? 다른 사람의 권유를 들은 다음에 귀를 씻는다면 누가 처음부터 일찍이 듣지 않은 사람이 영수 강가로 가 몸을 숨기고 사람들과 함께 살지 않아 그 명성과 영광이 민멸(泯滅)되어 세상에 드러나지 않은 것과 높고 낮음이 그 어떠하겠는가?

---

72 악기〔金石絲竹〕: '금석사죽'은 각종 악기를 통틀어 부르는 말. 금(金)은 종(鐘)이고, 석(石)은 경(磬)이며, 사(絲)는 거문고나 비파고, 죽(竹)은 피리나 퉁소 따위를 말한다.
73 담박하게〔漠然〕: '막연'은 맑고 담박(淡泊)한 모양.
74 소영무하(韶英武夏): '소'는 순(舜)임금 때의 음악이고, '영'은 제곡(帝嚳) 때의 음악이며, '무'는 주무왕(周武王) 때의 음악이고, '하'는 우(禹)임금 때의 음악이다.
75 집요하게〔沾沾〕: '첨첨'은 집착하는 모양.
76 치혁(鴟嚇): 자기 물건을 빼앗길까 두려워 내는 노여운 소리. 원추(鵷鶵)가 북해(北海)를 날아갈 때는 아무 것도 돌아보지 않는데, 솔개는 제 먹이를 빼앗길까 싶어 소리내어 짖는다는 말에서 나왔다.
77 구원(龜願): 아무런 소용이 없는 희망을 비유하는 말. 제사(祭祀)에 쓰기 위해 잘 먹인 거북이 죽을 때가 되어 흙탕물 속에서 살고 싶어도 그럴 수 없다는 『장자(莊子)』 속 이야기에서 나왔다.
78 구차하게〔拘拘〕: '구구'는 얽매여 운신할 수 없는 모양.
79 외롭게〔孑孑〕: '혈혈'은 고단하게 외로이 서 있는 모양.

남이 달아나서 피하는 자라면 나는 누워서 이를 맞을 것이니, 이것이 그 도가 이미 숨기지 않으면서도 간결한 것이로다. 비록 그렇지만 저 사람은 그 이름을 숨기고 귀를 씻으려고 한 것인데, 사람들이 함께 귀 씻는 일에 참여하여 전한 것이니, 나는 누대의 이름이 혹 세상에 알려져서 시냇가에 눕는 즐거움을 얻어 오랫동안 자기 것으로 하지 못할까 두렵다. 조야(朝野)의 대부 선비들 가운데 이미 많이 노래한 사람들은 이 점을 삼가야 할 것이다. 그 안도 온전히 하고 그 밖도 온전히 하여 안팎을 모두 온전히 하는 것이 바로 그 덕을 온전히 하는 것이다. 옛날의 지극한 경지에 이른 사람도 또 이 도에서 벗어나지 않았으니, 나는 이에서 또 유생이 덕을 온전히 할 것을 아는 것이다.

世或有絶聲利捨外務 澹泊於進取 榮名寵祿之來 猶汗穢之浼己 糠粃之眯目 羈絆之絡首 而逆施於塗泥也 雖無軒裳爵命之加 而一聞宦途之得失 勢利之傾奪 市廛之湫隘喧聒 足以關吾耳而撓吾神 則必曰是吾過也 離世之不遠 而有是恥也 汲汲然疾走深入 唯恐其聞於人而已有聞也 古之人有許由者 盖其人 絶聲利捨外務 澹泊於進取者也 或勸之仕 不應 去之潁水之上 洗其耳以爲潔 至今稱以高士 豈不信然哉 誠挽置之康莊宦途 勢利市廛之囂囂 日接其聞聽 則其耳不可數數洗 而處之當如何也 雖然 棄蔬而不食 餓死而抗行 是人也不屑爲是 必潁上一畝地 絲麻菽麥 足賴以衣食不死 故雖至於洗其耳 而不益遠去 死而有塚箕山 是可知已 劉公希慶 今世之古人也 無田以養其生 薄業在耀金門外 就而爲廬 去魏闕尺五而近 軒裳爵命 不至於其身 已無求焉 山林旣不得以去矣 則猶懼其宦途勢利市廛之關其耳 於是 卽其居近溪三丈地 壘土爲臺 以枕流爲名 以息偃其軀 日聽其瀄瀄琤琤 以爲樂也 方且自比於金石絲竹 不知老之將至 是非紛爭 漠然混於風聲 雖疾

雷破山而震石 雖洪鍾鏗以發響 韶英武夏 並奏而交作 雖罵怒詈辱 雜
進於左右 猶且無自而入 彼沾沾强仕之勸 又安得觸吾心 而鵬嚇龜願
之喩 譊譊爲多言矣 其肯拘拘焉以洗耳爲事 孑孑焉以高擧爲尙乎 聞
人之勸 而後洗之 孰若初未嘗聞者 之潁上隱身而不得與處人境 而泯
其聲光 不見於世者 高下何如哉 人之所奔走而避之者 己則偃臥而當
之 斯其道不已逸而簡乎 雖然 彼人也欲藏其名而洗其耳 人則幷與洗
耳而傳之 吾恐臺之名 或出於世 而枕流之樂 不可得而久私也 朝之大
夫士 已多歌咏之者 其愼之哉 全其外以全其內 外內俱全 斯全其德矣
古之至人 亦不過是道 吾於是 又知劉之德全也

서문

동해산인 소암
序 [東海散人]

오호라, 길이 가면서 홀로 즐기는 선비를 나는 보지 못했다. 그 버금가
는 사람을 본다는 것은 혹 가능할 것이다. 이른바 버금 간다는 것은 도
성에 이름을 두고서 행실은 산림에 두어, 그 흔적은 죽어서 가깝게 하고
그 마음은 끌어서 멀리 두면서 이 양자 사이에 처하여 바름을 잃지 않는
다면 거의 그 사람에 가까울 것이다. 내 들은 바로는 오직 유군 희경이
가히 이렇다고 말할 수 있겠다.

　유군은 본래 위항[80] 사람이니, 그 직업이 무엇인지 알 만하다. 농부가
되지 못하면 공인(工人)으로 가고, 공인이 되지 못하면 장사꾼으로 가는
것이 대개의 모습이었다. 이 세 사람들은 모두 스스로 생산해 쓰는 방식을
가졌다. 유군은 감정을 드러내지[81] 않고 그 일을 쓸어서 버려버리고 홀로
책을 읽는 일에 힘을 써 그 좋아하는 것으로 그 무리들이 좋아하지 않는
바를 결정했으니, 나는 무리를 좇는 것을 즐기지 않는 것이 아니고, 무리

---

80 위항(委巷) : 후미지고 꾸불꾸불한 골목길. 일반 서민들이 사는 동네를 말한다. 여기서
　　는 조선 후기에 문예 방면에서 활발하게 활동한 중인(中人) 계층을 일컫는 말이다.
81 감정을 드러내지〔色喜〕: '색희'는 기쁜 마음을 얼굴빛에 드러냄.

를 어기는 것을 싫어하지 않는 것도 아니다. 각자 좇거나 버려두는 것이 있으니 서로 그 시비를 보는 것이다. 이렇기 때문에 농사를 짓는 사람은 쌀이나 조, 보리, 콩, 기장 등에 재주가 있어 해마다 그 이익을 얻는데, 쌀알이 곳집에서 썩어도 유군은 책을 읽느라 돌아보지 않는다.

공인은 동그랗고[82] 네모난[83] 제도를 익혀 교묘하게 만들고 새롭게 하는 일에 전념하여 사람의 눈에 들게 하고 손가락 끝에서 의식주를 얻기를 요구하지만 유군은 책을 읽느라 돌아보지 않는다. 장사꾼은 삼보[84]의 손잡이를 조절하여 재물은 적게 주고 이익은 두텁게 취하여 열에서 한두 개가 아니면 내보내지 않고 하나에서 백이나 열이 아니면 들이지 않아 재화가 방 안에 황금과 비단으로 양을 재어 채우지만 유군은 책을 읽느라 돌아보지 않는다. 이 때문에 유군은 더욱 가난해져 스스로 떨치지 못하고 이웃이나 마을 사람, 친척들도 가만히 모두 비웃는다. 소인배들은 농공상을 직업으로 삼지만 지금 그대는 근본은 버리고 구설[85]을 일삼으니 집안 살림이 가도사벽[86]인 것도 당연하지 않은가. 유군은 못 들은 척하면서 날마다 여전히 책을 읽으니, 이렇게 벌써 수십 년을 한 뒤에야 득실이 비로소 정해진다.

저 농공상이 비축한 것은 일찍이 짧은 순간에 잃지 않은 것이 없지만,

---

82 동그랗고[拘罷]: '구파'는 동그란 것. 원(圓).

83 네모난[拒折]: '거절'은 네모반듯한 모양.

84 삼보(三寶): 불교도(佛教徒)가 가장 존경하며 섬기는 중요한 세 가지 보배. 곧 불(佛)과 법(法)과 승(僧)으로, 부처님의 깨달음과 그 교법(教法), 교법의 수행하는 사람들을 말한다.

85 구설(口舌): 입과 혀는 말을 하기 위해 필요한 기관. 그래서 문사(文辭)나 문필(文筆)을 뜻한다.

86 가도사벽(家徒四壁): 집안에 세간이라고는 아무 것도 없고 네 벽만 둘러쳐져 있다는 뜻으로, 아주 가난한 것을 일컫는 말.

유군이 책을 읽으면서 얻은 것은 참으로 차곡차곡[87] 쌓였던 것이다. 유군은 석류[88]의 미덕이 있어서 옛 가르침에 더욱 깊이 빠져 부모님이 살아 계실 때에는 하룻밤에도 다섯 번씩 일어나 살폈고, 돌아가신 뒤에는 벽에 관 그림을 그려두는[89] 애통함을 보였다. 상[90]을 마치고는 아침저녁으로 광[91]을 어기지 않으면서 추우나 더우나 밤낮으로 통곡하여 그치지 않았으니 유자[92]로서 부모를 그리워하는 사람이라도 능히 맡을 수 없는 일이었다. 유군이라면 고개를 숙이고 나아가 일을 다 마치고도 여전히 슬픔이 남아 있었다. 누군들 자식이 아니겠는가만 유군은 유독 부모를 친하게 여겼던 것이다.

유군에게 더욱 많았던 것은 제례와 상례에 대한 식견으로, 초상을 치르든 치르지 않든 그 쓰이는 바의 나머지를 읽어 썼는데도 오히려 당시의 문의가 폭주했던 것이다. 사상례란 상례에 오복[93]이 있는데, 그 가운데

87 차곡차곡〔秩秩〕: '질질'은 질서 정연한 모양.

88 석류(錫類) : 선함을 내려주는 일. 유(類)는 선(善)의 뜻으로서 좋은 복(福)을 뜻한다. 효자는 효자를 낳는 등 계속 좋은 일을 내려준다는 뜻이 담겨 있다. 『시경(詩經)』 대아 (大雅)편의 〈기취(旣醉)〉에서는 제사가 끝난 잔치에서 천자(天子)의 복을 빌면서, 훌륭한 임금에게는 자손이 계속 이어져 길이 복을 누린다고 노래하고, 또한 그 자손은 하늘이 복을 주시어 천 년 만 년 번성하고, 좋은 부인을 얻고, 다시 좋은 자손을 얻는다고 했다.

89 그림을 그려두는〔畵壁〕: '화벽'은 벽에다 그림을 그림. 부모님이 돌아가시자 벽에다 관구(棺柩)의 그림을 그려두고 아래 신좌(神座)을 마련해 매일 곡을 한 데서, 부모의 죽음을 진심으로 애도하는 것을 뜻하게 되었다.

90 상(祥) : 제사(祭祀) 이름. 사람이 죽은 지 한 돌 만에 지내는 제사를 소상(小祥)이라 하고, 두 돌 만에 지내는 제사를 대상(大祥)이라 한다.

91 광(壙) : 광중(壙中). 무덤 속. 하관(下棺)하는 곳을 말한다. 여기서의 뜻은 무덤가에서 시묘(侍墓)하는 것을 말하는 것으로 보인다.

92 유자(孺子) : 옛날의 천자(天子)나 제후(諸侯). 세경(世卿)을 계승한 사람을 일컫는 말. 여기서는 신분이 높고 학덕이 있는 사대부(士大夫) 계층을 뜻하는 말로 보인다.

용이한 것을 골라 알기 쉽게 설명했던 것[94]이다. 그 예가 익숙지 않다는 마음이 들면 전례에서 찾아 구해 대응했으니, 유군에게 어찌 옛 것이 하나라도 도움이 되지 않았겠는가? 유군이 초상을 집행할 때에는 정성으로 하면서도 예에서 조금도 놓친 것이 없어 나로부터 시작해서 남에게로 나가 옛 것에 징험하지 않은 것이 없었다. 자신을 높이지 않고도 유군은 초상을 잘 주관하여 돕는 사람이 대응하는 사람으로 하여금 손뼉을 치게[95] 하니 어찌 효에 있어서 유군을 버려두겠는가? 효란 것은 모든 행실(行實) 가운데 가장 큰 것이니 진실로 여기에 정성을 다해야 하고, 인륜 가운데 근본도 여기에 있는 것이다. 행실에 있어 유군은 이미 그 큰 것을 세웠다고 하겠다.

유군에게는 시가[96]에서도 능력이 있어 옛날 시법(詩法)에 대해서도 아주 잘 알았고, 청련거사 이백과 소릉 두보, 유주 유종원, 창려 한유, 설당 소식(蘇軾), 산곡 황정견, 간재 진여의,[97] 방옹 육유[98] 등의 시에서 모든

---

93 오복(五服) : 상(喪)을 당했을 때 죽은 사람과의 혈통 관계의 원근에 따라 다섯 가지로 구분되는 유교의 상복제도(喪服制度). 곧 3년 상복의 참최(斬衰), 1년 상복의 제최(齊衰), 9개월 상복의 대공(大功), 5개월 상복의 소공(小功), 3개월 상복의 시마(緦麻)를 가리킨다.

94 설명했던 것[指掌] : '지장'은 손바닥을 가리킨다는 뜻으로, 사리가 간단하고 분명하여 이해하기 쉽다는 비유로 사용된다. 『논어(論語)』에 따르면, 누가 공자에게 체(禘) 제사에 대해 묻자, 공자는 만일 체 제사에 대해 안다면 천하 다스리는 것이 여기에 올려놓고 보는 듯 쉬울 것이라고 말하고, 자신의 손바닥을 가리켰다고 한다.

95 손뼉을 치게[抵掌] : '저장'은 손뼉을 침. 사람이 대화를 나누면서 정신이 한껏 고양(高揚)된 것을 말한다. 쾌담(快談)을 가리키기도 한다. 여기서는 일이 예법(禮法)에 잘 맞아 감탄하는 것을 뜻하는 것으로 보인다.

96 시가[言志] : '언지'는 뜻을 말함. 시가(詩歌)를 말한다. 『서경(書經)』 순전(舜典)에 "시는 뜻을 말하는 것이다.(詩言志)"라고 했다.

97 진여의(陳與意) : 1090~1139. 남송 때의 시인. 낙양(洛陽) 사람. 조적(祖籍)은 미주(眉州) 청신(青神)이다. 자는 거비(去非)고, 호는 간재(簡齋)다. 진희량(陳希亮)의 증손이

것을 배워 익히지 않은 것이 없고, 이를 바탕으로 시를 썼기 때문에 그의 시에는 도움을 받은 것이 가장 많아 더욱 볼 만한 작품이 나왔다. 특히 율시(律詩)에 뛰어났는데 율시는 내가 특히 중시하는 것이다.

말에 능하면 말에 문제가 생기고, 이치에 능하면 이치에 문제가 생기는 법이라 이 두 가지는 편벽되지 않기가 어렵다. 유군은 반드시 이 모든 것을 갖추기를 구하여 안팎이 서로 돕지 않으면 한 마디도 내지 않았고, 내면 당시의 시인들을 능가했다. 말을 숭상하는 사람은 신실하지 않아 부끄럽고, 이치를 숭상하는 사람은 화려하지 않아 싫어하는데, 이 사람[99] 은 어떤 물건이기에 홀로 근체시에서 모든 것을 잘 갖추었는가?[100] 족히

다. 휘종(徽宗) 정화(政和) 3년(1113) 상사갑과(上舍甲科)에 급제하여 문림랑(文林郞)으로 개덕부교수(開德府敎授)에 임명되었다. 시를 잘 지었고, 처음에는 황정견(黃庭堅)과 진사도(陳師道)를 배우다가 나중에는 두보(杜甫)를 배웠다. 국가의 환란을 당해 겪은 비탄과 한별(恨別)이 비장하게 그려져 있다. 후세 사람이 강서시파(江西詩派) '삼종(三宗)'의 한 사람으로 꼽았다. 사(詞)에도 능했다. 저서에 『간재집(簡齋集)』 16권과 『무주사(無住詞)』가 있다.

98 육유(陸游) : 1125~1210. 남송 월주(越州) 산음(山陰) 사람. 자는 무관(務觀)이고, 호는 방옹(放翁)이다. 젊었을 때부터 문명이 있었다. 고종(高宗) 소흥(紹興) 24년(1154) 예부시(禮部試)에 응해 상위권에 올랐지만, 국위를 회복하자는 논의를 전개하다 진회(秦檜)에 의해 퇴출되었다. 효종(孝宗)이 즉위하자 추밀원편수관(樞密院編修官)으로 승진하고, 진사출신(進士出身)으로 인정받았다. 시와 사(詞), 산문에 능했고, 사학(史學)에 조예가 깊었다. 금나라에 대해 철저한 항전을 주장한 격렬한 기질의 소유자였다. 작품에는 호탕한 기개와 함께 좌절하여 침울한 심정이 잘 드러나 있다. 우무(尤袤), 양만리(楊萬里), 범성대(范成大)와 함께 '남도후사대가(南渡後四大家)'로 불린다. 32살부터 85살까지 50년 동안 1만 수에 달하는 시를 남겨 최다작의 시인으로 꼽힌다. 저서에 『검남시고(劍南詩稿)』 85권과 『위남문집(渭南文集)』, 『남당서(南唐書)』, 『노학암필기(老學庵筆記)』가 있다.

99 이 사람[傖父] : '창부'는 비천한 사람. 사람을 천하게 이르는 말. 시골뜨기. 여기서는 유희경이 신분이 낮은 사람이라 이렇게 표현했다.

100 모든 것을 잘 갖추었는가[彬彬] : '빈빈'은 글의 수식과 내용이 서로 알맞게 갖추어져 있어 아름다운 모양. 외관과 내용이 서로 알맞게 갖추어져 있는 모양.

사림(士林)의 한 재주꾼이라 가름할 만하다. 양좨주[101]나 항사지[102]와 같은 사람이 아니라면 함께 시에 대해 말할 수 없을 것이니, 쓴 맛을 다시면서 반드시 유군의 율시에 대해 뭐라고 외칠 것이다. 무릇 문장 가운데 정수가 시인데, 율시는 시 가운데서도 정수다. 진실로 여기에 능하다면 시인으로서의 법도[103]가 여기에서 다했다고 하겠다.

시에 있어서 유군은 이미 그 정수를 공교롭게 이루었다. 때문에 유군이 책을 읽어서 얻은 것은, 큰 것은 바탕[質]이 되고 작은 것은 문장[文]이 되었는데, 문질(文質)을 모두 갖추었으니 엄연한 한 군자(君子)라 하겠다. 만약 유군을 쓰는 사람이 있어서 완준[104]으로 관직을 내린다면 두 가닥 노끈으로 유군을 얽매여 놓을 수 없음을 알 것이다.[105] 어찌하여 가게나 쓰는 일에 버려두고 사람마다 겨우 천한 옷[106]이나 얻게 하고, 또 조그마한 시혜도 금지하여 세태(世態)에 허물이 돌아가지 않을 수 없게 하는가? 내가 인사[107]를 담당한다면 반드시 신분이 좋고[108] 나쁜지[109]를 참작해 재주 있고 재주 없음을 나누지는 않을 것이다. 재주 있는 사람

101 양좨주(楊祭酒) : 미상(未詳).

102 항사지(項斯地) : 미상(未詳).

103 법도[繩墨] : '승묵'은 먹줄통과 먹줄. 그리하여 법도(法度)나 준칙(準則). 기율(紀律).

104 완준(浣準) : 관준(管準). 옛날에 물건의 무게를 잴 때 균형을 유지하기 위해 쓰는 기구(器具). 공정하다는 말이다.

105 그의 신분(身分) 때문에 불공평하게 대우할 수 없다는 말이다.

106 천한 옷[褐寬博] : '갈관박'은 천(賤)한 사람이 입는 모직 옷. 관박(寬博)은 헐렁하고 크게 지은 의복인데, 천한 사람을 일컫는 말로 쓰인다.

107 인사[升黜] : '승출'은 관직을 올리거나 깎는 일. 승진(昇進)과 강면(降免).

108 좋고[綺紈] : '기환'은 화려한 비단. 또는 화려한 비단옷. 그리하여 부귀한 집안 자제를 비유하는 말로 쓰인다.

109 나쁜지[蓬蓽] : '봉필'은 봉문필호(蓬門蓽戶). 봉호(蓬戶)와 필문(蓽門). 곧 가난하거나 신분이 미천한 사람이 사는 집의 사립문. 또는 그런 사람을 말한다.

이 천한 신분이라 꺾인다면, 이는 재주가 짧아서 꺾인 것이 아니라 신분이 천해 꺾인 것이고, 재주 없는 사람이 신분이 좋아 뜻을 편다면 그 장점 때문에 뜻을 편 것이 아니라 좋은 신분 때문에 뜻을 편 것이다. 말세가 무르익었다[110] 해도 천하에 누가 이것을 좋아하겠는가?

돌아보면 이런 풍조는 우리 동방(東方)이 더욱 심하니 유군을 아끼는 사람이라도 비열한 풍속에 얽매여 능히 그의 출신에서 자유롭지 못하고, 이 때문에 유군이 얽매이니 마침내 그 능력을 세상에 팔지 못하고 뒷골목에서 쓸쓸하게 세월을 보내고 마는 것이다. 식견이 있는 선비가 팔을 걷어 부치고[111] 탄식하지만 유군의 머리카락은 벌써 듬성듬성 백발이 되어 버렸다.

오호라! 옛날에 창고지기[112]를 뽑을 때 어찌 일찍이 출신을 물어보았는가? 만약 반드시 출신을 물어보았다면 그것은 대완[113]의 천리마나 한혈마[114] 같은 것이다. 이미 오랑캐의 고장에서 나온 수법이니 열두 개의 법도의 실상에 갖춰 넣기에는 부족하다. 연꽃이 꽃망울을 머금고 있어도[115] 본래 흐린 진흙탕에서 피어난 것이니 얕은 샘물가에서 감상하기에

---

110 무르익었다〔滔滔〕: '도도'는 물 따위가 창일(漲溢)하여 세차게 흐르는 모양.
111 팔을 걷어 부치고〔扼腕〕: '액완'은 성이 나거나 분해서 주먹을 불끈 쥠. 또는 팔을 걷어 올림.
112 창고지기〔管庫〕: '관고'는 창고를 관리하는 하급 관리. 창고지기. 관고(筦庫).
113 대완(大宛): 옛날 한(漢)나라 때의 나라 이름. 서역(西域) 36국(國)의 하나. 좋은 말이 많이 나왔기 때문에 대완마(大宛馬)로 불렸다. 북쪽으로 강거(康居)와 통하는데, 남쪽과 서남쪽이 대월지(大月氏)와 닿아 있다. 한혈마(汗血馬)가 나온다. 대략 지금의 러시아 비이간납(費爾干納) 분지와 닿는다.
114 한혈마(汗血馬): 옛날 서역(西域)에서 나던 준마 이름. 하루에 천리 길을 달리고, 피 같은 땀을 흘린다고 한다. 천리마(千里馬).
115 머금고 있어도〔菡萏〕: '함담'은 연꽃 봉우리가 아직 피지 않은 것이란 뜻으로, 미인의 용모를 비유하는 말이다.

는 적당하지 않다. 민산[116]의 토란이나 구구[117]의 순무와 같은 채소가 더러운 땅[118]에서 나왔지만 왕공(王公)의 입에 올리거나 호귀(豪貴)의 밥상에 올리기에 부족할 게 없었다. 단사[119]나 종유[120]도 복용하기에 좋은 것이지만 반드시 황복[121] 백월[122]의 황무지에서 생산된 것이다. 그러니 이런 몇 가지는 모두 목숨을 연장하고 수명을 늘리는 약으로는 부족하다 하겠으니, 반드시 근본을 미워한다면 물건이나 사람이나 한 가지다. 물건에 있어서는 귀하다 여기고, 사람에게 있어서 비천하다 여기니, 유군이 낮은 지위에 있음을 면하지 못하는 것도 사람인 탓이로다.

그러나 유군은 이런 일에 부대끼며[123] 터럭만큼도 얻지 못할 것에 대해 흔들리지 않고 터럭만큼도 없애서는 안 될 일에 게으르지 않았다. 기대하는 바 없이 더욱 나아졌으니 이것이 바로 유군이 현명하다는 것이다. 집에 있을 때 오른쪽 무릎이 이미 좁은 벽에 걸려도 풍성한[124] 넓은 저택처럼 보았고 비가 내려 지붕이 축축하게 젖어도 바로 앉아 움직이지 않으며,

---

116 민산(岷山) : 산(山) 이름. 사천성(四川省) 북부 지역으로, 사천과 감숙(甘肅) 두 성(省)의 변경(邊境)에 이어져 있다. 장강(長江)과 황하(黃河)의 분수령(分水嶺)으로, 민강(岷江)과 가릉강(嘉陵江)의 지류인 백룡강(白龍江)의 발원지다.

117 구구(具區) : 옛날의 연못가 숲〔澤藪〕의 이름. 지금의 강소성 태호(太湖)를 말한다. 『이아(爾雅)』 석지(釋地)에 나오는 십수(十藪)의 하나다.

118 더러운 땅〔鬱棲〕 : '울서'는 더러운 흙.

119 단사(丹砂) : 도가에서 술사(術士)들이 만들어 먹는다는 무병장수(無病長壽)하는 약.

120 종유(鐘乳) : 종유석(鐘乳石).

121 황복(荒服) : 옛날 중국 오복(五服) 가운데 가장 먼 변두리에 있는 구역. 왕기(王畿)에서 멀리 떨어진 2000리에서 2500리 사이의 지역. 제왕의 감화가 미치지 못하는 먼 나라의 이민족.

122 백월(百越) : 중국 고대 남방 월(越)나라 사람들의 총칭.

123 부대끼며〔揭揭〕 : '게게'는 요동하여 안정되지 못한 모양.

124 풍성한〔沈沈〕 : '침침'은 풍성(豊盛)한 모양. 무성(茂盛)한 모양.

찢어진 자리라도 하루 종일 치우지 않았고, 무성한 초목이 길을 뒤덮어도 두고 볼 뿐 자르지 않으며, 뜰에 구기자와 국화가 몇 송이 피어 있고 가을빛은 쓸쓸하며, 어린아이는 문 밖에서 어른 말씀에 대답하고 괴롭게 시를 읊는 소리가 벽 아래에서 들리니, 이렇지 않다면 유군의 집이라고 생각지 못할 것이다.

오호라! 유군의 빈궁함이 이 지경에 이르렀어도, 그 명성은 더욱 더욱 빛났고 큰 행실은 자자하여 나라 전체에 들렸으니, 비록 어둠 속에서 뒤진다고 해도 모두 유군을 알아볼 수 있을 것이다. 유군이 평소 덕색[125]이 없다고 해도 나는 그를 손님으로 맞을 것이니 어찌 나불거리면서[126] 변론[127]을 늘어놓아 내 무엇을 구하겠는가.

내 산수자연에 몸을 던진 것이 이미 오래다. 때문에 나막신을 신고 동토를 여러 번 다녔지만 "이곳은 흙이 쌓인 것일 뿐이다. 일찍이 유군의 발걸음이 닿지 않았으니 그 땅에 무슨 볼거리가 있겠는가. 강물과 높은 봉우리를 찾아다니면서[128] 눈이 닿은 곳에서 좋은 경치를 얻고 마음이 닿는 곳에서 정취를 얻었지만 옛날 유군이 일찍이 이 일에 종사했던 것이다."라고 말했다.

지금 나는 병이 들어서 지난날의 유람을 다시 즐길 수 없는 데다 도성 안에서 몸을 숨겼으니[129] 좌우나 앞뒤가 모두 속되다. 비록 그렇지만 특별

---

125 덕색(德色) : 남에게 은혜를 베풀어 준 것을 자랑하는 말이나 얼굴빛. 은혜를 베푼 것을 자랑하는 기색.

126 나불거리면서〔諜諜〕 : '첩첩'은 말이 많은 모양. 첩(諜)은 첩(喋)과 같은 뜻이다.

127 변론〔利口〕 : '이구'는 말을 잘 하고 변론(辯論)에 뛰어남.

128 찾아다니면서〔搜剔〕 : '수척'은 구(求)하여 찾아다님. 검사(檢查)함.

129 몸을 숨겼으니〔陸沈〕 : '육침'은 ①뭍에 가라앉음. 곧 범인 속에 묻혀 있는 은사(隱士). 속인과 함께 생활하며 겉보기에는 속인과 조금도 다름이 없기 때문이다. ②세상이

한 것이 없을 수는 없다. 때문에 먼지로 뒤덮인 가운데에서도 저기에서 이 좋은 것을 가려 머무니, 이른바 침류대가 바로 그곳이다. 맑은 냇물이 아래에서 흐르는데, 물은 깊이가 고작 술잔 하나를 띄울 정도[130]고 주변에 주먹 만한 돌도 높이 쌓여 있지 않지만, 유군이 이미 팽려[131]와 동정[132]의 장관에서 그 안목을 바꿔 놓았으니 마치 궤석 앞에 숭산[133]과 고산,[134] 태산,[135] 화산[136]을 벌려놓은 듯하다. 대개 즐거움의 깊고 옅음은 물건이

몹시 어지러워진 것을 비유하는 말. ③옛날은 알고 지금은 알지 못하며, 또는 도를 지키며 세속을 따르지 않는 등 세상과 서로 어긋나는 것을 일컫는 말. 여기서는 ①의 뜻으로 쓰였다.

130 술잔 하나를 띄울 정도〔濫觴〕: '남상'은 술잔(觴)이 넘칠〔濫〕 정도로 적은 물이란 뜻으로, 모든 사물의 시초나 근원을 일컫는 말이다. 『공자가어(孔子家語)·삼서편(三恕篇)』에 "부강(夫江)이 민산(岷山)에서 나오는데 근원(根源)되는 물은 술잔이 넘칠 정도다.(夫江始出岷山 其原可以濫觴.)"라고 했고, 그 주석에 "처음 근원이 되는 물은 적은 것이 한 잔에도 넘칠 정도다."고 했다.

131 팽려(彭蠡): 중국에 있는 호수 이름. 오호(五湖)의 하나로, 경치가 뛰어나다.

132 동정(洞庭): 동정호(洞庭湖). 호남성(湖南省)에 있는 호수로 면적은 2820평방미터로 중국에서 두 번째로 큰 호수이며 팔백리동정(八百里洞庭)이라고 불렸다. 원수(沅水)와 점수(漸水), 원수(元水), 진수(辰水), 서수(敘水), 유수(酉水), 풍수(澧水), 자수(資水), 상수(湘水)가 모두 동정호로 합치기 때문에 구강(九江)이라고 하기도 한다. 호숫가에는 작은 산들이 많지만 그 중에서 군산(君山)이 가장 유명하다. 호수를 따라 악양루(岳陽樓) 등 유명한 고적이 많다.

133 숭산(嵩山): 산(山) 이름. 하남성(河南省) 등봉현(登封縣) 북쪽에 있고, 오악(五嶽) 가운데 중악(中嶽)이다. 옛날에는 외방(外方)·태실(太室)로 불렸고, 숭고(崇高)·숭고(嵩高)로도 불린다. 봉우리가 셋 있는데, 동쪽이 태실산(太室山)이고, 가운데가 준극산(峻極山)이며, 서쪽은 소실산(少室山)이다.

134 고산(高山): 전설(傳說)에 나오는 산 이름.

135 태산(太山): 태산(泰山). 중국 산동성 중부 독중산지(禿中山地) 서쪽에 있는 산. 해발고도 1532m로, 제남시(濟南市) 남동쪽 태안지구(泰安地區)의 경계를 따라 동북쪽에서 남서쪽으로 뻗어 있다. 중국 5악(五嶽) 가운데 하나인 동악(東嶽)으로 대산(岱山) 또는 대종(岱宗)이라고도 한다.

136 화산(華山): 산(山) 이름. 오악(五嶽)의 하나. 섬서성(陝西省) 화음시(華陰市) 남쪽에 있다. 그 북으로 위하평원(渭河平原)이 펼쳐지는데, 진령(秦嶺)의 동쪽 측면에 속한

크고 작으며 있고 없음을 뒤집어 놓을 수도 있을 것이다. 그 크다는 측면
으로만 보고 크다고 하면 작은 것도 크다 하지 않을 수 없고, 그 있음으로
써만 있다고 한다면 없는 것도 있지 않다고 할 수 없는 것이다. 유군의
즐거움은 족히 작은 것을 크게 하고 없는 것도 있게 만들었다. 또 기산과
영수의 풍모에서 이름을 가져와 도성[137] 안 이익을 좇는 땅[138]에서 세상을
버리고 세속과 끊으려는 뜻을 담았다. 그러니 유군이 비록 대효위[139]와
향자평[140]의 영역에 이르지는 않았지만 생존해 있는 사람으로 보자면 그
렇게 많지는[141] 않을 것이다. 이에 진신(縉紳) 선생들이 풍모를 듣고 아름
답게 여겨 다투어 침류대를 위한 시를 지어 번갈아 가며 서로 창화(唱和)
하고, 이것을 종이에 적어 놓았던 것이다. 소암거사의 시도 또한 그 안에
들어가 있다.

임자년 가을에 동해산인(소암은 호의 하나다)이 쓴다.

다. 태화산(太華山)이라 부르기도 하고, 옛 명칭은 서악(西嶽)이다. 연화(蓮花, 西峰)
와 낙안(落雁, 南峰), 조양(朝陽, 東峰), 옥녀(玉女, 中峰), 오운(五雲, 北峰) 등의 봉우
리가 있어 관광지로 유명하다. 예로부터 산세가 깊고 상서로워 120여 세 가까운 장수를
누렸다고 전해지는 도사 진단을 비롯해서 수많은 수행자가 나온 곳으로 유명하다.

137 도성[輦轂] : '연곡'은 황제(皇帝)의 수레. 그리하여 경성(京城)을 가리키는 말로 쓰
인다.

138 이익을 좇는 땅[乾沒] : '건몰'은 돈을 벌기 위해 매점매석(買占賣惜) 같은 것을 하여
이익을 남기기도 하고 손해를 보기도 함. 투기(投機)하여 이익을 도모함.

139 대효위(臺孝威) : 미상(未詳).

140 향자평(尙子平) : 향자평(向子平). 향장(向長). ?~?. 전한 말기와 후한 초기 하내(河
內) 조가(朝歌) 사람. 자는 자평(子平)이다. 벼슬을 단념하고 은거했다. 성격이 원만
했고 화기애애했으며, 『주역(周易)』과 『노자(老子)』에 정통했다. 은거한 채 벼슬을
하지 않았고, 건무(建武) 연간에 자식들을 출가시킨 뒤 북해(北海) 사람 금경(禽慶)과
오악(五嶽)의 명산(名山)을 유람했는데, 어디에서 죽었는지는 알 수 없다. 『후한서(後
漢書)』 일민(逸民) 향장전(向長傳)에 기재되어 있다.

141 많지는[數數] : '삭삭'은 자주. 여러 차례. 여기서는 많은 것으로 보았다.

嗚呼 長往獨樂之士 吾不得而見之矣 得見其次者 斯可矣 所謂其次者
城市名而山林行 殺其迹而近之 引其心而遠之 處乎彼此之間 而不失
其宜者 庶幾其人也 余以所聞 惟劉君希慶 可以語此矣 劉本委巷人也
其業可知也 不得於農之工 不得於工之賈 乃其大率也 是三者 皆自足
之道也 劉不色喜 掃其事而却之 獨用力於讀書之地 以其所好 決其徒
之所不好 吾非不樂從衆也 又非不厭違衆也 各有趣舍 互見其是非矣
是以 農者藝稻粱麥菽黍稷 歲獲其利 粒米腐於庚 劉讀書不顧 工者講
拘罷拒折之制 務其巧而新之 以媚人目 責衣食於其指 劉讀書不顧 賈
者操三寶之柄 薄予而厚取 十不一二不出 一不百十不入 貨至用室量
金帛 劉讀書不顧 以故 劉貧益甚 不自振 鄰里鄕黨親戚 竊皆笑之 小
人職農工賈 今子釋本而事口舌 家居徒四壁立 不亦宜乎 劉爲不聞也
日讀書如故 如是者盖數十年 而後其得失始定 彼農工賈之所蓄 未嘗
不失之乎頃刻 而劉之所得於讀書者 固秩秩而積也 劉有錫類之美 而
盒沉潛於古訓 親在 有一夕五起之勤 親沒 有畵壁作棺之痛 卒其祥
朝夕不違其壙 不已寒暑 晝夜哭孺子慕者不能任也 劉則俯而就之 旣
闋 有餘戚焉 孰不爲子 劉獨父母其親矣 尤多乎劉者 祭禮喪禮 葬未
葬 讀用其所用之餘 猶輻湊一世之間 士喪禮者 喪有五服 品節斯易指
掌也 其禮不熟之心 宿投之讐柞 劉安得不一左於古也 劉之執喪 以情
而不少遺乎禮者也 其自我而人矣 毋徵古昔 亡高劉善居喪 而右者使
讐者抵掌 焉能捨劉於孝也 夫孝者 百行之大者也 苟篤於是矣 人倫之
根本 止於此矣 行劉已立其大者矣 劉有言志之能 而盒汎濫於古法 盡
取靑蓮, 少陵, 柳州, 昌黎, 雪堂, 山谷, 簡齋, 放翁之詩　靡不習
之 以資爲詩 故其詩最多助 層出可觀 而尤長於律 律余所持重哉 辭
勝咎其辭 理勝咎其理 二者難乎不偏矣 劉必求其備 內外不相護 一語
不出 出輒傾一時作者 尙辭者恧其不實 尙理者嫌其不華 何物傖父 獨
彬彬於近體也 足辦詞林之一技矣 其不爲楊祭酒爲項斯地者 必難與

言詩者也 否口必嚆嚆劉之律矣 夫文之精者爲詩 而律者 又詩之精者
也 苟善於是矣 詩家之繩墨盡此矣 詩劉已工其精者矣 是故 劉之所得
於讀書者 大者爲質 小者爲文 文質備具 儼然一君子人也 如有用劉者
卽銓衡浣準之下 知無以繩牽累劉者矣 奈何棄之掃肆 夫夫也僅得之
褐寬博 又禁其尺寸之施 不可不歸咎於時也 予奪升黜 必恂綺紈蓬蓽
而才不才不與焉 才者蓬蓽也 其屈 不屈於其短 而屈於蓬蓽 不才者綺
紈也 其伸 不伸於其長 而伸於綺紈 末世滔滔 天下誰不樂此者 顧其
風尤勝於東方 雖愛劉者 爲俗所中 不能恕其所生之地 劉束以是 卒無
以售其能 寂寂乎閭里矣 有識之士 爲之扼腕歎息 而劉之髮 已種種白
矣 嗚呼 古者取人於管庫 曷嘗問所生之地哉 若必問所生之地 則是大
宛之馬千里而汗血者 旣出於夷狄之鄉也 則不足以備十二閑之實矣
芙蓉菡萏 本濁泥之所發也 則不足以適平泉之翫矣 岷山之芋 具區之
菁 其物亦鬱棲之毛也 則不足以薦王公之口 而登豪貴之盤矣 丹砂,
鍾乳 尤服餌之良者也 必産於荒服百越之墟也 則是數者 皆不足以充
延年益壽之藥矣 必惡其初 物與人一也 在物則貴 在人則賤 劉之不免
乎在下者 亦以人故耳 然劉揭揭也 毫末不憾於所不可得 毫末不怠於
所不可廢 無所待而益愈 此劉之所以爲賢也 居其室 右膝已縶矣 視之
沉沉廣廈也 雨上漏下濕 匡坐不移 弊席或曠日不褰 薦草塞其徑 間可
械劍 庭有杞菊數本 秋色蕭然 稚子唯諾戶外 苦吟聲在北壁下 不然
不可意劉之舍矣 嗟呼 劉之窮至此矣 其名益彰徹 大行藉藉聞一國 雖
暗中摸索 皆可以知劉矣 劉略無德色 我將爲賓乎 何諜諜之利口也 吾
何求哉 吾自放於山水間 斯已矣 故其木屐戛東土幾徧 曰 此亦積塊矣
未嘗受劉之足跡也 卽其地不足觀也 搜剔流岵 觸目而得境 觸心而得
趣 昔者劉嘗從事於斯矣 今其病矣 無復往日之遊 而陸沉於闤闠之間
左右前後皆俗也 雖然 不可以無別也 故於其坌蔽之中 擇彼善於此者
而止焉 所謂枕流臺者是也 淸渠走其下 水之深僅濫觴 而旁無一拳石

之高 劉已易其目於彭蠡洞庭之壯 而若置嵩高太華於几席之前矣 盖
樂之深淺 能反物之大小有無 以其所大而大之 則小者莫不大 以其所
有而有之 則無者莫不有 劉之樂 足使其小者爲大 而無者爲有也 又取
名於箕 穎之風 以寓其遺世絶俗之意於輦轂乾沒之地 然則劉雖未至
於臺孝威尙子平之域而其於在世者 不數數然也 於是薦紳先生 聞而
嘉之 爭爲枕流臺之詩 迭相唱和 而被之紙 踈菴居士之詞亦在其中 壬
子秋 東海散人 踈菴一號 書

침류대 주인에게(소암)¹⁴²

贈枕流主人 [疎菴]

걸어 도화원 안으로 들어가니	步入桃源裏
봄바람에 꽃은 지천으로 피었네.	春風無限花
친한 벗이 한 잔 술을 건네니	親朋一尊酒
해 저물어가는 줄도 몰랐구려.	忘却夕陽斜

차운함(촌은)	次村隱
우리 집이 산언덕에 있어서	我家在山麓
손님이 오면 복숭아꽃을 본다네.	客至看桃花
서로 손잡고 누대 위로 오르니	相携坐臺上
누대 아래로 석양이 지는구나.	臺下夕陰斜

---

142 소암(疎庵) : 임숙영(任叔英)의 호.

침류대에서(오산)[143]

枕流臺 [五山]

빰은 복숭아꽃을 거둔 듯 붉고   桃斂臉

눈썹은 버드나무 잎처럼 날렵하네.   柳揚眉

봄빛이 이렇게 있을진대   春色有如此

나그네 근심은 공연한 것이로다.   客愁空爾爲

눈앞에 놓인 술을 마음껏 마시면서[144]   不如蘸甲眼前酒

무한한 저녁 풍경을 즐기는 것만 못하리라.   無限風光斜日時

차운함(소암)   次踈菴

구름 비낀 머릿결에   橫雲髻

아름다운 눈썹이로다.[145]   却月眉

고운 용모[146]는 속된 무리를 들끓게 하고   冶容蕩流俗

행락에는 못할 일이 없는 법이지.   行樂靡不爲

어찌 시인들이 문자로 즐기면서   豈如詞客文字飮

---

143 오산(五山) : 차천로(車天輅)의 호.

144 마음껏 마시면서〔蘸甲〕 : '잠갑'은 술을 가득 채우고 술잔을 들어 손톱을 담금. 마음껏
마시는 것을 말한다.

145 아름다운 눈썹이로다〔却月眉〕 : '각월미'는 당(唐)나라 때 부녀(婦女)들의 눈썹 모양의
하나.

146 고운 용모〔冶容〕 : '야용'은 여자가 예쁘게 화장을 해 요염함을 과시함.

복숭아꽃 버들 날리는 봄철만 하겠는가?　　　　　　　桃紅柳綠三春時

차운함(촌은)　　　　　　　　　　　　　　　　　　　次村隱
꽃은 뺨과 같고　　　　　　　　　　　　　　　　　　花如臉
버들은 눈썹과 같네.　　　　　　　　　　　　　　　　柳如眉
시인의 읊조림은 더욱 괴로워도　　　　　　　　　　詩人吟更苦
술꾼들 취했으니 어쩌겠는가.　　　　　　　　　　　酒客醉何爲
동자는 해 저문다고 말하지 말거라　　　　　　　　家童莫報斜陽暮
달 뜰 때 가는 길도 또한 좋으리니.　　　　　　　　且好歸程月出時

운을 불러 지음(소암)

呼韻作 [踈菴]

무릉의 봄빛은 절로 홍도 빛이니	武陵春色自紅桃
꽃은 숲에 가득하고 풀은 언덕을 뒤덮었네.	花滿平林草滿皐
좋은 시절[147]에 함부로 붓을 놀리지 말지니	莫倚年華輕弄筆
함께 오신 손님들 모두 시호[148]들일세.	同來野客盡詩豪

차운함(오산)

次五山

동방삭[149]이 서왕모[150]의 복숭아를 세 개 훔쳐	方朔三偸王母桃
우스개[151]로는 매고[152]와 함께하는 것을 부끄러워했지.	詼諧却恨齒枚皐

---

147 좋은 시절[年華] : '연화'는 세월(歲月). 연광(年光). 또는 그 해 꽃피는 계절을 일컫기
도 한다.

148 시호(詩豪) : 시인(詩人) 가운데서도 아주 뛰어난 사람.

149 동방삭(東方朔) : 기원전 154~기원전 93. 중국 한(漢)나라 무제(武帝) 때의 평원(平
原) 염차(厭次) 사람. 자는 만청(曼倩)이다. 벼슬이 금마문(金馬門) 시중(侍中)에 이르
고 해학(諧謔)과 변설(辯舌)로 이름이 났다. 속설(俗說)에, 서왕모(西王母)의 복숭아
를 훔쳐 먹어 죽지 않고 장수(長壽)했기 때문에 '삼천갑자동방삭(三千甲子東方朔)'이라
일컬어진다.

150 서왕모(西王母) : 고대 전설에 나오는 여선(女仙). 전하는 말로 곤륜산(崑崙山, 또는
昆侖山)에 산다고 한다. 전하는 말로 예(羿)가 그녀에게 불사약을 청했더니 항아(姮娥)
가 훔쳐 주고 달[月]로 달아났다고 한다.

151 우스개[詼諧] : 이야기하면서 현묵(玄默)한 풍취를 토해냄. 소화(笑話)를 말한다.

152 매고(枚皐) : ?~?. 전한 임회(臨淮) 회음(淮陰) 사람. 자가 소유(少儒)이다. 매승(枚
乘)의 아들로, 해학과 재담을 잘 하고 사부(辭賦)를 잘 하였으므로, 당시 사람들은
동방삭(東方朔)과 비교하기도 했다. 부(賦) 120여 편을 지었지만, 전하는 것은 많지

세성¹⁵³이 내려와 금문에 숨었으니　　　　　　歲星下作金門隱
회남자¹⁵⁴가 백호가 될까 두렵구나.　　　　　　恐是淮南子白豪

차운함(촌은)　　　　　　　　　　　　　　　　　　次村隱
한 그루 수양버들과 다섯 그루 복숭아나무　　　一樹垂楊五樹桃
문을 닫고 하루 종일 동쪽 언덕에 누웠네.　　　掩門終日臥東皐
손님 오면 걸어서 문밖 길로 나가는데　　　　　客來步出門前路
모두 장안에서 사와 술을 좋아하는 이들이지.　盡是長安詩酒豪

않다.

153 세성(歲星) : 목성(木星). 오행(五行, 木火土金水星의 5개 행성)의 하나. 중국에서는
　　목성이 하늘을 12등분한 구획인 12차를 차례로 1년에 하나씩 거쳐서 간다고 생각했기
　　때문에 목성을 세성이라 했다. 즉, 목성이 머무는 12차의 별자리의 이름으로 그 해의
　　이름을 지었는데, 이를 세성기년법(歲星紀年法)이라 한다.

154 회남자(淮南子) : 유안(劉安). 기원전 179~기원전 122. 전한의 종실(宗室). 한고조(漢
　　高祖)의 손자로 회남왕(淮南王) 유장(劉長)의 아들이다. 문제(文帝) 16년(기원전 164)
　　아버지의 작위를 이어받아 회남왕이 되어 수춘(壽春)에 도읍했다. 문장을 잘 지었고,
　　재사(才思)가 민첩했다. 문학애호가로 많은 문사와 방사(方士)를 초빙해 그 수가 수천
　　에 이르렀다고 한다. 빈객들과 함께 저술한 『회남자(淮南子)』는 「내편(內篇)」 8권과
　　「외편(外篇)」 19권, 「중편(中篇)」 8권으로 구성되었는데, 내편 일부분만 현존한다.

침류대에서(촌은)

枕流臺 [村隱]

직접 개울가에 작은 누대를 지어놓고
가지마다 예쁜 꽃들 만개하지는 않았지.
신풍이 정작 남쪽 이웃에 가까우니
모름지기 금구¹⁵⁵를 술로 바꿔 오시게나.

手築溪邊一小臺
滿枝紅艶未全開
新豐正在南鄰近
須把金龜換酒來

차운함(지봉)¹⁵⁶ 3수

次 芝峯

울타리 너머 맑은 시내. 시내 위엔 누대 있으니
누대 앞에는 작은 복숭아꽃이 지천으로 피었네.
슬쩍 시냇물 따라 가지 않기 바라니
어부가 꽃 보고 골짜기로 올까 걱정일세.(1)

籬外淸溪溪上臺
臺前無數小桃開
慇懃莫遣隨流水
怕有漁郞入洞來

흐르는 물은 수석¹⁵⁷대에서 잔잔하고
우뚝한 봉우리는 거울이 열린 듯 푸르구나.

揭水潺潺漱石臺
亂峯蒼翠鏡中開

---

155 금구(金龜) : 당나라 때 3품 이상의 벼슬아치가 허리띠에 차던 거북 모양의, 금으로
된 장식품.

156 지봉(芝峯) : 이수광(李睟光)의 호.

157 수석(漱石) : 수석침류(漱石枕流). 돌로 양치질을 하고 흐르는 물을 베개 삼는다는 뜻으
로, 은거해서 사는 것을 일컫는 말. 진(晉)나라의 손초(孫楚)가 은거할 뜻이 있어 친구
왕제(王濟)에게 침석수류(枕石漱流)라 말할 것을 거꾸로 말한 데서 나왔다. 그러면서
손초는 '수석'은 이를 단련하기 위함이고, '침류'는 귀를 씻기 위해서라고 둘러댔다.

참된 근원은 원래 맑아 티끌이 없으니　　　　　　眞源徹底清無滓
혹시 소부[158] 허유[159]가 귀 씻으러 올 듯하네.(2)　　倘有巢由洗耳來

한 지역 풍월이 선대[160]에 머물렀으니　　　　　一區風月閟仙臺
꽃밭 너머 사립문은 한낮에도 닫혀 있구나.　　花外柴扉午不開
이 가운데 가장 맑은 흥취가 넉넉하니　　　　最是此間淸興富
시내와 산에 들고부터 좋은 시가 나오노라.(3)　溪山自入好詩來

차운함(현옹 신흠)　　　　　　　　　　　　次 玄翁 申公欽
시냇물은 서늘하게 작은 누대를 감돌고　　　溪水泠泠遶小臺
복숭아꽃은 지천으로 주변에 피어 있네.　　桃花無數兩邊開
호리병 속[161]에 따로 별천지가 있으니　　　壺中別有閑天地
세상의 세월은 절로 오고 가는구나.　　　　世上光陰自去來

차운함(손곡 이달)　　　　　　　　　　　　次 蓀谷 李公達
자란[162]에 비껴 앉아 요대[163]로 내려오니　紫鸞橫跨下瑤臺

---

158 소부(巢父) : ?~?. 고대 요(堯)임금 때 사람. 은자(隱者). 속세를 떠나 산 속 나무 위에서 살았기 때문에 생긴 이름이다. 요임금이 천하를 맡기고자 했지만 사양하고 받지 않았다.

159 허유(許由) : 허요(許繇). 전설(傳說)에 나오는 은사(隱士). 전하는 말로 요(堯)임금이 천하를 물려주려고 했지만 받지 않고 영수(潁水) 북쪽 기산(箕山) 아래로 숨었다. 요임금이 다시 불러 구주장(九州長)으로 삼으려고 하자 더러운 소리를 들었다면서 영수(潁水) 강가에서 귀를 씻었다.

160 선대(仙臺) : 상서성(尙書省)을 달리 부르던 이름. 여기서는 신선이 사는 누대를 뜻한다.

161 호리병 속[壺中] : '호중'은 후한(後漢) 비장방(費長房)이 시장에서 한 노인의 호리병 속에 들어가 놀다 왔다는 데서 나온 말. 선경(仙境) 또는 승경(勝景)을 뜻한다.

따로 호리병 속에 해와 달이 떠올랐네.   別有壺中日月開

흐르는 물 떨어지는 꽃잎에 문은 반쯤 닫혔는데   流水落花門半掩

주인은 아마도¹⁶⁴ 진나라를 피해 왔나 보구려.   主人無乃避秦來

차운함(북촌)¹⁶⁵ 2수   次 北村

한 뙈기 뜰 안에 반은 복숭아나무니   一畝庭中半是桃

떨어진 꽃 물가에는 숲과 언덕이 이어지네.   落花臨水帶林皐

고요한 것이 마치 도관¹⁶⁶에 들어온 듯하니   蕭然恍入玄都觀

문득 유랑¹⁶⁷의 기개가 호탕한 것을 알겠네.(1)   便覺劉郎氣槩豪

돌 틈 개울이 작은 누대를 꼬불꼬불 흘러   石澗縈廻一小臺

봉문¹⁶⁸은 해가 가도록 열린 적 없네.   蓬門經歲未曾開

---

162   자란(紫鸞) : 전설(傳說)에 나오는 신조(神鳥).

163   요대(瑤臺) : 옥(玉)으로 장식한 화려한 대(臺). 또는 중국 하(夏)나라 걸왕(桀王),
     은(殷)나라 주왕(紂王)이 만든 대(臺)의 이름. 또는 구슬을 흩어 박아서 아름답게 꾸민
     대각(臺閣).

164   아마도〔無乃〕: '무내'는 막비(莫非, 아님이 없다)나 공파시(恐怕是, 무엇인 듯하다)와
     같이 약간의 추측을 표시하는 말이다.

165   북촌(北村) : 미상(未詳).

166   도관(道觀) : 현도관(玄道觀). 북주(北周)와 수(隋)나라, 당(唐)나라 때의 도관(道觀)
     이름. 원래 이름은 통도관(通道觀)인데, 수나라 개황(開皇) 2년(582) 현도관으로 고쳤
     다. 섬서성(陝西省) 장안현(長安縣) 남쪽 숭업방(崇業坊)에 있다. 일반적인 도관을 말
     하기도 한다.

167   유랑(劉郎) : 유희경을 가리키는 말. 중국에서는 당나라 때의 시인 유우석(劉禹錫)을
     말하는데, 그가 지은 〈원화십년자랑주승소지경희증간화제군자(元和十年自郎州承召至
     京戲贈看花諸君子)〉에 "현도관 안에 복숭아나무는 천여 그루, 모두 유랑이 떠난 뒤에
     심은 것일세(玄道觀裏桃千樹 盡是劉郎去後栽)"란 시구에서 나왔다.

168   봉문(蓬門) : 쑥대를 엮어 만든 문. 빈가(貧家). 은자(隱者)의 집.

한가롭게 하루 종일 지나는 이 없으니　　　　　　　　閑中盡日無人過
오직 복숭아꽃이 물 따라 흐르는 것 보았네.(2)　　　惟見桃花逐水來

차운함(녹문 홍경신)¹⁶⁹　　　　　　　　　　　　　　　次 鹿門 洪公慶臣

오류선생¹⁷⁰이 어찌하여 오도¹⁷¹를 심었는지　　　　　五柳何如種五桃
침류대에서 동쪽 언덕에 올라 휘파람을 불어야 하나.　枕流差擬嘯東皐
발자취는 속세에 두어도 연하취¹⁷²를 지녔으니　　　塵埃蹤跡烟霞趣
비로소 남아 기상이 호탕한 것을 보았네.(1)　　　　　始見男兒氣像豪

무슨 일로 유랑은 복숭아나무 심기를 좋아했나　　　何事劉郎喜種桃
세상에서 절뚝거려도¹⁷³ 기고¹⁷⁴를 비웃는다네.　　　風塵蹣跚笑夔皐
아득한 인생살이 흠뻑 취한 때 많으니　　　　　　悠悠人世多昏醉
나나니벌¹⁷⁵을 두고서 두 호걸로 보는구나.(2)　　　肯向螟蛉作二豪

---

169 홍경신(洪慶臣) : 1557~1623. 조선시대 병조참의, 좌승지, 첨지중추부사 등을 역임한 문신. 본관은 남양(南陽)이고, 자는 덕공(德公)이며, 호는 녹문(鹿門)이다. 1589년 사마양시에 합격하고, 1594년 별시문과에 병과로 급제, 이듬해 정자, 예문관검열, 부수찬, 세자시강원 겸 사서, 전적 등을 차례로 역임했다.

170 오류선생(五柳先生) : 도연명(陶淵明)을 말하지만, 여기서는 비슷한 삶을 산 유희경을 빗댄 말이다.

171 오도(五桃) : 다섯 그루 복숭아나무.

172 연하취(烟霞趣) : 연하(烟霞)는 산수 자연. 자연을 좋아하는 취향을 말한다.

173 절뚝거려도[蹣跚] : '반산'은 비틀거리며 걷는 모양.

174 기고(夔皐) : 기(夔)와 고요(皐陶)를 함께 부르는 말. 기는 순(舜)임금 때의 악관(樂官)이고, 고요는 순임금 때의 형관(刑官)이다. 두 사람 모두 재직할 때 치적을 올렸다. 나중에 현명한 보필대신(輔弼大臣)을 비유하는 말이 되었다.

175 나나니벌[螟蛉] : ①'명령'은 곤충의 하나. 잠자리. 또는 빛깔이 푸른 나방이나 나비의 어린 벌레. 령(蛉). ②양자(養子). 나나니벌이 명령을 업어다가 자기의 새끼로 기른다는 『시경(詩經)』 소아(小雅) 소완(小宛)편에서 나왔다.

취하여 침류대 주인에게 드림(남창)[176]

醉贈枕流主人 [南窓]

일찍이 완조[177]와 함께 천태[178]에 들어갔더니	曾同阮肇入天台
흐르는 구름[179]을 기울여 백옥 잔에 가득 채웠네.	傾盡流霞白玉盃
골짜기 나오니 지금이 언제인지 모르겠거니	出洞不知今幾許
안개구름이 아직도 붓 끝에 묻어오네.	烟雲猶帶筆端來

---

176 남창(南窓): 김현성(金玄成)의 호.

177 완조(阮肇): 정랑(情郎) 또는 정인(情人)을 비유하는 말. 완랑(阮郎). '완랑'은 한명제 (漢明帝) 영평(永平) 5년(62) 회계군(會稽郡) 섬현(剡縣)의 유신(劉晨)과 완조가 함께 천태산(天台山)에 들어가 약초를 캤는데, 아름다운 선녀 두 사람을 만났다. 두 사람을 불러 집으로 가서는 사위가 되었다. 그리하여 아름다운 여성과 결연(結緣)한 남자를 말한다.

178 천태(天台): 천태산(天台山). 중국 절강성 동북부에 뻗어 있는 산. 도교(道敎)의 승지 (勝地) 중 하나로 선녀가 살고 불로초가 자란다고 하며, 불교 천태종의 발상지다.

179 흐르는 구름[流霞]: '유하'는 두 가지 뜻이 있다. ①떠다니는 채색 구름. ②전설상 천상 의 신선이 마시는 술. 유하주(流霞酒). 미주(美酒).

오랜 잣나무를 노래하여 침류대 주인에게 드림(소암)

詠古栢 贈枕流主人 [踈菴]

오랜 잣나무 천 년 묵은 가지가	古栢千年幹
그늘 드리워 천 무의 땅에 이끼 덮였네.	垂陰百畝苔
다행히 장석180이 돌아보지 않아서	幸無匠石顧
늙도록 동량 재목이 될 수 있었구나.	得老棟樑材
전벌181에서 멀어진 것이 어찌 안타깝겠는가	剪伐遠何病
속인이 보고 때로 슬퍼하지.	俗人看或哀
오히려 가지와 잎을 치는 것을 견디니	猶堪鼓枝葉
밤마다 바람 소리 우레 소리 내는구려.	夜夜作風雷

---

180 장석(匠石) : 고대(古代)에 돌을 잘 다듬기로 이름난 공장이.
181 전벌(剪伐) : 자르고 쪼갬.

침류대 주인을 찾았다가 만나지 못하고(소암)

訪枕流臺主人不遇 [疎菴]

동쪽 성곽으로 참된 흥을 찾으러 갔더니   東郭尋眞興
시냇가에서 혼자 늦도록 앉았네.   臨溪獨坐遲
신선의 땅이 한없이 좋긴 하지만   仙源無限好
서녘에 지는 해를 물끄러미 바라보노라.   注目夕陽時

침류대 주인에게(오산)

寄枕流主人 [五山]

사람은 진나라 때 유민[182]이고	人物是秦餘
도원은 옛 거처로다.	桃源猶舊居
인정이 돈독한[183] 것을 잘 알겠거니	最知情繾綣
홍취가 어떠한지 묻지 말게나.	莫問興何如
기러기는 구름 낀 하늘 너머에서 울고	鴈叫雲天夕
귀뚜라미는 풀 이슬 맺힌 섬돌에서 지즐거리네.	蛩吟草露除
뜬 구름 인생에 말수도 적으니	浮生開口少
돌아갈 길은 더욱 더뎌지는구나.	歸路且徐徐

차운함(촌은)	次 村隱
땅이 구석지니 누가 찾아오겠나	地僻誰來訪
산은 깊어 나 홀로 지낸다네.	山深我獨居
빈한하기는 노나라의 원헌[184]이고	貧寒魯原憲

---

182 진나라 때 유민〔秦餘〕: '진여'는 진나라의 난세(亂世)를 피해 은거한 사람이라는 뜻이다.

183 돈독한〔繾綣〕: '견권'은 곡진한 모양. 마음속에 굳게 서리어 생각하는 마음이 못내 잊혀지지 않는 것, 또 마음에 맹세하고 배반하지 않음.

184 원헌(原憲): 기원전 515~?. 춘추시대 말기 노(魯)나라 사람. 이름은 원사(原思)고, 자는 자사(子思)다. 올바른 길이 아닌 일을 하는 것을 부끄럽게 여길 줄 아는 인물이었던 듯하다. 공자가 세상을 떠나자 궁벽한 땅에 가서 숨어살았다. 위나라의 재상으로

병들고 마르기는 한나라의 사마상여[185]네.　　　　　　病渴漢相如

달은 밤 구름 사이로 떠오르고　　　　　　　　　　　月出雲霄外

물은 돌 섬돌 사이로 울며 흐르네.　　　　　　　　　川鳴石砌除

시흥이 주흥을 이끌어내니　　　　　　　　　　　　詩情牽酒興

지팡이 짚고서 천천히 내려오네.　　　　　　　　　倚杖下徐徐

있던 자공(子貢)이 방문했을 때 그는 해진 의관(衣冠)이지만 단정하게 차려 입고 그를 맞았다. 자공이 곤궁하게 사는 것을 걱정하자 "도를 배우고도 실천하지 못하는 것을 곤궁하다고 말하지, 나는 가난해도 곤궁하진 않다."고 대답하여 자공을 부끄럽게 만들었다.

185 사마상여(司馬相如) : 기원전 179~기원전 117. 전한 촉군(蜀郡) 성도(成都) 사람. 자는 장경(長卿)이고, 사부(辭賦)를 잘 지었다. 어렸을 때 독서와 검술을 좋아했으며, 전국시대의 인상여(藺相如)를 사모하여 자기의 이름을 상여로 바꾸었다. 임공(臨邛) 땅에서 탁왕손(卓王孫)의 딸인 탁문군(卓文君)과 만나 성도(成都)로 달아나 혼인한 이야기는 유명하다.

집구[186](소암)

集句 [踈菴]

청계는 내 마음처럼 맑고 (이백)	清溪清我心 李白
그윽한 일은 기쁘게 만드네. (두보)	幽事亦可悅 杜甫
이때 가을도 저물려 하니 (한유)[187]	是時秋之殘 退之
단풍은 푸르러 떨어지지 않았네. (이백)	楓葉綠未脫 李白
석양은 서쪽 언덕으로 넘어가고 (맹호연)[188]	夕陽度西嶺 浩然
먼 하늘로는 보름달이 떠오른다. (우무릉)[189]	遠天明月出 于武陵

---

186 집구(集句) : 옛 사람의 시구(詩句) 가운데 한 구절씩 뽑아 모아 시나 문장을 만드는 일.

187 한유(韓愈) : 768~824. 당나라 하남(河南) 하양(河陽) 사람. 자는 퇴지(退之)고, 창려선생(昌黎先生)으로도 불린다. 덕종(德宗) 정원(貞元) 8년(792) 진사가 되었다. 어릴 때 고아가 되어 형수의 손에 길러졌다. 장성해서 『육경(六經)』을 다 암송하고 백가(百家)의 학문을 배웠다. 시문에 뛰어나 일가를 이루었다. 그의 손길을 거친 사람은 모두 한문제자(韓門弟子)로 불렸다. 저서에 『창려선생집(昌黎先生集)』40권과 『외집(外集)』10권, 『유문(遺文)』 1권 등이 있다. '당송팔대가(唐宋八大家)' 가운데 한 사람이다.

188 맹호연(孟浩然) : 689~740. 당나라 양주(襄州) 양양(襄陽) 사람. 자는 호연(浩然)이고, 세칭 맹양양(孟襄陽)으로 불린다. 일찍이 녹문산(鹿門山)에 은거하여 공부에 힘썼다. 마흔 살쯤에 장안(長安)으로 올라와 진사 시험을 쳤지만, 합격하지 못했다. 일찍이 태학(太學)에서 시를 썼는데, 사람들이 모두 탄복을 금치 못했다. 저서에 『맹호연집(孟浩然集)』4권이 있으며, 200여 수의 시가 전한다.

189 우무릉(于武陵) : 867?~928. 당말오대(唐末五代) 때 경조(京兆) 두릉(杜陵) 사람. 이름은 업(鄴)이고, 자는 무릉(武陵)인데, 자로 행세했다. 선종(宣宗) 대중(大中) 연간에 진사 시험에 응시했지만 낙방했다. 이후 출사하려는 뜻을 포기하고 상락(商洛)과 파촉(巴蜀) 사이를 유랑했다. 『전당시(全唐詩)』에 시가 1권으로 편집되어 있다. 떠돌아다니는 감회를 읊은 작품이 많다.

모여 감상하며 번뇌[190]를 씻어내니 (왕발)[191]　　　　延賞滌煩襟 王勃

숲속 바람은 시원하게 불어오네. (왕진)[192]　　　　林風凉不絶 王縉

---

190 번뇌[煩襟] : '번금'은 번민(煩悶)하는 마음.

191 왕발(王勃) : 649~675. 당나라 초기 강주(絳州) 용문(龍門) 사람. 산서(山西) 태원(太原) 사람이라고도 한다. 자는 자안(子安)이고, 왕복치(王福畤)의 아들이며, 왕통(王通)의 손자다. 조숙한 천재로 6살 때부터 문장을 잘 지었고, 생각을 구상하는 데 막힘이 없었다. 저서에 『왕자안집(王子安集)』 16권을 남겼다. 23살 되던 함형(咸亨) 2년(671)에 지은 〈등왕각서(藤王閣序)〉는 지금도 명문으로 명성이 높다.

192 왕진(王縉) : 700~781. 당나라 하동(河東) 사람. 조적(祖籍)은 태원(太原) 기현(祁縣)이다. 자는 하경(夏卿)이고, 왕유(王維)의 동생이다. 연이어 초택(草澤)과 문사청려과(文辭淸麗科)에 합격했다. 어릴 때부터 공부하기를 좋아해서 형 왕유와 함께 문명(文名)을 떨쳤다.

침류대 주인에게(오산)

贈枕流主人 [五山]

가을바람은 소슬하고 가을 구름은 높은데   秋風蕭瑟秋雲高

눈앞에 펼쳐진 풍경이 시심(詩心)을 도발하네.   眼前物色挑詩豪

인생살이 백 년인데 어찌 이리 고달픈지   人生百年何太勞

사람들 명리[193]에 눈멀어 몸과 마음을 볶는구나.   彼哉名利徒煎熬

걸쭉하게 취해 용도[194]를 보느니만 못하네.   不如爛醉看龍刀

차운함(소암)   次 踈菴

남명은 넓디 넓고 북산은 높은데   南溟浩浩北山高

호월[195]이 창궐하니[196] 추호[197]가 여전히 있네.   胡越陸梁存酋豪

전사는 변방을 지키느라 굶주리고 피곤한데   戰士守邊飢且勞

서생들은 아직도 볶은 죽을 배불리 먹는구나.   書生尙飽饘粥熬

오호라! 내 어찌하면 저 창칼을 막아낼꼬?   嗟我安得干矛刀

---

193 명리(名利): 명예(名譽)와 이익(利益).

194 용도(龍刀): 가위〔剪刀〕를 일컫는 말. 또는 보검(寶劍). 여기서는 보검의 뜻이 적절해 보인다.

195 호월(胡越): 호국(胡國)과 월국(越國). 호(胡)는 북방 민족이고, 월(越)은 남방 민족으로, 서로 멀리 떨어져 있어서 자세한 사정을 모르는 것을 일컫는 말.

196 창궐하니〔陸梁〕: '육량'은 시끌벅적 떠드는 모양. 창궐(猖獗)하는 모습.

197 추호(酋豪): 부락(部落)의 우두머리. 여기서는 오랑캐의 우두머리를 말한다.

차운함(촌은)

가을구름은 다 흩어지고 가을하늘은 높은데　　　　　秋雲散盡秋天高

머리털은 다 빠졌어도[198] 시심은 호탕하지.　　　　　鬢髮颯然吟情豪

우스워라 속세에서 몇이나 마음을 쓸까　　　　　　　笑他塵世幾人勞

내 홀로 시대를 근심하여 마음을 끓이노라.　　　　　我獨憂時心煎熬

도성[199]에서 머리를 긁으며 긴 칼을 어루만지노라.　　日邊搔首撫長刀

차운함(월봉 유영길)[200] 2수

次 月蓬 柳公永吉

구름은 요단[201]에 자욱하고 달빛은 누대에 찼는데　　雲滿瑤壇月滿臺

대나무 문은 반쯤 닫혔어도 송창[202]은 열렸네.　　　　竹扉半掩松窓開

참됨을 찾아 일찍이 푸른 산을 향해 가노니　　　　　尋眞早向碧山去

주인장은 오셨는지 안 오셨는지 묻노라.(1)　　　　　借問主人來不來

뒤늦게 선원[203]을 점찍어 복숭아나무를 심었는데　　晩卜仙源學種桃

한 구역 풍경이 언덕에 오른 것보다 낫구나.　　　　　一區風景勝臨皐

한가한 속에 흥을 만나 시도 지을 수 있으니　　　　　閑中遇興還能賦

절로 소단[204]의 의기가 호탕한 것을 깨닫노라.(2)　　自覺騷壇意氣豪

---

198 다 빠졌어도〔颯然〕: '삽연'은 쇠퇴(衰頹)한 모양.

199 도성〔日邊〕: '일변'은 조정(朝廷). 즉 서울을 일컫는 말.

200 유영길(柳永吉): 1538～1601. 조선시대 연안부사, 병조참판, 경기도관찰사 등을 역임한 문신. 본관은 전주(全州)고, 자는 덕순(德純)이며, 호는 월봉(月峰)이다. 1589년 강원도관찰사·승문원제조를 지냈다. 시문에 능했다. 저서로『월봉집』이 있다.

201 요단(瑤壇): 아름다운 옥 섬돌로 만든 높은 누대. 주로 신선(神仙)의 거처를 말한다.

202 송창(松窓): 소나무가 곁에 있는 창문. 주로 별서(別墅)나 서재(書齋)를 말한다.

203 선원(仙源): 도교(道敎)에서 말하는 신선(神仙)이 사는 곳.

204 소단(騷壇): 시단(詩壇).

차운함(현남)[205] 4수   次 峴南

늦봄 현도[206]에서 복숭아나무 묻기도 게으른데	春晚玄都懶問桃
때로 긴 숨 내쉬며 동쪽언덕을 오르노라.	有時舒嘯上東皐
한 구역 연월[207]에 이 생애가 넉넉하니	一區烟月生涯富
장안의 잘 사는 부호도 부럽지 않구나.(1)	不羨長安第一豪

동부[208]에 안개가 끼어 푸른 복숭아나무를 둘렀고	洞府烟霞鎖碧桃
땅 형세는 흐릿흐릿[209] 언덕에 오른 듯하네.	地形依約似臨皐
마음이 흡사 시심(詩心)과 서로 만난 듯하니	精神恰與詩相會
굳센 말[210]이 하늘에 서려 기운은 더욱 호탕해지네.(2)	硬語蟠空氣轉豪

속세 먼지가 없어 영대를 더럽히지 않았으니	絶無塵土汚靈臺
눈이 있다 한들 어찌 속물을 향해 열리겠나.	有眼寧隨俗物開
맑은 샘물이 옥을 시원하게 씻어서	最愛淸泉寒瀉玉
깊은 밤에 베개 자리까지 오는 것이 너무 좋구나.(3)	夜深流到枕邊來

시냇가에 땅을 골라 누대를 세웠으니	臨流除地以爲臺
계견[211]들도 조용하게 동부[212]가 열렸구나.	雞犬寥寥洞府開

---

205 현남(峴南) : 조우인(曺友仁)의 호.
206 현도(玄都) : 전설(傳說)에 나오는 신선(神仙)의 거처(居處).
207 연월(烟月) : 운무(雲霧)가 자욱한 가운데 비치는 달빛. 몽롱(朦朧)한 월색(月色).
208 동부(洞府) : 신선(神仙)이 거처하는 곳.
209 흐릿흐릿[依約] : '의약'은 은약(隱約). 희미하여 분명하지 않은 모양.
210 굳센 말[硬語] : '경어'는 강경(剛勁)한 말. 생경(生硬)한 시구(詩句)를 말한다.
211 계견(鷄犬) : 계견개선(鷄犬皆仙). 닭과 개까지 모두 신선이 되었다는 뜻으로, 한 사람

복숭아꽃이 시냇물 따라 흐르지 않는다면   不有桃花隨水出

호천213에 어찌 속세 사람이 찾아올 수 있겠는가.(4)   壺天那得俗人來

이 높은 벼슬을 하면 그 친구들까지 모두 세력을 얻게 되는 것을 비유하는 말이다.
회남왕(淮南王) 유안(劉安)이 득도(得道)하여 신선이 되자 온 집안 식구는 물론 기르는
닭과 개도 신선이 되었다는 데서 나왔다.

212 동부(洞府) : 신선(神仙)이 거처하는 곳.

213 호천(壺天) : 전설에 후한(後漢)의 비장방(費長房)이 시연(市掾)으로 있을 때 시장에
노옹(老翁)이 약을 팔았는데, 가게 앞에 호리병을 하나 걸어 두고 장사가 끝나면 호리병
속으로 들어가는 것을 보았다. 비장방이 그것을 누대에서 보고 비상한 사람인 것을
알았다. 다음 날 노옹에게 가서 노옹과 함께 호리병 속으로 들어갔는데 옥당(玉堂)이
아름답게 세워져 있고, 맛있는 술과 안주가 잔에 가득 차 있었다. 함께 마시고 나왔다고
한다. 그리하여 선경(仙境)이나 승경(勝景)을 뜻하게 되었다.

침류대 즉사(소암)

枕流臺卽事 [疎菴]

내 오니 큰 더위가 찾아와	我來觸大暑
침류대에 올라 누웠노라.	枕流臺上臥
시인의 회포를 따질 겨를도 없이	未暇論詩懷
손으로 맑은 샘물을 흘리며 희롱하네.	手弄淸泉瀉
맑은 샘물은 시원한 옥과 같아	淸泉似寒玉
묵은 번뇌를 통쾌하게 씻는구나.	快滌諸煩惱
어찌하면 마땅히 육합[214]에 물을 뿌려	何當灑六合
말라버린 군생(群生)들을 바로 살려낼까?	立地蘇羣槁

차운함(현곡 정백창)[215] 2수

	次 玄谷 鄭公百昌
굽이굽이 지당[216]에는 연못가 누대 있으니	曲曲池塘池上臺
한 칸 초가집이 연못을 향해 서 있구나.	一間茅屋向池開
주인장이 지팡이에 신을 신고 문을 나서는데	主人杖屨出門步

---

214 육합(六合): 천지(天地)와 사방(四方). 온 세상. 온 우주.

215 정백창(鄭百昌): 1588~1635. 조선시대 부제학, 도승지, 경기도관찰사 등을 역임한 문신. 본관은 진주(晉州)고, 자는 덕여(德餘)며, 호는 현곡(玄谷) 또는 곡구(谷口), 대탄자(大灘子), 천용(天容)이다. 사필(史筆)이 엄정했으므로 간당(奸黨)의 주목을 받았다. 1635년 경기도관찰사에 재직 중 병으로 죽었다. 저서로 『현곡집』 7권 3책이 있다.

216 지당(池塘): 연못. 보통 아주 크지도 않고 깊지도 않은 연못을 말한다.

때로 빈 숲 위로 밝은 달이 따라 온다.(1)	時有空林明月來

요지[217]의 신선님이 푸른 복숭아에 취해	瑤池仙子醉碧桃
청란[218]을 거꾸로 타고 동쪽 언덕으로 내려오네.	倒駕靑鸞下東皐
구름 헤치고 웃으며 말하기를 부구백[219]이	披雲笑道浮丘伯
인간 세상 시주호[220]가 되기를 잘 했다네.(2)	好作人間詩酒豪

차운함(소암) 2수　　　　　　　　　　　　次 踈菴

반은 홍도(紅桃)고 반은 벽도(碧桃)니	半是紅桃半碧桃
떨어지는 꽃잎이 어지럽게 언덕을 덮었네.	落花無數亂飄皐
미친 듯 읊조리며 층층 누대를 오르는데	狂吟散步層臺上
세상 덮을 웅대한 마음은 늙을수록 더욱 호탕하구나.(1)	盖世雄心老更豪

샘물 근원은 백운대[221]에서 흘러나오는데	泉源出自白雲臺
흘러내려 궁장[222]으로 들어가 길 하나를 열었네.	流入宮墻一道開

---

217 요지(瑤池) : 중국 곤륜산(崑崙山)에 있다는 연못으로, 신선이 산다고 한다.

218 청란(靑鸞) : 옛 전설(傳說)에 나오는 봉황(鳳凰)과 같은 종류의 신조(神鳥). 붉은 색이 많은 것이 봉(鳳)이고, 푸른색이 많은 것은 난(鸞)이 된다. 주로 신선(神仙)들이 타고 다닌다.

219 부구백(浮丘伯) : ?~?. 전한 초기 제(齊) 사람. 성은 부구(浮丘)고, 이름은 백(伯)이며, 포구자(包丘子)라고도 한다. 산동(山東) 치박(緇博) 사람이다. 진(秦)나라 말기의 유생(儒生)으로, 형 순황(荀況)에게 배워 『시경』과 『춘추곡량전(春秋穀梁傳)』에 밝았다.

220 시주호(詩酒豪) : 시와 술을 좋아하는 호걸(豪傑).

221 백운대(白雲臺) : 서울 북부와 경기도 고양시 사이에 있는 산봉우리. 북한산(北漢山)의 최고봉으로, 화강암의 기암절벽으로 이루어져 있다. 높이는 836m다.

222 궁장(宮墻) : 궁정(宮廷)을 둘러싸고 있는 담장.

분명 우리들은 현도[223]의 손님이니   分明我是玄都客
봄바람이 불 때마다 갔다가 또 오네.(2)   每到春風去又來

---

223 현도(玄都) : 전설(傳說)에 나오는 신선(神仙)이 사는 곳.

침류대 언덕 그늘에 붙임(파음)[224]

題枕流臺 [坡陰]

도행대 옆에 시냇물은 맑은데	桃杏臺邊溪水淸
유생이 깃들여 사냐고 누가 묻는가?	問誰棲托是劉生
손님이 부르면 항상 일어나 취흥을 돋우고[225]	邀賓每起流觴興
속세가 싫어 때로 세이[226]의 정을 품는다네.	厭俗時懷洗耳情
동쪽을 보니 서총[227]의 아름다운 기운이 가득하고	東望瑞葱佳氣鬱
서녘을 보니 화악[228]으로 떨어지는 황혼이 밝구나.	西瞻華嶽落暉明
금문[229]이 지척이라도 사는 것이 소탈하니[230]	金門咫尺居瀟灑

---

224 파음(坡陰) : 미상(未詳).

225 취흥을 동우고〔流觴〕 : '유상'은 유상곡수(流觴曲水). 음력 3월 상순 사일(巳日)이나 3월 3일에 곡수(曲水)에 잔을 띄워 보내어 그 잔이 자기 앞에 돌아오는 동안에 시를 읊어 서로 시재(詩才)를 겨루던 놀이. 상(觴)은 술잔이다. 여기서는 특정한 시간보다는 술자리의 도도한 흥겨움을 뜻하는 것으로 쓰였다.

226 더러운 말을 듣고 귀를 씻는다는 뜻으로, 번잡한 세상사를 듣고 싶지 않은 것을 일컫는 말. 요(堯)임금이 허유(許由)에게 천자의 자리를 맡아달라고 하자 더러운 말을 들었다고 하여 귀를 씻은 데서 나왔다.

227 서총(瑞葱) : 서총대(瑞葱臺)의 고사를 빌려온 것. 연산군(燕山君) 때 창덕궁(昌德宮) 후원(後苑)에 돌로 쌓아 만든 석대(石臺)와 정자. 성종 때 한 줄기에 아홉 개의 가지가 달린 특이한 백합과의 파〔葱〕가 돋아 '서총'이라 불리던 곳이다.

228 화악(華嶽) : 북한산의 옛 이름. 북한산 그 이름이 자주 바뀌었다. 부아악(負兒岳), 횡악(橫岳), 화악(華岳 또는 華山), 삼각산(三角山), 북한산(北漢山) 등이 그것이다. 일제강점기에도 그렇게 불려 왔는데, 1983년 4월 국립공원이 되면서 공식적으로 북한산이 되었다.

229 금문(金門) : 황제가 거처하는 궁궐의 문. 여기서는 대궐문을 말한다.

저택에서 사마[231]를 끄는 부귀를 부러워하지 않는다네.　不羨高軒駟馬榮

차운함(촌은)　　　　　　　　　　　　　　　　次 村隱

오동잎 처음 시들어 바람과 서리는 맑고　　　梧葉初凋風露淸
침류대 곁에는 저녁 찬 바람이 일어나네.　　枕流臺畔晩凉生
봉문[232]이 고요하니 내 뜻에 들어맞고　　　蓬門寂寂適吾意
냇가 물이 차가우니 세상인심이 아니라네.　　澗水洽洽非世情
섬돌 위에 몇 가지 긴 대는 푸르고　　　　　階上數竿脩竹翠
바위 위로 한 조각 석양이 밝구나.　　　　　巖頭一片落霞明
차 밭과 약초 밭은 참으로 잘 가꾸었으니　　茶田藥圃眞堪老
몸을 한가롭게 하기 위함이지 잇속 때문이 아니라네.　只爲身閑不爲榮

---

230 소탈하니〔瀟灑〕: '소쇄'는 소탈한 모습. 또는 맑고 고상해서 세속을 벗어난 모양.
231 사마(駟馬): 네 필의 말이 끄는 수레. 귀인(貴人)이 타는 것이다.
232 봉문(蓬門): 쑥대를 엮어 만든 문. 빈가(貧家). 은자(隱者)의 집이다.

침류대에서 우연히 지음(소암)

枕流臺偶成 [疎菴]

한 구비 맑은 시내가 돌 숲을 끼고 흐르는데   一曲淸溪繞石林
걸터앉으니 갓끈 빨고픈[233] 마음 간절하네.   坐來無限濯纓心
이 가운데 원류가 적은 것이 아쉬울 뿐이니   此中只恨源流小
항상 사람들에게 깊고 옅음을 알게 하는구나.   長使人看識淺深

---

233 빨고픈[濯纓] : '탁영'은 갓끈을 씻는다는 뜻으로, 세속의 때를 씻고 고결함을 지키는
   태도를 일컫는 말이다.

침류대 주인에게 보냄(소암)

寄枕流主人 [踈菴]

안개비는 자욱하고 일색도 수심에 잠겼는데	烟雨濛濛日色愁
풀꽃도 시들어서 석당에 가을이 왔구나.	草花零落石塘秋
그대의 시는 장공자²³⁴에 뒤지지 않으니	君詩不減張公子
천 수의 작품으로 만호후²³⁵를 가볍게 만드네.	千首能輕萬戶侯

---

234 장공자(張公子) : 특정 인물이라기보다 부귀영화를 누리는 집안의 사람을 말한다.
235 만호후(萬戶侯) : 식읍(食邑)이 1만 호(戶)인 제후(諸侯). 보통 고관대작을 말한다.

침류도원 주인에게 보냄 3수

寄枕流桃源主人 [踈菴]

복숭아 꽃 붉은 비가 어지러이 떨어지니
석양을 마주보며 시 읊을 때 생각나네.
당시 피진객²³⁶을 알아보지 못했으니
시에 능한 침류군²³⁷이 있었구나. (1)

桃花紅雨落紛紛
想是沉吟對夕曛
不識當時避秦客
能詩亦有枕流君

천 그루 복숭아나무가 푸른 시내에 비추니
무릉의 선객²³⁸이 다시 노님을 허락하네.
다시 노닐다가 청계의 길을 잃어서
지난날 풍연²³⁹을 찾지 못할까 저어되네. (2)

千樹桃花映碧流
武陵仙客許重遊
重遊恐失淸溪路
前度風烟不可求

꽃을 보며 골짜기를 나서니 무릉의 나그네인데
다시 도원에 들어갔다 푸른 물가에서 길을 잃었네.
어쩌다가 운림²⁴⁰에서 지난번에 이별해놓고

看花出洞武陵客
再入桃源迷碧潯
豈是雲林前後別

---

236 피진객(避秦客) : 진나라의 폭정을 피해 숨어 사는 사람. 그리하여 은사(隱士)를 말한다.

237 침류군(枕流君) : 침류대 주인인 유희경을 일컫는 말.

238 선객(仙客) : 높은 관직에 올랐어도 청렴하거나 풍신(風神)이 초일(超逸)한 선비를 가리키는 말.

239 풍연(風烟) : 바람과 연기. 바람에 빗겨 흐르는 안개. 풍진(風塵). 또는 속세와 멀리 떨어져 있는 것을 말한다.

돛단배로 다시 와서 끝내 찾지 못했는가.(3)　　　　　　孤舟重到不窮尋

---

240 운림(雲林) : 운몽택(雲夢澤). 호북성 남쪽에 있는 수택(藪澤). 원래는 두 개였으나
운몽이라고 합해 부른다. 이에 관해서는 여러 가지 설이 있다. 초(楚)나라 송옥(宋玉)의
〈고당부(高唐賦)〉에 나오는 이야기로, 운몽은 옛날의 수택 이름으로, 동정호(洞庭湖)
일대를 말한다. 초양왕(楚襄王)이 송옥과 함께 운몽지대(雲夢之臺)에 가서 노닐다가
고당을 바라보며 양왕의 아버지가 꿈에 무산지녀(巫山之女)를 만나 사랑을 나누었다고
전한다. 운몽한정(雲夢閑情)은 남녀가 사랑을 나누는 일을 말한다.

집구하여 차운함

集句次韻 [踈菴]

새로 일어나 호숫가 백석대에 나가니 (가도)[241]　　新起臨湖白石臺 賈島

뜰에 가득 살구꽃과 벽도화가 피었네. (고병)[242]　　滿庭紅杏碧桃開 高駢

산 아이는 대나무 너머 차 그릇을 빻다가 (유자후)[243] 山童隔竹敲茶臼 柳子厚

손님께선 어디서 왔냐고 웃으며 물어보네. (하지장)[244]

　　　　　　　　　　　　　　　　　　笑問客從何處來 賀知章

해 저물어 쓸쓸한데 이 누대에 오르니 (저광희)[245] 日暮蕭條登此臺 儲光羲

---

241 가도(賈島) : 779~843. 당나라 범양(范陽) 사람. 자는 낭선(浪仙, 閬仙)이고, 갈석산
　　인(碣石山人)으로 자처했다. 몇 차례 과거에 응시했지만 실패하고 승려가 되었는데,
　　법명은 무본(無本)이었다. 시에 뛰어났다. 항상 말을 타고 고음(苦吟)하면서 시상을
　　엮었는데, 경사(京師)에서 한유(韓愈)와 우연히 교유하면서 환속했다.

242 고병(高駢) : ?~887. 당나라 유주(幽州) 사람. 자는 천리(千里)다. 고숭문(高崇文)의
　　손자다. 대대로 금군장령(禁軍將領)을 지내 자주 병사를 이끌고 서남쪽에 주둔했다.
　　황소(黃巢)의 반란을 진압했다. 이때 중국에 있던 최치원(崔致遠)이 그를 위해 쓴 격문
　　(檄文) 〈토황소격문(討黃巢檄文)〉이 유명하다.

243 유자후(劉子厚) : 유종원(柳宗元). 773~819. 당나라 하동해(河東解) 사람. 자는 자후
　　(子厚)고, 유하동(柳河東) 또는 유유주(柳柳州)로도 불린다. 혁신적 진보주의자로 왕
　　숙문의 신정(新政)에 참여했지만 실패하여 영주사마(永州司馬)로 폄적(貶謫)되었다.
　　이런 좌절과 13년간에 걸친 변경에서의 생활이 그의 사상과 문학을 더욱 심화시켰다.
　　저서에 『유하동집(柳河東集)』 45권과 『외집(外集)』 2권, 『보유(補遺)』 1권 등이 있다.

244 하지장(賀知章) : 659~744. 당나라 월주(越州) 영흥(永興) 사람. 자는 계진(季眞) 또
　　는 유마(維摩)고, 자호는 사명광객(四明狂客) 또는 비서외감(秘書外監)이다. 어릴 때
　　부터 문사(文詞)로 이름을 얻었다. 성격이 소탈했고, 술을 아주 좋아하는 풍류인으로
　　도 이름이 높아 두보(杜甫)의 〈음중팔선가(飮中八仙歌)〉에도 호주인(豪酒人)으로 손
　　꼽혔다. 서예에도 뛰어나 초서와 예서(隷書)를 잘 썼다.

흰구름 날아다니는 곳에 동천이 열렸구나. (우곡)²⁴⁶ 白雲飛處洞天開 于鵠
복숭아꽃 냇물에 떠서 아득히 내려가는데 (이백) 桃花流水杳然去 李白
세상 사람들 서로 좇아오도록 하질 말거라. (진우)²⁴⁷ 莫引世人相逐來 陳羽

물가에 잔설이 남아 누대를 비추고   水邊殘雪照亭臺
누대 위엔 윗도리²⁴⁸가 눈을 향해 열렸네.   臺上風襟向雪開
마치 그 날 정씨의 학²⁴⁹이   還似當時姓丁鶴
깃털이 다 자라 다시 돌아온 듯하구나.   羽毛成後一歸來

이 시는 당나라의 조하²⁵⁰가 산수로 돌아가 살려는 왕구종을 보내면서 지은 시다.

---

245 저광희(儲光羲) : 707?~760?. 당나라 윤주(潤州) 연릉(延陵, 지금의 江蘇 丹陽縣 남쪽) 사람. 조적(祖籍)은 연주(兗州, 지금의 山東에 속함)다. 원래 문집 70권이 있었지만, 이미 없어졌다. 현재 『저광희시(儲光羲詩)』가 전한다. 『전당시(全唐詩)』에 시 4권이 수록되어 있다.

246 우곡(于鵠) : 780년 전후. 당나라 때 사람. 시를 잘 지었다. 처음에는 한양(漢陽)에 은거했는데, 나이 서른이 되도록 명성을 얻지 못했다. 대종(代宗) 대력(大曆)과 정원(貞元) 연간에 활동했으며, 제부종사(諸府從事)를 지낸 적이 있다.

247 진우(陳羽) : 753?~?. 당나라의 시인. 당나라 오군(吳郡) 오현(吳縣) 사람. 덕종(德宗) 정원(貞元) 8년(792) 진사가 되었다. 나중에 동궁위좌(東宮衛佐)를 지냈다. 시를 잘 지었다. 『전당시(全唐詩)』에 시 1권이 수록되어 있다.

248 윗도리〔風襟〕 : '풍금'은 외의(外衣)의 아래소매. 외의를 가리킨다.

249 정씨의 학〔丁鶴〕 : '정학'은 정령위(丁令威, ?~?)의 학. 정령위는 전한 요동(遼東) 사람. 전설상의 인물이다. 고향을 떠나 영허산(靈虛山)에 들어가서 선도(仙道)를 배워 학이 되어 돌아왔다. 어떤 소년이 활로 쓰려고 하니 화표주(華表柱)에 앉아 "내가 집을 떠난 지 천 년이 되어 돌아왔는데, 성곽은 여전한데 사람들은 변했구나."라고 말한 뒤 공중을 배회하다 스스로 정령위라 부르면서 천 년 뒤에 돌아오겠다는 말을 남기고 떠나갔다고 한다.

250 조하(趙嘏) : ?~?. 당나라 산양(山陽) 사람. 자는 승우(承祐)다. 무종(武宗) 회창(會昌) 4년(844) 진사가 되었다. 선종(宣宗) 대중(大中) 연간에 위남위(渭南尉)를 역임했다. 시를 잘 지었는데, 섬미(贍美)하면서도 흥미가 넘쳤다. 40살 전후로 죽었다. 저서에는 『위남집(渭南集)』 3권이 있다. 『전당시(全唐詩)』에는 시가 2권으로 실려 있다.

마침 운이 같기에 차운하여 적는다.

右乃唐趙嘏送王龜從歸滻水居詩也 適韻同 故書之

차운함 2수

次

콸콸[251] 시냇물이 석대를 둘러 흐르는데
복숭아꽃 깊은 곳에 작은 방 하나 열렸네.
도성 가게가 사립문 밖에 가깝지만
하루 종일 지나도 속객 만나기 어렵구나.(1)

濺濺溪流繞石臺
桃花深處小堂開
寶廛近在柴門外
盡日難逢俗客來

누대 위에 버드나무와 복숭아나무로 그늘이 졌는데
늘그막에 맑은 흥취는 숲 언덕에 두었네.
가시문[252]으로 날마다 좋은 손님이 찾아드니
시선[253]이 아니면 주호[254]로구나.(2)

臺上成陰柳與桃
老年淸興在林皐
荊門日日尋眞客
不是詩仙卽酒豪

차운함 2수

次

옥 씻기듯 시원한 시내 작은 누대에서 모였으니
그림 같은 종남산이 눈앞에 펼쳐졌네.
그대 만나 유거의 정취를 들어보니
성시가 문득 방장[255]을 따라왔구나.(1)

瀉玉寒流蘸小臺
終南如畫眼中開
逢君聽說幽居趣
城市却從方丈來

---

251 콸콸[濺濺] : '괵괵'은 물이 콸콸 큰 소리를 내는 것.

252 가시문[荊門] : '형문'은 가시로 만든 사립문. 가난한 살림살이를 말한다.

253 시선(詩仙) : 시를 잘 지어 신선(神仙)과 같은 사람. 보통 이백(李白)을 시선이라 부른다.

254 주호(酒豪) : 술을 잘 마셔 호탕(豪宕)한 기상을 가진 사람.

255 방장(方丈) : 전설에 나오는, 바다에 있는 신산(神山) 이름.

고요한 가운데 봄가을로 벽도가 자리했으니　　　　靜裏春秋占碧桃
복숭아꽃 깊은 곳에서 평평한 언덕을 보노라.　　　桃花深處見平皐
세상 사람들 단지 봉후[256]의 고귀함만 아는데　　　世人但識封侯貴
누가 늙은 흥취에 찬 호걸을 소단에 보냈는가?(2)　誰遣騷壇老興豪

---

256 봉후(封侯) : 제후(諸侯)에 봉함. 또는 제후를 지칭하기도 한다.

침류대 주인에게 보냄(쌍천)[257]

寄枕流臺主人 [雙泉]

물은 섬돌 앞을 휘감아 돌고	水向階前繞
산은 골짜기를 따라 둘렀네.	山從洞裏回
오랜 전부터 세상을 피한 선비 있다 들었더니	久聞逃世士
일찍이 침류대에 자리를 했다네.	曾占枕流臺
강가 풀들은 마치 깔개인 듯하고	岸草眞堪藉
바위 틈 꽃은 가꿔주기를 기다리지 않지.	巖花不待栽
숲은 깊어 자줏빛 지초는 빼어나고	林深紫芝秀
모래톱은 따뜻해 흰 갈매기 빙빙 도네.	沙暖白鷗廻
멀리 속세와는 훌쩍 떨어져 있으니	逈與塵區隔
어찌 일찍이 속된 무리가 오겠는가?	何嘗俗駕來
구름을 뚫는 여장[258]이 있고	穿雲藜杖在
달을 부르는 와준[259]이 열렸네.	邀月瓦樽開
경우가 다르니 가난해도 살 수 있고	異境貧猶買
새로운 시는 병들어도 지을 수 있네.	新詩病亦裁
세상 인정에 누가 늙음을 사랑하겠는가만	世情誰尙老
하늘의 뜻은 본래 재주를 아낀다네.	天意本憐才

---

257 쌍천(雙泉) : 성여학(成汝學)의 호.
258 여장(藜杖) : 명아주 나무 늙은 줄기로 만든 손 지팡이〔手杖〕. 가벼우면서도 튼튼하다.
259 와준(瓦樽) : 도자기로 만든 술잔. 예기(禮器)로 쓸 수 있다.

영예와 근심이 바야흐로 망령된 것임을 알았고	榮瘁方知妄
세월이 빨리 흐르는 것을 앉아 깨닫노라.	光陰坐覺催
시절을 느끼니 응당 눈물이 흐르고[260]	感時應下淚
옛 일을 생각하며 몇 번이나 슬픔이 일었나.	懷舊幾興哀
신상의 일은 삼 년 동안 글을 짓는 것이었고	身事三年楮
한 평생은 한 뙈기 묵은 밭을 가는 것이었지.	生涯一畝萊
마음을 지켜 음악과 『주역』을 으뜸으로 삼았고	持心元樂易
사물에 대해서는 혐오와 질시를 끊었네.	於物絶嫌猜
잠부론[261]의 은둔을 논하여 도왔고	論協潛夫隱
광견[262]은 동방삭[263]의 해학과 같았지.	狂同曼倩詼
금문[264]은 차라리 꿈속에나 있고	金門寧有夢
석경[265]은 함께 할 이 없어 놔두었지.	石徑任無媒

---

260 감시응하루(感時應下淚) : 두보(杜甫)의 〈춘망(春望)〉에 나오는 구절. "때를 느껴 꽃은 눈물을 흘리고, 이별이 서러워 새도 가슴으로 놀라네.(感時花濺淚 恨別鳥驚心)"를 점화 (點化)한 것이다.

261 잠부론(潛夫論) : 책이름. 10권 36편. 후한(後漢) 왕부(王符)가 지었다. 작자는 이름을 드러내지 않는다는 뜻에서 자칭 잠부(潛夫)라 했으며 서명도 이와 같이 정했다. 국가 정치의 도를 기술하면서 당시의 참위(讖緯) 신학에 입각한 정치행태를 비판했다.

262 광견(狂狷) : 뜻이 너무 커서 상규(常規)에서 벗어난 것과 고집이 너무 세서 융통성이 없고 지조가 굳은 것을 뜻하는 말.

263 동방삭(東方朔) : 기원전 154~기원전 93. 중국 한(漢)나라 무제(武帝) 때의 평원(平原) 염차(厭次) 사람. 자(字)는 만청(曼倩)이다. 벼슬이 금마문(金馬門) 시중(侍中)에 이르고 해학(諧謔)과 변설(辯舌)로 이름이 났다. 속설(俗說)에, 서왕모(西王母)의 복 숭아를 훔쳐 먹어 죽지 않고 장수(長壽)했기 때문에 '삼천갑자동방삭(三千甲子東方朔)' 이라고 일컬어졌다.

264 금문(金門) : ①황제가 거처하는 궁궐의 문. 대궐문. ②금규(金閨). 금마문(金馬門)의 다른 이름. 한나라 때 학사들을 모아 놓은 곳으로 문학하는 선비들이 모이는 한림원(翰林院)을 가리킨다.

265 석경(石徑) : 석경(石逕). 산간(山間)에 난 돌길.

시냇가 저녁이 되자 스님이 처음 지나가고	溪夕僧初去
뜰에 봄이 오니 학이 벌써 둥지를 틀었구나.	園春鶴已胎
맑고 고아하여 낭원²⁶⁶인가 의심되고	清高疑閬苑
빼어난 경치는 천태²⁶⁷인 듯하네.	絕勝怳天台
은사가 살 만한 집을 얻었으니	卜得幽人宅
촌로의 구석진 곳도 다투어 잊었네.	爭忘野老隈
성시가 가깝다고 말하지 말라	休言近城市
스스로 더러운 기운²⁶⁸과도 멀어졌노라.	自是謝氛埃
어른대는 아지랑이에 궁궐 나무가 흐릿하고	斷靄迷宮樹
위태로운 다리가 나막신 이끼에 묻혔구나.	危橋鎖屐苔
다른 날 만약 서로 찾는다면	他時倘相訪
술을 가져와 큰 술잔에 취하리라.	呼酒醉山盃

차운함(촌은) 　　　　　　　　　　　　　　　　次 村隱

한 줄기 물이 세 산 아래에서	一水三山下
시원하게 냇가를 감싸고 돌아가네.	泠泠抱岸回
몸이 속세의 그물을 벗어났으니	將身脫塵網
귀를 씻고 냇가 누대에 누웠노라.	洗耳臥溪臺
가는 버들은 바람을 맞아 하늘거리고	細柳含風裊
요염한 복숭아나무는 해를 향해 심겼네.	夭桃向日栽

266　낭원(閬苑) : 전설에 나오는 신선(神仙)이 사는 곳.
267　천태(天台) : 천태산으로 절강 천태현(天台縣)의 북쪽에 있다. 산세가 동북에서 서남쪽
　　으로 뻗어 있으며 높은 절벽이 많고 가파르다. 불교의 천태종이 여기에서 나왔다고
　　한다.
268　더러운 기운[氛埃] : '분애'는 더럽고 흐린 기운.

연못은 맑아 고기가 무리지어 다니고	潭淸魚作隊
골짜기는 깊어 새가 알고 돌아오는구나.	谷密鳥知廻
촌 늙은이는 바둑을 두며 앉았고	野老圍碁坐
산 아이는 약초를 캐러 나갔네.	山童採藥來
옷깃을 헤치니 맑은 뜻에 알맞고	披襟淸意適
흥을 만나니 좋은 생각이 열린다.	遇興好懷開
술을 마셔 쉽게 근심을 삭히지만	酒易消愁得
시로 내 뜻을 담기는 어렵구나.	詩難稱意裁
시대를 구제할 계책을 낼 이 누구인가	濟時誰籌策
내 부족한 재능을 바치고자 하네.	獻賦我非才
호리병 속에 따로 새 천지가 있지만	壺裏乾坤別
인간 세상에서는 세월이 빠르구나.	人間歲月催
고산에서의 약속 일찍이 어겼더니	孤山曾負約
말년이 되니 더욱 애달프구나.	末路轉堪哀
흰 머리는 반악[269]이 슬퍼지고	白髮悲潘岳
때때옷은 노래자[270]가 생각나네.	斑衣憶老萊

---

269 반악(潘岳) : 247~300. 서진(西晉) 형양(榮陽) 중모(中牟) 사람. 자는 안인(安仁)이다. 어릴 때부터 신동이라 불렸고, 또 미남이어서 기동(奇童)이라는 소리를 들었다. 일찍이 사공태위부(司空太尉府)에 뽑혔다. 수재(秀才)로 천거되었다. 성격이 경박하고 이익을 좇아 가밀(賈謐)에게 아첨하며 섬겼는데, 24우(友)의 우두머리를 맡았다. 문학적 재능이 뛰어나 육기(陸機)와 함께 서진문학의 대표적 작가로 병칭되었다. 외모가 잘 생겨 집을 나설 때면 항상 부인들이 던져준 과일이 수레에 가득차 돌아왔다.

270 노래자(老萊子) : ?~?. 춘추시대 말기 초(楚)나라 사람. 은자(隱者)로, 공자(孔子)와 같은 시기의 사람이다. 난세를 피하여 몽산(蒙山) 기슭에서 농사를 지었다. 늙은 부모를 즐겁게 해드리려고 나이 일흔에 어린 아이가 입는 색동옷을 입고 재롱을 부린 일화는 유명하다.

숨어사니[271] 사람들이 모두 버렸고	沉冥人共棄
오만하자[272] 세상이 서로 시기하는구나.	傲兀世相猜
안씨[273]는 가난해도 오히려 도를 즐겼고	顏氏貧猶樂
장생[274]은 말하는 것이 더욱 조롱조가 되었네.	莊生語更詼
침대 속에서 나비가 된 꿈을 꾸었고	枕中通蝶夢
꽃밭에서는 벌과 어울려 놀았었지.	花下繞蜂媒
예전에 심은 푸른 소나무가	舊種蒼松子
지금 보니 흰 학의 둥지가 되었네.	今看白鶴胎
서쪽 봉우리로 낙조는 떨어지고	西峯低落照
북극에서는 삼태성[275]이 둘렸네.	北極拱三台
입을 헹구고 샘물 근원을 찾아가다	漱口尋泉脉
지팡이를 늘어뜨리고 바위 끝에 앉았노라.	垂竿坐石隈
성근 울타리로 키 작은 풀이 뻗어오고	踈籬侵短草
굽은 길로는 뜬 먼지도 깨끗해지네.	曲徑淨浮埃
천 년 묵은 잣나무는 철갑을 두른 듯하고	鐵色千年栢
백 무 이끼 긴 밭에 구름 그림자 드리웠네.	雲陰百畝苔
양 갈래 샘물을 만약 찾을 수 있다면	雙泉如可訪
웃고 말하면서 함께 술잔을 기울이리라.	笑語共傾盃

---

271 숨어사니[沈冥] : '침명'은 그윽한 곳에 살면서 자취를 감춤.

272 오만하자[傲兀] : '오올'은 고아하고 오만하게 행동함.

273 안씨(顏氏) : 안연(顏淵). 기원전 521~기원전 490. 춘추시대 말기 노(魯)나라 사람. 자가 자연(子淵)이라 안연(顏淵)으로도 불린다. 안무요(顏無繇)의 아들이다. 공자가 가장 신임했던 제자로, 공자보다 30살 어렸지만 공자보다 먼저 죽었다.

274 장생(莊生) : 장자(莊子)를 가리키는 말.

275 삼태성(三台星) : 자미성(紫微星)을 지키는 세 별로, 상태성(上台星)·중태성(中台星)·하태성(下台星)의 삼태성.

차운함(동악)[276] 3수

次 東岳

금성[277]엔 좋은 누대가 많기도 하니 禁城多少好樓臺
봄이 되자 도리꽃이 지천으로 피었네. 春到桃花在處開
집을 따라 오르지 않아도 까마귀가 사랑스러우니 不緣屋上烏堪愛
작게 지어서야 어찌 시구에 담을 수 있겠는가.(1) 小築何能入句來

성 안 시냇가에 누대를 쌓을 줄 알았으니 城裏臨溪解築臺
주인옹의 마음이 안목을 갖추어 열렸구나. 主翁心與眼俱開
봄바람에 가랑비 올 때 꽃을 찾아 가는 날 東風小雨尋芳日
도화원에 들어 무릉을 찾아가는 듯하네.(2) 似入桃花源上來

구가[278] 먼지 속에 홀로 누대를 오르니 九街塵裏獨登臺
구름 너머 삼산이 그림처럼 열렸네. 雲外三山罨畫開
떨어진 꽃 냇물 따라 흐른다고 걱정 말라 莫怕落花隨水出
세상 사람들 알았다면 어찌 일찍이 오지 않았겠는가.(3) 世人雖識豈曾來

차운함(구원 이춘원)[279] 3수

次 九畹 李公春元

돌을 엮고 도랑을 내어 몇 그루 복숭아나무를 심으니 繞石疏渠種數桃

---

276 동악(東岳) : 이안눌(李安訥)의 호.
277 금성(禁城) : 임금이 거처하는 궁성(宮城).
278 구가(九街) : 도성(都城)에 나 있는 큰 길거리.
279 이춘원(李春元) : 1571~1634. 조선시대의 문신. 본관은 함평(咸平)이고, 초명은 신원(信元) 또는 입지(立之)며, 자는 원길(元吉)이고, 호는 구원(九畹)이다. 일찍이 남양의 홍지성(洪至誠)에게 글을 배웠고, 뒤에 박순(朴淳)이 영의정을 그만두고 영평(永平)에 은거할 때 그를 찾아가 다시 배우니 단연 학문에 두각을 나타냈다. 저서로 『구원집』이 있다.

금성의 후미진 지역 언덕에 작은 정자를 올렸네.　　　　禁城斜界小亭皐

날마다 꽃그늘 아래서 시를 읊으니　　　　　　　　　哦詩日日花陰下

인간 세상에 사호²⁸⁰가 있는 줄도 모르겠구나.　　　不識人間有四豪

머리가 허연 신선 노옹께서 꽃 누대를 쌓으니　　　　白頭仙老築花臺

눈에 보이는 신선 꽃은 몇 번이나 피었는가?　　　　眼見仙花幾度開

야트막하게 서쪽 땅 위로 담장을 두를 수 있다면　　能敎尺寸墙西地

호리병 속에서 해와 달이 오가게 할 수 있겠네.(1)　幻得壺中日月來

봄이 되어 성에 가득한 복숭아꽃을 감상하지 못하니　當春不賞滿城桃

게으른 성품이 예로부터 언덕을 잃은 듯하구나.　　　懶性由來似缺皐

문득 유옹의 맑은 정취를 아끼노니　　　　　　　　却向劉翁愛淸趣

꽃을 보던 지난번엔 바로 시호(詩豪)였었지.　　　　看花前度卽詩豪

꽃은 긴 시내에 비치고 달빛은 누대에 가득한데　　花映長溝月滿臺

좋은 바람 물 위로 불어 비단 물결이 일렁이네.　　好風吹水錦紋開

밤이 맑아 완연히 신선 세상이 가까운 듯하니　　　淸宵宛在仙源近

꿈속에 어부의 배가 물결 헤치고 올라오네.(2)　　　夢裏漁舟款乃來

본래 피리 불면서 벽도(碧桃)에 취하려고 했는데　　本擬吹笙醉碧桃

병에 걸리니 바람 부는 언덕에 눕고 싶어지네.　　　病來仍欲臥鳴皐

어떻게 하면 속세의 끝도 없는 일들을　　　　　　　如何塵土無窮事

다 없애고 득도하여²⁸¹ 백 척 호걸이 될까?　　　銷盡元龍百尺豪

---

280 사호(四豪) : 맹상군(孟嘗君)과 평원군(平原君). 신릉군(信陵君), 춘신군(春申君).

281 득도하여[元龍] : '원룡'은 원양(元陽). 도교(道敎)에서 득도(得道)한 것에 대한 다른
　　　이름.

작은 풀 암자 앞에 작은 돌 누대를 세우고　　　　　小草庵前小石臺
아이에게 물을 붓게 하여 복숭아나무를 피게 하려네.　小童長灌小桃開
시를 찾을 때마다 높은 난간을 지나가니　　　　　尋詩每有高軒過
흥 다하도록 속인들 발길은 닿질 않는구나.(3)　　敗興全無俗子來

차운함(만회)²⁸² 2수　　　　　　　　　　　　　　次 晩悔

반생을 살면서도 이 누대 찾는 게 더뎠으니　　　　半世棲遲向此臺
형문²⁸³은 비록 달렸어도 열린 적은 없었지.　　　　荊門雖設不曾開
꽃 가꾸고 밭에 물 주며 다른 일 없으니　　　　　培花灌圃無餘事
때로 역사책²⁸⁴을 들추다가 시구를 찾았노라.　　　時檢靑編覓句來
책상에는 금서(琴書)가 있고 뜰에는 복숭아 있으니　床有琴書庭有桃
누워 봄빛이 숲 언덕에 가득한 것을 보노라.　　　臥看春色滿林皐
흥이 나면 일어나 시냇가 달을 따라 걷고　　　　　興來起步溪邊月
막걸리 석 잔이면 기상도 더욱 호탕해지지.(1)　　濁酒三盃氣更豪

우뚝한²⁸⁵ 나무 한 그루 외론 누대에 기댔으니　　亭亭一樹倚孤臺
묻노니 너는 어이 해 홀로 피지 않았는가?　　　問爾何爲獨未開
주인장 대문이 단단히 닫혀 있어　　　　　　　　主人門巷深深閉

---

282 만회(晩悔) : 이유겸(李有謙). 1586～1663. 조선시대 신령현감, 공조좌랑, 함흥판관
　　등을 역임한 문신. 본관은 우봉(牛峯)이고, 자는 수익(受益)이며, 호는 만회(晩悔)다.
　　재능이 많고 성격은 강직하며 우애가 깊었다. 문집으로 『만회유고(晩悔遺稿)』가 전
　　한다.
283 형문(荊門) : 가시로 만든 사립문. 가난한 살림살이를 말한다.
284 역사책〔靑編〕 : '청편'은 사적(史籍)을 일컫는 말.
285 우뚝한〔亭亭〕 : '정정'은 높이 솟은 모양.

봄 기색이 돌아올 틈이 없습니다.　　　　　　　春色無因得入來

그윽한 흥에 무람없이 복숭아나무를 심었더니　幽興無端寄種桃

때로 휘파람 불면서 동쪽 언덕을 오르노라.　　　有時舒嘯上東皐

예로부터 말로는 다들 험난했다 하니　　　　　從來末路多艱險

한 시대 호걸이여 은둔했다[286] 탄식하시게.(2)　莫歎沉冥一世豪

차운함(낙전 신익성)[287]　　　　　　　　　　次 樂全 申公翊聖

천 그루 복숭아꽃이 돌 누대를 감쌌거니　　　千樹桃花擁石臺

누대 앞엔 초가집이 시내를 향해 열렸네.　　　臺前茅屋向溪開

술병 차고 다시 청명절[288]로 달려가니　　　携壺更趁淸明節

문득 현도관[289] 속에서 노니는 것 같구나.　　却訝玄都觀裏來

차운함(경호)[290]　　　　　　　　　　　　　次 鏡湖

잠자리가 세상[291]과 떨어져 있어 한 누대에 누웠으니　枕隔紅塵臥一臺

286　은둔했다〔沈冥〕 : '침명'은 그윽한 곳에 살면서 자취를 감춤.

287　신익성(申翊聖) : 1588~1644. 조선시대 오위도총부부총관을 역임한 문신. 본관은 평산(平山)이고, 자는 군석(君奭)이며, 호는 낙전당(樂全堂) 또는 동회거사(東淮居士)다. 1642년 명나라와 밀무역을 하다 청나라로 잡혀간 선천부사 이계(李烓)가 조선이 명나라를 지지하고 청나라를 배척한다고 고하여, 최명길(崔鳴吉)·김상헌(金尙憲)·이경여(李敬輿) 등과 함께 심양(瀋陽)에 붙잡혀가 억류당했으나 조금도 굴하지 않았다.

288　청명절(淸明節) : 24절기(二十四節氣) 중 제5절기(第五節氣)로서 춘분(春分)과 곡우(穀雨) 사이. 곧 양력 4월 5일 또는 6일에 해당된다. 청명일(淸明日).

289　현도관(玄都觀) : 북주(北周)와 수(隋)나라, 당(唐)나라 때의 도관(道觀) 이름. 일반적인 도관을 말하기도 한다.

290　경호(鏡湖) : 미상(未詳).

291　세상〔紅塵〕 : '홍진'은 공중에 떠올라 햇빛이 비쳐 벌겋게 보이는 티끌. 그리하여 번화한 곳에서 일어나는 먼지.

닫혀 있던 벽도의 문이 누구를 위해 열렸나.　　　　　　碧桃門掩爲誰開
유랑이야 현도[292]에서 시를 읊진 않으니　　　　　　　劉郎不做玄都咏
다만 날리는 꽃잎이 물에 떠다니는 것을 볼 뿐이지.　只閱飛花泛水來

차운함(백록 신응시)[293] 3수　　　　　　　　　　　　次 白麓 辛公應時
소옹이 욕심이 없어 영대[294]가 담담하니　　　　　　疎翁無慾澹靈臺
손수 복숭아나무를 심어 꽃이 활짝 피었네.　　　　手種桃花滿樹開
다시 옥계의 물줄기를 가로지르니　　　　　　　　更有玉溪橫一派
물 근원이 무릉에서 나오는 듯하구나.(1)　　　　源流疑自武陵來

시인이 침류대의 풍경을 묘사했는데　　　　　　　騷人模寫枕流臺
시첩(詩帖)에 가득 비단 수가 놓인 듯해 깜짝 놀라네.　滿帖驚看錦繡開
흰 머리에 병든 사람이 시 짓기에도 가장 늦었으니　白首病生題最晚
호리병 속에서 승경을 찾다 봄을 좇아 왔노라.(2)　一壺尋勝趁春來

젊었을 때 함께 백운대에 올랐었는데　　　　　　少年同陟白雲臺
그때의 장관이 때로 버금가게[295] 열렸네.　　　壯眺時從伯仲開

---

292 현도(玄都) : 전설(傳說)에 나오는 신선(神仙)의 거처(居處).

293 신응시(辛應時) : 1532~1585. 조선 전기 연안부사, 예조참의, 병조참지 등을 역임한 문신. 본관은 영월(寧越)이고, 자는 군망(君望)이며, 호는 백록(白麓)이다. 성혼(成渾), 이이(李珥)와 특히 교분이 두터웠다. 저서로『백록유고(白麓遺稿)』가 남아 있으며, 배천의 문회서원(文會書院)에 제향되었다. 시호는 문장(文莊)이다.

294 영대(靈臺) : 마음 또는 정신(精神)을 일컫는 말.

295 버금가게[伯仲] : 백중지간(伯仲之間). 사람이나 사물이 우열이나 고저를 따지기 어려운 것을 비유하는 말.

오늘 두 노인장이 두루 살아계셨다면　　　　　今日兩翁偏在世
항상 왔을 것을 다시 못 와 안타깝구려.(3)　　可憐長往不重來

차운함(시잠)[296] 3수　　　　　　　　　　　次 市潛

피리 불고 벽도에 취하면서 흰 구름과 붉은 골짜기가　不羨吹簫醉碧桃
언덕 정자를 감싼 게 부럽지는 않네.　　　　白雲丹壑護亭皐
금문[297] 밖 코 닿을 만한 곳에　　　　　　誰知咫尺金門外
세상 등진 호걸 있음을 누가 알겠는가.(1)　　有此沉冥一世豪

낮은 곳에 맑은 시내, 시내 위엔 누대 있으니　沉下淸溪溪上臺
바위문도 속객을 위해 열리지는 않는다네.　　巖扉不爲俗人開
거문고 책상 바위 자리에 다른 일이 없으니　琴床石榻無餘事
오직 한가로운 구름만이 절로 오가는구나.(2)　惟有閑雲自往來

하늘 끝에서 힘은 지쳐 고향 누대를 바라보니　天涯力倦望鄕臺
시냇가에서 그대를 만나 한 번 크게 웃노라.　溪上逢君一笑開
헤어지면 사립문은 다시 닫힐 것이니　　　　別後柴扉還獨掩
대나무 사이 이끼 낀 길을 누가 다시 올 것인가?(3)　竹間苔徑更誰來

296　시잠(市潛) : 미상(未詳).
297　금문(金門) : 황제가 거처하는 궁궐의 문. 여기서는 대궐문을 말한다.

차운함(반환)[298]

천 수의 시가 쓰인 한 조각 누대에
백 년 세월 심사가 열린 듯하네.
여울물이 각자 솟구쳐 소리내는 곳에
복숭아꽃을 엿보러 봄빛이 왔구나.

次 盤桓

千首詩章一片臺
百年心事若爲開
湍瀾各自騰聲處
看取桃花春色來

차운함(제호 양경우)[299]

한 구비 신선 터전이 돌 누대를 감싸는데
맑은 물이 잔잔하여 보렴[300]이 열린 듯하네.
복숭아꽃 떨어진 곳에 배꽃이 피어나니
이 좋은 날 꽃구경하러 객이 홀로 왔노라.

次 霽湖 梁公慶遇

一曲仙源抱石臺
清漣不動寶奩開
桃花落盡梨花發
勝日尋芳客獨來

차운함(택당 이식) 2수

이백의 누대 동쪽에 한 그루 선 복숭아나무
도연명이 휘파람 불며 언덕을 오르네.
누가 알리오, 몇 뙈기 봄 정원 안에
세상 등진 당당한 호걸이 고개 돌리는 것을.(1)

次 澤堂 李公植

李白樓東一樹桃
淵明舒嘯亦登皐
誰知數畝春園裏
回首元龍百尺豪

---

298 반환(盤桓) : 미상(未詳).

299 양경우(梁慶遇) : 1568~?. 조선 중기의 문신. 본관은 남원(南原)이고, 자는 자점(子漸)이며, 호는 제호(霽湖) 또는 점역재(點易齋), 요정(蓼汀), 태암(泰巖)이다. 장현광(張顯光)의 문인으로 1592년 부친을 따라 아우 양형우(梁亨遇)와 함께 의병(義兵)을 일으켰다. 1799년 양경우의 문집에 부친 양대박의 『청계집(青溪集)』과 동생 양형우의 『동애집(東崖集)』과 함께 『양대사마실기(梁大司馬實記)』로 합편되어 간행되었다.

300 보렴(寶奩) : 화장을 위해 쓰이는 경갑(鏡匣)에 대한 미칭(美稱).

풀을 베고 땅을 다져 진귀한 누대를 세웠으니   誅茅團土比珍臺
샘 구멍301은 동글동글302 명창303이 열렸네.   石眼環環溟漲開
복숭아나무 아래 내놓고 관대도 벗으니   坦腹科頭桃樹下
마치 직접 선향(仙鄕)으로 날아 올라온 듯하구나.(2)   似曾親見上仙來

---

301 샘 구멍〔石眼〕 : '석안'은 돌 위에 뚫린 샘물 구멍.

302 동글동글〔環環〕 : '환환'은 굽이져 휘는 모양. 둥근 모양.

303 명창(溟漲) : 명해(溟海)와 창해(漲海). '명해'는 신화(神話)상의 바다 이름이고, '창해'
     는 남해(南海)의 옛 이름이다. 그리하여 큰 바다.

동악의 시에 차운함

次東岳韻 [李植]

초가집³⁰⁴에 가난이야 모두 심하지만	蓬屋貧皆甚

초가집³⁰⁴에 가난이야 모두 심하지만　　　　　　蓬屋貧皆甚

도화원 찾는 꿈은 나 홀로 꾼다네.　　　　　　桃源夢獨尋

내 노님에 오래 게으른 게 부끄러운데　　　　慙余倦游久

그대가 그윽한 곳에 집을 얻었으니 부럽네.　　羨爾卜居深

소매 속 글자는 성글었고³⁰⁵　　　　　　　　草草袖中字

관대 위 비녀는 부드럽구나.³⁰⁶　　　　　　　依依冠上簪

와서 적막함을 말할 수 있으니　　　　　　　能來話寂寞

성 안 나무에 저녁 노을이 깔리네.　　　　　城樹晩霞沉

차운함　　　　　　　　　　　　　　　　　次

물 위 복숭아나무 꽃 아래 누대 있으니　　　水上桃花花下臺

시를 잡고 높이 누워 환한 웃음을 짓는구나.　把詩高臥笑顏開

꽃에 휩쓸리고 물을 즐기며 시 속에 숨으니　迷花樂水詩中隱

괴이해라, 누대 앞에 장자³⁰⁷께서 오셨구나.　怪底臺前長者來

---

304 초가집〔蓬屋〕: '봉옥'은 궁핍한 사람이 사는 초옥(草屋).

305 성글었고〔草草〕: '초초'는 총총(蔥蔥)해서 자상하지 못한 모양.

306 부드럽구나〔依依〕: '의의'는 부드럽게 한들거리는 모양.

307 장자(長者): 점잖고 너그러운 사람. 곧 덕망(德望)이 뛰어나고 노성(老成)한 사람. 또는 사람 해치기 좋아하지 않는 이를 말하기도 한다.

차운함(관해 이민구)[308] 3수

次 觀海 李公敏求

날마다 턱을 괴고 돌 누대에 누웠더니
천관[309]은 다만 고요한 때만 열리었네.
안에서는 파리의 울림을 구별하지 못했거니
서쪽 개울에 날리는 샘이 꿈결 따라 오는구나.(1)

日日持頤偃石臺
天關只許靜時開
就中不省笙韶響
西澗飛泉入夢來

돌을 둘러 푸른 등걸이 어지러이 누대에 어렸는데
개울 따라 꽃이며 나무가 골짜기 안에 열렸네.
지금도 약초 캐는 유랑이 살고 있으니
누가 인간 세상에 갔다 오지 않는다 말하는가?(2)

護石蒼藤亂映臺
一溪花木洞門開
秖今採藥劉郎在
誰道人間去不來

푸르른 나무 빛깔이 정자 누대에 무성한데
골짜기를 둘러 자욱한 안개에 한 쪽이 트였구나.
시흥이 우연히 꾀꼬리를 따라 움터 오르니
돌아가도 흰 구름이 길이 따라 오는구려.(3)

蔥籠樹色發亭臺
繞壑烟霞一面開
詩興偶隨黃鳥出
歸心長伴白雲來

---

308 이민구(李敏求) : 1589~1670. 조선시대 부제학, 대사성, 도승지 등을 역임한 문신. 본관은 전주(全州)고, 자는 자시(子時)며, 호는 동주(東州) 또는 관해(觀海)다. 문장에 뛰어나고 사부(詞賦)에 능했을 뿐 아니라, 저술을 좋아해서 평생 쓴 책이 4,000권이 되었으나 병화에 거의 타버렸다 한다. 저서로는 『동주집(東州集)』과 『독사수필(讀史隨 筆)』, 『간언귀감(諫言龜鑑)』, 『당률광선(唐律廣選)』 등이 남아있다.

309 천관(天關) : 별자리의 이름, 28수(宿) 가운데 필수(畢宿)에 속하는 것으로, 현재의 황소자리의 일부다.

차운함(석주 권필)[310]　　　　　　　　　　　　次 石洲 權公韠

삼각산이 우뚝한 곳에서 층층 누대를 내려다보니　　三山屹立俯層臺
한 줄기 안개 무리는 쓸어도 그대로일세.　　　　　一徑烟霞掃不開
늦봄의 골짜기 하늘에는 꽃비가 흩날리니　　　　春晚洞天花雨亂
문득 이 몸이 무릉에 왔나 의심했구나.　　　　却疑身入武陵來

차운함(월사 이정구)[311] 2수　　　　　　　　次 月沙 李公廷龜

시냇가 돌 쌓인 데 우연히 누대를 지으니　　　溪邊疊石偶成臺
누대 위엔 사립문 있어도 좀체 열리지 않네.　　臺上柴扉晚不開
이끼 긴 길에는 대 지팡이 소리 종종 울리는데　　苔徑竹筇時有響
유랑이 꽃을 보러 나왔는가 보다.(1)　　　　劉郎知是看花來

늙은이 할 일 없어 날마다 누대에 오르니　　老翁無事日登臺
손수 도화를 심으니 봄마다 절로 피네.　　手種桃花春自開
유거가 성시에 가깝다고 말하지 말라　　莫道幽居近城市
문 앞으로 속인들 지나다니지 않노라.(2)　　門前不見俗人來

---

310 권필(權韠) : 1569~1612. 조선 중기 때의 문인. 본관은 안동(安東)이고, 자는 여장(汝章)이며, 호는 석주(石洲)다. 정철(鄭澈)의 문인으로, 성격이 자유분방하고 구속받기 싫어하여 벼슬하지 않은 채 야인으로 일생을 마쳤다. 술로 낙을 삼아, 부인이 금주를 권하니 시 〈관금독작(觀禁獨酌)〉을 지었다. 『석주집(石洲集)』과 한문소설 〈주생전(周生傳)〉이 현전한다.

311 이정구(李廷龜) : 1564~1635. 조선 중기의 문신. 한문 4대가의 한 사람. 본관은 연안이고, 자는 성징이며, 호는 월사, 보만당, 추애, 치암, 습정이다. 윤근수의 문인이다. 문장은 당시 관인문학을 선도하는 전범을 보였다. 시문집으로 『월사집』 68권 22책이 전한다.

침류옹이 복숭아를 보내준 데 감사하며(월사)

謝枕流翁送桃 [月沙]

서리 전에 딴 과일 다섯 개는   五顆霜前實
신선의 음료고 옥고[312]인 듯하구나.   仙漿似玉膏
유완[313]의 골짜기에서 온 것이니   來從劉阮洞
어찌 반도[314]가 아니겠는가?   無乃是蟠桃

---

312 옥고(玉膏) : 옥처럼 윤기가 나는 지고(脂膏). 옛 전설에 나오는 선약(仙藥)이다.

313 유완(劉阮) : 후한(後漢) 유신(劉晨)과 완조(阮肇)를 함께 부르는 말. 전하기로 영평(永平) 연간에 유완(劉阮)이 천태산(天台山)에서 약초를 캐다가 길을 잃었는데, 두 선녀(仙女)를 만나 반년을 보내고는 집으로 돌아왔다. 그랬더니 시대는 벌써 진(晉)나라였고, 자손들도 이미 7대를 지난 상태였다. 나중에 다시 천태산에 가 그녀들을 찾았지만 자취가 묘연해졌다고 한다.

314 반도(蟠桃) : 신화에 나오는 복숭아로 장수를 비는데 쓰는 말. 『논형(論衡)』에 따르면 창해 중에 도삭(度朔)이라는 산이 있는데 이 산에 있는 복숭아나무가 3천리에 걸쳐 있어서 반도라 했다. 또 『태평광기(太平廣記)』에 따르면 반도는 3천 년에 한번 열매를 맺는 복숭아나무이다. 복숭아의 모양은 둥글며 맛은 달고 즙이 많지 않다고 한다.

침류대 주인이 용만[315] 보안역에서 시를 보냈기에(소암)

寄枕流主人 在龍津保安驛寄送 [踈菴]

도성 서쪽 구석에 비밀스런 도원이 있으니
세상 티끌이 일대를 더럽히지 못하게 하지.
생각해보니 머리 흰 사람이 나무에 기대어
침류대 아래에서 황혼녘 달빛을 보겠구나.

禁城西畔秘桃源
莫遣紅塵汚洞門
遙想白頭人倚樹
枕流臺下月黃昏

차운함(창석 이준)[316]

강호에서 헛되이 조어대[317]를 꿈꾸고
경락[318]의 풍진 속에선 눈 뜨기도 싫었지.
홀로 침류대에 올라 얘기하기 좋아하여
때로 흥이 돋으면 달빛 맞으며 다녔다네.

次 蒼石 李公埈
江湖空夢釣魚臺
京洛風塵眼厭開
獨喜枕流亭上話
時時乘興月中來

---

315 용만(龍灣) : 평안북도 의주(義州)의 옛 이름.

316 이준(李埈) : 1560~1635. 조선시대 첨지중추부사, 승지, 부제학 등을 역임한 문신. 본관은 흥양(興陽)이고, 자는 숙평(叔平)이며, 호는 창석(蒼石)이다. 유성룡(柳成龍) 의 문인으로, 1582년 생원시를 거쳐 1591년 별시 문과에 병과로 급제해 교서관정자가 되었다. 저서로『창석집』을 남겼으며, 『형제급난지도(兄弟急難之圖)』를 편찬하였다. 시호는 문간(文簡)이다.

317 조어대(釣魚臺) : 물가에 있는 평평한 곳. 사람들이 함께 낚시를 드리울 수 있어 이렇게 부른다.

318 경락(京洛) : ①낙양(洛陽)의 다른 이름. 동주(東周)와 후한(後漢) 때 이곳에 도읍을 정했기 때문에 이렇게 불린다. ②한(漢)나라와 당(唐)나라 때의 서울인 낙양을 말하 나, 일반적으로 서울을 나타내는 말로 많이 쓰인다.

집구하여 차운함(동촌 김시국)[319]

次集句韻 [東村 金公蓍國]

우연히 잔뜩 취해 요대에 누우니 (조당)[320]   偶然沉醉臥瑤臺 曹唐

백옥이 몹시 춥더니 비로소 따뜻해지네. (두보)   白屋寒多暖始開 杜甫

조물주는 한가롭다가도 이내 강건해지니 (육방옹)   造物與閑仍與健 放翁

다음 날 뜻이 있으면 거문고 들고 오게나. (이백)   明朝有意抱琴來 李白

돌로 연꽃을 만들고 구름으론 누대를 지어 (이백)   石作蓮花雲作臺 李白

울타리 가에 몇 떨기 이른 매화가 피었네. (육방옹)   數藥籬畔早梅開 放翁

이 사이에 그대의 말이 없을 수는 없으니 (소식)   此間不可無君語 東坡

이적선[321]과 소이[322]를 불러 오게 할 줄 아네. (황정견)

                     會喚謫仙蘇二來 山谷

---

319 김시국(金蓍國) : 1577∼1655. 조선시대 제학, 대사성, 판의금부사 등을 역임한 문신. 본관은 청풍(淸風)이고, 자는 경징(景徵)이며, 호는 동촌(東村)이다. 1649년 판의금부 사를 지낸 뒤 벼슬에서 물러났다. 형의 후광으로 정계에 진출했지만, 큰 공적을 남기지 는 못했다.

320 조당(曹唐) : ?∼?. 당나라 계주(桂州) 임계(臨桂) 사람. 자는 요빈(堯賓)이다. 처음 도사(道士)가 되었다. 반속(返俗)한 뒤 여러 차례 진사 시험에 응시했지만 떨어졌고, 나중에 소주(邵州)와 용관(容管) 등지의 사부종사(使府從事)를 지냈다. 시를 잘 지었 는데, 두목(杜牧), 이원(李遠) 등과 친하게 지냈다.

321 적선(謫仙) : 세상(世上)으로 유배된 신선(神仙). 재주와 학문이 남다른 사람을 일컫는 다. 보통 이백(李白)을 일컫는 말로 쓰인다.

322 소이(蘇二) : 소식(蘇軾)을 가리키는 말. 소식이 둘째아들이기 때문에 이렇게 불린다.

차운함(어적)[323] 2수 　　　　　　　　　　　　　　　次 漁適

물에 흐르는 복숭아꽃이 돌 누대를 감싸니 　　　流水桃花繞石臺

향 향기는 하늘하늘 작은 창문이 열리네. 　　　茶烟裊裊小窓開

떨어지는 노을은 신선의 땅에서 흐르리니 　　　落紅應洩神仙境

어부가 골짜기 따라 올라올까 두렵구나. (1) 　　怕有漁郎入洞來

운대[324]나 조대를 물을 것도 없이 　　　　　　不問雲臺與釣臺

시 잘 쓰는 노인장 만나 술잔을 열고 싶구나. 　　願逢詩老酒樽開

공명이니 절의니 모두 황록[325]일 뿐이니 　　　功名節義俱隍鹿

크게 취해 미친 노래 부르며 한 번 다녀가노라. (2) 　大醉狂歌一去來

차운함(택당) 　　　　　　　　　　　　　　　　次 澤堂

녹음방초[326]가 신선 누대에 가득한데 　　　　綠陰芳草滿仙臺

---

323 어적(漁適): 유중룡(柳仲龍). 1558~1635. 조선시대 사예, 예조정랑, 장령 등을 역임
　　한 문신. 본관은 문화(文化)고, 자는 여견(汝見)이며, 호는 어적산인(漁適散人)이다.
　　임진왜란 때에는 박성(朴惺) 등과 함께 의병을 일으켜 김면(金沔)의 진중에서 활약하
　　였고, 다시 의병을 규합하여 우현(牛峴)과 상암(箱巖) 등지에서 왜적을 막았다. 문장에
　　능하였다. 저서로 『어적집』 3권이 있다.

324 운대(雲臺): ①구름 속에 높이 솟은 누각. ②한(漢)나라 궁중에 있는 높은 누대의 이
　　름. 한나라 명제(明帝)가 전대의 공신들을 추념(追念)하여 남궁운대(南宮雲臺)에 28명
　　의 초상화를 그리게 했다. 이후 운대(雲臺)는 공신과 명장을 추념하는 장소가 되었다.

325 황록(隍鹿): 해자에 숨겨 둔 사슴이란 뜻으로, 인생살이의 모든 현실이 꿈처럼 허무한
　　것을 일컫는 말. 초록몽(蕉鹿夢). 정(鄭)나라 사람이 사슴을 잡아 해자에 감추고 섶나
　　무로 덮어두었는데, 나중에 그 장소를 잊어버리고 찾지 못하자 그 사실을 꿈으로 돌려
　　버렸다는 데서 나왔다. 증빙할 수 없는 몽환의 일을 비유하는 말로 쓰인다.

326 녹음방초(綠陰芳草): 푸르게 우거진 나무와 향기로운 풀이란 뜻으로, 여름철의 자연
　　경관을 일컫는 말이다.

다만 보이는 것은 오월에 핀 석류나무로다.　　　只見榴花五月開
손곡327이며 석주328도 다 영락329해버렸으니　　　蓀谷石洲零落盡
이 늙은이의 시 벗으로 이제 누가 올 것인가?　　　此翁詩伴更誰來

차운함(석담 이윤우)330 2수　　　　　　　次 石潭 李公潤雨
평생 꿈에서도 침류대를 생각했거니　　　　平生夢想枕流臺
맑은 물 넘치는 곳에 거울처럼 벌렸네.　　　活水源頭一鑑開
성시에서도 구학331의 정취를 독점했으니　　　城市獨占丘壑趣
흰 구름이 한가로이 왔다가 또 가버리네.(1)　　　白雲閑往又閑來

도사의 궁 서쪽에 작은 누대를 세웠는데　　　道士宮西築小臺
복숭아꽃은 비단처럼 거울 속에 피었네.　　　桃花如錦鏡中開
현도관 안에 천 그루가 있다고 들었으니　　　玄都觀裏聞千樹
누가 유랑이 오늘 또 온 것을 믿겠는가?(2)　　　誰信劉郎今又來

---

327 손곡(蓀谷) : 이달(李達)의 호(號).

328 석주(石洲) : 권필(權韠)의 호(號).

329 영락(零落) : 사람이 죽은 것을 비유하는 말.

330 이윤우(李潤雨) : 1569~1634. 조선시대 예문관응교, 성균관사성, 공조참의 등을 역임한 문신. 본관은 광주(廣州)고, 자는 무백(茂伯)이며, 호는 석담(石潭)이다. 성주 출신이다. 1610년 예문관검열로서 시강원설서를 겸임하고, 이어 사관으로서 정인홍(鄭仁弘)의 비위사실을 직서했다가 탄핵을 받아 사퇴했다. 저서로는 『석담집(石潭集)』이있다.

331 구학(丘壑) : 깊은 산과 깊숙한 골짜기. 그리하여 은자(隱者)가 사는 곳.

후서 율원[332]

後序 [栗園]

무릇 사람의 병통은 반드시 성색(聲色)에 너무 빠지는 데 있다. 돌아다
니며 사냥을 한다거나 천석(泉石)에서 노닌다거나 술을 좋아하고 말 타
기를 즐기며 칼 쓰기나 바둑 두기에 빠지고, 심지어 대나무나 화초를 아
주 좋아하는 것에 이르기까지 이 모든 것은 마음을 흥분시키고 눈을 즐
겁게 하는 도구로 나타나 한때의 즐기는 바를 통쾌하게 만드는 것일 뿐
이다.

　나는 아직까지 화려한 문장을 쓰고 옥패[333]를 떨치면서 인간세상의 일
들을 영원히 버리고 한결같이 문장으로만 늙어 평생의 직업으로 삼은
사람을 들은 적이 없다. 혹 문장으로 평생의 직업을 삼았다고 해도 반드시
과거 시험에 얽매이고 이익과 봉록에 재빨라서 이것으로써 자신을 영광되
게 하고 몸을 세상에 내보이는 빌미로 삼는다. 또 흥취를 풀고 회포를
토로하는 지극한 맛으로 가슴속의 무궁한 지락(至樂)으로 삼아 명예를
낚지 않고 명성을 구하지 않아 평생 늙음이 오는 줄도 모르는 사람, 즉
단표[334]에도 즐거워 한 안씨(顔氏)와 같은 이가 있다는 말도 듣지 못했다.
오직 성품이 아름다운 시구에 탐닉하여 작품이 사람을 놀라게 하지 않으

---

332 율원(栗園) : 미상(未詳). 글의 내용으로 볼 때 임숙영(任叔英)의 형인 것으로 보인다.
333 옥패[瓊琚] : '경거'는 정교하고 아름다운 옥패(玉佩).
334 단표(簞瓢) : 단사표음(簞食瓢飮). 일단사일표음(一簞食一瓢飮). 대나무로 만든 밥그
　　릇에 담은 밥과 표주박에 든 물이라는 뜻으로, 청빈하고 소박한 생활을 이르는 말이다.

면 죽어도 그치지 않겠다고 한 이는 고금을 통해 반과옹[335] 한 사람뿐일 것이다. 반과옹이 지은 시는 삼대[336] 때 남긴 뜻을 깊이 터득하고 한나라와 위나라, 진나라의 부화한 시풍을 멀리 털어냈으며, 서로를 잊어버리는 지경에 뜻을 두어 죽고 사는 것이나 슬프고 즐거운 감정도 그 앞에서는 변했으니, 이런 뜻이라면 결코 변하지 않을 것이다. 마치 두예[337]가 『좌전(左傳)』에 대해 매혹되었던 것과 똑같다. 이렇다면 하는 바가 없어도 뭔가를 하는 사람일 것이다. 사람의 심지(心地)를 자세히 관찰해보면 하고자 하는 바가 있어 뭔가를 하는 사람은 그 마음은 족히 볼 만한 것이 없다. 반드시 하려고 하는 것이 없어도 뭔가를 한 연후에야 가히 바른 사람, 착한 사람이라고 말할 수 있을 것이다.

반과옹이 죽고 수천 년 뒤 우리 동방에 나타난 단 한 사람을 꼽으라면 나는 촌은 유공에게서 그를 본다. 오호라! 유공이 시에 공교로운 것은 대개 하고자 하는 바가 있어 뭔가를 하는 것이리라. 가문이 현달하지도 않고 대대로 벌열 집안도 아니니 비록 이런 재주가 있다 한들 어디다 이 재주를 시험해 보겠는가? 부지런하고 성실하게 사는 태도가 어릴 때부

---

335 반과옹(飯顆翁) : 반과산(飯顆山)의 늙은이. 반과산은 당(唐)나라 때 장안(長安) 부근에 있었다는 산 이름. 그리하여 시작(詩作)이 판에 박은 듯 평범하거나 몹시 고심하며 시문을 짓는 것을 말한다.

336 삼대(三代) : 중국의 하(夏), 은(殷), 주(周) 세 왕조. 이 세 나라는 태평성대(太平聖代)를 이루었다고 한다.

337 두예(杜預) : 222~284. 서진(西晉) 경조(京兆) 두릉(杜陵) 사람. 자는 원개(元凱)고, 사마소(司馬昭)의 매부(妹夫)다. 처음에 위나라에서 상서랑(尙書郞)을 지냈다. 가충(賈充)이 율령을 제정했을 때 주해(註解)를 달았다. 박학하고 여러 분야에 정통했는데, 특히 『춘추(春秋)』에 뛰어나 스스로 좌전벽(左傳癖)이 있다고 말했다. 저서 『춘추좌씨경전집해(春秋左氏經傳集解)』는 후세에 통행하는 『좌전(左傳)』의 주본(注本)이 되었고, 십삼경주소(十三經注疏)에 편입되었다. 그 밖의 저서에 『춘추석례(春秋釋例)』와 『춘추장력(春秋長歷)』이 있다. 시호는 성(成)이다.

터 백발이 성성할 때까지 변함이 없었던 것은 무슨 뜻일까? 이는 반드시 하늘이 내린 자질이 돈독하고 좋아 참된 묘체(妙諦)와 암암리에 합치된 것이니 진실로 하려는 바가 없어도 뭔가를 하는 사람이겠다. 이미 하려는 바가 없어도 뭔가를 한다면 백리해[338]의 소이자 윤편[339]의 도끼로, 모두 사람이 알지 못하는 곳에서 묘를 터득하여 죽을 때까지 거느렸던 것이니, 개나 돼지[340]가 우리의 입맛에 맞는 것과 같다. 그런 다음에야 유공이 시를 직업으로 삼은 것도 이와 같은 일임을 알게 된다.

나는 질박하면서도 소견이 좁은데, 우연히 유공과 같은 시대를 살게 되어 유공의 문채와 풍류와 이처럼 아름다운 것을 보게 되었으니 다행스러움이 누구보다 크다. 하물며 유공에게서 버려짐을 당하지 않아 서로 만나 이야기를 나눌 수 있었으니 다행 중의 다행이고, 무엇보다 큰 다행이었다. 어찌 감히 문장이 되지 않는다 하여 스스로 성명을 여러 군자 오정[341]의 뒤에 기탁(假託)하지 않은 것이겠는가? 이것이 속초[342]의 부끄러

---

338 백리해(百里奚) : ?~?. 춘추시대 때 사람. 자는 정백(井伯)이고, 우(虞)나라 출신이다. 백리씨(百里氏)로도 불린다. 우나라의 대부(大夫)로 있다가 진헌공(晉獻公)이 우나라를 멸망시키자 포로가 되어 진나라에 들어왔다. 진나라가 목희(穆姬)를 진(秦)나라에 시집보낼 때 배신(陪臣)으로 따라갔다가 초(楚)나라 완(宛) 땅으로 달아났다는데 초나라 사람에게 잡혔다. 진목공(秦穆公)이 소식을 듣고 오고양피(五羖羊皮, 검은 양 다섯 마리의 가죽)을 주고 사와 국정을 맡겼다. 이로 인해 '오고대부(五羖大夫)'로도 불린다. 이때 그의 나이 일흔이었다.

339 윤편(輪扁) : ?~?. 춘추시대 제(齊)나라 사람. 바퀴를 잘 만들었다. 제환공(齊桓公)이 당상(堂上)에서 책을 읽는 것을 듣다가 왜 지게미를 읽느냐면서 따졌다. 그리고 들고 있던 도끼를 놓고 제환공과 도에 대해 논했다.

340 개나 돼지〔芻豢〕 : '추환'은 소나 양, 개, 돼지 등의 가축. 환(豢)은 곡식을 먹는 개와 돼지 따위를 말한다.

341 오정(吳鼎) : 미상(未詳).

342 속초(續貂) : 구미속초(狗尾續貂). 초부족구미속(貂不足狗尾續). 담비의 꼬리가 모자라 개꼬리를 잇는다는 뜻으로, 훌륭한 것을 보잘것없는 것으로 이어 붙이는 것을 일컫

움도 잊고 망령되이 권말에 글을 쓰는 까닭이니, 능력이 있다고 말하는 것이 아니라 차마 유공의 심정에 등을 돌릴 수 없었던 것이다. 저 절문[343]의 상세함과 의지와 행실의 높음, 구법(句法)의 정교함에 대해서는 이미 여러 선배들과 동생 임숙영의 논의 속에서 놓친 것이 없으니 여기서 감히 그 사이에 군더더기 말을 붙이지는 않는다.

凡人之癖者 必癖於聲色也 遊畋也 泉石也 酒也 馬也 劍也 碁也 以至 於竹木花草之酷嗜者 皆出於蕩心悅目之具 以快於一時之所樂而已 未聞摛藻華奮瓊琚 永棄人間事 一以老於文辭 爲平生業者也 其或以 文辭 爲平生業者 則又必役於科第 疾於利祿 期以是爲榮已發身之資 而又未聞有以遣興散懷之至味 爲自得無窮之至樂於胸中 而不釣譽不 求名 終身不知老之將至 如顏氏之樂簞瓢者也 其惟性耽佳句 語不驚 人 死且不休者 歷古通今 獨飯顆翁一人而已 飯顆翁之爲詩也 深得於 三百之遺旨 高出乎漢, 魏, 晉之浮華 而著意於相忘之域 死生憂樂 則變於前 而此志則終不變焉 直如杜預之於左傳也 此則無所爲而爲 之者也 細觀人之心志 有所爲而爲者 其心不足觀也已 必無所爲而爲 之 然後乃可謂之正人善人矣 飯顆翁數千載之後 獨一人於吾東者 余 於村隱劉公 見之矣 噫 劉之工於詩者 盖有所爲而爲之者耶 門非顯 世非閥 雖有此才 何試此才 而孜孜勉勉 自髫齡而至華髮者 何意耶 此必天資篤好 暗合眞妙 誠無所爲而爲之者也 旣無所爲而爲之 則百

는 말. 옛날 근신(近臣)들에게 담비 꼬리를 주어 관을 장식하게 했는데, 관직을 남발하자 담비 꼬리가 부족해져 할 수 없이 개 꼬리로 대신하게 한 데서 나왔다.

343 절문(節文) : 예절에 관한 규정. 의례(禮儀)를 제정하여 행위에 법도가 있게 하는 것. 또는 예절(禮節)이나 의식(儀式)을 말한다. 인간사회의 예절과 의식은 하늘의 이치를 근원으로 만들어졌다는 것을 말하고 있다.

里奚之牛 輪扁之斲 皆所以得其妙於人所不知處 而老於終身 若芻豢
之悅我口者也 然後知劉之業於詩也 亦類乎是 余朴且管 偶得與劉同
時 獲見劉之文彩風流也若是其彬彬 則幸孰大焉 而況獲不見棄於劉
稍遇可與言之許 則幸中之幸 亦莫大焉 其敢以不文辭 而自不託姓名
於諸君子吳鼎之後乎 玆所以忘續貂之羞 而僭書卷末者也 非曰能之
不忍負劉之情也 若夫節文之詳 志行之高 句法之精 已備於羣先進及
任令弟所論之無餘 今不敢更贅於其間也 萬曆丁巳仲夏 栗園 謹書

후서 덕수 이식

後序 [李植]

내가 부족한 학업을 뒤늦게 시작해서 당대 시문(詩文)으로 이름을 떨친 분들과 일찍부터 교유할 기회를 갖지 못했다. 그러다 근래 스스로 식견이 짧고 비루하다는 것을 깨닫고는, 도성에 와서 몇 달 동안 바른 길로 이끌 스승을 찾아보았다. 그동안 흠모해 왔던 천신과 점필선생[344]들은 이미 태반이나 세상을 떠나셨고, 아직 살아 계신 분들은 더할 나위 없이 현달(顯達)하고 귀하게 된 나머지 그 집안의 문턱이 너무나도 높았기 때문에 직무와 관련된 일이 아니면 가까이 가서 뵐 수가 없었다. 그리하여 고명하신 분들에게 지도받을 길이 비좁아, 천박하기만 한 이 몸이 의탁할 곳이 없는 것을 스스로 애석하게 생각하며 회한의 정에 젖어들고 있었다.

어느 날 유수(劉叟) 희경이 동악[345]의 숙부의 편지를 들고 나에게 왔는데, 나는 그와 만나는 순간 바로 그를 알아 볼 수 있었다. 유공은 원래 시가(詩歌)에 능해 왕유와 맹호연[346]의 체격(體格)을 터득했고, 틈나는

---

344 천신과 점필선생〔薦神佔畢先生〕: 천신과 점필선생. 고위 관원을 지낸 경력자와 평생 책을 읽은 사람을 가리킨다.

345 동악(東岳): 이안눌(李安訥)의 호(號).

346 맹호연(孟浩然): 689(691)~740?. 당나라 양주(襄州) 양양(襄陽) 사람. 자는 호연(浩然)이고, 세칭 맹양양(孟襄陽)으로 불린다. 일찍이 녹문산(鹿門山)에 은거하여 공부에 힘썼다. 마흔 살쯤에 장안(長安)으로 올라와 진사 시험을 쳤지만, 합격하지 못했다. 왕유(王維)와 이름을 나란히 하여 '왕맹(王孟)'으로 불렸다. 저서에 『맹호연집(孟浩然

대로 사상례[347]를 익히는 데 힘을 기울였다. 사람됨이 돈후하고 부드러우면서도 곧아, 시인의 병통이라 할 고집쟁이와 같은 습기(習氣)가 하나도 없는 그런 사람이었다. 그러니 낮은 위치에 있으면서도 명성을 누리게 된 것도 헛된 일이 아니었다.

또 유공이 교유한 사람들을 보면 모두가 여러 대에 걸쳐 조정에서 풍아(風雅)가 뛰어났던 이들뿐이었다. 나에게 평소에 함께 어울리며 즐겁게 노닐었던 일이나 풍자가 담긴 아름다운 이야기들을 들려주어 이야기 속으로 빨려 들어가[348] 피곤한 줄도 몰랐으니, 마치 그 분들을 직접 만나 그 사이에서 오르락내리락하는 듯한 착각마저 들곤 했다. 오호라! 이 또한 마땅하지 않은가.

아니면 우리 동방의 문학하는 선비가 풍성해진 것은 선조[349] 때에 이르렀다는 것은 이론의 여지가 없는데, 이는 대개 문풍과 기상이 뒤늦게 꽃피어 법도가 비로소 갖추어졌으니, 그 높고 낮음을 헤아려 볼 때 당(唐)나라 천보 [350]시대와 흡사했다는 생각도 드는 것이다. 양자운[351]이 말하기를 "선비가 왕도(王道)에 대해 말하지 않으면 나무꾼도 비웃었다."고 했는데, 이것은 한나라 때의 풍성함을 두고 한 말이었다.

集)』4권이 있으며, 200여 수의 시가 전한다.
347 사상례(士喪禮): 『의례(儀禮)』의 편 이름.
348 빨려 들어가[亹亹]: '미미'는 부지런하여 게으르지 않은 모양.
349 선조(宣朝): 선조(宣祖)의 치세(治世)를 가리키는 말.
350 천보(天寶): 당나라 때 쓰였던 연호. 연대는 742~756.
351 양자운(楊子雲): 양웅(楊雄). 기원전 53~기원후 18. 전한 촉군(蜀郡, 사천성) 성도(成都) 사람. 자는 자운(子雲)이다. 어릴 때부터 배우기를 좋아했고, 많은 책을 읽었으며, 사부(辭賦)에도 뛰어났다. 나중에 왕망(王莽) 밑에서도 일해 대부(大夫)가 되었다. 천록각(天祿閣)에서 책을 교정했다. 시대에 적응하지 못한 자신의 불우한 원인을 묘사한 〈해조(解嘲)〉와 〈해난(解難)〉도 독특한 여운을 주는 산문이다.

지금 유공은 뒷골목에 사는 미천한 사람이지만 재능과 문학으로 스스로 떨쳐 일어나, 동료 백 명이나 천 명보다도 훨씬 뛰어났다. 뿐만 아니라 명공거경(名公巨卿)들과 장단점과 득실을 아주 세밀하게 비교해 보아도 넘어서는 점이 있었다. 이것은 바로 지난 시대 행해졌던 교화의 도가 사람들을 조금씩 교화시켰기 때문이라는 것은 말하지 않아도 분명히 알 수 있는 일이라 하겠다. 내가 당시의 풍성한 시대에 미처 태어나지 못해 훈도를 받지 못한 것을 애석하게 여겼는데, 다행히 유공은 현달(顯達)하여 귀한 신분이 된 것은 아니지만 세상을 떠나지도 않았다. 유수가 초가집에서 흰 머리로 늙으면서 시권을 소매 속에 넣고 나가도 찾아갈 곳을 알지 못하다가 이제 비로소 서로 만나 마음이 합치되었다고 기뻐하고 있으니, 유수는 '참으로 자신을 괴롭히는 사람'[352]이라고나 하겠다.

　　공이 이번에는 또 자신이 지은 침류대를 소재로 해 쓴 시문 한 축을 내게 보여 주었는데, 유공과 알고 지내던 사람들이 모두 찬미하며 읊은 글들이 들어 있었고, 유공의 작품 역시 그 안에서 반 정도를 차지하고 있었다. 다만 시문들을 수습한 시기가 늦어, 소로나 아옹, 최, 백[353] 등 여러분의 시가 들어 있지 않은 아쉬움은 있었지만, 이것만으로도 충분히 작품도 많고 내용도 풍성했다.

　　유옹의 맑은 재질이 온축되고 물가와 숲 사이를 유유자적하며 종횡으로 토해 놓은 시문들이 찬란하기가 마치 보석 가게인 듯했다. 이 글들과

---

352 참으로 자신을 괴롭히는 사람〔良自苦人〕: 『심경(心經)』 3권 부주(附註)에 나오는 정자 (程子)의 말. "사마군실(司馬君實, 司馬光)이 일찍이 분란을 걱정한 나머지 때로 한밤중에 일어나서 날이 밝도록 잠들지 못하곤 했다. 이것은 참으로 자신을 괴롭힌 사람이었다고 할 것이다.(君實嘗患慮紛亂 有時中夜而作 達明不寐 可謂良自苦人)"라고 말했다.

353 소로나 아옹, 최, 백〔蘇老鵝翁崔白〕: '소로'는 소재(蘇齋) 노수신(盧守愼), '아옹'은 아계 (鵝溪) 이산해(李山海), '최'는 최경창(崔慶昌), '백'은 백광훈(白光勳)을 가리킨다.

유공의 이름은 더불어 영원히 썩지 않을 것이니 내가 또 무슨 군더더기 말을 덧붙이겠는가. 다만 내가 뒤늦게 태어나 풍성한 시대의 가르침을 받지 못한 아쉬움이 유공을 만나 풀렸음을 다행으로 여긴다는 뜻을 적는다. 뒷날 풍격(風格)이 그윽하고 개결(介潔)한 선비가 있다면 어찌 서로 감탄하지 않겠는가.

만력[354] 정사년(1617) 초여름 하순에 덕수 이식이 시내 북쪽 우거(寓居)에서 쓴다.

吾拙業晚進 不獲早交當世名能文辭者 近乃自覺單陋 來京師數月 求有以就正焉 則向也所歆艷諸薦紳佁畢先生 淪喪太半 其存者或已貴顯隆赫 門陛深峻 非有職事 不可得而暱也 方竊自悔 惜斯路之狹而淺 鮮之靡托也 一日 劉叟希慶 以東岳叔父書抵余 余得接識之 劉固善爲聲詩 得王, 孟體格 餘力學士喪禮 爲人敦厚柔直 絶去詩人儈厲習氣 在閭閻中致大名不虛也 又其所與交 皆累朝以來風雅之秀也 爲余道其平昔從遊之樂 諷議之美 使人亹亹忘倦 怳如親見其人上下其間也 嗚呼 是亦稱矣 抑又東方文士之盛 至先朝 無與倫擬 蓋由風氣晚開 法度始備 考其高下 其類於唐天寶之際耶 楊子雲有言 士有不談王道 樵夫笑之 此漢氏之盛也 今叟特委巷之細微 而乃能用藝文自奮 卓越其等伍百千輩 與名公鉅人 較長短得失於毫釐間而有過之 則先時化道之所漸染 可默識已 惜吾不及其盛而薰炙之 幸叟不顯貴 不淪喪 白首茅屋下 袖詩卷出無所之 乃獨相遇而喜相契焉 可謂良自若人哉 叟又出其所築枕流臺詩文一帙以示余 凡劉所蒙識 皆有贊咏 劉作亦什伍其中 以其收拾之晚也 如蘇老鵝翁崔白諸詩不預 然已多且旨矣 其

354 만력(萬曆) : 명(明)나라 때 쓰였던 연호. 연대는 1573~1620.

於劉才淑之蘊 水樹之適 縱橫敷列 燦若寶肆 斯文與叟名當不朽 余何
用贅一辭 特叙余求盃之緩而以猶及見叟爲幸 後有幽介之士 盍相爲
歎之 萬曆丁巳夏 德水李植 書于市北寓舍

후서 이준[355]

後序 [李埈]

임공과 이공[356] 두 분의 기록을 보니 유공이 한 시대의 기이한 선비인
것은 당연하다 하겠다. 세상에 일찍이 은둔해 살았던 군자가 없지 않았
는데 사람들이 이를 알지 못했다. 다행히 유공이 맑은 풍취와 높은 운치
로 여러분들의 인정을 받았으니, 때를 만나지 못해 홀로 이런저런 일을
힘들여 하다가 기록 속에도 보이지 않는 경우라고 할 수는 없겠다.

　지난 날 천지 사이에 벌어졌던 일의 경위(經緯)는 민멸되어 다 없어졌
다. 한두 명 흉악한 괴수들이 적몰(籍沒)하고자 하여 유수에게 윤리를
무너뜨리는 상소를 올리라고 요구했는데, 처음에는 행복과 이익을 가지
고서 유혹하다가 통하지 않자 형벌과 재앙의 두려움으로 위협했지만 확고
하게 자신을 켰다. 내 돌[石]이 구르지 않아서 백운에 거짓 서원을 창설할
때에도 유공에게 맡겨 그 일을 주관하게 하려고 위협적인 태도로 협박했
지만 능히 그 속임수에 따라가지 않아서 끝내 그 사이에 발을 적시지
않았으니, 이분의 식견이 자리한 곳이 한결같이[357] 견고하고 강직했던

---

355 이준(李埈) : 1560~1635. 조선시대 첨지중추부사, 승지, 부제학 등을 역임한 문신.
　　본관은 홍양(興陽)이고, 자는 숙평(叔平)이며, 호는 창석(蒼石)이다. 임진왜란 때 피난
　　민과 함께 안령에서 적에게 항거하려 했으나 습격을 받아 패했다. 그 뒤 정경세(鄭經
　　世)와 함께 의병 몇 천명을 모집해 고모담(姑姆潭)에서 외적과 싸웠으나 또다시 패했
　　다. 저서로『창석집』을 남겼으며, 『형제급난지도(兄弟急難之圖)』를 편찬했다. 시호는
　　문간(文簡)이다.
356 임공과 이공[任李] : 앞에서 〈후서〉를 쓴 율원과 이식을 말한다.

것이다.

또 들으니 유공이 계갑년[358] 사이에 친구의 초상에 조문하러 가서 직접 염습을 했는데, 전염병이라 하여 그 지조를 고치지 않았다고 한다. 친구 사이인데도 의리를 저버리지 않았는데 하물며 임금과 부모에게 있어서이겠는가? 이것으로써 유공이 세속에서 더러움에 물들지 않았던 것[359]을 알 수 있다. 이 모든 것은 실제로 본 것에 바탕으로 두고 있으니, 그 충성과 효심의 절의(節義)는 족히 우문[360]의 한 기둥이 될 만하다고 할 것이다.

내가 지난 해 여름에 처음으로 우복옹[361]의 집에서 유공을 보았는데 이때 공의 나이가 여든 하고도 하나였다. 윤기[362]를 확고하게 지켜서 반정 이후에 가선대부로 특별히 승차하고, 또 나이 여든[363]이 되어 상례에 따라 가의대부의 품계를 받았다. 당당하게[364] 줄지어 서서[365] 자분자분[366] 고금

---

357 한결같이[斷斷] : '단단'은 성실하고 전일(專一)한 모양. 변하지 않는 모양.

358 계갑년(癸甲年) : 계축년(1613)과 갑인년(1614).

359 물들지 않았던 것[淄磷] : '치린'은 검게 물들여도 검어지지 않고, 갈아도 닳아 얇아지지 않는다는 뜻(涅而不淄 磨而不磷)으로, 굳은 절조(節操)를 말한다.

360 우문(禹門) : 지명. 산서성 하진현(下津縣)의 서북쪽과 섬서성 한성현(韓城縣)의 동쪽에 걸쳐 있다. 우 임금이 이곳을 뚫어 물을 통하게 했다는 전설이 전한다. 용문(龍門).

361 우복옹(愚伏翁) : '우복'은 정경세(鄭經世, 1563~1633)의 호. 정경세는 조선시대 예조 판서, 이조판서, 대제학 등을 역임한 문신. 학자. 본관은 진주(晉州)고, 자는 경임(景任)이며, 호는 우복(愚伏)이다. 1578년 경상도 향시(鄕試)에 응시하여 생원과 진사의 초시에 합격했다. 경전에 밝았으며, 특히 예학에 조예가 깊었다. 제자로는 전명룡(全命龍)과 신석번(申碩蕃), 강진룡(姜震龍), 황뉴(黃紐), 홍호(洪鎬) 등이 있다. 저서로 『우복집(愚伏集)』과 『상례참고(喪禮參考)』가 있다.

362 윤기(倫紀) : 윤리(倫理)와 기강(紀綱).

363 나이 여든[八裘] : '팔구'는 팔질(八耊)의 오기(誤記)로 보임. 팔질은 여든 살.

364 당당하게[昂然] : '앙연'은 버젓한 모양. 또는 자부(自負)하는 모양.

365 줄지어 서서[鵠立] : '곡립'은 고니처럼 목을 길게 빼고 늘어섰다는 뜻으로, 순서 바르게 줄지어 섬.

366 자분자분[娓娓] : '미미'는 근면(勤勉)하여 게으르지 않은 모양.

의 일들을 들려주는 것이 한이 없었으니 참으로 내가 옷깃을 여미고 경건하게 일어섰던 것이다. 이때부터 서로 오가면서 몰랐던 것을 더욱 알게 되었다. 지금 여러분들의 시작(詩作)을 보니 우연인지 숨어 있던 일들이 뒤에 실려 있는데, 풍속을 살피는 사람에게 채집되어 얻어진 것일 뿐이다.

을축년(1625) 여름날 유계병생(창석은 호의 하나다)이 송현의 우거에서 쓴다.

觀任·李諸公之記 劉叟之爲一世奇士也決矣 世未嘗無隱君子 而人莫之識 幸而叟之淸風高韻 爲諸公所知 不可謂不遇 而獨有數款事不見於記中者 曩時天地之經 泯然盡矣 有一二兇魁欲籍重於叟 投廢倫之疏 前有福利之誘 後有刑禍之怵 而猶確然自守 我石非轉 及乎白雲僞院之創 亦欲委叟幹其事 威風以迫之 亦能不詭乎隨 終不濡跡於其間 其見識之樹立 斷斷乎堅且直矣 又聞叟於癸甲年之間 赴弔親舊之喪 手自斂襲 不以癘疫而改其操 親舊不可負 而況於君父乎 以此而知叟之能免緇磷於俗者 皆本於實見 其忠孝之節 足以爲禹門一柱也 余於往年夏 始見叟於愚伏翁之第 是時叟年八十有一 以確守倫紀 反正以後 特陞嘉善 又以八袤 蒙例嘉義階矣 昂然鵠立 娓娓說古今不窮 固已斂袵起敬 是後仍相與往來 益知其所未知 今見諸公之作 偶錄其逸事於後 爲觀風者採取耳 乙丑夏日 酉溪病生 蒼石一號 書于松峴之寓舍

침류대부시도서 택당거사[367]

枕流臺賦詩圖序 [澤堂居士]

천계[368] 을축년[369] 곡일(穀日)[370]에 임금께서 큰 제사를 마치신 뒤 제사 고기를 내리시고 관료들도 주청하는 일을 다하자 나는 내대[371]로부터 물 러났지만 병한(病寒)[372]이 아주 심했다. 침류대 주인 유옹이 나를 억지로 일으켜 그의 집에 핀 이른 매화를 감상하도록 했다. 이때 교리 정덕여[373] 와 헌납 엄경보,[374] 정언 이도장,[375] 한림[376] 한진보,[377] 정자 여자구,[378]

---

367 택당거사(澤堂居士) : 이식(李植)의 호(號).

368 천계(天啓) : 명(明)나라 때 쓰였던 연호, 연대는 1621~1627.

369 을축년(乙丑年) : 1625년. 천계 5년이고, 인조(仁祖) 3년이다.

370 곡일(穀日) : 음력 정월 초여드렛날을 일컫는 말. 이날 한해 농사의 풍흉을 점치는 세시풍속이 있었는데, 예를 들면, 수숫대 한 토막을 둘로 쪼개어 하얀 속 부분에 콩이나 팥을 12개 넣어 한동안 물 속에 담가두었다가 꺼내 보아서, 물에 불은 것에 대응하는 달은 농사가 잘 될 징조이고, 불지 않은 것에 대응하는 달은 농사가 잘 안될 것으로 여기기도 했다. 곡단(穀旦).

371 내대(內臺) : 상서성(尙書省). 또는 어사대(御史臺). 궁궐이나 관청을 대신하는 뜻으로 쓰였다.

372 병한(病寒) : 병에 걸려 오한(惡寒)이 남.

373 덕여(德餘) : 정백창(鄭百昌, 1588~1635)의 자(字). 정백창은 조선시대 부제학, 도승 지, 경기도관찰사 등을 역임한 문신. 본관은 진주(晉州)고, 자는 덕여(德餘)며, 호는 현곡(玄谷), 곡구(谷口), 대탄자(大灘子), 천용(天容)이다.

374 경보(敬甫) : 엄성(嚴惺, 1575~1628)의 자(字). 엄성은 조선시대 집의, 부응교 등을 역임한 문신. 본관은 영월(寧越)이고, 자는 경보(敬甫)며, 호는 동강(桐江)이다. 1613

영재,[379] 홍면숙,[380] 홍면경[381] 형제가 다 같이 모였고, 사군[382] 이상고[383]

년 폐모론이 일어나자, 성균관을 비롯한 사관(四館, 성균관·예문관·승문원·교서관
의 통칭)에서 이를 주장한 이위경(李偉卿) 등을 정거(停擧, 과거의 응시를 일정기간
정지시킴)시키는 처벌을 하도록 유생들을 주도했다. 이로 인해 왕의 노여움을 사서
파직당한 뒤 양산에 퇴거하였다.

375 도장(道章) : 이소한(李昭漢, 1598~1645)의 자(字). 조선 후기 진주목사, 예조참의,
형조참판 등을 역임한 문신. 본관은 연안(延安)이고, 자는 도장(道章)이며, 호는 현주
(玄洲)다. 서울 출신이다. 타고난 자질이 준수하고 총명해 신동으로 불렸다 한다. 20여
년간 관계에서 활동하면서 『동사록(東槎錄)』과 『진양록(晉陽錄)』, 『심관록(瀋館錄)』,
『방축록(放逐錄)』 등의 시를 남겼다. 시문집으로는 『현주집』 7권이 있다.

376 한림(翰林) : 문한(文翰)을 맡은 관원. 고려 후기와 조선에서는 예문관(藝文館)의 공봉
(供奉)·봉교(奉教) 이하의 관원을 한림이라 통칭했다. 한(翰)은 새의 깃, 곧 붓을
뜻하고, 임(林)은 무리로 많이 모인 것을 뜻한다.

377 진보(振甫) : 한흥일(韓興一, 1587~1651)의 자(字). 한흥일은 조선시대 예조판서, 지
춘추관사, 우의정 등을 역임한 문신. 본관은 청주(淸州)고, 자는 진보(振甫)며, 호는
유시(柳市)다. 인조 때 척화파의 한 사람으로 후사가 없었다. 조경(趙絅)이 신도비명
을, 오준(吳竣)이 묘지명을, 채제공(蔡濟恭)이 시장(諡狀)을 찬술했다.

378 자구(子久) : 여이징(呂爾徵, 1588~1656)의 자(字). 여이징은 조선시대 강화부유수,
부제학, 도승지 등을 역임한 문신. 본관은 함양(咸陽)이고, 자는 자구(子久)며, 호는
동강(東江)이다. 1610년 생원이 되고 1616년 경안도찰방에 임명되었으나, 폐모론이
일어나자 관직을 버리고 양강(楊江)에 은거했다. 시문에도 뛰어나 많은 묘비명을 지었
고, 또한 천문·역산(曆算)·서화에도 뛰어났다. 저서로 『동강집』이 있다.

379 영재(令宰) : 재상(宰相)을 일컫는 말.

380 면숙(勉叔) : 홍무적(洪茂績, 1577~1656)의 자(字). 홍무적은 조선시대 한성우윤, 대
사헌, 형조판서 등을 역임한 문신. 본관은 남양(南陽)이고, 자는 면숙(勉叔)이며, 호는
백석(白石)이다. 1615년 이이첨(李爾瞻)의 사주를 받은 정조(鄭造)와 윤인(尹訒), 이
위경(李偉卿) 등이 인목대비(仁穆大妃)의 폐모론을 제기하자, 이에 반대하고 이들을
목벨 것을 상소했다.

381 면경(勉卿) : 홍무적의 동생. 생애는 미상이다.

382 사군(使君) : ①나라의 일로 외방(外方)에 나와 있거나 나라의 사명(使命)을 받들고
있는 관원을 친근하게 일컫는 말. ②한 고을을 맡은 벼슬아치. 한(漢)나라 때 태수(太
守)를 부군(府君)이라 부른 데 대해 자사(刺使)나 이에 준하는 사람을 사군(使君)이라
불렀다.

383 상고(尙古) : 이경직(李景稷, 1577~1640)의 자(字). 이경직은 조선시대 경기도관찰

께서도 발걸음을 하셨다. 마침 면숙이 장차 관직에 나가게 되어 이별의
자리를 열고자 왔던 것이다.

옹의 거처에는 쓸모있는 물건[384]이 없고, 단지 반송 한 그루가 집을
덮듯이 심어져 있고, 분재한 매화는 반쯤 시들었지만 향기는 가늘고 은은
하게[385] 풍겨 왔다. 옹이 술과 안주를 내왔는데, 사이에 나물과 과일도
있어 검소하면서도 격조가 있었다. 우리들도 조금씩 술통을 꺼내 도우니
얼큰하게 취했는데, 옹이 먼저 율시 한 수를 지으니 우리들도 따라 화답했
다. 달이 떠오를 무렵 자리를 파했는데, 내가 "일찍이 협강[386]에서도 이런
경관은 있었지만 이런 손님들은 없었고, 이런 손님이 있었어도 이런 겨를
은 없었습니다. 유옹께서 시와 예로 명성을 날려 침류대의 이름이 나라
안에 자자하게 들리지만, 오늘과 같은 모임처럼 적절한 것은 없겠습니다."
라고 말했다. 마침내 그림을 그리고 아울러 여러 작품들을 수록하여 나중
에 읽어볼 수 있도록 했다.

택당거사가 쓴다.

天啓乙丑穀日 上以大祀受釐 百官罷奏事 余退自內臺 病寒甚 枕流主
人劉翁强起余 賞其家早梅 於是 鄭校理德餘, 嚴獻納敬甫, 李正言

사, 호조판서, 강화유수 등을 역임한 문신. 본관은 전주(全州)고, 자는 상고(尚古)며,
호는 석문(石門)이다. 이괄(李适)의 난이 일어나자 전라도절도사로 여산(礪山)으로
가, 병사들을 모으고 난군 진압에 힘썼다. 그 공으로 가선대부(嘉善大夫)로 품계가
오르면서 수원부사가 되었다.

384 쓸모있는 물건[長物] : '장물'은 쓸모 있는 물건.
385 은은하게[裊娜] : '요나'는 초목(草木)이 부드럽고 가늘며 긴 모양.
386 협강(峽江) : 장강(長江)이 사천(四川) 봉절현(奉節縣) 구당협(瞿塘峽)에서부터 흘러
내려 호북(湖北) 선창(宜昌)으로 흐르는데, 이 구간을 일컫는 말.

道章, 韓翰林振甫, 呂正字子久 與令宰洪勉叔, 勉卿兄弟皆來會 李
使君尙古踵到 時勉叔將之官 且爲叙別來也 翁居無長物 只盤松一株
如覆宇 盆梅半落 餘香裊娜 翁出酒食 間以蔬果 儉而有致 吾儕稍出
壺榼以佐之 飲酣 翁首賦一律 吾等繼和 至月上乃罷 余謂曾在峽江
有此境而無此客 今居城市 有此客而無此暇 劉翁以詩禮顯 枕流之名
聞國內 然以爲未有如斯會之適也 遂作圖 幷錄諸作 以爲後覽 澤堂居
士 題

학사들에게 삼가 올림(촌은)

敬呈諸學士 [村隱]

학사께서 유락지에 오셨으니	學士來遊地
어찌 습지[387]를 물을 필요가 있겠나.	何須問習池
서리는 성근 댓잎에 떨어지고	霜粘踈竹葉
눈은 일찍 핀 매화를 덮었네.	雪壓早梅枝
다행히 등용[388]의 자리에 끼었지만	幸忝登龍席
도리어 격발[389]의 시에 부끄럽구려.	還慚擊鉢詩
다음 기약도 응당 날이 있으리니	後期應有日
바로 답청[390]할 때라네.	正好踏靑時

---

387 습지(習池) : 습가지(習家池). 고적(古跡) 이름. 일명 고양지(高陽池)라고도 부른다. 연못 이름. 호북(湖北) 양양(襄陽)에 있다. 원래 한(漢)나라의 시중(侍中) 습욱(習郁)이 양양 현산(峴山)에서 물고기를 기르던 곳이다. 진(晉)나라의 산간(山簡)이 양양에 있으면서 고양지라고 이름을 지었다. 대개 역이기(酈食其)가 고양주도(高陽酒徒)라 했던 뜻을 빌린 것이다.

388 등용(登龍) : 등용문(登龍門). 뜻을 펴서 크게 영달(榮達)함을 비유하는 말로 과거에 급제하는 것을 뜻하기도 한다. 본래 용문(龍門)에 올라 용으로 승천함을 뜻하는데, 용문은 중국 산서성(山西省) 하진현(河津縣) 황하(黃河)의 상류에 있는 나루 이름으로 황하의 물이 이곳을 지날 때 가장 급하며 잉어가 이곳을 오르면 용으로 화하여 승천한다고 한데서 나왔다. 천문동(天門洞).

389 격발(擊鉢) : 격발최시(擊鉢催詩). 시한을 정해두고 시를 짓거나 시재(詩才)가 뛰어난 것을 일컫는 말. 남조(南朝) 제(齊)나라의 경릉왕(竟陵王) 소자량(蕭子良)이 촛불에 한 치의 눈금을 새겨 놓고, 그 눈금이 타들어 갈 때까지 사운시(四韻詩)를 짓게 했다. 소문염(蕭文琰)이 "한 치 초가 탈 때까지 시를 짓는 것이 무슨 어려운 일이겠는가?" 하고, 동발(銅鉢)을 치면서 운을 내고, 동발의 울림이 그치자 즉시 시를 지었다는 데서 나왔다.

차운함(택당)　　　　　　　　　　　　　　　次 澤堂

유인³⁹¹의 집을 오래 전에 알았다가　　　久識幽人宅

새로운 유락은 봉지³⁹²에서부터네.　　　新遊自鳳池

봄 얼음은 석두³⁹³에 남아 있고　　　　春冰留石竇

초승달은 소나무 가지로 쏟아지네.　　　初月漏松枝

병이 나으니 다시 벗 생각이 나고　　　　病裏還思友

술에 취하자 또 시구를 찾네.　　　　　醉餘且覓詩

다음 날 이 일³⁹⁴을 기억한다면　　　　他年記勝事

술 익고 매화 지는 날이겠지.　　　　　酒熟落梅時

차운함(현곡)³⁹⁵　　　　　　　　　　　次 玄谷

도성의 후미진 곳에　　　　　　　　　城市沉淪處

초가집이 작은 연못을 마주하고 있네.　　茅堂面小池

매화는 졌지만 꽃술은 어지럽고　　　　梅殘猶亂蘂

소나무는 늙어 가지는 축 쳐졌네.　　　松老更盤枝

방랑의 흔적을 돌아가 씻어내니　　　　浪迹仍歸沐

형세를 잊고 시 쓰기를 사랑했네.　　　忘形爲愛詩

술잔 안에 아직 술이 남았으니　　　　尊中有餘瀝

---

390 답청(踏靑) : 우리나라 명절의 하나. 삼월 삼짇날로 이 날에 들에 나가 파랗게 난 풀을
　　　밟고 논다.

391 유인(幽人) : 그윽하게 숨어사는 사람. 은사(隱士)를 말한다.

392 봉지(鳳池) : 봉황지(鳳凰池). 대궐 안에 있는 연못. 곁에 중서성(中書省)이 있었던 데
　　　서 중서성 또는 재상(宰相)의 직위를 뜻한다.

393 석두(石竇) : 돌구멍. 돌이 터진 곳.

394 이 일〔勝事〕 : '승사'는 아주 좋고 즐거운 일.

395 현곡(玄谷) : 정백창(鄭百昌)의 호(號).

바로 새벽 종 치기를 기다리네.　　　　　　　　　　直待曉鍾時

차운함(동강 엄성)[396]　　　　　　　　　　　　次 桐江 嚴公惺

상쾌하게[397] 쑥으로 창문을 하고　　　　　　　　瀟灑蓬爲戶

시내는 반 뙈기 연못으로 통하네.　　　　　　　溪通半畝池

매화나무는 설달 전의 꽃술이 흩날리고　　　　梅飄臘前蘂

소나무는 세한[398]의 가지가 늙어가네.　　　　　松老歲寒枝

가늘게 석 잔 술을 따르고　　　　　　　　　　細酌三盃酒

길이 다섯 자 시를 읊조리네.　　　　　　　　　長吟五字詩

(질탕하게 다투어 술을 찾고　　　　　　　　　一作跌宕爭呼酒

읊조리며 각자 시를 짓네.)　　　　　　　　　　吟哦各賦詩

평생 세상의 일을 싫어하여　　　　　　　　　　平生厭塵事

관조하면서 다시 세월을 보내네.　　　　　　　耽眺更移時

차운함(현주 이소한)[399]　　　　　　　　　　　次 玄洲 李公昭漢

깨끗한 세상에서 티끌세상을 벗어났고　　　　淨界超塵臼

고아한 모임은 작은 연못을 압도했지.　　　　高筵壓小池

---

396 엄성(嚴惺) : 1575~1628. 조선시대 집의, 부응교 등을 역임한 문신. 본관은 영월(寧
越)이고, 자는 경보(敬甫)며, 호는 동강(桐江)이다.

397 상쾌하게〔瀟灑〕 : ‘소쇄’는 소탈한 모양. 또는 맑고 고상해서 세속을 벗어난 모양.

398 세한(歲寒) : 추운 계절이 됨. 또는 겨울. 1년 중 가장 추운 시절.

399 이소한(李昭漢) : 1598~1645. 조선 후기 진주목사, 예조참의, 형조참판 등을 역임한
문신. 타고난 자질이 준수하고 총명해 신동으로 불렸다 한다. 1623년(인조 1) 인조반
정과 함께 승문원주서를 거쳐 홍문관정자에 승진되면서부터 풍부한 학식이 정부 관료
들 사이에 널리 인정되었다. 시문에 능하고 글씨에 조예가 깊었으며, 20여 년간 관계에
서 활동하면서 많은 시를 남겼다. 문집에 『현주집』 7권이 있다.

산 빛은 술잔 자리에 가깝고　　　　　　　　山光近樽所

달그림자는 소나무 가지에 막혔구나.　　　　月影碍松枝

우연히 모여 모임을 열었으니　　　　　　　偶至仍成會

아득히 읊조리며 다시 시를 짓네.　　　　　遙吟更就詩

우리들 모두 얽매여 힘겨우니　　　　　　　吾儕困縛束

다시 이런 한가한 때 만나기 어렵겠구나.　　難再此閑時

(신풍에 아직 남은 빛이 있으니　　　　　一作新豊有餘債

더욱 취하여 꽃 필 때를 기약하노라.)　　　重醉約花時

차운함(유시 한흥일)[400]　　　　　　　次 柳市 韓公興一

유생의 우거(寓居)를 찾으려 하니　　　　　爲訪劉生寓

차가운 얼음이 연못에 그대로네.　　　　　寒氷未解池

소나무 밑동은 몇 살인지 알겠고　　　　　松盤知幾歲

매화는 떨어져도 가지는 남았네.　　　　　梅落有餘枝

한거(閑居)의 흥겨움이 넉넉하니　　　　　多少閑居興

학사의 시가 흘러 전하는구나.　　　　　　流傳學士詩

돌아오면 또 금직[401]을 해야 하니　　　　歸來猶禁直

한 번 취할 때가 또 언제이겠는가.　　　　一醉更何時

---

400 한흥일(韓興一) : 1587~1651. 조선시대 예조판서, 지춘추관사, 우의정 등을 역임한 문신. 본관은 청주(淸州)고, 자는 진보(振甫)며, 호는 유시(柳市)다. 인조 때 척화파의 한 사람으로 후사가 없었다. 1790년(정조 14) 시호 정온(靖溫)이 내려졌다.

401 금직(禁直) : 궁정(宮廷)의 관서(官署)에서 직무를 봄. 또는 그 직무를 보는 인원(人員).

차운함(양강 여이징)[402]

눈 쌓인 강가가 기울어 길로 빠지고
얼음 언 샘물은 졸졸 연못으로 드네.
그윽한 뜰에는 나무 그림자가 짙고
깊은 방에서는 향기로운 가지를 지키네.
흥이 오르니 술잔을 자주 치게 되고
한가한 짬을 얻어 시까지 짓는구나.
서로 만난 사람들 모두 낚시 친구니
지난날 놀던 때가 다시 떠오르는구나.

次 楊江 呂公爾徵

雪岸斜通逕
氷泉細入池
幽庭蔭密樹
邃屋護芳枝
乘興頻添酒
偸閑剩賦詩
相逢皆釣伴
還憶舊遊時

차운함(석문 이경직)[403]

소나무 아래 열을 지어 앉았다가
술잔을 열어 작은 연못에 자리했네.
가는 향기는 눈 내린 뒤 꽃술에서 나오고
성근 그림자는 달빛 사이로 비치는 가지일세.
벌컥 대며 마시니 차라리 술을 사양하고 싶고

次 石門 李公景稷

列藉坐松下
開樽臨小池
殘香雪後蘂
踈影月中枝
痛飮寧辭酒

---

402 여이징(呂爾徵) : 1588~1656. 조선 후기의 문신. 1610년(광해군 2) 생원이 되고 1616
년 경안도찰방에 임명되었으나, 폐모론이 일어나자 관직을 버리고 양강(楊江)에 은거
했다. 인조반정이 일어나기 며칠 전에 심명세(沈命世)가 가담할 것을 권고하였으나
사양했는데, 반정이 성공한 뒤 인조는 여이징의 태도를 오히려 옳다고 생각하여 사포
서별좌(司圃署別坐)에 임명하였으나 사퇴했다. 시문에도 뛰어나 많은 묘비명을 지었
고, 천문·역산(曆算)·서화에도 뛰어났다. 저서에 『동강집(東江集)』이 있다.

403 이경직(李景稷) : 1577~1640. 조선 인조 때의 문신. 자는 상고(尙古)고, 호는 석문(石
門)이다. 회답사(回答使) 오윤겸을 따라 일본에 다녀왔으며, 폐비론이 일어나자 이에
반대하고 고향에 내려갔다. 정묘호란 때 병조참판이 되어 임금을 강화에 호종하였고,
병자호란 때에는 남한산성으로 임금을 호종하고 후에 호조판서 등을 지냈다.

높게 읊조리니 시 짓기가 부끄럽구나.　高吟愧賦詩

주인장이 손님을 사랑할 줄 알아　主人能愛客

다음 번 꽃 필 때를 다시 약속하노라.　有約更花時

차운함(이하는 학곡에 이어 차운함 홍서봉)[404]　次 以下追和○鶴谷 洪公瑞鳳

즐거운 모임은 난만하게 이어지는데　歡遊從爛熳

드높은 감상이 어찌 연못에서 떨어지리오.　攀賞奈差池

매화는 드리운 누런 열매를 마주했고　梅對垂黃子

소나무는 반쯤 시든 가지를 아쉬워하네.　松憐半死枝

눈은 푸르러 속물은 아니 보고　眼靑非俗物

머리는 희어도 더욱 시는 새로워라.　頭白更新詩

이후로 자주 오가게 되니　自此成還往

오직 흥이 흡족할 때로구나.　惟須興足時

차운함(지봉)　次 芝峯

지난 날 도원에서의 일을 생각하면서　憶向桃源裏

한가로이 대나무 아래 연못을 엿보노라.　閑窺竹下池

풀들이 오늘의 길을 뒤덮었고　草封今日逕

소나무는 지난 해 가지를 눕혔네.　松偃昔年枝

도성에는 은자가 사는 집이 있고　城市幽人宅

---

404 홍서봉(洪瑞鳳) : 1572~1645. 조선시대 우의정, 좌의정, 영의정 등을 역임한 문신. 본관은 남양(南陽)이고, 자는 휘세(輝世)며, 호는 학곡(鶴谷)이다. 1600년 사서가 된 뒤 정언과 부수찬에 이어 1602년 이조좌랑과 성주목사를 역임했다. 경기도암행어사로 다녀와 1606년 사예가 되었다. 일찍이 시명을 떨쳐 『청구영언』에 시조 1수가 전한다. 시호는 문정(文靖)이다.

시냇가 산에는 학사가 쓴 시가 있도다.　　　　　　溪山學士詩

병이 드니 옛 흥취도 허망하여　　　　　　　　　　病來空舊興

시 읊조리며 석양의 날을 보내노라.　　　　　　　　吟送夕陽時

차운함(지천 최명길)[405]　　　　　　　　　　　次 遲川 崔公鳴吉

차츰 도성을 떠나기를 좋아하더니　　　　　　　　　稍喜離街市

게다가 돌 연못에서 산다는 말까지 들었네.　　　　　仍聞占石池

대나무는 추워지니 푸른 절개를 드러내고　　　　　　竹寒抽碧節

소나무는 늙어서 푸른 가지를 드리웠구나.　　　　　松老偃蒼枝

좋은 일이라서 능히 서로 찾을 수 있으니　　　　　　好事能相訪

여러 존장(尊長)들께서 시를 지으시는구나.　　　　　諸賢更賦詩

게으른 병이 깊어져 스스로 안타까우니　　　　　　　自憐慵病甚

이른 매화 핀 때를 놓치고 말았네.　　　　　　　　　抛却早梅時

차운함(구원)[406]　　　　　　　　　　　　　　次 九畹

매화가 피어 차가운 꽃술을 터뜨리고　　　　　　　梅發分寒蘂

405　최명길(崔鳴吉) : 1586~1647. 조선시대 이조판서, 우의정, 영의정 등을 역임한 문신.
　　　본관은 전주(全州)고, 자는 자겸(子謙)이며, 호는 지천(遲川) 또는 창랑(滄浪)이다.
　　　일찍이 이항복(李恒福) 문하에서 이시백(李時白), 장유(張維) 등과 함께 수학한 바
　　　있다. 1614년(광해군 6) 병조좌랑으로 있다가 국내 정치문제와 관련한 조선인의 명나
　　　라 사신 일행과의 접촉 금지를 둘러싼 말썽으로 관직을 삭탈당했다. 저서로『지천집』
　　　19권과 『지천주차(遲川奏箚)』 2책 등이 있다.
406　구원(九畹) : 1571~1634. 조선 광해군 때 문신. '구원'은 이춘원(李春元)의 호(號)이
　　　다. 홍지성(洪至誠)과 사암(思菴) 박순(朴淳)에게 글을 배우고 향교에 나가 단연 학문
　　　의 두각을 나타냈다. 26세에 정시(庭試)에 급제하여 승문원권지부정자(承文院權知副
　　　正字)를 시작으로 좌승지가 되었는데, 1613년(광해군 5) 광해군의 모후(母后) 유폐를
　　　반대하다가 파면되었다.

샘물은 흘러 궁성 연못을 나가네.　　　　　　　泉流出禁池

담장 동쪽에서 원래 세상을 피했고　　　　　　墻東元避世

시장 북쪽에서도 가지를 편히 두었구나.　　　市北亦安枝

손님이 있어 말을 타고 연이어 오고　　　　　有客還連騎

술잔을 여니 또 시를 읊조리노라.　　　　　　開樽且咏詩

어쩌다가 함께 감상하지 못하고　　　　　　　那能不同賞

병이 들어 맑은 때를 누워 보내는구나.　　　一病臥淸時

차운함(태천 민인백)[407]　　　　　　　　　　　次 苔泉 閔公仁伯

궁벽한 곳을 좋아해 성 북쪽에 살고　　　　　愛僻居城北

맑음을 즐겨 연못 하나를 팠네.　　　　　　　耽淸鑿一池

향불은 가늘게 선을 그리며 감싸고　　　　　香燒餘篆縷

소나무는 낮게 몇 번이나 가지에 서렸나.　松矮幾蟠枝

일에서는 예의 아는 것을 추숭(推崇)했고　　事業推知禮

한 평생 살면서 시를 읊조렸지.　　　　　　　生涯在咏詩

사귀는 이들에 속된 무리가 없으니　　　　　交遊無俗侶

단정하여 밝은 때에 부끄럽지 않구나.　　　端不愧明時

---

407 민인백(閔仁伯) : 1552~1626. 조선시대 진안현감, 황주목사, 지중추부사 등을 역임한
　　　문신. 본관은 여흥(驪興)이고, 자는 백춘(伯春)이며, 호는 태천(苔泉)이다. 사헌부감
　　　찰 때 서인 정철(鄭澈)의 일파라고 하여 안협현감으로 좌천되었다. 이때 기근이 들었으
　　　나 백성들을 잘 무휼하고 진안현감으로 전임되었는데, 재임 중 기축옥사 때 정여립(鄭
　　　汝立)이 현계(縣界)로 들어오자 군사를 동원하여 정여립의 아들 정옥남(鄭玉男)을 잡
　　　아들였다.

차운함(백사 윤훤)[408]

늙은이는 매화나무 곁 비를 맞으며 걷고
모래톱은 버드나무 아래 연못에서 무너지네.
문에 이르니 속된 무리들은 없고
술을 팔아서 꽃가지를 꺾는구나.
성시에 있으면서 오히려 은둔하니
교유하는 모습은 좋은 시로 떨치네.
서로 어진 학사들을 초청하니
다음에는 즐겁고 맑을 때 만나야지.

次 白沙 尹公暄

老步梅邊雨
沙崩柳下池
到門無俗駕
沽酒折花枝
城市猶堪隱
交遊揚好詩
相招賢學士
後會樂清時

차운함(계곡 장유)[409]

유옹이 북쪽 성곽에 사는데
마침 좋은 정자가 연못가에 있네.
앉아 비껴 가로지른 그림자를 마주하고
걷다가 땅에 누운 가지를 오르노라.
집은 가난해도 술은 빚어두었고

次 谿谷 張公維

劉翁住北郭
自有好亭池
坐對橫斜影
行攀偃蹇枝
家貧猶醞酒

---

408 윤훤(尹暄) : 1573~1627. 조선시대 황해도관찰사, 주청부사, 부체찰사 등을 역임한 문신. 본관은 해평(海平)이고, 자는 차야(次野)며, 호는 백사(白沙)다. 1599년 호조좌 랑을 거쳐 1605년 동래부사를 역임했다. 1621년 정묘호란이 일어나자 적과 싸웠지만 안주(安州)를 빼앗겼다. 전세를 불리하게 한 죄로 투옥되어 사형, 효시(梟示)되었다. 문집에 『백사집』이 있다.

409 장유(張維) : 1587~1638. 조선시대 좌부빈객, 예조판서, 이조판서 등을 역임한 문신. 본관은 덕수(德水)고, 자는 지국(持國)이며, 호는 계곡(谿谷) 또는 묵소(默所)다. 많은 저서가 있다고 하나 대부분 없어지고 현재 『계곡만필』과 『계곡집』, 『음부경주해(陰符經 注解)』가 전한다. 신풍부원군(新豊府院君)에 봉해졌으며 영의정에 추증되었다. 시호는 문충(文忠)이다.

손님이 오면 시 지으라 부탁하네.　　　　　　　客到强題詩

내 몸이 좀 더 나아지기를 기다리노니　　　　待我身差健

그윽이 찾아가 만날 때가 있으리라.　　　　　幽尋會有時

차운함(죽음 조희일)[410]　　　　　　　次 竹陰 趙公希逸

삼청동 조그만 골짜기 입구에　　　　　　　三淸小洞口

유씨 노인장께서 뜰과 연못을 가지고 있네.　劉老有園池

소나무는 용의 비늘 같은 껍질이 벗겨져 있고　松剝龍鱗皴

매화나무에는 학의 무릎 같은 가지가 드리웠네.　梅橫鶴膝枝

숨어사는 이가 듣고 흥이 솟아나고　　　　幽人聞起興

학사는 술에 취해 시를 남겼네.　　　　　學士醉留詩

내가 서로 찾아오기를 기다리면서　　　　待我相尋去

산가에서는 술이 무르익고 있구나.　　　　山家酒熟時

석실에 차운함(김상헌)[411]　　　　　　次 石室 金公尙憲

담장을 둘러 세 뙈기 밭을 일구고　　　　環堵營三畒

도랑을 파 연못 하나를 만들었네.　　　　穿渠作一池

---

410 조희일(趙希逸) : 1575~1638. 조선시대 예조, 형조참판, 승문원제조, 경상감사 등을 역임한 문신. 본관은 임천(林川)이고, 자는 이숙(怡叔)이며, 호는 죽음(竹陰) 또는 팔봉(八峰)이다. 1601년 진사시에 장원으로 뽑혔는데 선조가 그 시권(試券)을 보고 칭찬을 아끼지 않았다. 저서로『죽음집』과『경사질의(經史質疑)』10여 책이 있다.

411 김상헌(金尙憲) : 1570~1652. 조선시대 부제학, 대사헌, 예조판서 등을 역임한 문신. 본관은 안동(安東)이고, 자는 숙도(叔度)며, 호는 청음(淸陰) 또는 석실산인(石室山人)이다. 시문과『조천록(朝天錄)』과『남사록(南槎錄)』,『청평록(淸平錄)』,『설교집(雪窖集)』,『남한기략(南漢紀略)』등으로 구성된『청음전집(淸陰全集)』40권이 전한다. 병자호란 때 청에 맞서 끝까지 싸울 것을 주장하였다.

고아한 정은 스스로 시장에 숨겼고[412]   高情自市隱

그윽한 감상은 더욱 꽃가지에 있구나.   幽賞更花枝

장자[413]의 문 앞에는 바퀴 자국이 있고 長者門留轍

청류[414]의 두루마리에는 시로 가득하네. 清流軸滿詩

내 늙어 흥이 다했으니   吾衰興盡日

쓸쓸히[415] 국화만 바라본다네.   悵望菊斑時

차운함(오락만일)   次 烏洛晚逸

우연히 앉아 그윽한 정취를 이루었으니 偶坐成幽趣

시원한 바람이 작은 돌 연못에서 이네. 凉生小石池

사람들은 몇 길 가옥을 생각하지만   人思數仞屋

그대는 한 가락 나뭇가지[416]를 좋아하는구려. 子愛一虯枝

옛 사람들의 예에 대해서도 말할 수 있더니 能說古人禮

명사들이 지은 시를 탐욕스럽게 읽는구나. 耽看名士詩

뜰 안 소나무는 나도 또한 심었으니   庭松吾亦種

돌아갈 날을 정할 때가 언제일꼬.   歸去定何時

---

412 숨겼고〔市隱〕: '시은'은 성시(城市)에 은거(隱居)함. 그리하여 시장에 숨어사는 은사(隱士)를 말한다.

413 장자(長者): 점잖고 너그러운 사람. 곧 덕망(德望)이 뛰어나고 노성(老成)한 사람. 또는 사람 해치기 좋아하지 않는 이를 말하기도 한다.

414 청류(清流): 명분(名分)과 절의를 지키는 청렴결백한 선비의 무리. 명문(名門) 또는 그 출신자.

415 쓸쓸히〔悵望〕: '창망'은 한스럽게 바라봄. 슬프게 바라봄.

416 나뭇가지〔虯枝〕: '규지'에서 규(虯)는 전설에 나오는 뿔이 있는 용. 또는 뿔이 없는 용이라고도 한다. 그리하여 곱슬곱슬한 모양을 말한다. 규지는 꾸불꾸불 휘어지며 자란 나뭇가지를 말한다.

차운함(백주 이명한)[417]

시원하게 흐르는 삼청동의 물줄기가
섬돌을 밟아 작은 연못으로 든다네.
매화가지 그림자는 창문에 어른거리고
소나무 늙은 가지는 담장을 넘었구나.
일찍이 문공[418]의 예를 익혔고
근체시[419] 짓기에도 능하다네.
시풍이 원래 속되지 않기를 기약했으니
좋은 모임은 꽃 필 때로 정했네.

次 白洲 李公明漢

決決三淸水
循階入小池
梅殘當戶影
松老出墻枝
早習文公禮
能爲近體詩
風期元不俗
佳會屬花時

차운함(낙전)[420]

소나무 소반은 덮개로 쓰기에 좋고
도랑은 맑은 연못 되기에 그만일세.
두른 담장은 쌍궐[421]로 이어졌는데

次 樂全

松盤堪作盖
渠淨勝爲池
環堵連雙闕

---

417 이명한(李明漢) 1595~1646. 조선 후기 대사헌, 이조판서, 예조판서 등을 역임한 문신. 본관은 연안(延安)이고, 자는 천장(天章)이며, 호는 백주(白洲)다. 인목대비(仁穆大妃)의 폐모론이 일어났을 때 정청(庭請)에 참여하지 않았다 하여 파직되었다. 그 뒤 병조좌랑, 교리 등을 지냈다. 아버지 이정구, 아들 이일상(李一相)과 더불어 3대가 대제학을 지낸 것으로 유명하다. 병자호란 때 심양까지 잡혀갔던 의분을 노래한 시조 6수가 전한다. 저서로 『백주집』 20권이 있다. 시호는 문정(文靖)이다.

418 문공(文公) : 주희(朱熹)의 시호(諡號).

419 근체시(近體詩) : 한시(漢詩)의 일종으로 금체시(今體詩)라고도 한다. 압운(押韻), 평측(平仄) 등의 외형률(外形律)이 엄격한 것이 특징이다. 오언(五言) 또는 칠언 절구(七言絶句)와 율시(律詩) 등이 있다.

420 낙전(樂全) : 1603~?. 자는 회원(晦遠), '낙전'은 이명전(李明傳)의 호이다. 광해군 무오년(1618)에 진사에 합격했다. 인조 정묘년 문과에 등과했고, 목사(牧使)까지 이르렀다.

무심히 가지 하나를 빌렸네.　　　　　　　　無心借一枝

서리에 오만하기는 울타리 아래 국화고　　傲霜籬下菊

손님을 머물게 하기는 두루마리 속 시로다.　留客軸中詩

맑게 앉으니 정취도 소슬한데　　　　　　　清坐還蕭瑟

서늘한 숲 위로 둥근 달이 떠오르네.　　　寒林月上時

차운함(현고 윤신지)[422]　　　　　　　　　次 玄皐 尹公新之

약속이나 한 듯 산은 창문에 와 있고　　　有約山當戶

속셈 없는 물은 연못으로 흘러드네.　　　無情水入池

소나무는 찬바람에 열매를 떨구고　　　　松寒風落子

매화는 늙어 눈이 가지를 덮었구나.　　　梅老雪封枝

시 쓰는 나그네는 다시 술에 취했고　　　詞客還酕酒

뜰 안의 노인장은 또한 시를 아는구나.　　園翁亦解詩

안타까워라 병든 거사[423]는　　　　　　　堪憐病居士

다른 날을 잡아서 올라 감상하네.　　　　攀賞不同時

---

421 쌍궐(雙闕) : 옛날 궁전에나 사묘(祠廟) 앞 양 옆에 세운 누관(樓觀).

422 윤신지(尹新之) : 1582~1657. 조선시대 제14대 선조의 부마인 왕족. 본관은 해평(海平)
　　이고, 자는 중우(仲又)며, 호는 연초재(燕超齋)다. 선조와 인빈김씨(仁嬪金氏)와의 소생
　　인 정혜옹주(貞惠翁主)와 결혼하여 해숭위(海嵩尉)에 봉해졌다. 사람됨이 총명하였으므
　　로, 선조는 때때로 시를 지어 바치게 하여 사랑을 받았다. 시 · 서(書) · 화(畫)에 능했다.

423 거사(居士) : ①재덕(才德) 있는 처사(處士). 덕이 높고 재주도 있지만 벼슬에 나가지
　　않은 사람. ②당호(堂號) 등에 붙이는 칭호. ③범어 Kulapati. Gṛhapati. 가라월(迦羅
　　越), 의가하발더(疑㤎賀鉢底)라 음역. 가주(家主)라 번역. 재물을 많이 가진 사람, 집에
　　있는 선비란 뜻.

차운함(사객)   次 沙客

고아한 사람이 성시에 숨어사는데   高人隱城市

작은 골짜기는 하늘 연못⁴²⁴에 가깝네.   小洞近天池

여든이 넘었어도 동자와 같은 모습이라   八十若童子

오래 머물면서⁴²⁵ 계수나무 가지를 오르네.   淹留攀桂枝

그대 몸을 굽혀 시구를 부탁하지만   屈君頻乞句

내 시 쓰는 재주 없어 부끄럽구나.   愧我不能詩

약속을 하고도 또 서로 저버렸으니   有約還相負

매화꽃 피고 함박눈 내리는 때로구나.   梅花雪滿時

차운함(관해)⁴²⁶   次 觀海

유씨 네 집 외로운 소나무가   劉氏孤松樹

그늘이 이어져 봉지⁴²⁷에 닿았네.   分陰接鳳池

규룡이 날아오를 때는 기운 덮개를 싫어하고   虯擎嫌偃盖

자는 새는 편안한 가지를 좋아하네.   鳥宿喜安枝

노년에 머물러 즐기기에 그만이니   晚歲堪留翫

---

424 연못〔天池〕: '천지'는 천상 선계에 있는 연못.

425 오래 머물면서〔淹留〕: '엄류'는 오래 머무르며 떠나지 못함.

426 관해(觀海) : 1589~1670. 조선시대 부제학, 대사성, 도승지 등을 역임한 문신.' 관해'
는 이민구(李敏求)의 호이다. 예조·병조좌랑을 거쳐 1622년 지평(持平)이 되고, 이듬
해 선위사(宣慰使)로 일본 사신을 접대했다. 문장에 뛰어나고 사부(詞賦)에 능했을
뿐 아니라, 저술을 좋아해서 평생 쓴 책이 4,000권이 되었으나 병화에 거의 타버렸다
한다. 저서에 『동주집(東州集)』·『독사수필(讀史隨筆)』·『간언귀감(諫言龜鑑)』·『당
률광선(唐律廣選)』 등이 남아 있다.

427 봉지(鳳池) : 봉황지(鳳凰池). 대궐 안에 있는 연못. 곁에 중서성(中書省)이 있었던 데
서 중서성 또는 재상(宰相)의 직위를 뜻한다.

무리들 노닐다가 시도 한 수 짓는구나.　　　　　　輩遊剩賦詩

깊은 술잔에 취흥은 남았으니　　　　　　　　　　深尊餘醉興

다시 달이 밝기를 기다리노라.　　　　　　　　　　更待月明時

차운함(창석)⁴²⁸　　　　　　　　　　　　　　次 蒼石

소나무는 껍질에 윤이 난 채⁴²⁹ 누웠고　　　　松偃童童盖

시냇물은 굽이굽이 연못을 이루었네.　　　　　　溪成曲曲池

굶주릴 땐 풀잎을 먹으며 견디고　　　　　　　　飢堪餐草葉

건강할 땐 지팡이야 필요치 않지.　　　　　　　　健不要筇枝

오랜 공부는 예를 말하는 것이었고　　　　　　　舊業惟談禮

그윽한 화포로 때로 시를 짓는다네.　　　　　　　幽懷或賦詩

부끄러워라 내 올라 살필 때는　　　　　　　　　愧吾登省日

그대 문 걸어 잠근 때로구나.　　　　　　　　　　是爾掩門時

차운함(모유자)　　　　　　　　　　　　　　　　次 慕柔子

고요히 숨어사는 곳을 산보하니　　　　　　　　靜散幽居地

소나무⁴³⁰ 그늘이 푸른 연못을 덮었네.　　　　蒼官蔭綠池

하늘은 차도 물은 콸콸 흐르고　　　　　　　　　天寒猶活水

---

428 창석(蒼石) : 1560~1635. 조선시대 첨지중추부사, 승지, 부제학 등을 역임한 문신. '창석'은 이준(李埈)의 호이다. 선조와 인조 시대에 이르는 복잡한 현실 속에서 국방과 외교를 비롯한 국정에 대해 많은 시무책(時務策)을 제시했으며, 정경세와 더불어 유성룡의 학통을 이어받아 학계에 중요한 위치를 차지했다. 저서에 『창석집』이 있다.

429 윤이 난 채〔童童〕: '동동'은 빛나게 머리가 까진 모양.

430 소나무〔蒼官〕: '창관'은 ①소나무의 다른 이름. ②측백나무와 노송나무, 잣나무 등의 다른 이름.

밤에 눈이 내려도 홀로 가지는 푸르구나.　　　　　夜雪獨靑枝

또 매화나무 형[431]의 흥취를 따라가다　　　　　且趁梅兄興

유부[432]의 시를 한 수 지었네.　　　　　　　　仍題幼婦詩

내 편안히 즐길 곳을 알았으니　　　　　　　　吾知安樂處

봄빛이 절로 그득한 때로구나.　　　　　　　　春色自多時

차운함(만사 심지원)[433]　　　　　　　次 晚沙 沈公之源

골짜기 곁으로 깊게 길이 나 있고　　　　　　傍壑深開逕

샘물은 나뉘어 굽이진 연못을 이루었네.　　　分泉曲作池

나그네 자리는 돌 비탈길에 놓여 있어　　　　客床因石磴

속세 이야기는 소나무 가지로 바꾸었네.　　　談塵替松枝

옛 것을 배워 능히 예를 좇았고　　　　　　　學古能遵禮

그윽함을 좋아해 시를 지을 줄 알았지.　　　耽幽解說詩

맑은 술잔을 서로 마주하는 곳에　　　　　　清樽相對處

눈과 달빛이 매화를 비추는 때로구나.　　　　雪月照梅時

---

431 매화나무 형[梅兄] : '매형'은 매화(梅花)에 대한 아칭(雅稱).

432 유부(幼婦) : 황견유부(黃絹幼婦). 『세설신어(世說新語)』에 나오는 이야기. 위(魏)나라 조조(曹操)가 조아비(曹娥碑) 앞을 지나다가 비문에 '황견유부 외손제구(黃絹幼婦 外孫齏臼)'란 글귀를 보고 이를 풀이했는데, 절호묘사(絶好妙辭)란 말이었다. 황견(黃絹)은 색사(色絲)로 절(絶)을 뜻하고, 유부(幼婦)는 소녀(少女)로서 묘(妙), 외손(外孫)은 여자(女子)로서 호(好)를, 제구(齏臼)는 수신(受辛)으로 사(辭)를 뜻한다.

433 심지원(沈之源) : 1593~1662. 조선 후기 대사헌, 이조판서, 영의정 등을 역임한 문신. 본관은 청송(靑松)이고, 자는 원지(源之)며, 호는 만사(晚沙)다. 족조(族祖)인 심종도(沈宗道)가 대북파(大北派)인 이이첨(李爾瞻)의 심복이었던 관계로 대북에 가까웠으나 대북 정책에 가담하지 않고 낙향하여 은거했다. 저서로 『만사고(晚沙稿)』가 있다. 글씨에 능해 과천의 정창연비(鄭昌衍碑)가 남아 있다. 영천의 송곡서원(松谷書院)에 제향되었다.

차운함(동계 정온)[434]

작은 집을 깊은 골짜기에 감추고	斗屋藏深洞
맑은 물줄기를 작은 연못에 모았네.	清流貯小池
매화는 추우니 먼저 꽃술을 토해내고	梅寒先吐蘂
소나무는 늙어 가지를 이루지 못하네.	松老不成枝
머리가 희도록 예에 대해 담론하고	白首猶談禮
젊은 나이 때 벌써 시를 배웠지.	青年已學詩
서로 바라보며 끊어지지 않으니[435]	相看俱脉脉
남북으로 가고 머무는 때일세.	南北去留時

次 桐溪 鄭公薀

차운함(용주 조경)[436]

어지러운[437] 세상 바람 먼지 속에서	擾擾風塵裏
다투어 빼앗아 제 뱃속[438]에 공급하네.[439]	爭穿養給池

次 龍洲 趙公絅

---

434 정온(鄭薀) : 1569~1641. 조선시대 대사간, 대제학, 이조참판 등을 역임한 문신. 본관은 초계(草溪)고, 자는 휘원(輝遠)이며, 호는 동계(桐溪) 또는 고고자(鼓鼓子)다. 임해군 옥사에 대해 전은설(全恩說)을 주장했고, 영창대군이 강화부사 정항(鄭沆)에 의해서 피살되자 격렬한 상소를 올려 정항의 처벌과 당시 일어나고 있던 폐모론의 부당함을 주장했다. 생가는 중요민속자료 제205호로 지정, 보존되고 있다. 시호는 문간(文簡)이다.

435 끊어지지 않으니〔脉脉〕 : '맥맥'은 이어져 끊어지지 않는 모양.

436 조경(趙絅) : 1586~1669. 조선시대 대제학, 형조판서, 회양부사 등을 역임한 문신. 본관은 한양(漢陽)이고, 자는 일장(日章)이며, 호는 용주(龍洲) 또는 주봉(柱峯)이다. 1612년 사마시(司馬試)에 합격했으나 광해군의 난정(亂政)으로 대과를 단념, 거창에 은거했다. 저서로 『용주집』 23권 12책과 『동사록(東槎錄)』이 있다. 시호는 문간(文簡)이다.

437 어지러운〔擾擾〕 : '요요'는 어지러운 모양. 소란스러운 모양.

438 뱃속〔池〕 : 뜻이 잘 통하지 않아 은유적으로 해석했다.

439 공급하네〔養給〕 : '양급'은 생활에 필요한 것을 얻어 만족함.

가엾어라 그대는 골짜기 하나를 차지했으니　　　　憐君專一壑
새가 깊은 가지를 고른 것과 같구나.　　　　　　如鳥擇深枝
손으로 심은 소나무에는 햇볕이 머물고　　　　手種松留景
잎으로 읊조리니 책상에는 시가 있네.　　　　口吟案有詩
내가 능히 왕래할 줄 아노니　　　　　　　吾能覺來往
모름지기 국화가 필 때를 알려주시게.　　　　須報菊花時

영국동 임장도 제영 [부록]

寧國洞林莊圖題詠 [附]

유노인에게 드림(오봉 이호민)[1]

贈劉老人 [五峯 李公好閔]

존비나 귀천을 그대는 말하지 말며　　　　　　尊卑貴賤君休說

성시며 산림도 가를 필요가 없네.　　　　　　城市山林亦莫歧

오직 한 점이 흰 영서[2]가 있으니　　　　　　惟有靈犀一點白

광명이 통하는 곳이 바로 우리 스승이라네.　　光明通處是吾師

신유년[3] 겨울에 노인 유응길[4]이 남곽수[5]를 좇아 시를 청하기에 옹이 7언
절구 한 수를 써서 주었다. 그리고 몇 년 뒤에 응길이 시전(詩箋)[6]을 엮
어 시축(詩軸)[7]으로 만들고, 첫머리에 〈임장도〉라 하고 또 시를 청하니

1　이호민(李好閔) : 1553~1634. 조선시대 예조판서, 대제학, 좌찬성 등을 역임한 문신.
　　본관은 연안(延安)이고, 자는 효언(孝彦)이며, 호는 오봉(五峯) 또는 남곽(南郭), 수와
　　(睡窩)다. 임진왜란 때는 이조좌랑에 있으면서 왕을 의주까지 호종했다. 임진왜란 중에
　　는 요양(遼陽)으로 가서 명나라에 지원을 요청해 명나라의 군대를 끌어들이는 데에 크게
　　공헌했다. 저서로 『오봉집』 15권 8책이 있다.
2　영서(靈犀) : 무소[犀牛]의 뿔. 무소뿔의 흰 줄무늬는 밑부터 끝에까지 통해 감응(感應)
　　이 예민하다 하여 서로의 마음과 마음이 잘 통하는 것을 일컫는다.
3　신유년(辛酉年) : 1621년. 광해군 13년.
4　응길(應吉) : 유희경의 자(字). 이하 모두 같음.
5　남곽수(南郭叟) : 박동열(朴東說). 1564~1622. 조선시대 황주목사, 나주목사 등을 역임
　　한 문신. 본관은 반남(潘南)이고, 자는 열지(悅之)며, 호는 남곽(南郭) 또는 봉촌(鳳村)
　　이다. 다섯 살에 이미 글을 읽을 줄 알았고, 1585년 진사가 되었으며 1594년 정시 문과에
　　장원으로 급제, 성균관전적에 제수되었다. 저서에는 『봉촌집』이 있다.
6　시전(詩箋) : 시전지(詩箋紙)는 조선시대 문인, 학자 등이 지인들과 편지나 시를 주고받
　　을 때 사용하는 문양 있는 종이.

내가 돌아보고 웃으며 말했다. "그대는 나물을 팔려고 하시오?" 응길 또한 웃으며 그만두었다. 마침내 전에 드린 절구 한 수를 쓰고 아울러 간단하게 사연을 서서 돌려보냈다. 천계[8] 3년(1623) 여름 6월 하순[9] 남곽 노수가 비 오는 은궤당에서 쓰노라.

辛酉冬 老人劉應吉 從南郭叟請詩 叟以七絶一首贈之 厥後數年 應吉又裝牋爲軸 冠以林莊圖來請益 叟顧而笑曰 君鬻榮乎 應吉亦笑而止 遂寫向所贈一絶 並係短述而歸之云爾 天啓三年癸亥夏六月下澣 南郭老叟 書于隱几堂雨中

---

7 시축(詩軸) : 시를 적은 두루마리.
8 천계(天啓) : 중국 명나라 희종(熹宗) 때의 연호. 1621년~1627년까지 사용됨.
9 하한(下澣) : 한 달 가운데 21일에서 그믐날까지의 동안을 말함. 음력으로 매월 하순(下旬)을 가리키는 말.

양주의 누원에서 비스듬히 서쪽으로 가면 영국동이 있다. 골짜기 안에는 정암선생[10]의 서원을 중건했고, 골짜기 밖은 큰 길로 이어진다. 79세가 된 유희경의 옛 집이 골짜기의 동북쪽 구석에 있는데, 지금 초막을 지어 여생을 마치려고 했다. 용면 이징의 붓을 빌려 모사해 그림을 만들고, 남곽 상공이 지은 시와 서문을 가지고 와 나에게 보여주면서 화운(和韻)하기를 부탁했다. 그래서 내가 써서 주었다.(고산 유근)[11]

楊州之樓院迤西 有寧國洞 洞中 重建靜庵先生書院 洞外 卽大路也 七十九歲人劉希慶舊莊 在洞之東北隅 今欲結茅 將終老焉 倩龍眠李澄筆 寫之爲圖 以南郭相公所題詩若序來示余 要和其韻遂書以與之 [孤山 柳公根]

하늘에 뜬 산악의 형세를 그림에 옮겼는데　　　　浮天嶽勢移圖畫
골짜기를 나온 시냇물은 길을 나누어 갈랐네.　　　出洞溪流割路歧
어떻게 하면 관직을 그만두고 그대와 함께 가서　安得休官偕爾去
도봉서원에서 우리 스승님을 만날까?　　　　　　道峯書院謁吾師

---

10 정암선생(靜庵先生) : 조광조(趙光祖)의 호(號).

11 유근(柳根) : 1549~1627. 조선시대 예조판서, 충청도관찰사, 좌찬성 등을 역임한 문신. 본관은 진주(晉州)고, 자는 회부(晦夫)며, 호는 서경(西坰)이다. 1587년 이조정랑으로 문신정시(文臣庭試)에 장원했다. 이 해 일본의 중 겐소[玄蘇]가 사신으로 오자, 문장이 뛰어났으므로 선위사(宣慰使)에 특임되어 상대했다. 1627년 정묘호란 때 강화에 왕을 호종하던 중, 통진에서 죽었다. 문집으로 『서경집』을 남겼다. 시호는 문정(文靖)이다.

유생이 시정 안에 살면서 십일[12]을 따라 이익을 얻지 않았고, 현대부를 좇아 교유하면서 시와 예로 자신을 다스렸다. 도봉산 아래 여막(廬幕)을 지어 유유자적 했는데, 올해 나이가 일흔아홉이다. 그러나 걸음걸이는 가볍고 건강했으며, 안색은 어린 아이처럼 해맑았다. 내가 그 분의 사람됨을 좋아했는데, 오늘 와서 시를 구하기에 즉시 지어 6수를 드렸다.(현옹)[13]

劉生居市井間 不逐什一爲利 乃顧從賢士大夫遊 詩禮飭躬 結廬
道峯山下以自適 今年七十有九 步履輕健 色若童孺 余喜其爲人
今來求詩 口占贈之 六首〔玄翁〕

생애를 골짜기 안에서 지내니　　　　　　　　　　　　生涯一壑在

작은 집을 흰 구름이 덮었네.　　　　　　　　　　　　小屋白雲封

여든에 안색은 비단과 같고　　　　　　　　　　　　　八十顏如練

몸은 가벼워 석봉을 날라 오를 듯하구나.(1)　　　　　飛身上石峯

사람은 진류의 은자[14]인 듯하고　　　　　　　　　　人似陳留隱

---

12 십일(什一) : 세금을 부과할 때 전체 수확량의 10분의 1을 부과하는 것. 십일조(十一條).

13 현옹(玄翁) : 1566~1628. 조선 중기 예조참판, 자헌대부, 예조판서 등을 역임한 문신. 현옹(玄翁)은 신흠(申欽)의 호(號)이다.

14 진류의 은자〔陳留隱〕 : 완적(阮籍, 210~263)을 일컫는 말. 삼국시대 위(魏)나라 진류(陳留) 울지(尉氏) 사람. 자는 사종(嗣宗)이고, 아버지는 후한 말의 명사이자 건안칠자(建安七子)의 한 사람인 완우(阮瑀)다. 보병교위(步兵校尉)를 지내 '완보병'이라고도 하며, 혜강(嵆康)과 함께 죽림칠현(竹林七賢)의 중심인물이다. 『문선(文選)』에 시문이 약간 실려 있고, 전기는 『삼국지(三國志)』 권21과 『진서(晉書)』 권49에 실려 있다. 저서

시는 정시[15]의 울림을 좇았네.

시는 정시[15]의 울림을 좇았네.

그대의 그림 같은 집을 보노라니

해산의 정[16]이 일어나네. (2)

詩追正始聲

看渠畵裏屋

起我海山情

의지는 깨끗해 도를 들은 듯하고

몸은 가벼워 신선에 오를 듯하구나.

두 눈동자는 네모난 옻칠처럼 검고

흰 머리는 늘어져 관원의 풍채일세.[17] (3)

志潔如聞道

身輕卽上仙

雙瞳方似漆

白髮下承權

수레 앞 여덟 말몰이꾼[18]도 나와는 관계없고

양부[19]의 삼사[20]도 모두 아득한 일이라네.

흰 구름 항상 떠돌고 물은 옥처럼 맑으니

그대의 시냇가 초막이 정녕 부럽구려. (4)

車前八騶吾不管

兩府三司都悠悠

白雲長在水如玉

羨爾結廬溪上頭

에 후세 사람이 편집한 『완보병집(阮步兵集)』이 있다.

15 정시(正始) : 정시체(正始體). 삼국시대 위(魏)나라 후반기의 시풍(詩風). 위제왕(魏齊王) 조방(曹芳) 정시(正始, 504~507) 연간에 성행하여 이런 이름이 붙었다. 이 시기는 노장(老莊) 사상이 성행했고, 사대부들이 청담(淸談)을 숭상했는데, 문학 창작에 많은 영향을 끼쳤다.

16 해산의 정[海山情] : 고산유수(高山流水)의 고사를 일컫는 말. 높은 산과 흐르는 물. 음악을 잘 알고 감상함. 또는 악곡(樂曲)이 아주 훌륭한 것을 비유하는 말이다.

17 관원의 풍채일세[承權] : 권위(權威)가 관원에 임명될 만함.

18 여덟 말몰이꾼[八騶] : '팔추'는 옛날에 고관(高官)이 출행(出行)할 때는 여덟 명의 기마 병졸이 선도했는데, 이를 일컫는 말이다.

19 양부(兩府) : 『고려사』 76권 백관 1의 밀직사라는 항목에는 첨의부와 밀직사를 껴서 부른 것이라고 했다. 그 후 문하부 또는 의정부와 추밀원 또는 중추부를 껴서 부를 때에도 양부라는 말을 썼다. 그런데 그 두 관청이 정식 성원은 모두 정2품 이상의 관리들이었기 때문에 이 말이 정2품 이상의 관리란 뜻으로도 사용된다.

20 삼사(三司) : 조선시대 사헌부와 사간원, 홍문관을 합해 부른 말.

십년을 내쫓겼다가 지금 비로소 돌아오니 　　十年放逐今始還
치아며 머리는 벌써 다 빠졌고 허리 다리도 무뎌졌네. 齒髮已空腰脚頑
홀을 잡고21 아침에 나서니 상쾌한 기운이 있어 　拄笏朝來有爽氣
시가 되자 그대 그림 속 산천에 붙이노라.(5)　 詩成題爾畫中山

집에 장부 다섯 명이 있는데 　　　　　　　家有丈夫五箇子
전답에서 나오는 생산이면 능히 먹이겠구나. 　任渠什一能餔口
도봉산에 깃들여 자족하고 있으니 　　　　　爾計自足道峯山
가을 와도 산 빛에는 때 한 점22 없구나.(6)　秋來山色無氛垢

---

21 홀을 잡고〔拄笏〕: 주홀간산(拄笏看山). 홀로 턱을 괴고 산을 바라본다는 뜻으로, 관직
　에 있지만 은거하려는 고상한 운치가 있음을 일컫는 말. 또는 유유자적(悠悠自適) 생활
　하는 태도를 가리킨다.
22 때 한 점〔氛垢〕: 먼지와 안개. 그리하여 속세(俗世)를 가리키는 말.

유노인의 임장도에 씀(치천 윤방)[23]

題劉老人林莊圖 [稚川 尹公昉]

햇빛이 비추어 황야를 덮었으니	日予屛荒野
쑥 덤불[24] 속에 웅크리고 숨겼네.	跧伏蓬蒿裏
입을 닫아 말이 없고자 하니	塞口欲無言
시 읊는 일도 덩달아 그쳤구나.	吟咏亦隨已
그대 종종 나를 찾아왔는데	爾時來訪我
한 번 오더니 두 번 세 번 이르렀네.	一至再三至
오면 바로 사립문을 열었으니	至輒排荊扉
어찌 그 가시를 소매에 숨기겠는가.	何曾袖其刺
그대에게 무슨 일이냐 물으니	問渠亦何事
익힌 것이 모두 재앙이 되었다네.	所習皆罪累
어제는 황급하게[25] 오더니	昨者跟蹌到
뛰어난 선비가 일어났다고 기뻐했지.	喜呀髦士起

---

23 윤방(尹昉) : 1563~1640. 조선시대 형조판서, 우참판, 영의정 등을 역임한 문신. 본관은 해평(海平)이고, 자는 가회(可晦)며, 호는 치천(稚川)이다. 1597년 정유재란이 일어나자 순안독찰(巡按督察)이 되어 군량 운반을 담당하고, 곧 철원부사로 나가 선정을 베풀어 동부승지로 승진되어 돌아오니 그 곳 백성들이 송덕비를 세워 덕을 기렸다. 인품이 중후하고 문장에 능했으며 효성이 지극했다. 저서로 『치천집』이 있다. 시호는 문익(文翼)이다.

24 쑥 덤불[蓬蒿] : '봉호'는 쑥이나 쑥이 우거진 숲. 그리하여 시골의 궁벽한 곳으로, 초야(草野)를 일컫는 말.

25 황급하게[跟蹌] : '양창'은 황급하게 서두르는 모양.

그대에게 무슨 이로울 게 있다고   於爾有底益
이런 정성은 무슨 마음 씀인가?   是誠何心意
내게 세상을 경영할 술수도 없지만   我無經濟術
깨끗이 결별하기도 쉽지 않구나.   便訣猶未易
그대의 〈도봉첩〉을 보니   觀爾道峯帖
유암의 생각이 일어나게 하네.   起我流巖思

내 집이 유암산 아래 있어 도봉과 서로 마주보기 때문에 이렇게 썼다.

我屋在流巖山下 與道峯相對故云

내 늙어 글 쓰는 일[26]에도 게을러져 공무를 마치고 돌아오면 생각이 흐릿해져[27] 졸음이 밀려왔다. 때로 산승이 와서 문을 두드리며 시를 부탁하는 것이었다. 처음에는 소리를 질러 내쫓았는데, 다시 오니 비록 시문이 막혔다는 소리를 면할 수는 없어도 억지로 지어 주었지만[28] 별다른 흥취는 없었다. 유노인이 와서는 예에 대해 말하고 시를 이야기하는데 내용도 알차고 정성이 가득하여 화기애애한 데다[29] 더구나 시를 부탁하지 않아 더욱 기뻤다. 어느 날 문득 소매에서 시축을 꺼내 보여주는데, 내가 웃으며 말했다. "그대 또한 산승을 흉내내는 거요?" 시축 위에 유거를 그린 그림이 있는데 여산[30]에 초막을 지은 흥취를 불러일으키는 것이었다. 마침내 원운에 차운하여 써서 드렸다.(월사)[31]

余老倦筆硯 公退 只昏昏思睡 時有山僧叩門求詩 始輒嗔而却之 再來雖不免酬塞 强爾塗抹 殊無意致 劉老人來 輒說禮談詩 華愅 藹然 尤以不索詩爲喜 一日 忽袖軸示之 要余題其面 余笑曰 君亦 效山僧耶 軸上有幽居之畫 使人起廬山結廬之興 遂次原韻 書以 贈之 [月沙]

---

26 글 쓰는 일〔筆硯〕: '필연'은 붓과 벼루. 그리하여 문묵서사(文墨書寫)하는 일.
27 흐릿해져〔昏昏〕: '혼혼'은 정신이 흐린 모양.
28 억지로 지어 주었지만〔塗抹〕: '도말'은 바름. 또는 아무렇게나 바른다는 뜻으로, 글씨를 쓰거나 그림을 그리는 일을 겸손하게 일컫는 말이다.
29 화기애애한 데다〔藹然〕: '애연'은 온화(溫和)하고 화목(和睦)한 모양.
30 여산(廬山): 중국 강서성 북부의 구강시(九江市)와 파양호(鄱陽湖) 북서 기슭에 있는 명산. 평야 지대에 위치해 있어서, 그 기세가 더욱 웅장하고 높아 보인다. 깎아지른 듯한 높은 절벽이 많고 맑은 물과 폭포가 유명하며, 산중에 늘 구름과 안개가 끼어 있어서 산 봉오리를 보는 일이 쉽지가 않아 불식여산진면목(不識廬山眞面目)이라는 말이 있으며, 옛말부터 명승지로 이름이 높아 유람객이 늘 끊이지 않는다.
31 월사(月沙): 이정구(李廷龜)의 호(號).

유씨 노인장은 스님도 아닌데 시를 찾으니   劉老非僧且索詩
한가로운 정이 원래 속인과는 다르구나.   閑情元與俗人歧
그림 펼치니 개울가 별장의 경치가 떠올라   披圖更想溪莊勝
문득 동림사에 들어가 원사[32]를 찾는 듯하네.   怳入東林訪遠師

---

32 원사(遠師) : 동진(東晉) 때의 스님 혜원(慧遠, 334~416)을 가리키는 말. 동림사(東林
寺)는 스님이 거처하던 사찰이다.

유노인이 애써 시를 찾기에 현옹 상국의 절구 세 편의 운을
밟아 보내다.(유천 한준겸)³³ 3수

劉老人苦索詩 步玄翁相國三絶以歸之 [柳川 韓公浚謙]

산 입구에 초막을 지었는데	結屋在山口
흩날리는 샘물이 길을 막았네.	飛泉一道封
평생 현자의 뜻을 공경하여	平生敬賢意
아침저녁으로 고봉에 예를 올렸지.(1)	朝暮禮高峯
습기³⁴는 산수 자연에 두고 있어	習氣在山水
세상의 소리는 듣기에 물렸네.	厭聞塵世聲
행동³⁵은 사상례³⁶를 따랐고	從容士喪禮
오복³⁷은 인정을 다했구나.(2)	五服盡人情

---

33 한준겸(韓浚謙) : 1557〜1627. 조선시대 함경도관찰사, 지중추부사, 겸지춘추관사 등
을 역임한 문신. 본관은 청주(淸州)고, 자는 익지(益之)며, 호는 유천(柳川)이다. 서울
출신이다. 예학(禮學)과 국가의 고사(故事)에 밝았다. 저서로『유천유고(柳川遺稿)』가
있다. 시호는 문익(文翼)이다.

34 습기(習氣) : 습관(習慣)처럼 무의식중에 몸에 밴 기분.

35 행동〔從容〕: '종용'은 거동(擧動). 행동거지.

36 사상례(士喪禮) :『의례(儀禮)』의 편명.

37 오복(五服) : 상(喪)을 당했을 때 죽은 사람과의 혈통 관계의 원근에 따라 다섯 가지로
구분되는 유교의 상복제도(喪服制度).

여든 노옹께서 어찌 그리 강건하신지   八十翁何健

가벼운 몸은 지상의 신선일세.   輕身地上仙

골격은 시퍼렇고 안색도 훤하니   骨靑顏貌好

조화옹께서 신권[38]을 빼앗으셨네.(3)   造化奪神權

---

38 신권(神權) : 귀신(鬼神)이 갖추고 있어, 사람을 지배하는 명운(命運)이나 권력(勸力).

유노인 응길이 손에 시축 한 권을 들고 와서 시를 찾는 모습이
참으로 은근하고 간절했다. 내 재주가 좋고 나쁨을 따지지 않으
니 그 정을 뿌리칠 수 없었다. 속초³⁹의 비방을 꺼리지 않고 삼가
원운에 차운하여 드렸다.(선원 김상용)⁴⁰

劉老人應吉 手携一卷子來 索詩甚懃懇 無論工拙 情不可拒 不嫌
續貂之譏 謹次原韻以贈之 [仙源 金公尙容]

나이 들어 헛된 명성을 어디에 쓰겠는가   白首虛名將底用
청운의 세상길도 괴로운 갈림길 많네.   靑雲世路苦多岐
인간 세상 염량⁴¹의 일 관계하지 않으니   人間不管炎涼事
유옹만이 스승이 될 자격이 있다 하겠네.   只有劉翁可作師

---

39 속초(續貂) : 구미속초(狗尾續貂). 담비의 꼬리가 모자라 개꼬리를 잇는다는 뜻으로,
훌륭한 것을 보잘것없는 것으로 이어 붙이는 것을 일컫는 말.

40 김상용(金尙容) : 1561~1637. 조선시대 판돈녕부사, 이조판서, 우의정 등을 역임한 문
신. 본관은 안동(安東)이고, 자는 경택(景擇)이며, 호는 선원(仙源) 또는 풍계(楓溪),
계옹(溪翁)이다. 서울 출신이다. 임진왜란이 일어나자 강화(江華) 선원촌(仙源村, 지금
의 인천시 강화군 선원면 냉정리)으로 피난했다가 양호체찰사(兩湖體察使) 정철(鄭澈)
의 종사관이 되어 왜군 토벌과 명나라 군사 접대로 공을 세워 1598년 승지에 발탁되었
다. 1636년 병자호란 때 왕족을 시종하고 강화로 피신했다가, 성이 함락되자 화약에
불을 질러 자결했다. 문집으로 『선원유고(仙源遺稿)』 7권이 있다.

41 염량(炎涼) : 덥고 시원함. 기후(氣候). 기후의 변화(變化)를 인정(人情)의 후박(厚薄)
에 비긴 말로, 인정의 부침(浮沈)이 무상(無常)한 것을 일컫는 말이다.

유옹은 신분은 미천했지만 유자의 행실이 있어 자주 나를 찾아
왔다. 예에서 의심스러운 부분을 묻는데 이른바 세상에 이로움
을 구하는 것이라 내가 이 때문에 존중하여 망형우(忘形友)[42]가
된 지 오래였다. 어느 날 그동안 쓴 시축을 가져와 보여주면서
화운을 구했다. 그때 마침 내가 남쪽으로 돌아갈 뜻이 있어 현
옹과 남곽 두 분의 시운에 차운하여 유별[43]의 말로 삼았다.(우복
정경세)[44] 2수

劉翁地微而有儒行 數來訪余 說禮疑 盖所謂求益者 余以是重之
與之忘形焉久矣 一日 以所得詩軸來示 求屬和 適余有南歸意 次
玄翁, 南郭二韻 以爲留別語 [愚伏 鄭公經世]

집 너머로 푸른 산이 우뚝[45] 서 있고　　　　　　　屋上靑山立屹屹
문 앞에 흐르는 물은 아득히 흘러가네.　　　　　　門前流水去悠悠
노인장 하는 말씀 이 사이에 깊은 정취가 있다 하니　翁言此間有深趣
돌부처와 얘기를 해도 항상 끄덕이겠구나.[46] (1)　　說與石佛常點頭

---

42 망년우[忘形] : '망형'은 망형지교(忘形之交). 예법이나 형식에 얽매이지 않는, 마음을
　　아는 사귐이나 그런 친구를 말한다.

43 유별(留別) : 길을 떠나는 사람이 머물러 있는 사람에게 작별 인사를 함.

44 정경세(鄭經世) : 1563~1633. 조선시대 예조판서, 이조판서, 대제학 등을 역임한 문신.
　　학자. 본관은 진주(晉州)고, 자는 경임(景任)이며, 호는 우복(愚伏)이다. 경전에 밝았으
　　며, 특히 예학에 조예가 깊었다. 저서로『우복집』과『상례참고(喪禮參考)』가 있다.

45 우뚝[屹屹] : '흘흘'은 높고 크게 우뚝 솟은 모양.

46 끄덕이겠구나[點頭] : '점두'는 승낙하거나 옳다는 뜻으로 머리를 약간 끄덕이는 일.

성은을 생각하면 만 번이라도 죽겠으니　　　　只爲聖恩堪萬死

오랫동안 세로에 천 갈래 길 있음을 알았네.　久知世路有千歧

오늘에야 모든 생각이 싸늘히 식노니　　　　卽今百念俱灰冷

마음 편히 조사[47]에게 묻는 일도 그만두리라.(2)　休把安心問祖師

---

47 조사(祖師) : 불교에서 1종(宗)이나 1파(派)를 세우거나 또는 뛰어난 행적을 남긴 승려
　　를 비롯하여 사찰의 창건주 등에게 붙여지는 호칭. 특히 선종(禪宗)에서 조사라는 명칭
　　을 많이 사용한다.

지난 을해년[48] 때 처음으로 유생과 알게 되었는데, 당시 내 나이 13살이었고, 유생은 서른을 넘어 있었다. 항상 와서 나를 만나면 활짝 웃으며 대화를 나누다가 저녁이 되어서야 돌아갔다. 지금 백발이 될 때까지 하루가 지난 듯하니 바로 이른바 눈으로 보면 있다는 것이다. 근래 몇 년 동안 시축을 가져와 차운을 부탁하는 것이 간절했는데, 나는 거절하며 말했다. "제가 일찍이 선생을 위해 시와 글을 드린 것이 여러 번이었습니다. 지금 몸도 약해지고 병들었으니 어찌 다시 이 일을 하겠습니까?" 그러자 유생께서 간곡히 말했다. "그렇기는 하지만 이미 이루어놓은 것이 시축이 되었으니 그대의 말이 없을 수는 없습니다." 내가 사양했지만 뜻대로 되지 않았는데, 대개 선생의 도를 좋아하는 성의가 늙어서도 더욱 돈독해진 것이다. 짐짓 반구[49]의 뜻으로 권면하니 선생은 어떻게 생각하시는가.(지봉)

往在乙亥年間 始與劉生相識 時余甫年十三 生且踰三十矣 每來見余 輒相對怡然 終夕乃去 至今白首如一日 殆所謂目擊而存者也 近數歲 袖軸求和甚勤 余拒之曰 余嘗爲生贈詩若文者屢矣 今衰且病 安能重爲斯役乎 生固曰 然 業已成軸 不可無子言 余辭不獲 盖生好道之誠 老而彌篤 故以反求之義勉之 生以爲何如 [芝峯]

---

48 을해년(乙亥年) : 1575년. 선조(宣祖) 8년.
49 반구(反求) : 반구저기(反求諸己). 자신(自身)에게로 돌이켜 봄. 원인을 자신에게서 찾는 것을 일컫는 말이다.

성시에서도 느긋하게 사니 아는 이가 누구던가   城市悠悠識者誰
저 먼지 세상에 갈림길 많아도 그만일세.   任他塵世路多歧
참된 도를 찾는 일 모두 진실이 아니니   尋眞訪道皆非實
모름지기 내 마음에 절로 스승이 있음을 믿어야지.   須信吾心自有師

유옹 응길은 도심[50]에서 생장하면서 책을 읽고 예를 배워 세속의 말을 입에 올리지 않았다. 산 지 여든 다섯 살인데 정신이 강건하여 도를 가진 사람과 같았고, 시 읊기를 좋아하여 지은 작품이 몇 수 있다. 덕수 여고 이식이 서문을 써서 풍성하게 이를 칭송했다. 스스로 말하기를, 도봉산 아래 작은 집을 짓고 여생을 보내며 마치려고 했는데, 자손들[51]의 권유를 받아 작은 화폭에 그림을 그려 그 생각을 담으니 많은 분들이 시를 지었다고 했다. 내가 유옹을 안 지 오래다. 저녁때[52]의 저무는 경치가 어찌 오랫동안 누런 먼지 속에 있겠으며, 나뭇잎이 떨어져 뿌리로 돌아가니 모름지기 스스로 생존해 살아가는 것이 옳을 것이다. 마침내 차운하여 이를 힘쓰게 하고자 한다.(계곡)[53] 2수

劉翁應吉 生長闤闠間 讀書學禮 口不道塵俗語 行年八十五歲 神觀精健 類有道者 喜吟詩 所著有若干首 德水李汝固序之 盛有稱引 自言小築在道峯山下 欲歸老待盡 爲子姓所勸止 作小幅圖 以寓其懷 諸公多爲詩之 余知劉翁久矣 桑楡晚景 何爲長處黃塵中 木落歸根 須自作生活可也 遂次韻勖之 [谿谷]

살펴보면 그대만한 이 또 누가 있는가 　　　　閱世如君更有誰

평생 갈림길을 밟지 않았네. 　　　　　　　平生不踏路中歧

산 앞에 벌써 세 칸 집을 마련하고 　　　　　山前已辦三間屋

시권(詩卷) 속에서 다시 일자사[54]를 얻었구나.(1)　卷裏仍尋一字師

『열자』에서 "갈림길 가운데 또 갈림길이 있으니, 내가 갈 곳을 모르겠다."고 말했다.

列子曰 歧路之中 又有歧焉 吾不知所之

흐르는 물이 산에 있을 땐 원래 흐르지 않았고 　流水在山元不濁

우뚝한 봉우리가 길을 안으니 절로 갈림길이 없네.　危峯擁路自無歧

인간세상 그럴듯한 말[55]들을 어디에 쓰겠는가 　人間綺語知何用

물어 번쩍 깨치니[56] 바로 스승을 얻었네.(2)　　問着惺惺便得師

---

54 일자사(一字師) : 글자 하나의 오류라도 질정(叱正)해준다면 스승이 될 수 있다는 말.
또는 그런 스승.

55 그럴듯한 말[綺語] : '기어'는 ①아름답게 꾸민 말. 사실이 아닌 말. ②십악(十惡)의 하나.
교묘하게 꾸미어 겉과 속이 다른 말을 일컫는다.

56 번쩍 깨치니[惺惺] : '성성'은 마음이 혼매(昏昧)하지 않고 밝게 깨어 있음을 일컫는 말.
송(宋)나라의 사상채(謝上蔡)가 말하기를, "경은 항상 성성하게 하는 방법이다.(敬是常
惺惺法)"고 했다.

유 노인장께서 열흘 전에 찾아와서 시권 속의 작품들을 보여주
더니 차운을 부탁했다. 마침 내가 가벼운 병세[57]가 있어 부탁을
들어 줄 여유가 없었다. 어제 서전[58]에서 유 노인장이 무오년[59]
때 절조를 지켰던 업적을 들면서 포상과 은전(恩典)을 품의했는
데 성상께서 특별히 2품이나 품계를 올려 남다르게 총애하시니
실로 인륜[60]을 부추겨 올려 절의를 숭앙하려는 풍성한 뜻에서
나온 것이다. 내가 비로소 벌떡[61] 일어나 붓을 잡고 바로 나가
오늘 문득 떠올라 겪었던 생각을 담았는데, 지난 번 산중 별장에
갔을 때의 운치는 말하지 않는다.(학곡)[62]

劉叟十日前來訪 示卷中諸作 仍索次贈 値余小極 無意塞請 昨者
西銓追擧叟戊午抗節之蹟 仰稟褒典 聖上特陞二品階 以侈寵之
實出於扶植彝倫 崇敭節義之盛意也 余始蹶然而起 把筆一就 以
寓今日聳倒之思 非道向來山莊之致云爾 [鶴谷]

어두운 밤은 가라앉고[63] 비바람은 거센데　　　　　黑夜沉沉風雨惡
몇 번이나 길을 잃어 엉뚱한 곳을 달렸나.　　　　　幾多失路奔他歧

57　가벼운 병세〔小極〕: '소극'은 피곤하고 권태(倦怠)로움. 가벼운 병 증세가 있음.
58　서전(西銓): 군사관계 업무를 총괄하던 병조(兵曹)를 달리 일컫는 말. 무반직(武班職)
　　의 전선(銓選)을 맡아보아 붙여진 이름이다.
59　무오년(戊午年): 1618년. 광해군 10년.
60　인륜〔彝倫〕: '이륜'은 인간으로서 지켜야 할 떳떳한 도리. 인륜(人倫).
61　벌떡〔蹶然〕: '궐연'은 빨리 일어나는 모양.
62　학곡(鶴谷): 홍서봉(洪瑞鳳)의 호(號).
63　가라앉고〔沈沈〕: '침침'은 깊이 가라앉은 모양.

유생께서 이에 스스로 몸을 세웠으니
어찌 친구로 배울 만하다 말하지 않겠는가.

劉生於此自有立
豈曰友之堪作師

선군자[64]께서는 만죽[65] 서선생과 막역한 사이였다. 유 노인장께서 오랫동안 만죽선생을 사사하면서 선군자에게도 배웠다. 내가[66] 어렸을 때[67]는 이름을 불러주곤 했는데, 유 노인장은 지금 정수리의 머리가 성글어졌다.[68] 두 세대 육십 년 동안 왕래했으면서도 정의가 아직 쇠해지지 않았으니, 믿을 만한 분이라고 말할 수 있다. 더구나 다른 미덕도 갖추었으니 여러분들이 칭송해 말한 것과 참으로 같다. 그 분을 존중하고 그 부탁을 거절하지 못했으니, 시가 시원찮은 것도 생각하지 못했다.(청음 김상헌) 2수

先君子少與徐萬竹先生 爲莫逆交 劉叟久事萬竹 而獲習於先君子 不肖等髫齔已名呼 劉叟今顚髮種種 兩世六十年往來 情誼不衰 可謂信人 況兼他美 信如諸公所稱道者哉 重其人 不得辭其請 詩不工不計也 [淸陰 金公尙憲]

----

64 선군자(先君子) : 옛날에 자신이나 다른 사람의 돌아가신 조부(祖父)를 일컫는 말.
65 만죽(萬竹) : 서익(徐益). 1542~1587. 조선 전기 서천군수, 안동부사, 의주목사 등을 역임한 문신. 본관은 부여(扶餘)고, 자는 군수(君受)며, 호는 만죽(萬竹) 또는 만죽헌(萬竹軒)이다. 병조와 이조의 좌랑, 교리, 사인(舍人)을 역임하고, 외직으로 서천군수와 안동부사, 의주목사 등을 지냈다. 문장과 도덕, 그리고 기절(氣節)이 뛰어나 이이(李珥)와 정철(鄭澈)로부터 지우(志友)로 인정받았다. 저서로 『만죽헌집(萬竹軒集)』 1권과 시조 2수가 있다.
66 내가[不肖] : '불초'는 아들이 아버지만 못한 것을 일컫는 말. 자신을 낮추는 말이다.
67 어렸을 때[髫齔] : '초츤'은 다박머리에 이를 갈 시기의 유아. 곧 나이 7, 8세 정도의 어린아이를 말한다.
68 성글어졌다[種種] : '종종'은 두발(頭髮)이 짧고 적은 모양. 많이 늙은 것을 형용하는 말이다.

그 분의 마음이 한 줄기 길 같음을 사랑하여	愛爾心如一條路
평생 동안 썼어도 달라지지 않았네.	平生用盡不生歧
도봉산 아래 물과 구름이 머무는 곳에	道峯山下水雲裏
우러러[69] 백 대를 갈 스승이로다.(1)	好去瞻依百世師

단표[70]나 종정[71]이나 하늘이 응당 정하는 것이고	簞瓢鍾鼎天應定
구학[72]이나 암랑[73]이나 길은 절로 나눠지는 것이지.	丘壑巖廊路自歧
항상 기산[74]에서 귀를 씻은 사람[75]을 생각하면서	長想箕山洗耳客
원개[76]를 쫓지 않고 스승 중의 스승을 흠모하네.(2)	不從元凱慕師師

---

69 우러러[瞻依] : '첨의'는 우러러보며 의지해 믿음. 존장(尊長)에 대한 경의(敬意)를 표하는 말이다.

70 단표(簞瓢) : 단사표음(簞食瓢飮). 대나무로 만든 밥그릇에 담은 밥과 표주박에 든 물이라는 뜻으로, 청빈하고 소박한 생활을 이르는 말이다.

71 종정(鍾鼎) : 종명정식(鐘鳴鼎食). 끼니 때 종을 쳐서 식구를 모으고 솥을 늘여놓고 먹는다는 뜻으로, 부귀하고 호사스럽게 생활하는 것을 일컫는 말.

72 구학(丘壑) : 깊은 산과 깊숙한 골짜기. 그리하여 은자(隱者)가 사는 곳. 또는 세상에 뜻을 얻지 못해 낙척(落拓)한 상태를 말한다.

73 암랑(巖廊) : 높고 큰 낭무(廊廡)로, 궁전 옆에 붙인 월랑(月廊)을 일컫는 말. 그래서 조정(朝廷)을 일컫는다. 『전한서(前漢書)』 동중서전(董仲舒傳)에 "듣건대 우순의 때에는 암랑 위에서 노닐며 소매를 드리우고 아무 일도 하지 않으셨는데도 천하가 태평했다고 합니다.(蓋聞虞舜之時 游於巖廊之上 垂拱無爲 而天下太平)"라고 했다. 여기서는 세속적으로 현달(顯達)한 것을 말한다.

74 기산(箕山) : 기산영수(箕山潁水). 중국 하남성 등봉현(登封縣)에 있는 산과 강의 이름. 일명 악령(崿嶺)이라고도 한다. 요임금 때의 은사(隱士)들인 소부(巢父)와 허유(許由)가 명리(名利)를 피해 살았던 산이라 한다.

75 귀를 씻은 사람[洗耳客] : '세이객'은 더러운 말을 듣고 귀를 씻는다는 뜻으로, 번잡한 세상사를 듣고 싶지 않는 것을 일컫는 말. 요(堯)임금이 허유(許由)에게 천자의 자리를 맡아달라고 하자 더러운 말을 들었다고 하여 귀를 씻은 데서 나왔다.

76 원개(元凱) : 팔원팔개(八元八凱). 팔원(八元)은 여덟 사람의 선량한 사람이고, 팔개(八

愷)는 여덟 사람의 화합(和合)한 사람을 일컫는 말. 원(元)은 선(善)을 말하고, 개(愷)는 화(和)를 뜻한다. 고신씨(高辛氏)의 재자(才子) 8명과 고양씨(高陽氏)의 재자 8명을 합쳐 말한다.

내게 문장 재주가 없다는 것은 옹도 알고 있는 바이다. 그런데도 소매에 시축을 가져와 시를 구하니 이 무슨 잘못인가. 아무래도 내가 옹의 일을 가장 잘 안다고 여겨 그 전말을 쓰게 하고자 함이겠다. 옹께서 나라가 어지러울 때[77] 절개를 지켰는데, 나 또한 견책을 당했지만 마음으로는 적이 감탄했다. 옹의 일이 알려져 포상을 받았을 때 나도 논의에 참여하여 그 일을 관장했으니, 옹을 자세히 알기로는 나만한 사람도 없을 것이다. 하물며 이 촌장(村莊)에 돌아와 여생을 보내는 그림에 대해 어찌 한 마디 하여 드리지 않을 수 있겠는가.(설사 남이공)[78]

余之不文 叟之所知 而袖軸求詩 何其謬也 無乃以余最詳於知叟
之事 而欲叙其顚末耶 當叟之抗節板蕩也 余亦遭譴而心竊歎焉
及叟之事聞見褒也 余又與議而掌其事焉 知叟之詳 宜莫如余 況
此村莊歸老之圖 其敢無一言以贈之乎 [雪簑 南公以恭]

| 산세는 우뚝 솟고 물 흐름은 기이하니 | 山勢嵬嵸水勢奇 |
| 운림[79]과 성시가 여기서 갈렸구나. | 雲林城市此分歧 |

---

77 나라가 어지러울 때[板蕩] : '판탕'은 나라가 어지러워 흔들림. 세상에 어지러움. 난세 (亂世). 원래 『시경』의 판편(板篇)과 탕편(蕩篇)이 있는데, 정치의 혼란을 말한 내용인 데서 나왔다.

78 남이공(南以恭) : 1565~1640. 조선시대 예조참의, 홍문관부제학, 병조참판 등을 역임한 문신. 본관은 의령(宜寧)이고, 초명은 남이경(南以敬)이며, 자는 자안(子安)이고, 호는 설사(雪簑)다. 권모술수에 능하고 담론을 좋아했다. 저서로 『설사집(雪簑集)』이 있다.

79 운림(雲林) : 구름과 숲. 은거(隱居)하는 장소를 말한다.

주인장의 높은 운취를 아는 사람이 없으니   主翁高趣無人會

유거를 그려낼 이는 오직 화가뿐이로다.(1)   寫出幽居只畫師

일찍이 유가(儒家)를 배워 예법을 알았더니   早向儒家聞禮法

늙어서는 수양하며 헌기[80]를 흠모했네.   晚將修養慕軒歧

누가 인륜을 지키고 귀은(歸隱)하는 이를 알겠는가   誰識扶倫歸老者

길이 길흉을 점쳐[81] 관통했던 스승이로다.(2)   從前觀象一經師

---

80 헌기(軒岐) : 황제(黃帝) 헌원씨(軒轅氏)와 그 신하 기백(岐伯)을 함께 부르는 말. 두 사람 모두 의약(醫藥)의 시조(始祖)로 불린다.

81 점쳐〔觀象〕 : '관상'은 괘효(卦爻)의 상(象)을 관찰함. 옛 사람들이 이것으로 길흉(吉凶)을 예측했다.

촌은집발 죽서병부[82]

村隱集跋 [竹西病夫]

나는 어릴[83] 때부터 촌은 유응의 이름을 들어왔다. 그러다가 이른바 침류대시와 서문을 보게 되니 그 분이 진실로 스스로를 귀중하게 여겨 다만 시로서만 세상에 명성을 얻은 것이 아님을 알게 되었다. 대개 응은 시정[84]에서 태어나 목릉(穆陵)[85]의 문화가 크게 떨치고 시교(詩教)가 널리 흡족할 때를 만나 마침내 그 몸을 깨끗하게 씻어내고 문예를 통해 한미[86]한 가운데서도 발양하여 관각[87]의 여러 거공(鉅公)들과 함께 풍아[88]를 드날리고 장단점을 모두 거느리면서 문단과 주사[89]에서 문학적인 득실을 비교했으니, 오호라! 참으로 풍성하다 하겠다. 같은 때에 백대붕이란 사람이 있었는데, 응과 함께 성운[90]으로 서로 주고받아서 사람들

---

82 죽서병부(竹西病夫) : 미상(未詳).

83 어릴[髫齔] : '초츤'은 다박머리에 이를 갈 시기의 유아. 곧 나이 7, 8세 정도의 어린아이를 말한다.

84 시정[闤闠] : '환궤'는 시장의 담과 문이란 뜻으로, 거리나 시정(市井)을 가리킨다.

85 목릉(穆陵) : 목릉성세(穆陵盛世). 조선시대 선조(宣祖) 때 문화가 발전하고 뛰어난 인재와 소인묵객(騷人墨客)이 다수 배출된 시기를 일컫는 말.

86 한미[側微] : '측미'는 신분이 비천(卑賤)함.

87 관각(館閣) : 홍문관과 예문관. 또는 한림(翰林)의 다른 이름.

88 풍아(風雅) : ①『시경』의 국풍(國風)과 대아(大雅), 소아(小雅). 지방의 민요와 조정의 아악. ②시문(詩文). 사장(詞章).

89 주사(酒社) : 주회(酒會). 시회(詩會)에서는 으레 술자리를 갖게 되어, 시회를 뜻하는 말로도 쓰인다.

90 성운(聲韻) : 시문(詩文)의 운율(韻律)을 가리키는 말.

이 '유백'으로 불렀던 것이지만, 격률과 품제[91]로서 본다면 뒷사람[92]들이 똑바로 바라보지 못할 정도였다.

옹이 세상을 떠난 뒤 여러 제자들이 그의 시를 한 권으로 모아 운각[93]의 활자를 써서 간행했는데 그 손자 유자욱(劉自勖)[94]이 혹시 널리 알려지지 못할까 염려하여 이를 판각[95]하려고 하면서 내게 와 한 마디 말을 부탁하니 나 같이 문장이 되지 않는 사람이 어찌 그 전모에 대해 따질 수 있겠는가! 그러나 내가 비록 옹을 뵙지는 못했지만, 옹의 집안과는 할아버지와 아들, 손자 대에 이르기까지 실로 삼대에 걸쳐 좋은 교분을 쌓았으니 옹의 집안을 아는 이로 나만한 사람도 없을 것이다. 때문에 감히 시원찮고 졸렬하다고 해서 사양하지 못했다.

옹의 자손들이 지금은 비록 무관직[96]의 자리[97]에 종사하고 있지만 그 행실을 돌아보면 순박하고 삼가며 우아하게 거동을 조심하는 사람들이다. 이 문집을 살펴보면 그 사람됨을 알 수 있고, 자손들을 보면 그 집안의 내력을 알 수 있다. 시의 높고 낮음에 대해서라면 안목을 갖춘 사람이 당연히 그 가치를 정할 것이고, 여러 선생님들의 글들이 다하고 있으니

---

91 품제(品題) : 인물의 가치를 비평함.
92 뒷사람[後] : 백대붕을 말하는 것으로 보인다.
93 운각(芸閣) : 조선시대 교서관(校書館)의 다른 이름, 운관(芸館).
94 유자욱(劉自勖) : ?~?. 유희경의 손자. 『촌은집』을 편집하고, 정리했다. 이때 김창협(金昌協) 등이 서문 등을 써주었다. 이 책은 유희경의 증손자인 유태웅(劉泰雄)이 남해 용문사(龍門寺)에서 다시 발간했다. 지금도 책판(冊版)이 남해 용문사에 보존되어 있다. 경상남도 유형문화재 172호로 지정되었다.
95 판각[鋟梓] : '침재'는 판각하여 인쇄함. 서판(書板)으로 보통 재목(梓木, 가래나무)을 쓰기 때문에 이렇게 불린다.
96 무관직[靺韋] : '매위'는 고위급 무관(武官)을 일컫는 말.
97 자리[跗跸] : '부주(跗注)'일 듯함. 옛날 군복의 일종.

감히 췌언을 덧붙이지 못하겠다.

숭정 기원후 78년(1705) 을유년 4월 상순에 죽서병부가 부용사에서
쓴다.

余自髫齔時 習聞村隱劉翁之名 及見其所謂枕流臺詩集及序文 益知
其人之固自貴重 而不但以詩名於世也 盖翁出自閭閻中 當陵文化大
振 詩敎洋洽之時 遂自澡雪其身 用文藝奮發於側微之中 與館閣諸鉅
公 揚扢風雅 挈長短 較得失於騷壇酒社之間 噫甚盛矣 同時有白大鵬
者 與翁以聲韻相酬和 卽世所稱劉, 白是已 而若以格律品題 則其亦
瞠乎後矣 翁沒後 諸子集其詩一卷 用芸閣活字印出 而其孫自勖 慮其
不廣 將謀鋟榟 來徵一言 如余不文 烏足以訟其椠也 然余雖未及見翁
於翁家祖子孫 實有三世之好 知翁之家世 莫余若也 固不敢以蕪拙辭
而翁之子孫 今雖從事於靯韋跗跰 顧其行則淳謹雅勅人也 觀斯集者
可以想其爲人 見其子孫則可知世其家也 若其詩之高下 具眼者當自
定價 而諸老先生弁文盡之 玆不敢贅焉
　　崇禎紀元後七十八年乙酉四月上旬 竹西病夫 書于芙蓉榭

촌은 유희경의 삶과 문학에 대하여

임종욱

역주자, 문학박사

1. 시작하는 말

촌은(村隱) 유희경(劉希慶, 1545~1636)은 조선 중기 때의 시인이자 학자다. 그는 본관이 강릉(江陵)이고, 자는 응길(應吉)이며, 호는 촌은(村隱)이다. 아버지는 종7품인 계공랑(啓功郎) 유업동(劉業仝)이고, 어머니는 배씨(裵氏)이다. 여러 사전이나 기록에 촌은의 본관이 강화(江華)로 되어 있는 곳이 많은데, 이는 잘못된 전언에 따른 오류다. 강릉유씨 족보에 그의 이름과 가족들이 실려 있으니, 바로잡을 필요가 있다.

촌은은 신분이 그리 높은 사람은 아니었다. 위계질서가 분명했던 조선 사회에서 이는 시인이든 학자든, 관료든 자신의 능력을 발휘하는 데 치명적인 한계로 작용했다.

어려서부터 남달리 총명했던 유희경은 신분적인 제약에도 불구하고 박순(朴淳, 1523~1589)의 눈에 띄어 당시(唐詩)를 배웠으며, 효자로도 이름이 높았다. 임진왜란 때에는 의병으로 나가 싸운 공으로 선조(宣祖)로 부터 포상과 교지를 받았다. 또 중국 사신들의 잦은 왕래로 호조(戶曹)가 비용을 모두 쓰게 되자 그가 계책을 일러주었다고 한다. 그 공으로 통정대 부(通政大夫)를 하사받았다.

광해군 때에 이이첨(李爾瞻, 1560~1623)이 모후(母后)인 인목대비(仁 穆大妃)를 내쫓아 서인(庶人)으로 강등시키려고 그에게 상소(上疏)를 올리 라 협박했으나 거절하고 따르지 않았다. 인조(仁祖)가 왕위에 오른 뒤에 그 절의를 높이 사, 가선대부(嘉善大夫)로 품계를 올려주었고, 80세 때 가의대부(嘉義大夫)를 제수 받았다.

그는 당시 같은 낮은 신분으로 시에 능했던 백대붕(白大鵬, ?~1592)과 함께 풍월향도(風月香徒)라는 모임을 만들어 주도했다. 이 모임에는 박계 강(朴繼姜)을 비롯한 정치(鄭致), 최기남(崔奇男) 등 중인 신분을 가진 시 인들이 참여했다.

서경덕(徐敬德, 1489~1546)의 문인이었던 남언경(南彦經, 1528~1594) 에게 『문공가례(文公家禮)』를 배워 장례의식에 특히 밝았다. 그래서 나라 의 큰 장례나 사대부 집안에서 흉사가 있으면 예법에 맞게 장례를 치르도 록 지도하는 것으로 이름이 높았다.

그의 시는 한가롭고 담담하여 당시(唐詩)에 가깝다는 평을 들었다. 허 균(許筠, 1569~1618)의 『성수시화(惺叟詩話)』를 살펴보면, 유희경을 중 인으로서 한시에 능통한 사람으로 꼽았다.

중인 출신이나 한시를 잘 지어 당시의 사대부들과 교유했는데, 형편이 넉넉해지자 집 뒤 시냇가에 돌을 쌓아 대를 만들어 '침류대(枕流臺)'라 이 름 짓고 그곳에서 유명 문인들과 시로써 화답했다. 그때 서로 주고받은 시를 모아 『침류대시첩(枕流臺詩帖)』을 만들기도 했다.

문집으로 『촌은집(村隱集)』 3권이 전하며, 그 밖의 저서로 『상례초(喪禮抄)』가 있다.

유희경은 91년을 살아 당시로서는 보기 드문 장수를 누렸다. 그가 활동했던 16세기 중엽과 17세기 초엽은 국가로서 보아도 풍파가 끊이지 않았던 시기였다. 1592년에는 임진왜란(壬辰倭亂)이 터졌고, 1623년에는 인조반정(仁祖反正)을 겪었으며, 세상을 떠나고 한 해 뒤인 1637년에는 병자호란(丙子胡亂)이 발발했다. 선조 시대의 불안했지만 평화로운 시기와 전쟁과 정변이 잇닿은 격동의 시기를 유희경은 살았다. 그런 전란과 격변의 시기를 산 경험이 『촌은집』에 충분히 반영되지는 않았지만, 단편적으로 이어지는 기록 속에서 우리는 유희경이 겪은 시대상을 읽을 수 있다.

무엇보다 유희경 하면 떠오르는 일은 당시 시인으로서도 명성이 높았던 기생 이매창(李梅窓, 1573~1610)과의 연사(戀事)가 아닐까 싶다. 28살이라는 나이 차를 가졌으면서도 두 사람의 사이는 아주 돈독했던 것으로 보인다. 『촌은집』에도 그가 이매창을 그리며 쓴 시가 여러 편 실려 있는데, 한결같이 시인의 애틋한 심정이 잘 녹아 있다.

이매창 역시 각별한 추억을 간직했는데, 무엇보다 절창(絶唱)으로 알려진 한 수의 시조(時調)로 그녀의 속 깊은 심경을 헤아릴 수 있다.

이화우(梨花雨) 흩날릴 제 울며 잡고 이별한 임
추풍낙엽(秋風落葉)에 저도 나를 생각하는가?
천 리에 외로운 꿈만 오락가락 하노라.

그렇게 두 사람은 이승에서는 이루지 못한 슬픈 사연을 남긴 채 이매창의 죽음으로 갈 길을 달리했다. 매창이 죽고도 26년을 더 산 유희경이었으니, 두 사람의 인연은 그렇게 정처없는 구름처럼 잠시 만났다가 오랜 이별을 감내했던 무늬로 남고 말았다.

그러면 유희경은 91년이라는 삶의 시간을 어떻게 보냈을까? 그 상황을 시간대 순으로 먼저 살펴보기로 하겠다. 제2장에 나오는 내용은 『한국민족문화대백과사전』과 고전번역원 『촌은집』 항목에 실린 연보(年譜)와 해제를 참조했다.

2. 촌은 유희경의 생애와 『촌은집』

촌은 유희경은 1545년(인종 1) 2월 27일, 한양(漢陽, 지금의 서울) 대묘동(大廟洞)에서 태어났다. 1557년(명종 12) 13살 때 아버님이 세상을 떠났다. 여묘(廬墓)살이를 했을 때 수락산(水落山) 선영을 오가던 남언경의 눈에 띄어 가르침을 받게 되었다. 1559년(명종 14) 삼년상을 마치고 남언경에게 『문공가례』를 배웠다. 어머님이 이후 30여 년을 병석에 누워 계셨는데, 조금도 싫은 기색 없이 지성을 다해 병구완을 했다. 그만큼 유희경은 어려서부터 효성이 지극했다.

이 무렵부터 사암(思菴) 박순(朴淳, 1523~1589)에게 당시(唐詩)를 배웠다.

1573년(선조 6) 29살 되던 해 양주목사(楊州牧使)로 부임한 남언경을 도와 조광조(趙光祖)를 배향한 도봉서원(道峯書院)을 건립했다. 꽤 시간이 지난 뒤 촌은은 부안읍(扶安邑)에 놀러갔다가 당대의 명기(名妓) 계생(癸生, 본명은 香수, 호는 梅窓)을 만나 풍류와 문학으로 허물없이 지내게 되었다. 1592년(선조 25) 48살 때 임진왜란이 일어나 선조가 서행(西幸)하자 의병(義兵)을 모집해 적군의 형세를 정탐했다. 이 해 친구였던 서리(書吏) 백대붕이 전사했다. 1594년(선조 27) 선조가 그의 공로를 듣고 하교(下敎)하여 포상을 받았다.

임진왜란이 끝난 뒤인 1601년(선조 34) 57살 때 정업원(淨業院) 하류에 '침류대(枕流臺)'를 짓고 시를 읊으며 유유자적했는데, 이때부터 '촌은(村隱)'이란 호를 사용했다. 1609년(광해군 1) 65살 때 조사(詔使)가 잇따라 나와 호조의 비용이 고갈되자, 대안을 내어 오부(五部) 부녀자의 반지를 거둬 충당케 했다. 이 공로로 통정대부(通政大夫)에 올랐다. 1615년(광해군 7) 유몽인(柳夢寅)이 「유희경전(劉希慶傳)」을 지어 그의 삶을 회고하면서 칭송했다.

1618년(광해군 10) 74살 되던 해 이이첨이 폐모론(廢母論)을 일으켜 오부(五部)의 부로(父老)들에게 상소하라고 위협했는데, 그는 완강히 따르지 않았다. 이런 일로 평소 친숙했던 이이첨과 사이가 멀어져 절교했다. 한동안 그의 삶은 불안하게 전개되어 더욱 처신을 삼가게 되었다. 그러다 인조반정을 맞이한다.

1623년(인조 1) 70살 때 인조반정이 성공했고, 완평부원군(完平府院君) 이원익(李元翼, 1547~1634)이 그의 절개를 아뢰자 인조가 가상히 여겨 가선계(嘉善階)로 승급시켜 주었다. 그해 6월 화공(畫工) 이징(李澄, 1581~?)에게 부탁하여 「임장도(林莊圖)」를 그렸는데, 이호민(李好閔, 1553~1634)과 유근(柳根, 1549~1627) 등에게 시(詩)와 서(序)를 부탁해 시축(詩軸)을 만들었다. 또 이 해에 소암(疎菴) 임숙영(任叔英, 1576~1623)이 죽자 옷을 벗어 염습해 주었다. 1624년(인조 2) 80살의 나이에도 사대부의 요청을 받아 함께 금강산(金剛山)을 유람했다.

이후 영안위(永安尉) 홍주원(洪柱元, 1606~1672)과 친교를 맺었는데,

홍주원이 자주 그의 집을 찾았다. 이 소식을 들은 인목대비(仁穆大妃)가 주찬(酒饌)을 보내준 일은 유명하다.

1631년(인조 9) 87살 때 노인계(老人階)로 가선대부(嘉義大夫)가 되었다. 말년의 삶은 비교적 평탄했던 것으로 보이는데, 벗들과 시주(詩酒)로 여생을 즐기던 유희경은 1936년(인조 14) 92세를 일기로 2월 6일 세상을 떠났다. 도봉서원 동쪽 양주(楊州) 장의동(莊義洞)에 장사를 지냈다.

세상을 떠난 뒤 그의 주변에서 일어난 일들을 간략하게 정리하면 다음과 같다.

1646년(인조 24) 아들 유일민(劉逸民)이 심기원(沈器遠, 1587~1644)의 역모사건을 잘 마무리한 공으로 영국원종공신(寧國原從功臣)에 봉해졌는데, 촌은에게도 자헌대부(資憲大夫) 한성부판윤(漢城府判尹)이 증직(贈職)되었다. 죽서병부(竹西病夫)의 발문(跋文)에 따르면 아들들이 운각(芸閣)의 활자를 이용해 문집을 간행했다.

1698년(숙종 24) 김창흡(金昌翕)이 「묘표」를 지었고, 1705년(숙종 31)에는 홍세태(洪世泰)가 「묘지명」을 썼다. 그리고 1707년(숙종 33) 김창협의 서문(序文)에 따르면 증손인 유태웅(劉泰雄)이 목판으로 문집을 중간했다. 그 책판(冊版)이 지금 경남 남해군 이동면 용문사(龍門寺)에 보존되어 전한다. 이 책판은 3권 2책 52매로 판각되었는데, 경상남도 유형문화재 제172호로 지정되어 관리를 받고 있다.

이어 유희경이 남긴 시문(詩文)을 모은 문집『촌은집』에 대해 알아보자.

유희경은 살아 있을 때 자신이 지은 시 수백 편을 한평공(韓平公) 이경전(李慶全)에게 보여 주면서 산정(刪定)을 부탁한 뒤 서문(序文, 引)을 받아 1628년 1권의 시집으로 정리해 두었다. 산정을 받았다니 유희경이 정리한 작품의 내용과 숫자에서 변동이 있을 가능성도 있다. 이것을 촌은이 죽은 뒤 아들들이 뜻을 모아 운각의 활자를 써서 출간했다. 이것이 초간본(初刊本)이다.

그 뒤 손자 유자욱(劉自勖)이 유희경과 여러 문인들이 창화(唱和)한 작품을 모은 『침류대록(枕流臺錄)』과 『임장도제영(林莊圖題詠)』을 합해 다시 1권의 시고(詩稿)로 만들었다. 그리고 이것과 초간본 1권의 시집을 합해 김창협에게 산정과 편차를 부탁했다. 여기에 다시 촌은 생전에 유몽인이 지은 「유희경전」, 유자욱의 부탁으로 김창흡이 지은 「묘표(墓表)」와 남학명(南鶴鳴)이 지은 「행록(行錄)」, 유자욱의 아들 유태웅의 부탁으로 홍세태가 지은 「묘지명」, 이민구(李敏求, 1589~1670)의 『동주집(東州集)』에 실린 기사를 정리한 「유사(遺事)」를 합해 부록 1권으로 묶어 1705년경 3권의 선사본(繕寫本)을 만들었다. 그 뒤 유태웅이 호남(湖南) 지역의 만호(萬戶)로 나가게 되자 간행을 추진해 1707년 3권 2책의 목판본(木板本)으로 간행했다. 이것이 『촌은집』 중간본(重刊本)이다.

현재 초간본은 전해지지 않고, 중간본이 규장각(奎7263)과 연세대학교 중앙도서관 등에 소장되어 있다. 『촌은집』을 역주했을 때 저본은 1707년 간행된 중간본으로, 규장각본이다.

『촌은집』은 어떤 책일까?

『촌은집』은 3권 2책으로 구성된 시집(詩集)이다.

책 앞에는 1707년에 쓴 김창협의 서문과 1628년에 쓴 이경전의 인(引)이 실려 있고, 목록은 없다.

권1에는 유희경이 쓴 시 작품이 실려 있다. 이를 형식에 따라 분류하면 다음과 같다. 작품이 실린 순서는 창작 시기 순으로 배정되어 있다.

형식	題數	작품편수
5언절구	13題	13편
6언절구	2題	4편
7언절구	96題	138편
5언율시	49題	50편
5언배율	5題	6편
7언율시	37題	40편
5언고시	3題	3편
침류대록 수창시	9題	9편
합계	214題	263편

권2는 부록인데, 유몽인이 지은 「전(傳)」, 김창흡이 지은 「묘표」, 홍세태가 지은 「묘지명」, 남학명이 지은 「행록」이 있고, 이민구의 『동주집』 「착륜록」에 실린 시가 「유사」로 수록되어 있다.

권3은 『침류대록(枕流臺錄)』이다. 침류대는 정업원 하류에 지은 대(臺)로, 촌은과 문인들이 수창(酬唱)한 시 9수와 기(記), 서(序)들을 편차해 놓았다. 기서(記序)에는 임숙영, 이수광(李睟光, 1563~1629), 조우인(曺友仁, 1561~1625), 성여학(成汝學, ?~?)이 지은 「침류대기(枕流臺記)」 4편을 비롯하여 김현성(金玄成, 1542~1621)의 「증침류주인서(贈枕流主人序)」, 조우인의 「유침류대서(遊枕流臺序)」, 지은이 미상의 「제침류대기후(題枕流臺記後)」가 실려 있다.

수창시(酬唱詩)에는 소암(疎菴) 임숙영의 서문이 실려 있고, 임숙영, 차천로(車天輅, 1556~1615), 이수광, 신흠(申欽, 1566~1628), 이달(李達, 1539년~1612), 홍경신(洪慶臣, 1557~1623), 유영길(柳永吉, 1538~1601), 이안눌(李安訥, 1571~1637) 등과 차운한 시가 있다. 이어 1617년에 쓴 율원(栗園)과 이식(李植, 1584~1647)의 「후서(後序)」, 1625년에 쓴 이준

(李堄, 1560~1635)의「후서」가 실려 있다.

수창시속록(酬唱詩續錄)에는 이식이 쓴「침류대부시도서(枕流臺賦詩圖序)」를 비롯하여 이식, 엄성(嚴惺, 1575~1628), 이소한(李昭漢, 1598~1645), 한흥일(韓興一, 1587~1651), 여이징(呂爾徵, 1588~1656), 이경직(李景稷, 1577~1640), 홍서봉(洪瑞鳳, 1572~1645), 최명길(崔鳴吉, 1586~1647) 등과 차운한 시가 있다.

이어 영국동임장도제영(寧國洞林莊圖題詠)이 부기(附記)되어 있는데, 1623년에 화공 이징에게 부탁하여 임장도를 그리고 이호민(李好閔, 1553~1634)과 유근(柳根, 1549~1627) 등에게 시와 서문을 청탁, 시축(詩軸)으로 만든 것이다.

책 마지막에는 1705년에 쓴 죽서병부(竹西病夫)의 발문(跋文)이 실려 있는데, 이 글은 중간(重刊)하면서 쓴 것이다.

이처럼『촌은집』에는 유희경 자신의 시작품 214제(題), 263편이 실려 있다. 물론 이 작품이 그가 평생 쓴 작품의 전모는 아닐 것이다. 스스로 문집에 실리지 못할 작품이라 한 것은 제외했을 것이고, 이후 중간되면서도 촌은의 뜻을 존중해 미수록 작품을 수습하지는 않았을 것으로 보인다.

그러면『촌은집』에 실린 작품의 성격은 어떠할까? 이제부터 유희경 시의 특징에 대해 몇 개 항목으로 나눠 살펴보고자 한다.

3. 유희경의 시세계

(1) 이매창과의 교유

유희경의 시는 그 자체로 대단한 수준을 자랑하지만, 아무래도 이매창과의 깊은 인연은 빼놓을 수 없다. 두 사람의 만남은 유희경이 시우(詩友)들과 함께 부안(扶安)에 내려왔을 때 이루어졌다. 이곳에서 두 사람은 서로 시를 주고받는 의미 이상의 교분을 나누었다. 오랜 시간 함께 있었던 것 같지는 않지만, 헤어져 지내면서도 서로의 안부를 염려하는 등, 짧은 만남 속에서도 그리는 정은 평생을 이어졌다. 창작 연대순으로 편집된 시집에서 생애 후반부 작품에 매창은 거의 등장하지 않지만, 그것이 곧 '망각'이라고 보기는 어려울 듯하다.

『촌은집』에는 모두 10편의 이매창과 관련된 시가 실려 있다. 5언절구가 2편이고, 7언절구가 7편, 7언율시가 1편이다. 비교적 짧은 형식 속에 담담하면서 압축적으로 시심을 담았다. 매창은 모두 '계랑(癸娘) 또는 옥진(玉眞)'이란 이름으로 나온다. 계랑은 매창이 계유년(癸酉年, 1573)에 태어나 붙여진 별칭이다.

10편의 내용을 보면 모두 헤어지고 난 뒤에 쓰인 것을 알 수 있다. 대면해서 연정을 주고받을 때 분명 더 많은 작품이 쓰였을 법한데, 그런 작품이 한 편도 없는 것은 무슨 까닭일까? 촌은이 자신의 작품을 직접 간추린 연도는 1628년 84살 때였다. 노년에 들어 노골적인 애정이 가득한 시편을 시집에 싣기에는 민망했을 법도 하다. 아니면 매창과의 사랑과 추억을 자신의 가슴에만 남겨두고 싶었기 때문이었을까?

여기서는 그 중 네 편을 읽어보자.

계랑을 생각하면서[懷癸娘]

그대의 집은 낭주에 있고	娘家在浪州
내 집은 한양(漢陽)에 있다네.	我家住京口
서로 그리워도 만나지 못하니	相思不相見

오동잎 떨어지는 빗소리에 애만 끊기는구려.　　　　　　腸斷梧桐雨

낭주(浪州)는 전북 부안의 옛 이름이다. 호남과 한양 사이는 단순히 지리적 거리가 먼 것 이상으로 촌은에게는 큰 공백으로 다가왔던 모양이다. 마음에서 지워지지 않는 상심과 우울함이 시구마다 아로새겨져 있다. '오동잎에 떨어지는 빗소리'는 매창 시조의 한 구절 '이화우(梨花雨) 흩날릴 제'와 묘하게 겹쳐진다.

길을 가다 계랑을 생각하면서[途中憶癸娘]
한 번 님과 헤어지니 아득히 멀어져서　　　　　　一別佳人隔楚雲
나그네 심사가 발길마다 어지럽구나.　　　　　　客中心緒轉紛紛
청조도 날아오지 않아 소식조차 끊겼으니　　　　　青鳥不來音信斷
벽오동에 찬비 날리는 소리를 견딜 수 없어라.　　碧梧凉雨不堪聞

'초운(楚雲)'은 말 그대로 초나라 지역에 뜬 구름이지만, 초나라가 중국 중원(中原) 지역에서 아득히 남쪽에 있는 나라라 '아주 먼 지역'이란 뜻도 있다. 그만큼 매창과의 격절감(隔絕感)을 비유한 말이라 볼 수 있다. 또 '초운'은 여성의 아름다운 머릿결을 가리키기도 한다. 매창과 떨어진 거리감과 그녀의 아름다운 자태를 함께 담아낸 시어라 하겠다.

'청조'는 삼족오(三足烏)를 말한다. 한무제(漢武帝) 고사에 따르면 7월 7일에 홀연히 청조가 날아와 궁전 앞에 모여들자 동방삭(東方朔)이 "이는 서왕모(西王母)가 찾아오려는 것"이라 말했다. 과연 조금 뒤에 서왕모가 왔는데, 청조 세 마리가 서왕모 곁에서 모시고 있었다. 이 일로 후세 사람들이 사자(使者)를 가리켜 '청조'라 불렀다고 한다. 한 쪽 서한이라도 기다리는 촌은의 심정을 읽을 수 있다.

여기서도 결구(結句)에서는 '벽오동에 찬 비 날리는 소리'가 등장한다. 비감(悲感)한 심정을 대치하는 시어 '오동'에 대해서는 주목할 필요가 있어 보인다.

계랑에게 보내노라[寄癸娘]

이별한 뒤에 다시 만날 기약은 없으니	別後重逢未有期
초나라 구름, 진나라 나무 신세라 꿈에서나 그리워하네.	楚雲秦樹夢相思
어떻게 하면 함께 달 뜬 동루에 기대어서	何當共倚東樓月
완산에서 취해 시 짓던 일을 이야기할 꺼나.	却話完山醉賦詩

'초나라 구름, 진나라 나무(楚雲秦樹)'는 역시 서로 멀리 헤어져 있는 정황을 비유한다. 초나라와 진나라가 모두 남쪽으로 멀리 떨어져 있는 나라이기 때문이다.

'완산'은 전북 전주(全州)의 옛 이름이다. 부안에 내려갔을 때 일행들이 전주까지 여행을 갔던 것으로 보인다.

헤어진 뒤 다시는 보지 못하는 심정이 오죽했겠는가? 살아 이별이 죽어 이별보다 더 괴롭다는 것은 누구나 짐작이 가는 일이다. 지척에 있는 임도 아니고, 또 어쨌거나 매창은 기생이었다. 누구에게든 웃음을 팔아야 하는 처지였고, 그로서는 그런 매창의 족쇄를 풀어줄 방법은 없었다. 뭇 사내의 품에 안겨 원하지 않는 아양을 떨어야 하는 매창의 모습을 상상하는 일도 적잖은 괴로움이었을 것이다.

그러면서 촌은은 달 뜬 누대에 기대 술에 취하면서 시를 짓던 시절을 떠올린다. 아마도 그 시절 그 장소는 촌은에게 하나의 유토피아, 결코

올 수 없는 세상이었을 듯하다. 그러니 생시에는 보지 못하고 꿈에서나 그리는 수밖에 없지 않았을까?

물론 『촌은집』에서 마지막에 실린 계량 관련 시는 부안과 완산에서의 만남이 있은 뒤 꽤 긴 시간이 지나 재회했던 일을 담고 있는데, 상당히 절제되어 춘정(春情)보다는 시우(詩友)로서의 우정을 노래하고 있다.

다시 계랑과 만나[重逢癸娘]

예부터 꽃을 찾기도 절로 때가 있는데	從古尋芳自有時
번천은 어인 일로 이처럼 더디실꼬.	樊川何事太遲遲
내 발길이 꽃을 찾으려는 뜻은 아니거니와	吾行不爲尋芳意
오직 시를 논하자던 그때 기약을 지키려 함일세.	唯趂論詩十日期

완산에 있을 때 계량이 나에게 말하기를 "원컨대 열흘 동안 시를 논하고 싶습니다."고 했기 때문이다. 在完山時 娘謂余曰 願爲十日論詩故云

번천(樊川)은 물[水] 이름인데, 섬서성(陝西省) 장안현(長安縣) 남쪽에 있다. 그 땅이 본래 두현(杜縣)의 번향(樊鄉)이었다. 한(漢)나라 번쾌(樊噲, ?~기원전 189)의 식읍(食邑)이 이곳이어서 냇물이 이런 이름을 얻게 되었다. 여기서는 만당(晩唐) 때의 시인 두목(杜牧, 803~852)을 일컫는 말로 쓰였다. 두목의 호가 '번천'이다. 인물이 잘생긴 것으로 유명했다.

시만 논하자는 주석의 말이 어디까지 진심일지 알 순 없지만, 본심은 접어둔 채 독자(讀者)를 의식한 발언인 측면도 무시할 수는 없다.

유희경이 이매창을 그리며 쓴 시에는 전반적으로 '우수'가 깔려 있다. 기생이었던 매창이나 중인인 촌은이나 시대의 고아(孤兒)였고, 방외인(方

外人)이었음은 동일했다. 거기서 느끼는 동병상련(同病相憐), 이런 연대감이 더욱 두 사람의 연정과 애모(哀慕)를 자극했을 것이다.

두 사람 모두 세상을 떠난 뒤, 부디 저승에서 만나 이승에서 이루지 못한 사랑을 완성했기를 바란다.

(2) 사찰기행시

조선시대는 정치적으로는 숭유억불(崇儒抑佛)을 내세웠지만, 유교(儒敎)가 갖는 종교적 한계가 뚜렷했기 때문에 일반 민중들은 말할 것도 없고 외유내불(外儒內佛)하는 지식인들도 상당히 많았다. 그중에는 아예 불교를 적극 신앙하는 이들도 적지 않았고, 사대부 집안 부녀자들이라면 산사(山寺) 출입이 흉이 되지 않을 정도로 빈번했다.

특히 조선시대에는 시인묵객들의 시회(詩會)가 산사에서 자주 열렸다. 심산유곡(深山幽谷) 가장 경관이 수려하고 기운이 영험한 지역에 사찰이 들어섰으니, 어쩌면 그들의 발길이 잦은 것도 당연했다.

중인 출신이었던 유희경에게 있어 불교는 더욱 개방된 공간이었다. 시회 참여나 유람의 행선지로 산사는 친근한 곳이었고, 중인으로서 받아야 할 차별이나 억울함을 호소하고 마음을 가눌 수 있는 힘을 준 곳도 불교나 산사였을 것이다.

이런 이유 때문인지 『촌은집』에도 산사를 찾은 심경을 노래한 작품이 적지 않다. 그 중 세 편을 읽어본다.

중흥사에서 노닐면서[遊中興寺]

석문에 비낀 햇살도 안개 속에 어둑하고	石門斜日暝烟沉
숲으로 난 한 줄기 길은 더욱더 깊어지네.	一逕穿林深復深

산색은 정녕 마힐의 그림을 옮겨둔 듯하고   山色正描摩詰畫
물소리는 백아의 거문고 울림을 닮았네.   水聲猶奏伯牙琴
스님은 층층 바위 너머 아지랑이 속으로 돌아가고 僧歸翠靄層巖上
학은 첩첩 봉우리 그늘 속으로 돌아오네.   鶴返蒼松疊嶂陰
나무 베개 등나무 침상에 꿈자리도 차가운데   木枕藤床吟夢冷
창 너머 지는 달이 옷깃을 비추인다.   隔窓殘月照衣襟

작품에서 '마힐(摩詰)'은 왕유(王維, 701~761)를 가리킨다. 당나라 하동(河東) 사람으로, 자가 마힐이다. 9살 때 이미 시를 썼으며, 글씨와 음곡(音曲)에도 재주가 뛰어났다. 맹호연(孟浩然)과 위응물(韋應物), 유종원(柳宗元)과 함께 '왕맹위류(王孟韋柳)'로 병칭되어 당대 자연시인의 대표로 일컬어진다. 또 독실한 불교 신자이기도 해서 그의 시 속에는 불교의 영향을 찾아볼 수 있는 것도 하나의 특색이다. 글씨와 그림에서도 일가를 이뤄 시서화(詩書畵) 삼절(三絶)로 일컬어졌다.

유희경에게 있어 왕유는 시로서도 선배이지만, 지향점도 같았던 인물이 아닐까 여겨진다. 지금 식으로 말하면 '롤 모델'일 듯하다. 워낙 당시(唐詩)를 익히기도 했지만, 세속에서의 한계와 불평심(不平心)을 풀어낼 곳은 역시 시가 아니면 산사가 아니었을까 여겨진다.

중흥사(中興寺)는 서울특별시 삼각산 노적봉 남쪽에 있던 사찰이다. 1915년 폐사되어 지금은 터만 남았지만, 촌은 당시에는 상당한 규모를 갖춘 고찰(古刹)이었다. 조선 숙종(肅宗) 때 북한산성을 쌓고 북한산성 도총섭(都摠攝)의 지휘 아래 많은 승려들이 산성을 지킬 무렵 도총섭이 있던 큰 절이었다.

백아(伯牙, ?~?)는 춘추시대 초(楚)나라 사람으로, 직업은 악사(樂士)

였다. 친구 종자기(鍾子期)와 함께 음악의 깊은 경지를 공유해 '지음(知音)'
이란 고사성어가 전해지는 인물이다. 종자기가 죽자 거문고 줄을 끊어버
렸다[伯牙絶絃]는 이야기는 너무나 유명하다.

'물소리'를 들으면서 시인은 백아와 종자기의, 마음에서 마음으로 전해
졌던 공감의 울림을 느낀다. 그에게는 백대붕이라는 뜻이 맞았던, 같은
중인 출신의 시인이 있었다. 서로 시인으로서 어깨를 겨루며 문학을 논했
던 벗이었는데, 그는 임진왜란이 일어나던 해 전란 중에 죽고 말았다.
위 작품은 유희경의 초기 작품이니, 이 시를 썼을 때 죽은 벗을 염두에
두지는 않았을 것이다.

산사에 올라 침상에 누워 잠을 청하는데, 마음이 뒤숭숭해 쉬 잠에
들지 못한다. 젊은데다 뭔가 뜻한 바 일을 이루고 싶은 야심에 가득 찼지
만, 세상사는 호락호락하지 않다. 뒤척이다가 얼핏 보니 달빛이 창문을
타고 넘어와 벽에 걸어둔 자신의 옷을 비춘다. 방은 어둡지만 옷만은 달빛
을 받아 밝게 빛났다.

이 모습을 보며 시인은 희망과 절망의 두 축을 오간다. 미래 자신의
존재 의미가 찬란히 빛날 것이란 낙관과 육신은 차갑기만 한데 허상(虛像)
인 옷만 빛나니 삶의 고달픔을 상징하는 것처럼 여겨지기도 했을 법하다.
결코 유쾌하다 할 수 없는 우수가 엿보이는 작품이다.

다음 작품은 용문사를 찾아 쓴 5언율시다.

용문사에서[龍門寺]

오랫동안 용문사를 그렸는데	久憶龍門寺
오늘 비로소 옷깃을 떨치네.	今年始拂衣
성근 종소리는 푸른 벽에 울리고	踈鍾飄翠壁

가는 비는 붉은 문짝을 적시네.	細雨濕朱扉
잠시 삼생의 꿈을 깨었으니	暫覺三生夢
바야흐로 마흔을 헛되게 살았음을 알겠노라.	方知四十非
뜬구름 같은 생애 본래 정처가 없으니	浮生本無定
내일이면 또 어디로 가려는가?	明日又何歸

용문사는 우리나라에 세 군데가 있다. 경기도 양평과 경북 예천, 경남 남해가 그곳이다. 『촌은집』에는 두 편의 용문사 시가 실렸는데, 그의 주 활동무대가 한양이었던 것을 감안하면 양평의 용문사일 가능성이 높다.

'삼생(三生)'이란 불교에서 말하는 삼세전생(三世轉生)을 일컫는 것인데, 전생(前生)과 현생(現生), 후생(後生), 또는 전생, 이승, 저승을 뜻한다.

경련(頸聯)의 둘째 구는 도연명(陶淵明)의 「귀거래사(歸去來辭)」에 나오는 "내가 인생길을 잘못 들어 헤맨 것은 사실이나, 아직은 그리 멀지 않았으니, 이제는 깨달아 바른 길을 찾았고, 지난날의 벼슬살이가 그릇된 것이었음을 알았다.(實迷塗其未遠 覺今是而昨非)"는 구절을 빌려온 표현이다.

이 작품에서 촌은은 표류(漂流)하는 자신의 인생에 대한 회오(悔悟)를 담았다. 정처 없는 인생길에서 내일은 어디로 갈 것인가? 하는 질문은 한시문학에서는 관용적인 표현이기는 하지만, 늘 허공에 뜬 듯 살아야 했던 유희경으로서는 단순한 자탄(自嘆)만으로 느껴지지는 않는다. 전생 과 이승, 저승 어디에도 자신이 안주(安住)할 곳이 없었듯 평생의 세월 동안 역시 유랑으로 점철된 것이 그의 삶이었다. 딱히 자신의 뜻만으로 움직일 수 없었고, 지배층이나 사대부들의 눈치를 봐야 했던 처지 역시 비감(悲感)을 더했을 것이다.

마음을 의탁하러 온 산사에서도 유희경의 시혼(詩魂)은 편할 수 없었다.

다음에 볼 작품은 산사는 아니지만, 승려가 쓴 시를 모은 시첩(詩帖)을 읽고 느낀 바를 담은 시라 맥이 통한다.

종상인의 시첩에 차운함[次宗上人詩帖韻]

항하 세상에서 늙으신 우리 스님	恒河世界老吾師
어인 일로 인간 세상에 와 시를 찾으시나.	底事人間來乞詩
오늘 또 묘향산 향해 떠나가시니	如今又送香山去
나월과 솔바람을 즐겨 지니시겠네.	蘿月松風好護持

'상인(上人)'은 지혜와 덕을 겸비한 불제자(佛弟子)나 스님을 높여 부르는 말이다.

'항하(恒河)'는 항하사(恒河沙), 즉 항하의 모래라는 뜻으로, 셀 수 없이 많은 것을 가리키는 불가의 용어다. 인도의 갠지스강을 '항하'라 부른다. 『아함경』에 보면 항하는 아욕달지 동쪽에 있다 했고, 우구(牛口)에서 나와 500개의 하수를 거두고 동해로 들어간 뒤 사자구(師子口)에서 나와 500하천을 따라 남해로 흘러간다고 했다. 그러니까 '이상향' 같은 곳이겠다.

'나월(蘿月)'은 등나무 넌출 사이에 뜬 밝은 달을 말한다. 남조(南朝) 송(宋)나라의 포조(鮑照, 414?~466)와 왕연수(王延秀) 등이 쓴 「월하등루연구(月下登樓連句)」에 "넌출에 걸린 달빛을 닮았고, 대나무밭 안개 속 그림자처럼 어지럽네.(髣髴蘿月光 繽紛篁霧陰)"란 구절이 있었다.

나이 지긋한 노스님이 시인을 찾아와 그간 쓴 시들을 꺼내 놓았다. 산사에서 자연과 어울려 수행하면 그게 곧 시경(詩境)일 텐데, 굳이 속세로 와 왜 시를 구하냐고 넌지시 묻는다. 훌륭한 시에 대한 찬사를 조금 달리 전달했다.

대개 이렇게 시첩을 보여주면 읽고 답례로 시를 써 주는 게 당시 관례였다. 그래서 이 시도 쓴 것이다.

달빛 어린 넌출과 솔바람 이는 산길을 걸으며 읊는 그 마음의 울림이 곧 진정한 시의 구경(究竟)임을 시인은 갈파하고 있는 것이다.

시인은 천상에서 유배를 당한 천사라고도 한다. 그래서 이백(李白, 701~762)을 적선(謫仙)이라 불렀다. 아무리 본바탕은 천사라 해도 유배는 고통스럽고 끈질긴 시련이다. 불교와 산사, 승려는 촌은과 마찬가지로 같은 의미의 방외인 지역이었다. 스스로 유가의 상례(喪禮)를 익혀 자수성가한 그였지만, 태생적 한계에 대한 회한(悔恨)을 떨치긴 어려웠을 것이다.

심신의 위안을 얻기 위해 찾은 산사에서도 유희경은 그리 썩 편하지는 못했던 듯하다. 그의 방랑은 천생적인 것이라 해도 몸 둘 곳 없는 사람에게 어떤 선경(仙境)도 휴식할 곳은 되지 못했다.

(3) 벗들과의 교유시

유희경에게 있어 친구란 크게 두 부류로 나뉘질 듯하다. 자신과 같은 중인의 처지에 놓여 있으면서 시로 명성을 얻은 사람들과, 자신의 문학과 지식을 인정해준 사대부 지식인들이다. 서로 공감대와 동질감을 느끼면서 교유했겠지만, 두 부류 사이의 간극은 분명히 있었을 것이다.

『촌은집』에는 많은 벗들과 함께 하면서 쓴 시나 차운(次韻) 또는 증별(贈別)한 시들이 다수 실려 있다. 그런데 동질감으로 동지적 유대감을 간직했던 여항문인(閭巷文人)들과 주고받은 시는 거의 없다. 절친한 사이였던 백대붕조차 「불정대에서 서좌랑과 헤어지며―그때 백대붕과 함께 했다(佛頂臺. 別徐佐郞 時白大鵬從之)」란 시 제목에서만 등장할 뿐이다. 그리고 허균의 스승이었던 천민 출신 삼당시인(三唐詩人) 이달(李達)과 관련된 시 2편이 전한다. 『촌은집』에 등장하는 인물들 중에는 출신이 불명한 인물도 있으니, 이 문제는 좀 더 심도 있는 접근이 필요해 보인다.

여기서는 사대부 출신 벗들과 교유했던 작품들을 살펴본다.

완산에서 송어사에게 드림[完山呈宋御史]

나그네 계획은 끝내 이루기 어려우니	客計終難就
머물다 보니 어느 덧 열흘이 지났네.	淹留又一旬
단오도 장차 다 하려는 저녁인데	端陽將盡夕
고향 땅으로는 아직 돌아가지 못했네.	故國未歸身
푸른 대나무는 섬돌을 둘러 촘촘하고	翠竹環階密
꾀꼬리는 벗을 부르며 자주 우네.	黃鶯喚友頻
어찌 알았으리요, 풍패의 고을에서	那知豊沛府
예전에 사귀었던 친구를 만날 줄을.	得見舊交親

어사(御史)는 관직 이름인데, 국가에서 필요에 따라 임시로 임명한다. 우리나라의 경우 암행어사(暗行御史)라 해서 중앙에서 상황이 발생했을 때 지방에 파견하면서 임명했다.

풍패(豊沛)에서 '풍'은 중국의 현명(縣名)이고, '패'는 중국의 군명(郡名)인데, 한나라의 건국 시조 유방(劉邦, 기원전 247?~기원전 195)이 패군(沛郡) 풍현(豊縣) 중양리(中陽里) 출신이었던 까닭에 풍패는 건국 시조 또는 제왕의 고향을 지칭하게 되었다. 시를 쓴 완산[전주]이 조선 황실의 관향(貫鄕)이기 때문에 작품에 등장시켰다.

짧은 일정으로 여행을 왔다가 일정이 지체되어 열흘 넘게 머물게 되었다. 단오(端午, 6월 22일, 음력으로는 5월 5일)라면 봄과 여름이 교차되는 시기로, 그야말로 풍광이 가장 좋을 때였다. 설날, 추석과 더불어 삼대명절로 손꼽히는 때이니 친지들과 고향에서 덕담을 나눠야 했는데, 자신은 여전히 타향살이라며 자탄한다.

그러나 계절은 더할 나위 없는 호시절이라, 푸른 대나무는 쭉쭉 뻗어 올라가고 꾀꼬리는 벗을 찾아 나뭇가지 사이를 맴돈다. 그때 만난 옛 친구. 반가움을 손을 잡고 한 잔 술로 그간의 소식을 주고받았다.

상황으로 볼 때 '송어사'는 현직은 아니고 전직일 듯하다. 완산에 살았을 터인데, 옛 벗이 왔다는 소식을 듣고 버선발로 달려왔다. 사람이 늘 그리웠던 외로운 시인 유희경의 고적(孤寂)한 심경과 사람 사이 작은 울림이라도 기대 반가워하는 소박함이 잘 드러난 작품이다.

이어지는 작품은 전별(餞別)하는 자리에서 읊은 것이다.

안삼척을 보내면서[送安三陟]

산은 푸른 바다로, 바다는 다시 하늘로	山連碧海海連天
또 누대 앞에는 오십천이 흐르네.	又有樓前五十川
황고의 옛 능도 이백 년이 지났고	皇考舊陵年二百
소공의 남은 비갈(碑碣)은 글자가 삼천이네.	召公殘碣字三千
상대는 옛날에 청총을 탄 어사(御史)가 되었고	霜臺昔作青驄史
부석은 지금 자부의 신선이 되었네.	鳧舃今爲紫府仙
직무 마친 뒤 난간에 기대 별 일도 없으니	衙罷倚欄無箇事
인주를 갈아 한가롭게 권점(圈點)을 하며 책을 읽는다네.	研朱閒點絕韋篇

제목에서 '삼척'이라 부른 것은 당사자가 삼척으로 벼슬살이를 떠나기 때문에 붙인 별칭이다. 오십천(五十川)은 강원도 삼척시를 흐르는 하천이다. 백병산(白屛山, 1,259m) 북동쪽 계곡에서 발원해 오분동 고성산(古城山, 97m) 북쪽에서 동해로 흘러든다.

황고는 돌아가신 아버지의 존칭인데, 삼척에 고려(高麗)의 마지막 임금 공양왕(恭讓王, 1345~1394)의 무덤이 있으니 지난 왕조 고려를 뜻하는 것으로 보인다.

상대(霜臺)는 조선시대 사헌부(司憲府)의 다른 이름이다. 조선시대 삼사(三司)의 하나로, 시정(時政)을 논의하고 관료들을 규찰하며 기강을 바로잡고 풍속을 살피는 일을 맡았다. 청총(靑驄)은 털 빛깔이 푸른색과 흰색이 서로 섞여 있는 준마(駿馬)를 가리킨다.

부석(鳧舃)은 신선의 신발. 또는 현령(縣令)을 뜻하고, 자부(紫府)는 도가(道家)에서 신선이 사는 곳을 일컫는 말이다.

'책을 읽는다네'에서 위편절(絶韋編)은 위편삼절(韋編三絶)을 말한다. 공자(孔子)가 『주역(周易)』을 애독해서 죽간(竹簡)을 엮은 가죽 끈이 세 번이나 끊어졌다는 데서, 독서에 깊이 빠져 있는 것을 일컫는 말이다.

전고(典故)가 굉장히 많이 등장하는 작품이다. 안삼척이란 사람이 지적인 유희를 좋아하거나 유희경이 자신의 지성을 자랑하고픈 마음이 앞선 듯하다. 젊은 날에 씌었을 이 작품에서 그는 사대부 지식인 못지않은 호한(浩瀚)한 지식을 마음껏 뽐냈다.

오십천이 흐르고 바다가 이어져 하늘로 닿는 누대가 우뚝한 삼척의 아름다운 풍광을 먼저 소개했다. 누대란 아마도 삼척을 대표하는 죽서루(竹西樓)가 아니었을까? 고려의 마지막 군주 공양왕의 왕릉(王陵)이 있고, 오래된 비갈이 고색창연한 고장 삼척으로 떠나는 사람을 위해 장도를

축원했다. 한때 높은 관직에도 있었고, 또 도가(道家)의 교양도 깊어 수양
도 쌓았다.

미련(尾聯)에서는 직무에 충실하면서도 학문 연찬에도 힘을 쏟아 공사
가 두루 원만한 그의 인품과 학덕(學德)을 칭송하고 있다.

다음 작품은 특정 개인이 아닌 다수의 지식인들에게 보내는 시다.

호당의 여러 학사에게 삼가 올림[奉呈湖堂諸學士]

지난 날 남루를 함께 취해 올랐는데	憶昔南樓共醉攀
따뜻한 바람 맑은 햇살에 온갖 꽃이 얼룩졌지.	暖風晴日百花斑
스님은 석양 빛 너머 저도로 돌아가고	僧歸楮島斜陽外
사찰은 원릉 고목 사이에 있었지.	寺在園陵古木間
항상 모래톱 기러기와 수부에서 노닐었거니	每與沙鷗遊水府
길이 신선들을 따라 시단(詩壇)에 들었었네.	長隨仙侶乑騷壇
이후로 기운 빠져 근력도 떨어졌으니	邇來衰謝無筋力
단봉문 서쪽에서 홀로 문을 걸어 닫았노라.	丹鳳門西獨掩關

호당(湖堂)은 독서당(讀書堂)의 다른 이름이다. 문관 가운데 특히 문학
에 뛰어난 사람에게 휴가를 주어 오로지 학업을 닦게 하던 서재를 가리킨
다. 조선시대 1426년(세종 8년)에 사가독서(賜暇讀書)하는 제도를 마련했
고, 1492년(성종 23)에 서울의 동호(東湖) 옆 폐허(廢墟)가 된 사찰을 고쳐
독서당을 마련했는데, 호수 옆이라 해서 호당이라 불렀다.

수부(水府)는 물을 주관하는 별 이름이기도 하고, 수신(水神)의 존칭으
로도 쓰이는 용어다. 수신이 산다고 하는 집인데, 여기서는 물이 많은
지역을 가리켰다.

단봉문(丹鳳門)은 조선시대 창덕궁(昌德宮) 남문이었던 돈화문(敦化門) 동쪽 문의 이름이다. 본래는 남장문(南墻門)이라 불리던 것을 성종(成宗) 6년(1475)에 대궐의 각(閣) 이름을 고칠 때 이 이름으로 고치고 편액을 달았다. 시의 흐름으로 볼 때 젊은 시절 유희경은 금호문 내지는 요금문 밖에서 살았던 것으로 보인다.

이 시는 전체적으로 호당이 여러 학사들과 어울려 시회(詩會)를 열었던 추억을 노래하고 있다. 술 마시고 시를 읊었을 때 스님도 동참했었고, 가까운 사찰로 유람을 떠났던 듯하다. 모래톱에는 기러기가 날고 시를 쓰는 사람들은 신선인 양 시혼(詩魂)이 넉넉했다.

그러나 지금은 그들과의 인연도 끊어졌다. 근력이 없다는 것은 체력이 라기보다 시력(詩力)의 한계를 지적한 것이겠다. 실제로 자신의 시가 보 잘 것 없어졌다는 뜻은 아니다. 그만큼 호당의 학사들 시가 일취월장해서 내 시의 모양새가 전과 같지 않다는 말이니, 호당의 학사들이 돋보이도록 칭찬하는 비유인 것이다.

좋으나 싫으나 한 사람의 삶에서 벗은 참으로 중요한 동반자다. 동고동 락하면서 서로를 위로하거나 격려하고, 어려움을 헤쳐나갈 의욕을 불러 일으킨다. 유희경은 아흔이 넘는 생애를 살면서 많은 친구들을 만났다. 이들은 그의 시력(詩歷)과 학문에 큰 활력소로 작용했다. 그 전모는 몇몇 작품을 통해서도 충분히 공감할 수 있다.

4. 끝맺는 말

유희경의 시에서 우리는 많은 사실들을 읽을 수 있지만, 읽을 수 없는 부분이나 놓치는 부분도 그만큼 많다. 왜냐하면 그는 파란이 많은 시절을 겪었기 때문에 자신의 경험과 생각을 모두 시집 속에 담지 못했다. 말년에 시집을 정리하면서 그는 어쩔 수 없는 제약 때문에 눈물을 머금고 작품을 삭제했다.

이런 상황 때문에 기휘(忌諱)해 버린 작품도 상당량에 이를 것으로 보인다. 예를 들면 절친했던 허균과 관련된 시는 단 한 편도 문집에 없다. 허균이 1618년 역모에 몰려 능지처참을 당한 인물이니, 그와 관련된 작품을 수록하기는 불가능에 가까웠을 것이다. 더구나 유희경은 양반도 아닌 중인 출신이 아니던가?

나이 여든에 이르러서도 그는 길 떠나기를 꺼리지 않았는데, 자손들이 간혹 늙고 병들었다며 말리면 "사대부들이 나를 아끼는 것은 내게 이런 취미가 있기 때문이다. 지금 늙었다고 해서 게으름을 부리면 장차 어디서 나를 부르겠느냐?"고 말했다고 한다. 그의 노익장(老益壯)을 웅변하는 일화이기도 하지만, 그만큼 사대부들의 시선을 의식했던 힘겨웠던 삶을 대변하기도 한다.

마지막으로 『촌은집』에 나오는, 자신의 삶에 대해 솔직히 털어놓은 작품을 읽으면서 시세계 소개를 가름하고자 한다.

스스로 처지를 읊으며[自述]

가난하기는 원헌같아도 안개 노을에 누웠고	貧如原憲臥烟霞
도는 도연명이 아니라도 국화를 사랑했지.	道不淵明愛菊花
술은 술잔에 가득하고 책은 서가를 채웠으니	酒滿瓦尊書滿架
그 안에 참 맛을 물어 무엇하리요.	箇中眞味問如何

원헌(原憲, 기원전 515~?)은 춘추시대 말기 노(魯)나라 사람이다. 이름은 원사(原思)고, 자는 자사(子思)다. 그는 올바른 길이 아닌 일을 하는 것을 부끄럽게 여길 줄 아는 인물이었던 듯하다. 그가 수치에 대해 묻자 공자(孔子)는 "나라에 도가 있는 데도 하는 일 없이 녹봉이나 축내고, 나라에 도가 없는 데도 벼슬자리에 연연하면서 녹봉이나 축내는 것이 수치다."라고 일러주었다. 공자가 세상을 떠나자 궁벽한 땅에 가서 숨어살았다. 위나라의 재상으로 있던 자공(子貢)이 방문했을 때 그는 해진 의관(衣冠)이지만 단정하게 차려 입고 그를 맞았다. 자공이 곤궁하게 사는 것을 걱정하자 "도를 배우고도 실천하지 못하는 것을 곤궁하다고 말하지, 나는 가난해도 곤궁하진 않다."고 대답하여 자공을 부끄럽게 만들었다.

그가 굳이 원헌을 예로 든 것은 자신의 삶이 지향했던 표상(表象)이 그랬기 때문이었다. 가난해도 자긍심은 잃지 말자는 것이 그의 신조였다. 국화와 술, 그리고 책과 시는 그를 지탱했던 큰 힘이었다. 바로 그 안에 '참된 맛'이 있으니, 무엇을 달리 찾겠냐고 반문한다. 그는 그 참 맛을 알았고, 이를 지키면서 시를 썼다.

촌은집
영인본

村隱集

여기서부터는 영인본을 인쇄한 부분입니다. 맨 뒷면에서 시작합니다.

也世衰　寿及見翁於翁

家祖子孫寶之三世之好

知翁之家世莫未美也而翁之

固不敢以藁杜辭而翁之

子孫今雖汲汲於剞劂

村隱集跋　　三

謝竝顧其行則厚達雅

勅人也觀斯集者可以

捉其為人見其子孫則

可知世其家也美其詩之

高又具以老當自定價而

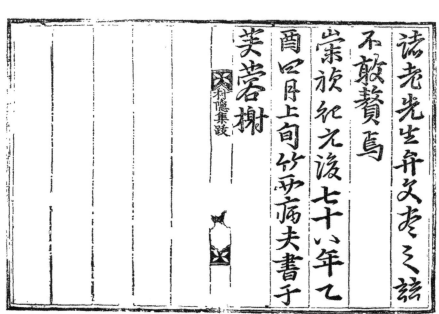

諸老先生弁文考之諸

不敢贅焉

崇禎紀元後七十八年乙

酉四月上旬竹西病夫書于

芙蓉榭

村隱集跋

五八

承自髫齔時遭聞村隱
劉翁之名及見其所謂桃
流堂詩集及序文盖如
其人之囲自貴重而不但
以詩名於世也盖翁也自

閱賞中當
陵文化夫振詩教洋洛之
時遂自躁雲其身用文藝
奮發於側漱之中興飯
罡諸汨公揚扡風雅掣

村隱集跋
一

長短較得失於騷壇酒
社之乃憶其筆之芒囷時有
白大鵬者興翁以聲韻相
酬和己世所稱劉向是己高

巻以格律品題則其石
體宇後笑八騷浪诸子
集其詩一巻用尝写活字
印出而其孫自曰廬其不
廬扵謀鋟榡秉徵一言
以朱不文烏足以记其粢

村隱集跋
二

五七

103-104

語行年八十五歲神觀精健類有道者喜吟詩
所著有若干首德水李汝固序之盛有稱引自
言小縣在道峯山下欲歸老待盡爲子姓所勸
止作小幅圖以寓其懷諸公多爲詩之余知劉
翁久矣乘楡晚景何爲長麔黃塵中木落歸根
須自作生活可也遂次韻勗之　　　豀谷

閔世如君更有誰乎
屋卷裏仍尋一字師　到子曰岐路之中又
流水在山元不渴范峯擁路自無人間綺語知何
用問着惺惺便得師

村隱集卷之三　四十

劉叟十日前來訪示卷中諸作仍索次贈值余
小極無意塞請昨者西銓追聱叟戊午抗節之
蹟仰稟褒典　聖上特隆二品階以俊罷之實
出於扶植爰倫崇歇節義之盛意也余始蹶然
而起把筆一就以寓今日聲倒之思非道向來
山莊之致云爾　　　鶴谷

黑夜沉沉風兩惡鼙多失路弃他歧劉生於此自有
立豈曰友之堪作師
先君子必與徐萬竹先生爲莫逆交劉叟久事
萬竹而獲冒於先君子不肯等輩齔巳名呼劉

五五

叟今顏髮種種兩世六十年性來情誼不衰可
謂信人況無他羕信如諸公所稱道者哉重其
人不得辭其請詩不工不計也　清陰金公尚憲

愛爾心如一條路平生用盡不生歧道峯山下水雲
裏好去瞻依百世師
簞瓢鍾萬天應之丘塹嚴廊路自歧長想箕山洗耳
客不從元凱慕師師

余之不文叟之所知兩袖求詩何其謬也無
乃以余最詳於知叟之事而欲叙其顚末耶當
叟之抗節板蕩也余亦遺譴而心竊歎焉及叟

村隱集卷之三　四十一

之事間見褒也余又與議兩掌其事焉知叟之
詳宜莫如余況此村莊歸老之圖其敢無一言
以贈之乎　　　　雪簑以南公以恭

山勢隆從水勢奇雲林城市此分歧主翁高趣無入
會寫出幽居只畫師
早向儒家聞禮法脫將修養慕軒歧誰識扶倫歸老
者從前觀象一經師

村隱集卷之三終

101-102

於爾有底盖是誠何心意我無經濟術便訣猶未易
觀爾道峯帖起我流巖嚴恩與道峯相對故云下

余老倦筆硯公退只昏昏思睡時有山僧叩門
求詩始報嘆而却之再來雖不克酬曩強爾奎
抹殊無致劉老人來說禮談詩華憫翳然
尤以不索詩為喜一日忽袖軸示之要余題其
畫余笑曰君亦發山僧耶軸上有幽居之畫使
人起盧山結盧之興遂次原韻書以贈之

月汕

劉老非僧且索詩關情元與俗人歧披圖更想讀莊
勝怳入東林訪遠師
劉老人告索詩英玄翁相國三絶以歸之

村隱集卷之三　三十八

柳川韓濂公

結屋在山口飛泉一道封平生敢賢意朝暮禮高峯
習氣在山水厭聞塵世聲從容士丧禮五服盖人情
八十翁何健輕身上仙骨青顏貌好造化奪神權
劉老人應吉手埶一卷子來索詩甚懃懃無論

仙源瀹公

白首塵名將底用青雲世路岦多歧人間不管炎凉
工拙情不可拒不嬾顑之譏謹次原韻以贈
之

事只有劉翁可作師
劉翁地微而有儒行數來訪余說禮題盖所謂
求益者余以是重之與之忘形焉矣一日以
所得詩軸來示求屬和適余有南歸意次玄翁
南郭二韻以為留別語

愚伏經鄭公

屋上青山立吃吃門前流水去悠悠翁言此問有深
趣說與石佛常點頭
只為聖恩堪萬死久知世路有千歧卻今百念俱灰
冷休把安心問祖師
往在乙亥年間始與劉生相識時余甫年十三

村隱集卷之三　三十九

生且踰三十矣每來見余輒相對怡然終夕乃
去至今白首如一日殆所謂日擊而存者也近
數歲袖軸求和甚勤余拒之曰余嘗為生贈詩
若文者屢矣今衰且病安能重為斯後乎生固
曰然業已成軸不可無子言余辭不獲盖生好
道之誠老而彌篤故以反求之義勉之生以為
何如

芝峯

城市悠悠識者誰住他塵世路多歧尋真訪道皆非
實槇信吾心自有師
劉翁應吉生長閭閻間讀書學禮口不道塵俗
之

學古能導禮耽幽解說詩清搏相對處雪月照梅時
次
桐溪鄭公
斗屋巖深洞清流野小池梅寒先吐藥松老不成枝
白首猶談禮青年已學詩相看俱脉脉南址去留時
次
龍洲趙公
寧國洞林莊圖題詠附
擾擾風塵裏爭穿給池憚君專一蟄如鳥擇深枝
手種松留景口吟索有詩吾能覺來往須報菊花時
贈劉老人
五峯李公
尊甲貴齡君休說城市山林齊莫岐惟有靈臺一點
白光明通處是吾師

辛酉冬老人劉應吉從南郭叟請詩叟以七絕一
首贈之嚴後數年應吉又裝巖為軸冠以林莊圖
來請蓋叟顧而笑曰君鴬菜平應吉亦笑而止遂
寫向所贈一絕並係短述而歸之云
癸亥夏六月下澣南郭老叟書于隱几堂雨中
揚州之樓院迤西有寧國洞洞中重建靜庵先
生書院洞外卽大路也七十九歲人劉希慶舊
莊在洞之東址隅今欲結茅將終老焉倩龍眠
李澄筆寫之為圖以南郭相公所題詩若序來

補隱集卷之三

五三

三六

示余要和其韻遂書以與之
環山柳公
浮天嶽勢移圖出洞溪流割路岐安得休官偕爾
去道峯書院謁吾師
劉生居市井間不逐什一為利乃顧從賢士大
夫遊詩勤勵躬結廬道峯山下以自適今年七
十有九步覆輕健色若童孺余喜其為人今來
求詩口占贈之六首
玄翁
生涯一壑在小屋白雲封八十顏如練飛身上石峯
人似陳留隱追正始始聲看梁畫裏屋起我海山情
志潔如聞道身輕卽上仙雙膽方似恭白髮下承權
車前八騶吾不管兩府三司都悠悠白雲長在水如
王羲爾結廬溪上頭
十年放逐今始還齒髮巳空腰腳頑拄笻朝來有爽
家有丈夫五簡子任渠什一能餔口爾計自足道峯
氣詩成題爾畫中山
秋來山色無氣垢
題劉老人林莊圖
稚川尹公
日予屏荒野跫伏蓬萬裏塞口欲無言吟咏亦隨巳
爾時來訪我一至再三至至輒排荊靠何曾袖其刺
問渠亦何事所習皆罪累昨者跟蹌到喜呼髦士起

村隱集　卷三

三七

☒村隱集卷之三 三十四 ☒

愛僻居城北耽清鑒一池香燒餘篆縷松矮欹蟠明時

次
事業推知禮生涯在詠詩交遊無俗侶端不愧明時　白沙尹暄公

次
城市猶堪隱交遊摠好詩相招賢學士後會樂寒清時　白沙尹暄公

老黃梅邊雨沙崩柳下池到門無俗駕沽酒折花時

次
劉翁住壮郭自有好亭池坐對橫斜影行攀會有時　谿谷張公

家貧猶醞酒客到強題詩待我身益健幽尋會有時　谿谷張公

次
三清小洞口劉老有園池松剝龍鱗榦梅橫鶴膝枝　竹陰趙希逸

次
幽人閒起興學士醉留詩待我相尋去山家酒熟時

次
環堵縈三畝穿渠作一池高情有市隱幽賞更花斑時　石室金公

長者門留轍清流滿詩吾衰興盡日悵望葍斑時

次
偶坐成幽趣凉生小石池人思伊屋子愛一軋時　烏洛晚逸

次
能說古人禮耽看名士詩庭松吾亦種歸去定何時　白洲朝漢公

次
決決三清水循階入小池梅殘當戶影松老出牆枝　白洲朝漢公

早習文公禮能為近體詩風期元不俗催會屬花時

☒村隱集卷之三 三十五 ☒

次
松盤堪作蓋渠學勝為池環堵連雙闕無心借一枝　樂全

次
傲霜藜下葍留客軸中詩清坐還蕭瑟寒林月上時　玄皐申之公

次
有約山當戶無情水入池松寒風落子梅老雪封枝　沙容

次
詞客還酖酒園翁亦鮮詩堪慚病居士攀賞不同時　沙容

次
高人隱城市小洞近天池八十若童子淹留攀挫枝　觀海

次
屈君頻乞句愧我不能詩有約還相負梅花雪滿時　觀海

次
劉氏孤松樹分陰接鳳池虬蟠嫣偃蓋鳥宿喜安巢　蒼石

次
晚歲堪留翫羣遊剩賦詩深尊餘醉興更待月明時　蒼石

次
松偃童童蓋溪成曲曲池飢堪餐草莫健不要筋枝　慕羞子

次
舊業惟談禮幽懷或賦詩慚吾聲省日是爾掩門時　慕羞子

次
靜散幽居地蒼官蔭綠池天寒猶活水夜雪擁青枝　晚沙沈之源公

次
且趁梅兄興仍題刼婦詩吾知安樂處春色自多時　晚沙沈之源公

傍壑深開逕分泉曲作池客床曰石礎談塵聲松枝

村隱集　卷三

095-096

敬呈諸學士

學士來遊地何須問習池霜粘疎竹葉雲壓早梅枝　村隱
幸奉登龍席還慚擊鉢詩後期應有日正好踏青時

次　澤堂
久識幽人宅新遊自鳳池春冰留石竇初月漏松枝
病裏還思友酬餘且覓詩他年記勝事酒熟落梅時

次　玄谷
城市况淪廛芳堂面小池梅殘猶亂蘂松老更盤枝
濾迹仍歸沐忘形爲愛詩尊中有餘瀟直待曉鍾時

※村隱集卷之三　　三十二

次　桐江羅公
瀟灑逢爲戶溪通半畝池梅飄臘前藥松老歲寒枝
細酌三盃酒長吟五字詩（注一作吟哦）平生厭塵

次　玄洲李公
峯巒超塵歸高蹈歷小池山光近樽所月影磚松枝
至仍歲會遲吟更就詩吾儕困縛束難再此開時

次　柳市韓公
爲訪劉生寓寒氷未解池松盤知氣歲梅發有餘枝
讀重醉約花時（一作新豐醉約花時）

五一

多少閒居興流傳學士詩歸來猶禁直一醉更何時

次　楊江呂公
雪屋斜通逕氷泉細入池幽庭藏密樹遠屋護勞枝
乘興頻添酒偷閒剩賦詩相逢皆釣伴還憶舊遊時

次　石門李公（景樓）
列藉坐松下開樽臨小池殘香後藥疎影月中枝
痛飲寧辭酒高吟愧賦詩主人能愛客有約更花時
次以下迷和

歡遊從爛熳攀賞奈差池梅對垂黃子松憐半死枝
眼青非俗物頭白更新詩自此成遲往惟須興足時

次　芝峯
憶向挑源裏閒觀竹下池草封今日逕松偃昔年枝
城市幽人宅溪山學士詩病來空舊興吟送夕陽時

※村隱集卷之三　　三十三

次　遲川韓公
稍喜離街市仍聞占石池竹寒抽碧節松老偃蒼枝
好事能相訪諸賢更賦詩自慚慵病甚抛却早梅時

次　九畹
梅餞分寒藥泉流出禁池墻東元避世市杜亦安枝
有客還連騎開樽且咏詩那能不同賞一病卧清時　菩泉閔伯公

093-094

而有過之則先時化道之所漸染可黙識已惜吾不
及其盛而薰炙之辜叟不顯貴不淪喪白首茅屋下
苦人我叟又出其所築枕流臺詩文一帙以示余凡
袖詩卷出無所之乃獨相遇而喜相契焉可謂良自
劉所蒙識皆有贊詠叟作亦什伍其中以首肆斯文
脫也如蘇老鵝翁崔白諸詩不預慙已多且吾知其
於劉才淑之蘊縱橫敷列燦若寶樹之適介之士盡
與叟名當不朽余何用贅一辭特叙余求益之緩而
以猶及見叟為辜後有幽介之適縱橫敷列燦若寶
丁巳夏德水李植書于市址寓舍

村隱集卷之三　三十

觀任李諸公之記劉叟之為一世奇士也決矣世未
嘗無隱君子而人莫之識辜而叟之清風高韻為諸
公所知不可謂不遇而獨有數欸事不見於記中者
曩時天地之經泯然盡矣有一二黨魁欲籍重於叟
授廢倫之疏前有福利之誘後有刑禍之怵而猶碻
然自守我石非轉及乎白雲僑院之劉亦欲委叟幹
其事威風以迫之亦能不詭辛隨終不濡跡於其間
其見識之樹立斷斷乎堅且直矣又聞叟於癸甲年
之間赴吊親舊之役手自歛襲不以癘疫而改其操
親舊不可買而况於君父乎以此而知叟之能免緇

磷於俗者皆本於寶見其忠孝之節足以為禹門一
挂也余於往年夏始見叟於愚伏翁之第是時叟年
八十有一以確守倫紀及正以後特陞嘉善又以八
褒蒙例嘉義階笑昂然鶴立娓娓說古今不窮固已
歛衽起敬是後仍相與往來盖知其所未知今見諸
公之作偶錄其逸事於後為觀風者採取耳乙丑夏
日酉溪病生一菴石書于松峴之寓舍

酬唱詩續錄

枕流臺賦詩圖序
天啓乙丑穀日　上以大祀受釐百官罷奏事余退

村隱集卷之三　三一

自内臺病寒甚枕流主人劉翁強起余賞其家早梅
於是鄭校理德餘嚴獻納敬甫李正言道章韓翰林
振甫吕正字子久與令宰洪勉叔勉卿兄弟皆來會
李使君尚古踵到時勉叔將之官且為叙別來也翁
居無長物只盤松一抹如攫宇金梅半落餘香釀娜
翁出酒食問以蔬果儉而有致吾儕稍出壺榼以佐
之飲酬翁首賦一律吾等繼和至月上乃罷余謂曾
在峽江有此境而無此客今居城市有此客而無此
暇劉翁以詩禮顯枕流之名聞國內然以為未有如
斯會之適也遂作圖并錄諸作以為後覽澤堂居士

禄期以是為榮巳發身之資而又未聞有以遺與散
懷之至味為自得無窮之至樂於胷中而不釣譽不
求名終身不知老之將至如顏氏之樂簞瓢者也其
惟性耽佳句語不驚人死且不休者歷古通今獨飯
顯翁一人而巳飯顯翁之為詩也深得於三百之遺
意高出乎漢魏晉之浮華而著意於相忘之域死生
憂樂則變於前而此志則終不變焉直如杜預之於
左傳也此則無所為而為之者也細觀人之心志有
所為而為者其心不足觀也已必無所為而為之然
後乃可謂之正人善人矣飯顯翁數千載之後獨一

村隱集卷之三　　二十八

人於吾東者余於村隱劉公見之矣噫劉之工於詩
者盖此所為而為耶門非顯世非闌雖有此才
何試此才而投於勉勉自譬齡而至華髮者何意耶
此必天資篤好於真妙誠無所為而為之者也既
無所為而為而老於終身若豈彔彔之斷皆所以得
其妙於人所不知處而老於終身若豈彔彔之悦我口
者也然後知劉之業於詩也亦類乎是其彬彬則
何必讓才而投於勉勉自譬齡而至華髮者何意耶
此試此才而投於真妙誠無所為而為之者也既
無所為而為而老於終身若是其朴且管偶
得與劉同時而獲見劉之文彩風流也若是其彬彬則
華孰大馬而况獲不見棄於劉稍遇可與言之許則
章中之華亦莫大馬其敢以不文辭而自不記姓名

於諸君子吳鼎之後乎玆所以忘續貂之羞而僭書
卷末者也非曰能之不忍負劉之情也若夫節文之
評志行之高句法之精巳備於羣先進及任令弟所
論之無餘今不敢更贅於其間也萬曆丁巳仲夏栗
國謹書

吾拙業脫進不獲早交當世名能文辭者近乃自覺
單個來京師數月求有以就正焉則向也歆艷諸
薦紳佔畢先生論喪太半其存者或巳貴顯隆赫門
陛深峻非有職事不可得而覥自悔惜斯路
之狹而淺鮮之龐托也一日劉叟希慶以東岳叔父

村隱集卷之三　　二十九

書抵余得接識之劉固善為聲詩得王孟體裕餘
力學士喪禮為人敦厚柔直絕去詩人儇屬習氣在
闕閭中致大名也又其所與交皆累 朝以來
風雅之秀也為余道其平昔從遊之樂諷議之義使
人屢屢忘倦悦如親見其人上下其間也嗚呼其亦
稱矣抑又得東方丈士之盛至 先朝無與倫擬盖由
風氣晚開法度始備考其高下其頴於唐天寶之際
耶楊子雲有言士有不談王道攉夫笑之此漢氏之
盛也今望特委巷之細微而乃能用藝文自奮卓越
其等伍百千葦與名公鉅人較長短得失於毫釐間

石訓懷公

次

三山屹立府層臺一徑烟霞掃不關春晚洞天花雨
亂却疑身入武陵來

次

月沙李公廷龜

溪邊疊石偶成臺臺上柴扉晚不開苔徑竹節時有
老翁無事日登臺手種桃花春自開莫道幽居近城
市門前不見俗人來

謝枕流翁送桃

次

月沙

樹枕流臺下月黃昏

五顆霜前實仙漿似玉膏來從劉阮洞無乃是讒桃

跛菴

寄枕流主人 安在龍謝遜

禁城西畔秘桃源莫遣紅塵污洞門遙想白頭人倚

二十六

蒼石李公竣

江湖空夢釣魚臺京洛風塵眼厭開獨喜枕流亭上
話時時乗興月中來

次集句韻

東村金公圓

偶然沈醉臥瑤臺故翁 明朝有意抱琴來李白 數叢雛畔早梅開故翁此間

與閒仍興健故翁

石作蓮花雲作臺李白

不可無君語東坡會喚謫仙蘇二來山谷

漁適

流水桃花繞石臺茶烟裊裊小窓開落紅應洩神仙
境怕有漁郎入洞來

次

不問雲臺與釣臺顧逢詩老酒樽開功名節義俱隳
鹿大醉狂歌一去來

次

綠陰芳草滿仙臺只見揥花五月開孫谷石洲零落
盡此翁詩伴更誰來

譚臺李公雨

次

道士宮西築小臺桃花如錦鏡中開玄都觀裏聞千
樹誰信劉郎今又來

後序

平生夢想枕流臺活水源頭一鑑開城市獨占丘壑
趣白雲閒挂又閒來

村隱集卷之三

二十七

石譚李公雨

後序

凡人之癖者必癖於聲色也遊畋也泉石也酒也馬
也釰也碁也以至於竹木花草之酷嗜者皆出於蕩
心悦目之具以快於一時之所樂而已未聞搞藻華
奮瓊瑤永棄人間事一以老於文辭為平生業者也
其或以文辭為平生業者則又必役於科第疾於利

枕隔紅塵卧一臺碧桃門掩為誰開劉郎不做玄都
咏只閱羅飛花逐水來
次

踈翁無慾澹靈臺手種桃花滿樹開更有玉溪橫一
泝源流疑自武陵來
次　　白麓辛應時公

騷人摸寫挑流臺淵帖驚看錦繡開白首病生題最
晚一壺尋勝趁春來
次

少年同陟白雲臺壯眺時從伯仲開今日兩翁偏在
世可憐長性不重來
次　　市階

村隱集卷之三　二十四

不羨吹簫醉碧桃白雲丹竈護亭皐誰知咫尺金門
外有此況真一世豪
次

枕下清溪溪上臺巖扉不為俗人開琴床石榻無餘
事惟有閒雲自往來
次

天涯力倦望鄉臺漢上逢君一笑開別後柴扉還獨
掩竹間苔徑更誰來
次　　盤桓

千首詩章一片臺百年心事若為開湍湍各自騰聲
處着取挑花春色來
次　　霽湖梁慶遇

四七

一曲仙源抱石臺清漣不動賓筵開挑花落盡梨花
發勝日尋芳客獨來
次　　澤堂李植公

李白攬東一樹挑淵明舒嘯亦登皐誰知數畝春園
裏回首元龍百尺豪
次

誅茅團土比琳琚眼環環溯漲開地腹科頭挑樹
下似曾親見上仙來
次東岳韻

蓬屋貧居甚挑源夢獨尋慚余倦游久羨兩卜居深
草草袖中字依依冠上着能來話寂寞城晚霞沉
次

隱怪底臺前長者來
村隱集卷之三　二十五

水上挑花下臺把詩高卧笑顏開迷花樂水詩中
次　　觀海李敏求公

日日持頤傯石臺天關尺許靜時開就中不首笙韶
在誰道人間去不來
次

護石蒼藤亂映臺一溪花木洞門開抵今採藥劉郎
響西澗飛泉入夢來
次　　劉劉

慈籠樹色發亭臺繞墅烟霞一面開詩興偶隨黃鳥
出歸心長伴白雲來

酒易消愁得詩難稱意裁濟時誰莫策獻賦我非才
壺裏乾坤別人間歲月催孤山曾負約末路轉堪哀
白髮悲潘岳斑衣憶老萊沈真人共棄傲兀世相猜
顏氏貧猶樂莊生語更該枕中通蝶夢花下繞蜂媒

次

鐵色千年柏雲陰百畝苔雙泉如可訪笑語共傾盃

東岳

漱口尋泉脉嵒竿坐石隈西峯低落照壮極拱三台
舊種蒼松子今看白鶴胎曲徑爭浮埃

【村隱集卷之三】　二十二

禁城多少好樓臺春到桃花在處開不綠屋上烏堪
愛小築何能入句來

次

城裏臨溪解築臺主翁心與眼俱開東風小兩尋芳
日似入桃花源上來

九街塵裏獨登臺雲外三山晝畫開莫怕落花隨水
出世人雖識豈曾來

次

蕊石疎渠種數桃禁城斜界小亭皐哦詩日日花陰
下不識人間有四豪

九畹　趙元玘

白頭仙老築花臺眼見仙花幾度開能教尺寸墻西
地幻得壺中日月來

次

當春不賞滿城桃懶性由來似缺皐卻向劉翁愛清

趣看花前度即詩豪
花映長溝月漲臺好風吹水錦紋開清宵宛在仙源
近費襄漁舟欵乃來
本擬吹笙醉碧桃病來仍欲卧鳴皐如何塵土無窮
事鎖盡元龍百尺豪
小草庵前小石臺小童長灌小桃開尋詩每有高軒
過敗興與全無俗子來

次

脫悔

半世棲遲向此臺荊門雖設不曾開培花灌圃無餘
事時撿青編覓句來
床有琴書庭有桃卧看春色滿林皐興來起坐溪邊
月濁酒三盃氣更豪

【村隱集卷之三】　二十三

亭亭一樹倚孤臺問爾何為獨末開主人門巷深深
閉春色無因得入來
幽興無端寄種桃有時舒嘯上東皐從來末路多艱
險莫歎沈其一世豪

次

樂全申公聖

千樹桃花擁石臺臺前茅屋向溪開势壺要趂清明
節卻詩玄都觀裏來

次

鏡湖

子千首能輕萬戶侯

寄枕流挑源主人

挑花紅兩落紛紛想是沈吟對夕陽不識當時避秦

客能詩亦有枕流君

千樹挑花映碧流武陵仙客許重遊重遊恐失清溪

路前度風烟不可求

者花出洞武陵客再入挑源迷碧灣宣是雲林前後

別孤舟重到不窮尋

集句次韻

新起臨湖白石臺賈島滿庭紅杏碧挑開高駢山童

二十　賀知章

隔竹敲茶臼却子厚笑問客從何處來　此臺儘光義白雲飛處洞天開于幽挑

花流水杳然去李白莫引世人相逐來陳羽

水邊殘雪照亭臺上風襟向雪開還似當時姓丁

鶴羽毛成後一歸來

次

瀧瀧溪流繞石臺挑花深處小堂開靈塵近在柴門

外盡日難逢俗客來

臺上成陰抑與挑老年請與在林皐荊門日日尋眞

客不是詩仙卽酒豪

四五

瀉玉寒流蘸小臺終南如畫眼中開逢君聽說幽居

趣城市却從方丈來

靜裏春秋占碧挑挑花深處見平皐世人但識封侯

貴誰遣騷壇老興豪

寄枕流臺主人

水向階前繞山從洞裏回久聞逃世士曾占枕流臺

雙泉

岸草眞堪藉巖花不待栽林深紫芝秀沙暖白鷗迴

洞興塵區隔何當駕俗駕來穿雲藜杖在邀月毘樽開

異境貪猶買新詩病亦栽世情誰尚老天意本憐才

村隱集卷之三　二十二

榮瘁方知安光陰坐覺催感時應下淚懷舊幾興哀

身事三年楮生涯一畝萊持心元樂易於物絕嬿媾

論恢潛夫隱狂同曼倩談金門等有夢石徑任無媒

上得幽人宅爭忘野鶴休言近城市自是謝氣埃

溪夕僧初去園春已胎清高疑閬苑絕勝恍天台

斷靄迷宮樹危橋鎖莒苔他時倘相訪呼酒醉山罍

次

一水三山下冷冷抱岸回將身脫塵網洗耳卧溪臺

細柳含風裊天挑向日栽潭清魚作隊谷密鳥知迴

野老圍碁坐山童採藥來披襟清意適遇興好懷開

村隱

次

雲滿瑤壇月滿臺竹扉半掩松窓開尋真早向碧山

月蓬 柳公 永吉

去借問主人來不來

晚卜仙源學種桃一區風景勝臨皐開中遇興還能

賦自覺驗壇意氣豪

次

峴南

春晚玄都懶問桃有時舒嘯上東皐一區烟月生涯

富不羨長安第一豪

洞府烟霞鎖碧桃地形依約似臨皐精神恰與詩相

會硬語蟠空氣轉豪

村隱集卷之三

絶無塵土汚靈臺有眼寧隨俗物開最愛清泉寒瀉

玉夜深流到枕邊來

十八

踈菴

臨流除地以為臺難犬寥寥洞府開不有桃花隨水

出壼天邦得俗人來

枕流臺卽事

我來觸大暑枕流臺上卧未暇論詩懷手弄清泉瀉

清泉似寒玉快滌諸煩惱何當灑六合立地蘇羣槁

玄谷 鄭公 百昌

次

曲曲池塘池上臺一間茅屋向池開主人拪履出門

尝時有空林明月來

瑤池仙子醉碧桃倒駕青鸞下東皐披雲笑道浮丘

伯好作人間詩酒豪

踈菴

次

半是紅桃半碧桃落花無數亂飄皐狂吟散步層臺

上盡世雄心老更豪

泉源出自白雲臺流入宮墻一道開分明我是玄都

客每到春風去又來

坡陰

題枕流臺

枕杏臺邊溪水清問誰接扦是劉生邀賓每起流觴

興厭俗時懷洗耳情東望瑞葱佳氣欝西瞻華撤落

村隱

暉明金門呎尺居瀟灑不羨高軒駟馬榮

次

村隱

搰葉初凋風露清枕流臺畔晚涼生蓬門寂寂適吾

意澗水泠泠非世情階上數竿脩竹翠巖頭一片落

霞明茶田藥圃真堪老只爲身閒不爲榮

枕流臺偶成

踈菴

一曲清溪繞石林坐來無限罷纓心此甲只根源流

小長使人看識淺深

寄枕流臺主人

烟雨濛濛日色愁草花零落石塘秋君詩不減張公

次

紫鷺橫跨下瑤臺別有壺中日月開流水落花門牢

掩主人無乃避秦來

次

一畝庭中半是挑落花臨水帶裌草蕭然況入玄都

觀便覺劉郎氣䔍豪

石澗縈廻一小臺蓮門經歲未曾開關中盡日無人

過惟見桃花逐水來

次　　鹿門龐公

五柳何如種五挑挽流差擬儞東皐塵埃蹤跡烟霞

趣始見男兒氣像豪

村隱集卷之三　十六

何事劉郎喜種挑風塵蹒跚笑羲皐悠悠人世多昏

醉肯向螟岭作二豪

醉贈挑流主人　南窓

曾同阮筆入天台傾盡流霞白玉盃出洞不知今幾

許烟雲猶帶筆端來

詠古栢贈挑流主人　踈菴

古栢千年幹壽隆百畝蒼章無匹石顧得老棟掜村

剪伐遠何病俗人着或哀猶堪鼓枝葉夜夜作風雷

訪挑流臺主人不遇

四三

東郭尋真與臨溪獨坐運仙源無限好注目夕陽時

寄挑流主人　五山

人物是秦餘挑源猶舊居最知情縺綣莫問興何如

鷹叫雲天夕螢吟草露除浮生開口少歸路且徐徐

次　村隱

地僻誰來訪山深我獨居貧寒魯原憲病渴漢相如

月出雲霄外川鳴石砌除詩情摩酒興倚杖下徐徐

集句　踈菴

清溪清我心李白幽事亦可悅杜甫是時秋之殘迴

之楓葉綠未脫李白夕陽度西嶺浩然天明月出　十七

于武陵延賞滯煩襟王勃　林風凉不絕王摺

贈挑流主人　五山

秋風蕭瑟秋雲高眼前物色挑詩豪人生百年何太

勞彼我名利徒煎熬不如爛醉着龍刀

次　踈菴

南溟浩浩埗山高胡越陸梁存首豪戰士守邊飢且

勞書生尚飽饘粥熬嗟我安得于予刀

次　村隱

秋雲散盡秋天高鬖髮颯然吟情豪笑他塵世幾人

勞我獨憂時心煎熬日邊搔首撫長刀

無者為有也又取名於箕潁之風以寓其遺世絕俗
之意於筆毫乾淡之地然則劉雖未至於箕孝威尚
子平之域而其於在世者不數數然也於是薦紳先
生聞而嘉之爭為枕流臺之詩迭相唱和而被之紙
疎菴居士之詞亦在其中壬子秋東海散人一疎菴識書

贈枕流主人

次
夾入桃源裏春風無限花親朋一尊酒忘却夕陽斜
　　　　　　　　　　疎菴

次
我家在山麓客至省桃花相携坐臺上臺下夕陰斜
　　　　　　　　　　五山

枕流臺
村隱集卷之三　　十四

眼前酒無限風光斜日時
　　　　　　　　　　村隱

次
橫雲擘却月眉冶容蕩流俗行樂靡不為豈如詞客
　　　　　　　　　　疎菴

文字飲桃紅柳綠三春時
　　　　　　　　　　村隱

次
花如臉柳如眉詩人吟更莒酒客醉何為家童莫報
　　　　　　　　　　疎菴

斜陽暮且好歸程月出時
呼韻作

武陵春色自紅桃花滿平林草滿皐莫倚年華輕負
　　　　　　　　　　疎菴

四二

筆同來野容盡詩豪

次
隱恐是淮南子白豪
　　　　　　　　　　五山

方朔三偷王毋挑談譜却恨蔿蘞皐歲星下作金門

次
　　　　　　　　　　村隱

一樹垂楊五樹桃掩門終日卧東皐容來步出門前

次
路盡是長安詩酒豪
近領把金龜換酒來
　　　　　　　　　　村隱

枕流臺
村隱集卷之三　　十五
　　　　　　　　　　芝峯

手築溪邊一小臺滿枝紅艶未全開新豐正在南鄰

次
籬外清溪溪上臺臺前無數小桃開聲劘莫道隨流
水伯有漁郎入洞來

揭水潺潺潄石臺亂峯蒼翠鏡中開真源徹底請無
滓徜有巢由洗耳來

一區風月閟仙臺花外柴扉午不開最是此間清興
富溪山自入好詩來
　　　　　　　　　　玄翁甲公

次
漢水冷冷遠小臺桃花無數兩邊開壺中別有閟天
地世上光陰自去來

者也否口必嘗嘗劉之律矣夫丈之精者爲詩而律
者又詩之精者也苟善於是矣詩家之繩墨盡此矣
詩劉已工其精者矣是故劉之所得於讀書者大者
爲質小者爲文文質備具儼然一君子人也如有用
劉者卽銓衡浣焯之下知無以繩牽累劉者矣奈何
葉之掃却夫夫也僅得之褐覓外黜必恂綺綃蓮革而才
不可不歸咎於時也予奪外黜必恂綺綃蓮革而
不才不與馬才者逢革也其屈不屈於其長而伸於綺綃
蓬革不才才者綺綃也其伸不伸於其長而伸於綺綃
末世淊淊天下誰不樂此者顧其風尤勝於東方雖

村隱集卷之三　十二

嘗劉者爲俗所中不能恕其所生之地劉末以是卒
無以舊其能寂寂乎閭里矣有識之士爲之扼腕歎
息而劉之髮已種種白矣鳴呼古者取人於管庫焉
嘗問所生之地哉若夷狄之鄉也則不足以大宛之馬
千里而汗血者旣出於所生之地則不足以備十
二閑之實美茉蓉菡蓞本濁泥之所發也則不足以
適平泉之觀矣岷山之芋具區之菁其物亦難以
毛也則不足以薦王公之口兩登豪貴之盤矣丹砂
鍾乳尤服餌之良者也必產於荒脈百越之壞也則
是數者皆不足以充延年益壽之藥矣必惡其初物

村隱集卷之三　十三

與人一也在物則貴在人則賤劉之不免乎在下者
亦以人故耳然劉揭揭於所不可廢無所待而益愈於所
末不急於所不可廢無所待而益愈於所不可得毫
賢也居其室右膝已勢矣視之沈沈廣廈也劉之所以爲
下濕迮坐不移樂席或曠日不寒薦草塞其徑間可
械劍庭有杞菊數本秋色蕭然稚子惟諾戶外苦吟
聲在址壁下不然不可意謂之舍矣嗟呼劉之窮至
此矣其名孟徹大行籍籍聞一國雖曠中摸索管
可以知劉矣劉略無德色我將爲實乎何諜諜之利
口也吾何求吾自放於山水間斯已矣故其木展

村隱集卷之三　十三

毫東土幾徧曰此亦積塊矣未嘗受劉之足跡也卽
其地不足觀也捜剔流峙觸目而得境觸心而得趣
昔者劉嘗從事於斯矣今其病矣無復往日之遊而
陸沉於闤闠之間左右前後皆俗也雖然不可以無
別也故放於其金薤之中擇彼善於此者而止焉所謂
枕流臺者是也淸渠走其下水之深懂鑑鬚而窈無
一拳石之高劉已易其目於彭蠡洞庭之壯而若置
高高太華於几席之前矣蓋樂之深淺能反物之大
小有無以其所大而大之則小者莫不大以其所
而有之則無者莫不有劉之樂足使其小者爲大而

其外以全其內外俱全，斯全其德矣。古之至人亦
不過是道。吾於是又知劉之德全也。

　酬唱詩

　序

嗚呼長往斯可矣，所謂其次者城市而山林，行發其迹而近
斯可矣。所謂其次者，之引其心而遠之，處乎彼此之間而不失其宜者，蔑
幾其人也。余以所聞，惟劉君希慶可以語此矣。劉本
委巷人也，其業可知也。不得於農之工，不得於工之
賈，乃其大率也。是三者皆自足之道也。劉不色喜搘
其事而却之，獨用力於讀書之地，以其所好決其徒
之所不好。吾非不樂從衆也，又非不厭遠衆也，各有
趨舍互見其是非矣。是以農者藝稻粱麥菽黍稷，歲
獲其利，粒米腐於庚，劉讀書不顧。工者講拘罷拒折
之制，務其巧而新之，以媚人目，賣衣食於其指，劉讀
書不顧。賈者操三寶之柄，薄予而厚取，十不一二不
出一不百，十不入貨，至用室量金帛，劉讀書不顧。以
故劉貧益甚，不自振，鄰里鄉黨親戚皆笑之小人，
職農工賈，令子釋本而事口舌，家居徒四壁立矣，亦
宜乎劉為不聞也。日讀書如故，如是者蓋數十年而

後其得失始定，彼農工賈之所蓄，未嘗不失之乎項
刻，而劉之所得於讀書者，固有類也。劉有錫類後
之義，兩益沉潛於古訓，親在有一夕五起之勤，親沒
有畫壁作棺之痛，卒其祥朝夕不違其壙，不已寒暑
餘戚焉乾，不為子，劉獨父母其親矣，尤多乎劉者。祭
禮喪禮葬未葬，讀用其所用之餘，猶一世之問
禮喪禮者。喪有五服品節，斯易指掌，不一在於古也。其
心宿授之譬柞劉安得不一在於古也。其自我兩人矣，母徵古昔亡
情兩不少遺乎禮者也。其自我兩人矣，母徵古昔亡

高劉善居喪而右者，使讐者抵掌焉，能捨劉於孝也。
夫孝者百行之大者也，苟篤於是矣，人倫之根本止
於此矣。行劉已立其大者矣。劉有言志之能，兩益沉
溺於古法，盡取青蓮少陵柳州昌黎雪堂山谷簡齋
放翁之詩，靡不習。余以資其備勝咎其辭勝
可觀，而尤長於律。余所持重武辭勝咎其辭理勝
二者難乎不偏矣，故其詩最多助焉層出
答其理二者難乎不偏矣，時作者高韓者惡其不實高理
一語不出報傾一時作者高韓者惡其不實高理
者嫌其不華，何物儉父攝彬於近體也，足辨詞林
之一技矣。其不為揚祭酒為項斯地者，必難與言詩

棲遁之士必擇淡山深僻處以自托其長往不返之
蹤而在劉則不然身市朝而志山林優遊自適於一
室之中而不以一毫榮辱累其靈臺則掞洮耳之
趣隱然在於聽泉醒耳之餘而掞洮
傳誦於人者亦多一見可知其非庸衆人也嗚呼世
有終始非劉之罪人歟癸丑元正峴南耕釣翁書

題掞洮臺記後　末詳　　雖非

村隱集卷之三

世或有絕聲利捨外務澹泊於進取榮名寵祿之來
猶訏穢之浼已糠粃之眯目羈絆之絡首而逓施於
塗泥也雖無軒裳爵命之加而一聞宦途之得失勢
利之傾奪市廛之欺臨喧聒足以開吾耳而撓吾神
則必過也是吾過也此離世之不遠而有是耻也古之人有
疢走者蓋其人絕聲利捨外務澹泊以為潔至今稱以
由者必不信然我誠挽置之康莊宦途勢利市廛之
之仕也豈不應去然其頹則其耳不可數數洗而屢之當如
高士豈不信然我誠挽置之康莊宦途勢利市廛之
賢賣隱日接其聞聽則其耳不可數數洗而屢之當如

三九

何也雖然棄蔬而不食餓死而抗行是人也不屑為
是必頹上一畝地絲麻菽麥足以衣食不死故雖
至於洗其耳而不益遠去死而有塚箕山是可知已
劉公希慶今世之古人也無田以養其生薄業在耀
金門外就而為蘆去魏闕尺五而近軒裳爵命不至
於其身已無求焉山林既不得以去矣則居近溪三丈地
土為臺以枕流為名以息懁其軀日聽其灘瀬琤琤
途勢利市廛之關不得以息其將至是
非紛爭漠然混於風聲雖疾雷破山而震石雖洪鍾

村隱集卷之三

鏗以發響韶英武夏亞奏而交作雖罵怒詈辱雜進
於左右猶且無自而入彼沾沾強仕之勸又安得聞焉
吾心而為事乎了焉以高舉為高平閭人之勸而後
以為樂耳為初未嘗聞者之頹上隱身而不得與處人
洗之嫩若　　　頹　　其道不　逸而簡
境而避之者已則僵卧而當之斯耳則并不可得
走而避之者已欲藏其名而洗其耳則并與洗耳
予雖然彼恐臺之名或出於世而洗枕流之樂不可得
而傳之吾也朝之大夫士已多歌咏之者其慎之戒全

九

069-070

夫人有耳目受之於天耳主聽而目主視視聽之用
闕一不可洛中淨業院之洞有曰劉生者買泉石一
區累土石而為臺名之曰枕流以寓巢父洗耳之意
其於世累可謂脫然矣而獨不得與弇與之用而廢
之者何耶生不欲其有聽則舉天下萬物而皆不聞乎
不欲其有視則身必之焉而後可耳
之所聞則不出戶庭而可知八荒之外矣今生大隱
於城市遊覽於都邑目之所接者山河有魏國之寶
宮室有斯干之義高軒文駟苟午街衢者無非都人士女太
平文物之盛有如此者則人之有目於斯世者不其
幸耶生何可收視返觀而自同於曠聾乎若夫四方
異聞如魏相所奏聽則人或有以道聽洗耳徜徉於臺上
者其不以此也耶抑吾所未觧者向在五月丙戌地

村隱集卷之三　六

有意存乎其間而余竊度之夫豈以人之一身耳目
人者豈心如搞木死灰而偏廢耳目之用乎其必
之為得爭雖然生之孝行既有過人者詩語又有驚
若弇觀焉藐然生之聰明以全夫天之所賦之理

震京師有聲如雷棟宇皆寧　　于斯時也生方枕
流而臥洗耳而眠以鼻息之雷亂其聲而莫之或聞
耶生猶然而笑遂為之序癸丑夏南窓　　書

遊枕流臺序

自余為散人嚴間述吹呶聲常拄門枯居絕不與
外人交爭想烟霞水石之勝而竊有慕乎接輿
之風一日劉生占隙地鋤而為臺以枕流意亦有在偶
一山林偶占隙地鋤而為臺以色矣余聞而諾之明日命童
賜一賞不俱林蜜為坐色矣余聞而諾之明日命童
奚葉欵陘徑造其門而叩焉劉輒倒屣歡迎導余至

村隱集卷之三　七

一處除地數畝不蓺土不累石惟見綠陰滿蹊清泉
績流濯纓逍遊正合偃息卧遊之所於是徘徊散步
相與肱而枕交睫而聽則一鳥不鳴聲動自息但聞
水聲之瀉于石者瀧瀧然落于潭者渢渢然遠者殷
殷乎風霆之遠近者琤琤乎環玦之相戛也如
唱如和者琴筑之互鳴歟或抑或揚者宮商之迭奏
歟非俚耳而聽不煩神清而氣益爽一枕之外塵喧眇
隔非惺忪尺開闔邈不聞騂闤闠聲雖官海風塵名途
爭奪千齷萬齪而不知為何事信可喜也噫古今

築小臺于其滸多種挽花繞臺連水花光掩映臺影
蘸漾粧點繞畢前之內天新開地叱關屛障出而
畫圖成也劉道人性心水鏡耳
質粹然氣恭而言溫少知先修百源惟孝稱于人早
相唱和吟咏爲唐人詩句句多警策諸文士許與遊选
能解吟咏爲唐人詩句句多警策諸文士許與遊选
極備士大夫然物欲不流查滓不留水空而鏡照不待鐫
膏中举烽之磨礲之而本色自若也然則水能失性於此

之澄之磨礲之而本色自若也然則水能失性於此
塵馬足之間得君而復其初君能用水於變化之間

挽席之邊使之旁助其膏中之清滋添其活潑地君
挽水耶水挽君耶未可知也質勝文則野不可以風
花不文其身用責色之錦其口繡其腸看花而吟臨
水而咏天艷馬放蕩馬繁華馬飄揚馬性心之體閒
定而情思之用英發駿波瀾喧嘔于咫尺之將至世之是
非榮辱禍福成敗驚成寂嘔于咫尺之將至世之是
其心閒其慮而吾臺之高枕一樣挽花無恙流水不
息詩卷長存而諷咏之聲日夕閒馬怡然曠然意趣所
極寂寥乎幽深乎遊羲軒混箕韻通宇宙合襟期而
莫我知也噫若道人者古之遺逸也今之隱君子也

求之世人不一二焉爲之記以警五曹雷兒南友作書

挽流臺記

華岳之南淨業之洞有人焉劉其姓也攤落俗累卜
居於其中引流築臺顔之必挽流其瀟灑之狀岑寂
之勝芝峯相公記之詳矣余安敢更贅於其閒而第
於劉生有所歡慕而不能止者焉竊觀世之號
爲士者逐逐於名利固而無暇於仁智之樂況下焉者
肯以此易彼當其春雨初晴綠漲瀕洲條風纏過紅
映挽跛斜陽於東嶺足青鞋首黃

冠逍遙馬獨徉馬沿流上下樂而忘歸及其體倦氣
疲玩淸漪於鏡中挽潺湲於臺畔實然而睡蘧然而
蝶躚玉京鸞鶴府回視人寰不啻若蚩蚋之表矣後之聞
其可謂蟬蛻於塵埃而浮游於八紘之表矣後之聞
劉生之風者寧無愧乎徜得簑笠訪仙源朗吟芝
峯之詩若記則雖老矣敢不留一語以付驪尾而或
者白首他年賴天之靈與生卜鄰分我以仙臺一半
則吾亦爲洞中一生矣生其許歟萬曆四十一年癸
丑秋七月昌寧後人雙泉成汝學學顔記

贈挽流主人序

此臺則可以知劉矣雖然劉之賢本不止於此劉在
下中有士君子行而尤篤於孝友以餘力學詩其工
難專門者不若也又能通養禮歷游士大夫門一時
守法家每有喪以不得為劉為恥劉之賢可稱者如
此假令劉用世間進取者例以所能顯一毫豈下人
惜乎拘於地位不能自出耳余既嘉劉事又悲劉跡
於其乞記略敘如右萬曆巳酉夏踈菴書

枕流臺記

村隱集卷之三

淨業院洞在昌德宮之西林壑深邃其中澗水出馬
有庚曠蕭散之致余嘗仕實錄局晡夕過之而限於
職後不一窮其勝寄恨而已一日從劉生希慶出錦
川橋上見川水正漲落紅漂出者無數喜曰挑源其
在是矣余將泝而避秦人一笑可乎劉莞爾
曰川上流吾居也有臺枕其趾而挑花盛開為風雨
所娬不免作輕薄兒公若往觀請為東道主余又喜
曰子誠秦人也遂踵其後不百數步右轉而得一別
界乃卽所居也有流水清洞可愛砌石為臺水不及者
僅餘尺卽所謂枕流者也臺上下并無雜卉天挑累
十株夾水左右紅雨灑空錦浪如舞古之挑源不俊
於是矣祖詠詩所云寧知武陵趣宛在市朝間不其

信耶昔劉晨者入天台挑源遇仙不返生卽晨之流
也歟余今幸而觀破靈境尚得與漁舟子比何妨共
枕于此而一嗽其流耶相與大笑因與席地而坐水聲
琮琮然入耳流不待枕而可聽耳不煩洗而自凈一
塵不染萬念俱空使人神氣灑灑悅若御風而立乎
埃壒之表甚可樂也且余觀於是而有以知生矣是
水也在咫尺車馬之境而自晦於此而能潔清不汚有似
進形鐘彩者之為又其流淺狹而臺以枕流名者
予君子之德生之以大隱自比而臺以枕流名者
意蓋在此也蒙嘗以潘其源鑑澈以澄其性毋果於
施於人者不流也積之而不流枕之而自樂則亦可
悲已孔子曰曲肱而枕樂在其中矣生雖處窮阨而
不改其樂馬則亦庶幾乎於是生樂而曰吾今以後
知其所樂矣遂書以為記壬子仲秋芝峯居士（醉光）

枕流臺記

水出於白岳山之洞壑邐迤下流宮墻之外車塵馬
足之所污乃於馬失本源清劉道人隱于金虎門之
側瞰其一溝流足使為臺沼觀乃去瓦礫流穢惡疏
之釃之石以坻之汙者以蠲於者以澄冷然鳴灕遂

村隱集　卷三

無人共賞碧挑春　出東州集

村隱集卷之二

十三

村隱集卷之二

村隱集卷之三
記
　枕流臺記
序

夾右學泮泉下泉脉清瀉在京師車馬之境而
其流之淺狹幷其性而毀之也
頗有背山之致意必有登堂之
所美而地逼於太近非篤好者孰
肯寓其集於是也余恐好事者狃於求遠而掩蔽其
側不能副造物者之意以遺耻于此地幸有累土而
高者扙於地數丈就而訪焉所謂枕流臺者其名固

村隱集卷之三

一

己不几隱然有洗耳自潔之意余甚趨之叩其主者
卽劉君希慶也嗚呼劉其篤好者乎始可與論山水
矣今夫巍然而爲山岳浩然而爲江湖極怪詭壯大
之觀所樂者在彼故其樂之也易若丘垤之甲渠溝
之細則觸諸心目多見其醜故未聞有樂之者如有
樂之者之人也其樂必已出不以彼此之大小美惡
上下其樂然後可樂故其樂之也難
人能克其所難者於其所易者裕如也今劉之於此
水乃能如是嗚呼劉其篤好者乎卽此猶樂之不厭
而況於彼乎人之賢不肖以其所樂者可知也觀乎

061-062

之中與洞其意以仁弘傳南真之統而後日將以

仁弘配享也諸議欲委君幹其事利誘而威怵之

君辭不肯終不濡跡於其間諸公多之

國恤議用質殺而無知其制者招君裁用一時士夫

遭喪家非親厚者不敢招致去其時禮學未明申君持

布往請則君裁出分授製及女儀持

義慶亦曉出非君則無所論質林命吉十三歲時

學於君云

君之子見忭於義州府尹朴燁燁將殺之問知為君

之子特赦之君治喪具到中和始相值而率歸可

村隱集卷之三 十一

見一時重君者如此

君有名閒井間李爾瞻必與之交頗相厚及其主廢

母論君絕不還往一日瞻道遇君招與語曰汝近

何絕跡於我君答曰小人有毋為侍偏毋在鄉村

故足不暇及公之門云

永安尉洪公逐日來訪

同知何許人尉之往來何太頻耶命掖庭人往視

蒼顏白髮與永年駙馬對坐盤松之下自是

聖聞尉到君家輒下酒饌

仁穆王后下敎曰所謂劉

慈

嘗住鷄林府院君宅臨歸府院命抶携而出子弟招

奴人府院責其不恭諸郎親自抶擁上馬云

一日過踈菴於鍾樓下馬而立踈菴初欲自下更令

抶扶君上馬而後與之語市人皆艶者云

君九十二歲而終卽崇禎丙子二月六日也配玄許後

君二十二年丁酉終年九十有六以子逸民貤尹

國原從一等勳　贈君資憲大夫漢城府判尹葵

子五人曰民禹民聖民士民逸民内外曾玄二百餘

人逸民子自冐官今僉使

閒君之喪士大夫無不嗟悼來吊洞中老幼相率爲

哭南三陵撥優致賻物三陵卽東崗之從子也

村隱集卷之三 十二

楊州莊義洞午向之原貞夫人許氏祔左卽靈谷

之東先塋側也

　　　　　　宜寧南鶴鳴述

遺事

劉希慶寒微人也居京城作枕流臺緣溪種挑自號

村隱性恬淡寡欲喜文辭諸公多顧遇先君亦嘗贈

詩有曰惟追詹李杜不學宋陳黃靈屋琴書冷梅窓

同語者者是已死今三十年忽夢見從容如似爲仙

人者盧論巖洞之義請余賦詩覺而記之其詩曰

仙一去海生塵電露慈慈閱世頻管領丹崖好風日

賦詠而誇耀之談蕎五山先頗往來蹊蕃之弊遂
無遺矣君為脫所着而欲之

完平相公最許與微眼頻來圍碁於枕流臺小宅於
金瑬門外孝宗朝構萬壽殿闕中無燈地枕松
流臺完平宅皆尔八為郡撫府盤松至今猶在

壬辰倭亂　宣廟出郊君慕聚義兵以助天討朝家
特施褒賞有教旨尚在其文曰惟尔希慶國事同
極之時尔等悉皆思漢一以奮義滅賊為志或倡
義聚兵或偵探賊勢以助進取之策極為可嘉云
已酉詔使之來將多靡賞而户曹銀貨蕩竭諸宰招

云萬曆二十二年正月日

村隱集卷之三　九

君問計君對曰耕當問奴織當問婢請召白仁豪
金叙慎天龍計之三人皆市民之豪也於是聚五
部婦女指環而用之館接無缺朝廷幷賞君及三
人賜階通政

昏朝議躄　大妃迫賣問我者老投踞君終不撓屈
反正後完平陳達其節義特陞嘉善辛未以大耋
加嘉義以奨之　其時大窑止之云

君家在宮墻之外癸亥及正前一日君子舜民以譯
官赴撥島君出送之　弘濟院歸至院後寺洞見

綾陽君　率武士數人呼鷹而出君歸家即

令婦女出避　他處事要家人問其由曰伊日路拜
天顏氣像似必有為故揣知之矣

道峯書院　泉石幽致擬作終老之計而子孫以年老挽止未
果然志猶未已倩李澄畵出林庄圖請諸公詩若
序積志成大軸

家本寒薄無立錐之地賴名公詞伯之顧助得以資
朝名烏

辟於山水國中名山足跡殆遍士大夫往金剛者必
請君為山門主人年至八十而猶不憚行子孫或
以老病諫止君曰士大夫之愛惜以我有此辟也
今以老為懶則將安所取我也

村隱集卷之三　十

以遊扶安邑有名妓癸壬者聞君為洛中詩客問曰
劉白中誰耶盖君及大鵬之名動遠邇也君未嘗
近妓至是破戒盖相與以風流也癸亦能詩有梅
窓集列行

景慕先賢從事於道峯書院有如已家事東崗為揚
牧立議而創使君主張經營文券中君之姓名尚
存

光海時鄭仁弘之徒為曹南冥将創書院於三角山

重之君此夫以諸公之愛重而公之賢益可見矣公
歿七十年三淵金公始表其墓式闡遺光公之曾孫
泰雄來告余金公旣表其式母視枯冢其顯子其誌諸幽乃爲之銘
曰
崇禎紀元後七十八年乙酉夏四月日唐城洪世泰
撰

行錄

村隱集卷之三

劉君希慶字應吉號村隱本江華考業全啓功郎
天自離祿在父母側愛變孌無違色
十三歲考將窆于外氏塋近地清原尉韓公墓奴帖
勢驅逐君仍廬墓哭泣每日終夕危坐間又
令合力造墓君呈狀憲府憲官憐君單弱刑淸原奴仍
跼賀士爲階級唯朔望歸奠几筵仍覲母氏一州
無不稱道東崗南先生彦經往夵水落山先壠聞
而異之求見悶其寒苦乃以麻漧厚織者三丁遺
之又令望月巷僧作土宇于墓側煮粥勸之伴得
依接服闕敎之以禮文自此名士大夫與東崗遊

禮失而求諸野者公所捌立有出於當世之在位者
其人雖恥其名則重嗟後其式母視枯冢

者莫不招見喜嘉歎
母喪自失所天悲毀過制除喪而不御肉味卧席三
十餘載君夙夜泣諫躬執薪水之後及喪治歛送
終一如禮祭祀盡誠至老不懈制服君斷然行之
時好讀書慈母不明士大夫家亦鮮制服極棍於席間
以承之君時出東小門外手浣而鋪於寢牀坐其
偶終日讀書
季希雲染病君出外繞歸憐里皆勸避君曰小兒有
大病如不趂時勤救則必死失兄弟即一身今若
不入見便是自棄吾身也即入躬自護視居數日
退熱終亦不染馬
雷風雨雪之日則雖夜深必燃燭端坐
以禮學見稱士大夫之喪必請以靴禮時爲之諺曰
揚禮壽從後門出劉希慶從前門入
喜爲詩多有佳句與書吏白大鵬齊名弁稱一時諸
名公多獎與之思菴朴相國淳嘗觀其詩深賞之
因敎以唐詩俾至成才云有詩集印行
家在淨業院下流門前溪水清澈筇石爲臺名
曰枕流徜徉植挑柳春夏間景致清絶當時諸學士

三二

以葬固守不去隣僧哀之作土宇墓側煮粥勸之事
母至孝母病久帖席夙夜其側未嘗必懈聞取所籍
掃出東小門外川上手濯而瞑之巖石坐其衙讀書
見者異之嘗從南東尙彦經受文公家禮尤明於喪
前悼攷典禮以究極古今之變遂以善治喪名　國
宣廟下教褒賞乃命涕泣慷慨瓶聚義士誓助天討事聞
士大夫之喪必請以執禮仰其口手而宅壬辰倭亂
嘉之時

國家多難詔使相望諸用費甚多而戶部

村隱集卷之三

五

薈嵒寧相有憂之公請召白仁豪數人問討事可集
竟得其力以此賞階通政戊午逆臣李爾瞻謀廢
母后脅諸父老投疏違者刑而公獨不肯素與爾瞻
熟至是絶之而遇諸塗兩瞻怒責之公對曰小人有
其節聞特命陞秩始公以禮稱諸公問及是諸公高
母意於母養未暇及公之門及　仁祖反正大臣以
其節義孟敬重之朴燁爲義州猛甚公子見忤於燁
將殺之問知爲公子釋之人謂公之賢能使燁失其
卽其水涯甌石爲臺名之曰挑流傷植桃柳數十株

每春時紅綠照爛川谷公手唐詩一卷一疊坐
臥其中嘯詠終日以自適自號村隱其爲詩開淡近
唐思菴朴相公亟稱之公卿大夫咸造其臺上唱和
歌詩競相傳玩世所謂枕流臺詩帖是也永安尉洪
之日此劉某手植云公年既高而神骨甚強士大夫
有爲金剛之遊者要以先導則輒勇徃不以老辭嘗
慕靜菴之賢道峯書院之翔也公實經紀之而愛其

村隱集卷之三

六

山水擬作終老之計要李澄畫林莊圖請諸公詩若
序以道其意及歿葬道峯下公以大臺陞嘉義後用
子逸民原從勳　贈資憲大夫漢城府判尹生於嘉
靖乙巳卒於崇禎丙子得年九十二祖道峯有子五人舜
配曰許氏年亦踰九十兩歿葬道峯有子五人公以詩
民禹民聖民士民逸民內外胄玄二百餘人公世之不
禮聞於當世而其忠節尤卓卓可以愧死夫世之不
邨名義而唯利之得者余竊嘗慕公之風而有不同
時之歎嗚呼公固賢矣然而非當時諸公有君子尚
德之義則孰肯以卿相之尊而從褐之父遊而其愛

生爲人雅朗非謹通曉古禮且能詩指兩後青山呼
韻使賦之生應口對曰石帶苔痕老山含雨氣青余
愛其清麗常往來心曲自此頗相歎今者裒其卷徵
余文不遇虛還者數矣及得觀之生之好文學七十
猶篤於是乎知君子人矣余雖不佞竊不自遜妄期
以不朽其贈者也不以詩序記丙以傳者欲使劉生
志業永有以傳之也萬曆四十三年歲次乙卯高興
後人寒泉嘿好翁柳蔓書

墓表

君名希慶字應吉村隱其號所居枕流臺有諸賢之

《村隱集卷之二》

賜與名令其地入於都捴府所植一松猶在云爲人
恬懇好古必學唐詩於思菴朴公受禮說於東崗南
公遂博綜三禮註疏及杜典丘儀以宄雜服之學凡
所口講指畫有据依自　國恤以至士喪莫不待
君而咨歟其未過詰則送麻裁服者相接於枕流臺
下君一皆順應閒則哦一時哲人韻如此
與其筆硯要爲滇岳遊未嘗以老疾辭其襟韻咸其巷
君生於嘉靖乙巳二月癸於崇禎丙子二月凡在華
轂下九十二年於　國家否泰平陂所閱多矣每值
時變輒有可觀之節壬辰倭亂募市民爲勤　王

舉戊午　母后之廢朝議賀街居者老使投疏不從
則刑君不爲撓素善李爾瞻至是惡而絕跡出遇見
義歿用子逸民原從勳　贈君資憲大夫漢城府判
尹就其所坐地亦旣隆顯矣然疎菴任公高君之賢
而陋我邦制曰蓬蓽綺紈才覩長而流品是拘尙
德裁用斯言也余以先古有枕流之契而在今日世道
之感竊愛夫小人有母之說是以樂爲表闡而忘其
不文遂書此以與君孫者自勖云崇禎紀元後七
十一年戊寅春正月日安東金昌翕撰

墓誌銘　并序

公諱希慶字應吉姓劉氏江華人年十三而孤員上

《村隱集卷之三》

正而
仁廟嘉其節命爵嘉善其得通政資則以書
百餘人君始以壬辰起義受　宣廟之褒至癸亥反
峯有子五人舜民爲民聖民士民逸民內外曹玄二
父業全蓋甲微配許氏年亦踰九十而歿同藥道
書行篤實而學敏斯見其文資矣君系出江華祖道
三十年帖席風夜于側身自浣滌厠牏而以其腹劬
孝行十三喪父藝之以禮凍體員上遂廬其下毋襄
贊內食者謀裕國需是亦忠之致也旣臺而例加嘉

劉生名希慶號村隱長安寒微人也無手業所事惟
詩禮抵老不易他伎雖窮餓猶恬如也知生者憐其
老不易名勸托名都監蒙例實加折衝階年七十常
閑居余觀吾東方自箕子以來分別貴賤殊甚至李
朝尤重科舉雖有宏才遠學奇偉之士不幸出於賤
孼則不令齒仕路如地位不當餘文武科進者于譯
于醫于陰陽筭數監天祖地皆有科以應時用下此
則為胥徒農工賈儓隸各遂其生謀故苟不宜赴大

科者各自書其書其書非詩書有業之儕類目笑之
以迂中世有魚無迹朴繼姜鄭王瑞以薢章名
起朴仁壽擁千同孔億健以學行稱富時大夫士多
假之顏色不以賤視毋論名實端窺緊是百年間
寡聞者也若劉生所處庠不得應科第則入他伎以
圖生乃其職也早學詩不事生產與書吏白大鵬酬
唱若塡荒一時搢紳諸彥多獎譽之始遊東湖讀書
堂見名官佳什和其韻相國思菴公朴淳大嘉賞之
仍教以唐詩俾成其才時朝士尚理學必繩以家禮
小學洪可臣徐仁元許錦安敏學之輩許生以可教

教之家禮於居家孝友及冠婚喪祭節目度數無不
盡詳於家禮按圖經典杜氏通典丘氏儀節悉用時人
所不用之文詳於儀禮經典先儒遺論畢究其終禮又嘗有
喪咸請生執禮經論五服之制仰生口以此盡敬之名
事親單其誠孝居喪也哀行遠之特甚當其居喪日本也欲與白大鵬泊生
儒許生疏愛之同行大鵬死軍中生孫孫
偕生以養老群獨以大鵬行遠壬辰之亂巡邊使李
鎰以大鵬諸倭中事強獨以大鵬死軍中生巡邊使李
猶不廢舊業樓邊食貪遇物輒哦咏以自遣長安之
鎰村村有學業院地僻近山有清泉一條出巖洞間買

其地居之手種挑杏四五樹壘石為小臺日坐臥其
上名之曰挑流臺仍有詩若干首今之文士若車五
山天輅李芝峯睟光申玄翁欽金南窓玄成洪鹿門
慶臣任踈菴叔英曹峴南友仁成雙泉汝諸登其
臺而賦之或見其詩而和之或聞其風而贈之總諸
篇成一帙悉以文鳴世者也若余則與生識面已四
十年始遊莊義洞之清風溪時李潑家住溪上愛生
清踈引于其家余與洪生永彌遇生于永敬殿前洪
曰子不識劉生乎此詩人也吾伯叔父莫逆交也子
何見之晚也洪伯叔卽騷家哲匠天民聖民也余奇

村隱集卷之一

拂地垂鶯兒喚起閨人愁

秋風起玉宇清霜楓裁錦葉露荷發金英家貧只有
新醅熟坐對雲山醉月明

風剪剪雪漫漫步出瓊瑤境光侵銀海寒石橋清景
還如爾驢背吟肩聳似山

逸聯

月潭鶴影蕪僧影風礮松聲雜水聲

溪卧渡僧橋　竹葉朝傾露松梢夜掛星　巖歌棲鶴桂

痕古山舍雨氣青　潭深龍卧穩松光鶴樓危　石帶苔

村隱集卷之一

四十一

村隱集跋

劉村隱老於詩今年八十四騷雅之氣猶見眉宇間
韓平公脏其篋得數百篇刪而序之傳諸同好皆清
楚可詠余嘗謂詩本諸性學不必書要在蓄其精按
其妙而已如翁間井寒竇人嘗俊誦習勤洞徹如
自紉至臺如一日故其精英日蓄自有不可掩者況
今經生學子為之也而所得有過之無他馬直以其清
虛寡欲瘁礦不留胷中加以一生往來名山水動有
草石魚鳥之玩間接宗工才士逸民釋士浸涵薄蓄
當翁盛壯時國朝詩教洽軼三唐無論館閣鉅

村隱集跋

一

公方爲燕許下僚外朝貞外協律隨蘇漯陽之倫雄
鳴高翁下至齊民小胥野鵲之吟沙鶴之句举皆鏗
鏘不尖聲韻卽如劉翁與白大鵬莘是已當時號為
風月香徒香徒亷流修禊之名也學士先生降禮
接之往往酬詠挹間霹乎三代風諧之遺懚何其盛
鲰數十年來干戈刀鉅衰世氣象而翁獨享壽擅名為諸
天殞湮埋非復囊世氣象而翁獨享壽擅名為
所稱賞此豈無所自而致耶嗚呼觀斯集者可以論
世可以知人毋日自檜以下無譏馬可也戊辰臘日
澤堂李汝固題

047-048

清秋忽憶故園懷萬頃滄波一棹來閒達不求身後
計攻愁無過眼前杯江鄉王膽真佳味官路銀魚是

禍胎請看劉伶墳上土孤猿嘯月獨徘徊

次黃秀才三清賞秋圖韻

三清洞裏秘仙臺邂逅來登亦不媒天地有機時屢
換溪山無主就能猜達秋每感潘郎覓句還慚老
杜才九九良辰君莫負諸公會集紫巖苔

直廬

凍衣如鐵臥難平獨坐悠悠百感生人事盡隨兵火
變雪華還繞影髟毛明銀河淡淡千里王漏丁丁月
五更伏枕不堪連夜直攬衣時復下階行

次車五山 題灘隱山水圖韻

山色蒼蒼水氣霏江村寂寞掩柴扉雲深鴈塔藏蕭
寺日暮漁舟傍釣磯百丈飛泉流不盡千章古未葉
全稀何人幻出仙區景對此方知世慮微

次李市潛九老契屏韻

南山下夕陽邊九老相連錦繡延少日論交猶未
終暮年俯禊更堪憐長嗟世上人無聖却羨樽中酒
信賢想得當時佳會處風流勝迹至今傳

有

宿中興寺

三十九

招提遠在石門東竹杖芒鞋訪遠公雨洗碧雲仙洞
暗推丹桂鶴樓空繞蟾子床頭戰又聽沙彌飯
後鐘看罷藥珠仍靜坐上方僧語月明中

月出山道岬寺謹次朴使相韻

天高梨花縞地無人掃疑是溪園雪未消
裂水落危巖碎王跳十丈龍宮依崖出千層鴈塔入
舊客懷多倚半宵欹枕數清磬月中撼烟生遠出輕統

五言古詩

山水吟

我本方外人行吟山水問閒拖綠王杖遍諸青雲巓
紫清歸路遠披衣跨青鸞朝從玄圃遊暮向蒼梧還
焚香拜址坪璚璈嚠風端清境多靈覿莊莊鵬塵寰
天風散靈籟度整泉聲寒飛仙過碧虛邀我紫清壇
何當服刀圭千載保童顔

三五七言

金門外王澗邊種藥田三畝安身屋數椽世路多岐
難着足不如高臥送餘年
窮陰盡曉律回岸憤出幽巒扶節登小臺偏林何處
早花發一縷寒香落酒杯
兩初霽水龍流濯足踞白石散髮卧青丘烟柳依依

四十

二六

次咸悦東軒韻

相思不暇問寒溫匹馬南來到海濱間柳巖花春色
共長程短堠路歧分轅門未獻平胡策麟閣難圖蓋
世勲日暮白雲迷去路楚江何處吊湘君

次任正字悼玉真韻

明眸皓齒翠眉嚬忽逐浮雲入杳茫縱是芳魂歸浿
邑誰將玉骨藥家鄉更無旅櫬新交吊只有粧奩舊
日香丁未年聞幸相遇不堪哀淚濕衣裳

鄉愁臨離無限傷心事付與滄江萬古流

奉呈順天行軒

地盡昇平碧海陳人言天府是雄州雙鳧迥出秦城

村隱集卷之一　三十七

外五馬長驅楚崗夜兩寒蜑挑客恨秋風畫角動

山行未了又溪行嚴聽灘聲與鳥聲隔岸孤村雙杵
急宿雲空館一燈明天涯弟妹音書斷兩歇池塘夢

次楊口東軒韻

草生亂後閒田隨處學躬耕

上冬至使行次

祖席高開廣遠樓三行紅粉揔名流曲中香氣梅花
落杯面青光竹葉浮正是關西爲客苦邦堪劇址又
離愁年年每向河橋別老病傷心已白頭

留滯周南太史如幸登芸閣接仙居吳姬越女各呈
枝龍管鳳笙高拂虛青草湖邊霜落早白蘋洲畔鴈
飛初傷心更向天涯望行色迢迢萬里餘

次東湖韻

桂棹蘭槳沂前碧瀨風烟暫備禁城隈千山吐向連三
角一水西來自五臺垂柳每因歸客折好花應待老
夫開慇懃正欲酬佳節盡日吟哦強倒盃

次鄭孝純韻

雲陰四塞未全晴谷口幽居獨掩荊少日交遊尋石
友暮年心契託梅兄風前柳絮渾無賴雨後山光卽

村隱集卷之一　三十八

有情頭白老人終底事詩壇浪得一虛名

次東岳園林賞春韻

偶到終南一舉頭東風物象入回眸禁中花柳三春
好天外雲山萬疊重暫謝名途門獨掩長尋靜域事
遠休人來莫問何爲者採藥前身卽姓劉

奉呈諸相公契宴

亭在層巒縹緲邊暖風晴日敞華筵三山半入塵簫
裏二水平分小檻前詩興遠飄芳草岸笙歌高拂夕
陽天四時佳節長酣醉肯羨盃池玩月仙
不如生前一盃酒

二五

贈崔英叔

垈里西村隔路岐停雲入眼倍相思新凉正合孤眠
處霧景還宜散步時滿壑風光供彩筆中天月色照
吟琵何當更作騷壇會共對雲山攷舊詩

次道峯書院韻

月移花影上欄干
年非傷心謁罷先賢廟獨立蒼茫無所歸
嫩古洞春深花亂飛在世豈知今日是遊山方覺去
石路崎嶇入翠微風泉吼壑遶巖扉層崖兩過業初
禁城春色柳如眉青瑣詞臣感物時金鴨火殘烟縷
自移洞悵十年從薄宦故園佳節負歸期

次鄭孝純韻

細銅龍水㳿漏聲遲花明露砌香猶濕月上風軒影
山下幽居閟若何隔窓疎影早梅花松陰滿地疑陶
迻岳色當簷似謝家春入小塘瑤草細雪消清調玉
流多他時倘得論文會共把深盃一放歌

次曹承旨江亭韻

烟霞洞裏掩幽業竹影當窓翠滴長對江山常自
樂獨尊丘壑是何賾澄潭嫩灩纖鱗躍玉宇塵明片
月高官路崎嶇曾試險不如頹卧醉陶陶

村隱集卷之一　三五

九日登高

忙裏偷閑上翠峯九秋佳節菊花叢聊將藍潤題詩
興付與籠山落帽風滿目凄凉兵火後一塲談笑酒
盃中年來脚力猶强健盡日登臨不用筇

瀦明日登南山

藥期滿壑白雲遂去路手攀瓊㧖更蹰躇
渚長風低拂翠霞應曾抛漢水乘搓計再訪秦山採
又臨又值踏青時翠壁丹崖步步遲暮靄遠連芳草

瑞石山呈霽峯

江南瑞石舊名山此日登臨仔細看春盡洞天花落

村隱集卷之一　三六

盡客還松路鶴飛還三生夢斷毗盧殿半夜鐘鳴舍
利壇歌挑不堪詩思苦朗吟揮筆灑雲巒
岳陽壯觀天下傳
億客南來學遠遊滿江清景一登樓空將屈子思君
意晴結湘如憶帝愁夢澤風生灩疊浪君山木落動
高秋超然獨立無邊岸芝苗吳雲望更愁

奉贈金正字

仙人掌上露初零萬里無雲玉宇清簷角夜凉當霽
月井欄苔濕撲流螢江南舊宅踈篁老路下深秋晚
蒲明時事觀虞夔國日彗星何意犯台星

竹隔窓痕影月移梅林僧乞句時時過沙鳥忘機日
日來瀟洒架經書五尺不妨隨意倒深盃

散次掬林尊韻

亭前畫萬重山古木長干戈六載空巠樽酒何時可
瘦烟沙獨立鷺猶開干戈六載空巠樽酒何時
解顏愁倚夕陽天畔立數聲鴻鳳拂雲還

遊中興寺

石門斜日照煙沈一逕穿林深復深山色正描摩詰
畫水聲猶奏伯牙琴僧歸翠靄層巖上鶴返蒼松疊
嶂陰木枕藤床吟夢冷隨窓殘月照衣襟

次宗師軸韻

村隱集卷之一

三十三

一笻來訪遂公桌千丈層崖置屋牢宿兩春晴青繚
饒浮雲曉散王昭嶢巖花亂點看經榻澗水遙分洗
衲槽讀罷妙蓮仍倚枕窓影月華交

奉呈申判尹義州迎慰之行

平生浪迹逐清流智異金剛賦勝遊十載每供山水
話一朝邪忍別離愁烟連細草迷江路露浥濃花照
驛樓正是關西風景好幾多珠玉散夾頭
鳳喞丹詔下龍灣瑞靄霏微紫翠間百首新詩淸刮
目千秋嘉慶喜浮頹歸程杳杳逺芳草行色蕭蕭入

暮山賓館錦筵銀燭夜滿斟斟瓊液醉圍欒
年光逐水去堂堂二月東風百卉香天理本來無貳
賤人心底事有開忙騰驪驛路青雲逺乾没泥塗白
髮長行次野亭芳草細幾時回首戀家鄉

次白馬江懷古韻

登樓南樓共醉攀暖風晴日百花班僧歸楮島斜陽
恨鞏路寒烟瞑結愁半月城邊曾灑淚阜蘭寺裏又
落魄湖西放浪遊釣龍臺畔泛孤舟毬庭細草空添
登溫家五百年前事落日漁歌古渡頭

奉呈湖堂諸學士

億昔南樓共醉攀

村隱集卷之二

三四

外寺在園陵古木間每與沙鷗遊水府長隨仙侶杏
騷壇邇來衰謝無筋力丹鳳門西獨掩關

完山旅懷

空齋夜雨不堪聽獨坐悠悠百感生千里旅遊添白
髮一年佳節近淸明雲迷漢土秦城逺路入江南楚
地平借問君山何處是夕陽長留數三聲

登高

西風吹我出行宫逺上終南第一峯萬井踈烟圖畫
裏千山晩景有無中裁詩自擬酬佳節把酒誰能慰
老翁塵世幾人開口笑獨憑家嶼意無窮

二三

緣光亭
詩人來遠興獨上練光事未落山新瘦天寒酒易醒
雲深箕子壘月掛浿江城往事今追憶難堪淚滿纓

五言排律
宋白川邊夢挽

五十年來事依佛鬢眼聞慈祥元素植忠孝兩全完
氣節秋霜凜懷雪月寒銀川前太守戶部舊郎官
客夢龜松岳英靈寄達山風端悲寶樹鏡裏泣孤鸞
故里催城遠南陽㙑楓還窮村吾獨在拜挽淚潺潺

敬次沈正江亭韻

村隱集卷之一　三十一

江上數間屋主人無事時晴窓斜照筆淨几坐題詩
景勝吟壇吉神浦氣不疲孤帆歸浦疾凍鷹下沙遲
野店雲沈樹漁村雪擁離爐童賞梅去領待臘前期

螞居再用前韻

歲暮幽居趣盤松雪壓時摹琴彈古調呵筆寫新詩
親友年年減筋骸日日疲看梅展起早玩月夜眠遲
澗水連方沼山雲過短尊中浮綠蟻且莫負佳期

奉次澤風權公和洲明九日韻

寥寥深院裏霜竹翠相交露泡寒花折霜催病業凋
兩餘晴澗吼雲散玉峯高鳥影沈滄海蛩老射碧霄

七言律詩
送安三陟

村隱集卷之二　二二

身閑隨意適性懶謝塵勞白髮醫無術丹心老不焦
何妨達九九又是醉陶陶八十餘生在悠悠經四朝
登中興寺山影摟

九月重陽後攬登山影摟風霜繞過塋木葉正酣秋
山色錦屏展水光寒玉流松壇靈嶺發桂嶺夕陽收
夢斷翰摩詰三乘問恩休玄狻啼翠壁白鶴叫丹丘
萬象蟠龍穩床前戰蟻留寒灰經劫初好景入雙眸
鉢底蟠龍穩床前戰蟻留寒灰經劫初好景入雙眸
兜率天猶近靈源地自幽明朝石門外長嘯駕青牛

叢石亭

六稜文石倚天東如琢如磨自作叢却訝龍腰垂碧
蹉還疑玉笋露青空光搖旭日扶桑外影倒斜陽渤
海中一㲈排佪仍佇立虹霓萬丈映波紅

次顧齋韻

天邊劍戰亂山嵬挂笏凭看宇宙快遠挹寒聲風打

竹染湘妃淚江沈屈子魂南來孤客耳那忍子規聞

扈衛新溪仍閉縣閒捷報喜而賦之

鳳駕駐新溪仍閒報捷書追兵三萬未斬馘九千餘

洛下人還集南中賊漸赧中興應不遠喜淚自沾裾

奉呈湖堂諸學士

夢逐沙鷗去山河雪陸離梨灘漁火炯揷島凍雲垂

學士清遊日驪翁病臥時雞鳴仍起坐曉月上梅枝

遂安郡除夜陪成御史偶吟

御史持清節窮冬冒雪來威聲今峽郡振起舊霜臺

守歲縈三尺消愁酒一盃顒凝坐久蓬外漏聲催

村隱集卷之一

二十九

宿華藏寺

梦罷禪窓靜空山夜五更有灰飛萬刧無計問三生

野水橫羅帶巖楓展錦屏焚香仍起坐霜月小鍾鳴

龍門寺

久憶龍門寺今年始拂衣踈鍾飄翠壁細雨濕朱扉

暫覺三生別方知四十非浮生本無定明日又何歸

鳳凰亭

萬丈曾臺空在人亡水自流江山添逸興覓句更淹留

鳳去臺上蕭條別一丘山高初日晚野潤宿雲收

次寧越東軒韻

一水連江漢魚書可自通窓窺青嶂月檻引紫崖風

作客年將換歸家計已空香膠復滿酌頹臥醉鄉中

述懷寄鄭孝純

獨坐誰相伴殘燈滅復明天邊征鴈下搔衣聲

志士多感騷人亦有情東離黃菊在何忍獨爲醒

宿峯書院

暫借東齋宿殘燈夜二更雲深祠宇靜水遠石欄鳴

道氣峯巒合靈光洞竆明斯文曾有意歲暮又山行

江亭次成僉泉韻

潮聲喧檻浦柳色染春風兩暗巴陵坫帆歸楮島東

村隱集卷之二

三十

鳥飛屏影裏魚躍鏡光中厭就都城近江湖作釣翁

真松亭

一雨初忱後松亭滿夕陽山深靑靄合洞邃玉流長

竹裏安樽翠花間笑語香故人幸相遇隨意共飛觴

春日偶吟

生涯雖苦夢票性本澄淸俯水心猶爭看山眼忽明

村深宜避亂地僻可藏名正値三三日何妨又踏靑

盤松霽雪

曉起開窓見盤松雪壓平初如銀傘揷還訝玉盤擎

造物須更變乾坤一樣清取來成小搨夜讀字分明

二一

山川名勝地浪跡忝清遊寺廢雲猶在臺空水自流
詩能聊遣與酒亦可消愁景物還多感蕭蕭落木秋

九日偕柳文學登壯麓
松間開小酌兩岸石苔斑亂壑泉聲細層城夕照寒
秋陰生古木雲影度空壇嚴下崎嶇路扶筇獨自還

太古亭
細竹當簷翠長松拂壑青何時謝塵土此地付餘齡
暫過清溪洞仍登太古亭庭雲人不掃洞水客來聽

其二
久憶仙家勝窮秋始扣門衰蘭低砌隙落葉覆苔痕
度壑躋雲影沿溪尋水源掬來漱寒齒散髮臥松根

村隱集卷之二　二十七

沈香恠石
一片沈香角何年落世間辛因老師手巧作敷重巒
亂壑苔痕古尖峯劍氣寒葛洪如可遇留與鍊金丹

江亭次成雙泉學（次韻）
嫩綠門前柳微凉檻外風乾坤分上下日月見西東
萬象孤吟裏千山一望中漁樵生計足愧我枕流翁

次韓生負韻
滿樹花如錦茲遊又一年茅簷依斷岸木杓跨長川
落日飛孤鶩平湖點小舡西郊芳草路歸馬任垂鞭

丁酉九月尾衛出城
進退兵家法縱橫賊路三傷心辭鳳闕掩淚尾鸞驂
野宿霜粘鬢山行葉打衫難鳴何處店曉月挂松杉

失題
故國艱危日他鄉老病身遙瞻天壯極痛哭海西濱

再過靈光
殺氣乾坤阨仁風草木新願將千丈篲掃盡嶺南塵
碧海天容闊青山雨脚踈鄉園正迢遞遊子意何如
又到箕城館重營蓋尾初風烟千古色兵火十年餘

真松亭

村隱集卷之一　二十八

吟詩聊遣興把酒且論懷滅燭迎新月憑軒賞早梅
家僮報客來懸榻下庭陔雪逕不曾掃柴扉今始開

宅在猿溪畔依俙夢裏尋老夫無氣力長路未登臨

懷猿溪舊事
世業傳儒術家風繼孝心餘生今不死更感舊恩深

奉呈顧齋行軒
祖帳臨溪次離盃強自寬今朝辭鳳闕幾日到龍灣
驛路雲陰濕關河雨氣寒何時王事畢駒騎大刀環

南行
遠遠辭京口遲遲入楚雲殘河天欲曙列宿夜猶分

二○

智足寺

古寺無僧住空門有容來舊虛低碧甲井廢後蒼苔

題韓山客舍

佛殿香烟冷禪房木業堆排個人不見長嘯下層臺

遙遙辭壯望且南征地圻羣山浦江連百濟城

春深芳草綠日落晚潮平知有孤村近烟林一杵鳴

鼓巖村莊

郭外僅三里壺中別一天雲陰生藥圃水氣潤瓜田

境靜火塵應身閒酬晝眠獨專丘壑羲端合付餘年

四羲亭

憑虛探勝躅四羲得其名野店烟初暝漁村火獨明

披襟移水檻倚惆風搔一帶門前水澄清可濯纓

滄浪亭

一劍憑虛檻乾坤上下鵑波連滄海濶天壓碧山低

浪跡湘潭遠歸魂故國迷吾方欲歸去簷外杜鵑啼

郭外三山下泠泠玉澗邊雨晴雲氣濕花落樹陰連

盛會猶今日繁華憶昔年可憐歌舞地臺上草芊芊

寄語楊才子其如眠食何詞華爭雪月筆力動龍蛇

贈揚秀才

村隱集卷之一　二十五

暫話青綾後相思白髮多臺前門獨掩寂寞對黃花

清平寺

又到曾遊寺空林一逕迷西川僧洗衲壯岳鶴尋樓

寶殿香烟息瓊峯落月低吟餘仍靜坐杜宇近窓啼

送帆軒

已厭風塵閙移居碧水隈夢尋丹鳳闕身在白鷗洲

落日明沙岸長江泛釣舟箇中清興足何必訪蓬丘

八峯軒

宅在南山下依然孟氏廬層城低檻外亂嶂入簷虛

樹影雲歸後庭陰兩過初公餘無箇事長對古人書

村隱集卷之一　二十六

送成都事

祖席青門外秋風野菊明聊將詩老酒遠慰慕僚行

兩歷千峯暗雲沉萬壑平永郎如可問衰病滯秦城

送南從事

旅寓金陵縣仍逢漢使臣披襟欵欵情把酒語頻頻

遠岀雲陰冷寒潭月色新明朝又分手老淚自沾巾

松京懷古

獨立溪橋畔風烟萬壑陰殿臺荒已矣山水古猶今

輦路飄寒葉毬庭下夕禽進入間前事落日照西岑

蕩春臺

事坐對三山第一峯
昌德宮西景福東中間一壑水溶溶人來莫謂無佳
覩看取中天聲碧峯
夢見鳥影亭羞女歌
每憶南州瑞石山數椽精舍竹林間當年羞女今何
在綠鬢朱顏夢裏看
峽中卽事
句縈藤花下水潺湲
罪微翠露薄於綃兩崖楓林玉露寒攬轡徘徊尋秀

題池駕雲石假山

村隱集卷之一

我見君家石假山層巒競出白雲間從今若遇安期
子共入烟霞學鍊丹

五言律詩

清平寺贈金秀才
覽盡淸平勝西川最絕奇雲迷龍出洞月掛鶴樓枝
異地時將換鄉山信亦遲仍遷方外侶把酒共論詩

題深谷靜養菴
望望來深谷秋山木葉黃殘碑蔓草沒古墓夕陰凉
道德明千載文章冠一方焚香仍黃酌哀淚濕衣裳
秋千

二十三

節序端陽值秋千盡閣前紅裳飄白日繡鴛蹴青天
却訝吹簫女還疑竊藥仙下來垂手立雲翼綠頹然

七夕
搖枝風氣冷掛葉露華流天上佳期夕入間乞巧秋
懼情繚啓口別淚已凝眸一庀支攙石空傳博望候
次驪江江樓韻

極浦雲初起兩下睛雙眸仍遠放萬象各來呈
日月東西見乾坤上下平江山添遠興何必強登瀛
完山呈宋御史
客計終難就淹留又一旬端陽將盡夕故國未歸身
南行
翠竹環增密黃鸎喚友頻邦知豐沛府得見舊交親
野店青烟細山村翠竹稠茫茫天地外漂泊愧沙鷗
奉寄李學官
萬里身猶遠三湘路更備年年爲客苦日日望鄉愁
兵火六年內交親幾箇存何時風雨夕笑語對芳樽
不見西潭久思之暗斷魂空山吟伐木落日望停雲
宿寂滅菴
一宿天摩寺香臺夜已分庭栽花落山寂水聲喧
僧臘增前樹禪心嶺上雲整襟推挑坐霜月白紛紛

二十四

一八

弱峯晴雪
槲葉擁坐强裁詩正是窮陰雪下時日暮天風雲捲
盡亂峯晴影玉參差

御溝紅葉
蟬聲已報漢宮秋欲寫幽懷不自由昨夜風霜搖落
盡滿溪紅葉入淸溝

西泮翟纓
寒流一泒繞芹宮潑潑泉源淡若空童子數三冠者
六詠歸幽興浩無窮

東澗採春　　村隱集卷之二
春風習習草新綠山雨欲來雲四垂關隨流水度幽
壑正是碧桃花發時

敬呈湖堂仙案

雪中賞梅
江上仙遊不可追滿庭明月獨躊躇欲當橫跨靑牛
去雪屋懸燈共賦詩

何人訪我叩紫扉落寞寥亂雪飛獨對寒梅吟詠
足老夫棲息此中宜
八十餘年無事過
吾今八十五年享眼力雖微脚力輕採藥天台曾試

二十一

險崎嶇世路亦安行
道峯書院陪伯遊實　時揚州崔
坍坊伯遊實使君從之
崎嶇石路襯流霞地主雙笻引使華謁罷先賢仍倚
檻一輪明月入簾多

戊辰十月十三夜鼎坐挑流堂上樓澄潭月色吟魂
爽絶勝蘇仙赤壁遊

東郊曉行
凌晨暫出國門東白霧如潮漲壑中旭日繞昇天地
闊不知誰是泣途窮

次寧國洞幽居韻　　村隱集卷之二
茅茨晚結烟霞裏畫撦紫扉不出歧鄰叟未曾知禮
義隔雞呼我老經師

次冲漠齋韻示諸友
吾家形勝勝君家竹塢松壇又菊花從古炎涼隨節
變任他衰世路歧多

九十歎
吾生九十最堪憐齒髮俱凋頂在肩借問傍人君亦
老人間誰是我同年

挑流臺
家在長安紫陌東門前流水碧溶溶丹砂鍊罷餘無

二十二

一七

思手羮微波浣越紗
傍巖採樵
兩後山光翠欲浮採斧影落巖頭斜陽一曲樵歌
興不撥人間萬戶侯
尼院暮鍾
洞裏春晴雲捲遲峰㟽寶殿接村籬暮鍾搖落前峰
外知是比丘衆佛時
天壇曉磬
白蓮峯下敲清壇琪樹瓊花露氣寒道士焚香拜北
斗一聲金磬落雲端

村隱集卷之二

三山暮雨
三山屹立碧芙蓉半隱雲端半出空日暮長風吹雨
過層巒疊嶂有無中
萬井炊煙
萬井相連十里賒樓臺隱映夕陽斜青烟處處隨風
起盡是鍾鳴鼎食家
上林玩月
玉宇澄清雨晴仙人掌上露華清應知一樣中天
月此夜林間分外明
御苑賞花

十九

春光先入地中胎麗日和烟淑氣催始識東君勤用
意千紅萬紫一時開
花階蝶舞
數仞宮牆澗水湄千䌓花木各爭輝多情最是尋香
蝶遶藥欄枝自在飛
柳市鶯歌
三月秦川雨下晴東風低拂柳絲輕鶯兒巧舌多情
思啼送清歌一兩聲
古井秋螢
洞口秋霖陰復晴井欄苦濕撲流螢騷人恐失三餘
學手拾歸來昝短檠
新豐酒旗
三月村南綠映紅遊人覽物立東風新豐店裏青帘
在沽酒何須問牧童
星嶺長松
落落長松御苑中蒼髯不改四時同平生性癖耻寒
節最愛凌霜十八公
曲城殘照
層巒隱映添佳氣碧落虛明散彩霞欲識簡中無限
好曲城高處夕陽斜

村隱集卷之二

二十

一六

暖風晴日不生塵花落花開又一春家在冷泉雲樹
裏白頭長作未歸人

乾沒長安紫陌麼梅稍瓊夢報新春如今抱病吟詩
客誰記玄都再到人

夢上毗盧峯

夢上毗盧第一峯扶桑旭日射波紅女仙駕鶴凌雲
去邀我蟾宮桂影中

龍門寺

雨欲來時天欲低招提遙在石門西尋師漸入靈源
遠滿壑風烟一逕迷

村隱集卷之一　十七

次淸虛樓韻

十二雕欄暫借休褸袞袞一江流秋來若得乘槎
去萬里銀河可自由

客夜聞琴歌

風情不減杜樊川到處淹留最少年衰謝卽今無使
客夜深孫館伴燈眠

次柳校理韻

夕氣靄靄紫翠間浮雲出岫鳥知還濟詩欲和愁
久一隻氷輪轉碧山

觀稼亭

遠遠來尋觀稼其稻田未穀半黃靑世情人事皆翻
覆誰有淥山不改形

七月望夜

一夢初回月五更芭蕉葉上露珠傾披襟靜向心源
處止水涵虛徹底淸

謝人見過

庭前盤礴眞松下又有寒梅向臉開不是梅花與松
樹何人訪我雪中來

次克敵樓韻

旅寓荒凉古栢城曉來晴雪沒墀平幽懷獨抱無人
問半壁殘燈滅又明

村隱集卷之一　十八

枕流臺二十詠

屹岳丹楓

深秋扶病上層臺岳面丹楓錦帳開一歲良辰是重
九金魚須換碧香來

南山翠靄

浮沈聚散本無蹤下壓層城上出空若使元暉摹此
景奇形異態固難同

乂溪浣紗

山雨初收散碧霞玉流淸淺見瓊沙春來女伴多情

後寺尋僧

寺在烟霞第幾峯水回山疊路重尋僧度室人雲
去林外一聲飄遠鍾

前溪送客

旅鴈雙雙落遠川翠華浮動草連天前溪不是河橋
路每到臨分設祖筵

自述

貧如原憲卧烟霞愛菊花酒滿尾尊書滿
架簡中真味問如何

次宗上人詩帖韻

恒河世界老吾師底事人間來乞詩如今又送香山

村隱集卷之一　　十五

去蘿月松風好護持

贈琴娥

一夕仙娥下赤城風流雅態夢腰輕瑤琴抱向紗窓
下彈盡相思無限情

朴淵

一水相連上下淵半空飛沫灑風烟山靈欲洗前朝
恨故遺長川掛洞天

滿月臺

山腰粉堞淡斜暉古殿荒凉木落時借問臺前東逝

水至今嗚咽為誰悲

奉別洪承旨南歸

江風初起浪粼粼惜別懃懃勸酒頻漢水夕陽無限
意嶺南千里獨歸人

感懷

賤此身何事困泥塗

重逢癸娘

碧空雲盡月輪孤虛閣支頤夜坐勞同里故人多不

從古尋芳自有時樊川何事太遲遲吾行不為尋芳
意唯越論詩十日期（在完山時娘謂余曰願爲十日韻詩故云）

村隱集卷之二　　十六

舟次鳳城村

孤舟泊近鳳城村星宿昭昭夜已分坐待潮生浮海
去渡頭漁火隔寒雲

悼玉真

香魂忽駕白雲去碧落微茫歸路賒只有梨園餘一
曲王孫爭說玉真歌

次踈菴（任公叔英）揄岾寺韻

脚底雲生蹋半空桂枝踈影動香風沙彌勸我東臺
坐笑指扶桑浴日紅

次韓正字韻

勝正是停車坐愛時

巽巖青嵐
青嵐靄靄薄於紗一帶山腰十里斜摩詰奇才難盡
處夕陽天末卷還舒

述懷
宦衛三旬九過食客中風味吟於氷思量莫若超塵
世寧作香山舍主僧

息影亭奉別霽峯嶽命高公
十二奇峯領略歸洞中花露濕征衣明日海陽星散
後楚天烟月夢空飛

村隱集卷之一

奉呈安東李公元行軒方伯故云公曾經本道
五馬南歸萬里途舊遊陳迹正迢迢棠梨亦有曾相
待過盡三春尚未㛄

遊人夜泛木蘭舟萬頃銀波月一鉤欲作新詩仍寄
遠滿前風景浩難收

次蓮堂韻
半畝方塘十步回荷花次第落還開西風亦解遊人
意吹送淸香入酒盃

奉次柳成川韻
旅食京華久未歸平生事業世相違秋來忽憶家鄉

十二

味脫稻香時蟹蟛肥

金陵菊村八詠
華岳晴嵐
岳勢崢嶸倚半空芙蓉一朶翠華濃浮嵐片片隨風
起散入千巖萬壑中

鳳洲春潮
浮雲散盡海門開數幅風帆駕浪廻始信朝宗終不
頁早潮縈退晚潮來

銅峯花月
仁風習習草離離正是東君用事時最好酒醒深夜
後銅峯花月上花枝

村隱集卷之二

釜壑松濤
直幹亭亭倚石根奮舞赤甲老龍蹲天風滿壑寒濤
起高拂虛簷遶夢魂

東畝觀稼
東畝迢迢十里強耕餘黃犢卧斜陽淸和四月移秧
急處農夫擧趾忙

南池賞蓮
揚柳依依拂地斜掩門終日少人過吟餘忽起滄溪
興坐對南池白藕花

十四

一三

羨長年不許俗人來

泛槎臺謝道一老師來訪

一入天摩萬疊山遙看瀑布掛層巒庵裏老衲來何
處笑指清凉蘿月間　清凉歸月　皆峯名

奉呈朴佐郎行軒

仙郎又向嶺南歸正是秋風木葉飛如今　聖主憂
邊事休把漁竿上釣磯

海山亭

孤舟泊近海山亭地接扶桑浴日明岳色波光相蕩
漾長鯨噴水兩眞具

跡刻石丹書六字明

清溪書齋十詠

魯溪迟艖

山下澄湖湖上亭夢泉金磬叢巖局應知此地藏仙

四仙亭

村隱集卷之一　十一

清流一曲遠層岡日日來遊泛酒觴若使蘭亭爭勝
事魯溪閒味十分強

櫟林懸壺

門巷寥寥絕俗緣櫟林高處玉壺懸年年佳節長昏
醉何羞溢池李謫仙

靈珠月臺

小巷高掛近三台搖影波娑弄月滿臺半夜山風靈籟
散却疑笙鶴自天來

水鐘瀑布

一道寒泉出水鐘風吹沫灑晴空攪童不識長川
掛錯認中天倒玉虹

龍山採薇

東風二月巖芽肥兒女攜筐采采歸一七盛來香滿
口龍山薇勝首陽薇

龜巖釣魚

龜巖屹立碧溪頭野色相連水氣浮手把漁竿凝坐
久夜來風露襲羊裘

村隱集卷之一　十二

萬景水窟

石竇泉生氷半疑山家六月景澄澄披襟對此心源
爽身在瑤臺第幾層

西郊夕陽

野色微茫乍有無攜童牧竪共相呼斜陽一抹和烟
淡恰似元暉水墨圖

陽谷楓林

陽谷年年霜落遲楓林九月錦初披丹厓晚景尤佳

崔監察圍林宴會

松壇列坐亂飛觴洞雨初妝散晚凉太液近臨佳會
處好風時送白蓮香

詠菊

生涯冷澹無餘物只有空階晚菊花滿把寒香仍對
月吾家淸興似陶家

次梅竹軒韻

門前秋水淨凾虛卜等年來學隱居客到莫言無
物一軒梅竹共扶踈

次克敵樓韻

鴉喙空林雪滿城旅遊心事轉難平當時勝敗憑誰
問克敵樓前月獨明

客中聞杜鵑

雨餘山色翠霏微正是官途柳絮飛栖宇亦知爲客
苦慇懃勸我不如歸

閒中卽事

人間萬事儘堪嗟八十年光一夢過門巷寥寥秋草
歿獨憑盧檻賞蓮花
數椽精舍水南村夜雨寒蛩唧草根八十老翁無箇
事眞松亭下戲兒孫

村隱集卷之一　九

敬次東岳李相公諱安訥水雲亭韻

南湖昨夜雨初妝水色山光共一樓留待龍門新月
上不妨乘興泛中流

元韻　東岳

主人乘艇釣魚去日暮獨登江上樓一曲瑤琴數
盃酒又縈妳子亦風流

次天壽院韻

天壽門前木葉飛朗吟接翅暮林歸半千興廢前朝
事惆悵憑誰問是非

題東浮屠壁上

衡岳層崖雪滿衣朗吟扶杖鶴同歸老僧不管人間
事數疊峯前獨掩扉

敬呈顧齋行軒

里行人一騎出都門

容中逢重九

楊花滿地白紛紛惜別躊躇未易分嶺樹海雲千萬
迹似飄蓬無定處西來峽路繞羊腸遼山冷郡逢佳
節手把黃花憶故鄉

次挑流臺韻

亂峯重疊擁虛臺臺下淸泉鏡面開白首獨專丘壑

村隱集卷之二　十

二一

一松孤立四無依枝葉凋零勢已危勁節本宜風雪
裏肯隨桃李姸芳姿

次公州牧伯韻贈姜正郎

鼓疊青山獨掩扉隔籬砧杵動斜暉圖書滿壁焚香
坐門巷寥寥客到稀

月溪途中

山舍雨氣水生烟青草湖邊白鷺眠路入海棠花下
轉滿枝香雪路揮鞭

龍津次鎮官壁上韻

臨江傑閣勢飛騰好句圓時好景仍南去址來唯一
拔容中行色談於僧

请平寺

渡盡仙源九曲溪亂峯重疊樹高低吟笻散步歸來
晚古寺鍾鳴日欲西

月夜遊蔟錦溪

凉風初起白蘋洲載酒歸來作勝遊蔟錦溪前明月
上鷺鷵飛過斷橋頭

贈張德翁示諸友

花柳秦城春日遲空齋獨坐暗相思懸懸爲報諸詩
伴湖寺尋僧定幾時

村隱集卷之一

七

次崔英叔寄韻

溪邊散步採芳菲懶性從來與世違九十韻光今已
脫滿庭花雨映斜暉

奉別許生負

江雨初收江水流布帆高掛廣陵秋悠悠望斷人歸
遠溪灑西風獨倚樓

次鄭孝純韻

門巷家家落葉深隔窓悄竹翠陰陰閉齋盡日燒香
坐手把虛詩獨自吟

十載溪山放浪遊三春過盡又三秋一衣一食曾天

村隱集卷之一

八

命何必區區分外求

滄浪亭泛舟

萬丈黃岡挑海頭摟舡載酒泛中流不知此日笙歌
興爭似蘇仙赤壁遊

王堂呼韻

秋入鑾坡日又斜玉階瑤草露華多驕人性懶歸來
晚落盡盆池白藕花

次許都事韻

小雨蕭蕭夜已深空階草沒候虫吟披襟坐對孤燈
下話盡相思不見心

一〇

途中即事

異地難堪倦客情楚雲藥雨膽歸程時時向北開雙
眼天外鄉山一髮青

途中憶癸娘

斷碧梧桐雨不堪聞

一別佳人隔楚雲客中心緒轉紛紛青鳥不來音信
旅店次唐詩韻

故園遙在廣陵西芳草歸心路更迷山月初沉天欲
曉碧雲深處杜鵑啼

戲贈癸娘

天

村隱集卷之一　　五

挑花紅艷暫時春徒髓難醫玉頰頓神女不堪孤枕
冷巫山雲雨下來頻

晩行

峽口無人問去程臨歧獨立百憂生山城日暮風烟
瞑隔崖逍間一杵鳴

次紙幕石泉韻

石竇寒泉鏡面開微波瀲艷漾瓊苔披襟靜對漚虛
處始見源頭活水來

遂安詠雪

危衛遼陽古郡城風飄瓊屑灑林坰村童莫厭埋樵

還天爲行宮作玉京

生陽館

春來又到會遊地滿目凄涼異昔時誰道亂離離別
少生陽館柳盡無枝

庚齊廟

孤竹淸風吹萬古至今高節與天齊殷周與巖憑誰
問月滿空山水滿溪

客中即事

碧海茫茫天一涯旅遊心事鬢添華高興正與鴟羅
近綠橘黃柑處處多

村隱集卷之一　　六

滿月臺

山回重疊水重回鴉噪空林路不開唯有天邊一片
月夜來依舊照荒堂

寄癸娘

別後重逢末有期楚雲慕樹夢相思何當共倚東樓
月却話完山醉賦詩

次李生負別墅韻

滿溪晴雪月華斜歸興渾如訪戴家風送暗香簷外
落簡中知有早梅花

沈相國壽宅詠松

九

七言絶句

寧國洞

空林夕氣翠霏霏一聲泉聲遠 石扉山雨乍收荅逞

滑木蓮花裏醉扶歸

次宋佐郎書室韻

一屋蕭條白日閒滿庭槐影掩重關年來不必勞雙
脚卧看江南萬疊山 兩作後山

憶清風溪

清風溪與洗心臺秋月春風幾往來多病邇來心亦
懶每逢佳節首空回

息影亭

村隱集卷之一

無等山前息影亭池邊細草喚愁生誤雲釀雨能欺
月減却梅窓一夜明

佛頂臺別徐佐郎 時白大鵬從之

有客清秋跨大鵬飄然直上碧雲層一旬踏盡金剛
勝還向東巔過醫陵

上完平府院君 李公元翼

山下蕭條屋數間隔溪松影落層端十年黃閣經綸
手還把醫書閉戶看

箕城次李學官達韻

三

天涯邂逅若爲情此地繁華是舊京惆悵一生能幾
許年年長作遠遊行

漁村

孤舟移泊釣磯邊漁戶踈離隔翠烟斜日半山紅蘸
水白鴎來徃鏡中天

塞下曲

斬盡匈奴十萬頭歸來戰血染貂裘交河霽雪凝寒
月獨把青蛇上戍樓

湯春臺

暇日尋芳上古臺武陵流水泛花來還將滿目傷心

村隱集卷之一

事都付東風酒一盃

揚柳詞

二月隋堤楊柳纖枝嫩葉雨中新鶯梭護織深閨
恨不繫離亭遠別人

牛耳洞

披蓑跨馬出城都雨後山光乍有無日上三竿雲半
卷攢巖疊嶂展新圖

贈癸娘

曾聞南國癸娘名詩韻歌詞動洛城今日相看真面
目却疑神女下三清

四

八

村隱集卷之一　　江華劉希慶應吉著

五言絶句

中興洞
夜宿清溪寺朝遊碧洞霞武陵知不遠流水泛桃花

山中秋夜
下秋空山中掛花發折得最高枝歸來伴明月

四季花
無佳玩移來四季花碧挑與紅杏只是一春華

懷葵娘
娘家在浪州我家住京口相思不相見腸斷梧桐雨

村隱集卷之一　一

贈葵娘
我有一仙藥能醫玉頰頻深藏錦囊裏欲與有情人

寒碧樓
雪月爭輝花騷人不寐時江山無限景都付五言詩

途中
萬里關河路三秋病客身天涯一片月應照故鄕人

黃岡雨夜
寂寂齋安館孤燈照不眠江南夜來雨應濕釣魚舡

天摩山別道一老師
昔作匡廬客相隨惠遠遊秋山今又別忽憶虎溪頭

登正陽寺天逸臺
暫過正陽寺仍登天逸臺亂山千萬疊摠是玉屏開

自金剛來謁守菴　朴公枝華　則曰摩訶衍衍聞天樂乎
以詩答之
涼風過洞門萬籟生秋窒高低調五音彷彿聞天樂

廣州東軒
旅館無人問虛簷但鳥聲故園何處是雲外數峯靑

敬次松川　梁公　鼎韻
懶倚松根石漁竿漾碧川東風吹雨過花落草芊芊

六言絶句

村隱集卷之一　二

碧水溶溶入海青山贇贇連天孤舟載鶴歸去誰識
西湖老仙

雜興
丹經讀罷出門洞裏初收暮雲無人與我對酌明月
來照芳尊
樹梢新涼初至渾心霽月浸浸幽人竟夜不眠松濤
浙瀝喧枕
波間乘月採蓮歸來幽香滿袖懃懃欲寄義人但恐
義人不受

上申相國欽金浦田里之行

七

序推余之特表其大節以
明告後之人焉欲於此而
有不敛祗而趨敦者恐民
首章之義泯矣
崇禎紀元後八十年安東
金昌協書

村隱集序

五

村隱集引

劉村隱不知何許人也無求於人而所

名公有志於禮而曲盡制作精微又癖於山水溢於

詩從事於道峯書院愛靈國泉石之勝而撲之文章

諸伯之什滿軸蒉袖其平日所吟詠累百言過示余

清高疎暢不失古唐人調格今年八十四方瞳炯炯

春潮滿頰行步如飛見之若五六十歲人噫其有得

而充於肰者歟與有道而隱於村者歟知此翁者知

其道矣吾將求之休休鄭虔士丈而正焉云

山翁只在山溪翁只在溪不如劉村隱來往溪山仍

村隱集引

一

作捿秋風霜落水石古春雨花開張錦繡玉筍高入

雲清流本無垢欲把無絃琴奏此無絃聲無絃無聲

空復情

戊辰孟冬日瑞草醉病居士書 瑞草李公 慶全號

005-006

若君光海時所樹立雖當
世學士大夫之賢者猶或
雖之其於倫常名義人
道之大者既無憾矣其著
爾瞻一語尤激婉深切與
封人舍肉之對相類而歿
其發於邂逅之頃而有不
忌之嚴則又有難焉不賢
而能若是乎使世有良史
如歐陽氏者作一行傳以

君列於其間斯無媿美夫
以君之惛雖清疎而其篤
詩又更甚之可喜然其大
節不如此心何能取貴於
世而使人識之不倦或詩
禍二卷至一君所自為其
一諸為君而作者自勖請
余刊定編摩合為一裘
南錥寫而其子泰雄為萬
石湖南丞以入榟且來問

003-004

村隱集序

村隱劉君希慶出自閭

村攻詩習禮翕然有士

君子之風其所居枕流臺

距 宮城咫尺地而偏然

清坐若山林中人蓋余少

從先輩文集累之見枕流

臺詩曰以想像其為人如

此晚乃得君詩稿於其孫

自晶讀之凡諸名公序引

村隱集序 一

題詠之皆在其中而遺事

具焉則知君固自有大焉

者不獨向所稱翕然備然

者而已夫人道之大莫尚於

倫常名義惟此先立而

後一藝之小善之得託附而

取貴重焉不然雖有清備

之行高妙之辭而大節一

斲無足觀矣山宋夫子所

以致譏於紀唐王儲者也

村隱集序 二

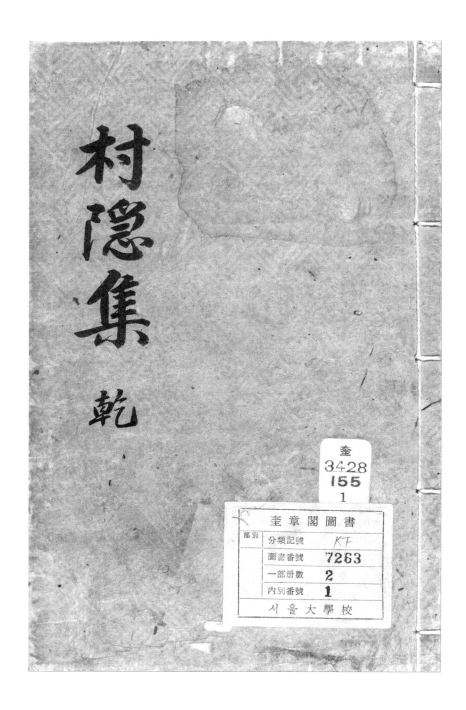

村隱集

乾

촌은집
영인본

村

隱

集

저자 유희경

1545년 2월 27일, 서울 대묘동에서 태어났다. 선조 때 영의정을 지낸 박순(朴淳)에게 당시(唐詩)를 배웠으며, 1575년경 허성(許筬) 등 양반 문사들과 삼각산 승가사에서 시회(詩會)를 가졌다. 중인들을 중심으로 양반의 한문학과는 다른 위항문학(委巷文學)을 이끌었고, 침류대에서 명사(名士)들과 수창(酬唱)한 시첩(詩帖) 침류대록(枕流臺錄)을 남겼다. 문집으로는 『촌은집(村隱集)』 3권이 전하며 그 밖의 저서로 『촌은구적첩(村隱舊蹟帖)』, 『상례초(喪禮抄)』 등이 전한다.

역자 임종욱

1962년 경북 예천 출생이며 동국대학교 국어국문학과 및 동 대학원을 졸업하였다. 2005년 장편소설 『소정묘 파일』로 등단하였다. 2012년 제3회 김만중문학상에서 장편소설 『남해는 잠들지 않는다』로 대상을 수상하였고 2021년 경남문협 올해의 소설상 수상, 2022년 제2회 운곡학술상을 수상하였다. 현재 경남 남해군에서 연구와 창작을 병행하고 있다. 저서로는 『운곡 원천석과 그의 문학』, 『고려시대 문학의 연구』 등 10여 권이 있으며, 『중국역대인명사전』, 『중국비평용어사전』, 『고사성어 큰 사전』 등 사전을 편찬하였다. 또한 『서포집』, 『초의시선』, 『자암집』, 『남해금석문총람』 등의 역서와 장편소설 『이상은 왜』, 『황진이는 죽지 않는다』, 『불멸의 대다라』, 『던져진 것이 돌만은 아니니』 등을 출간하였다.

국역 촌은집

2023년 2월 24일 초판 1쇄 펴냄

저 자 유희경 | **역 자** 임종욱
발행인 김흥국 | **발행처** 보고사 | **기획** 촌은 유희경 기념사업회
책임편집 이소희 | **표지디자인** 김규범
등록 1990년 12월 13일 제6-0429호 | **주소** 경기도 파주시 회동길 337-15 보고사
전화 031-955-9797 | **팩스** 02-922-6990 | **메일** bogosabooks@naver.com
http://www.bogosabooks.co.kr

ISBN 979-11-6587-408-7 93910
정가 38,000원